财经法治

2020年河北省专业学位教学案例（库）建设项目（KCJSZ2020004）

劳动与社会保障法

案例研究与评析

赵树文 主编

CASE STUDY AND ANALYSIS OF LABOR AND SOCIAL SECURITY LAW

法律出版社 LAW PRESS·CHINA

自 序

劳动与社会保障法是我国法律体系的重要构成部分，也是凸显人文情怀的法律制度之一，其“弱者正义”的立法理念深入人心，不仅成了一种理论指引，更是实践中的一种价值判断标准。正因如此，劳动与社会保障法在当前社会发展中的作用也越来越突出，不仅政府部门对其发展与适用给予了高度关注，劳动者与用人单位对其的重视程度也在不断提升，许多弱势群体对社会保障法的依赖亦愈加显著。

笔者曾在2007年《劳动合同法》通过后应邀作过多场学术报告，其中不乏政府相关部门组织的培训，也有企业主动邀请的培训，当时《劳动合同法》已成为社会关注的热点。2014年笔者从中国政法大学博士毕业后，到河北大学法学院工作，讲授了研究生“劳动与社会保障法专题”课程，在教学过程中也感受到了当代大学生对劳动与社会保障法知识的重视与渴望。笔者努力地向学生阐述“弱者正义”的理念，希望学生们在此理念的指导下学习劳动与社会保障法知识，并将此理念运用于日后的法律职业工作中。2018年河北大学开始面向所有研究生开设综合素质拓展课，笔者主讲的“劳动与社会法专题”课程有幸入选，课堂效果很好，这更加有力地激发了笔者对劳动与社会保障法学习与研究的热情。

同时，笔者在劳动与社会保障法教研过程中，也在不断地关注司法实践的发展。2019年笔者接受保定市中级人民法院的委托，对其审理的疑难劳动争议案件进行了专家评议，也了解到司法实践中对劳动法律制度适用存在的分歧与争议，其中某些案件历经了一审、二审、再审、发回重审以及再次二审等五次诉讼程序。这不仅增加了劳动者的维权成本，也对司法机关的审理工作形成了严峻挑战。这只是冰山一角，全国各个地区可能都存在类似疑难案件，其原因可能是相关劳动具体规范的模糊性，也可能是司法机关在具体审判活动中对法律制度理解的分歧。这不仅表明劳动法制度发展的必要性，也表明劳动争议司法裁判规范性亟待提升。

由此，笔者认为有必要对我国近年来司法实践中的劳动与社会保障法相关经典案例进行分析，特别是在劳动与社会保障法的教学中，需要紧密结合当前司法实践中的具体案例。通过分析案例，研究法律制度的具体运用；通过对法律制度的学理解析，研判司法裁决的合理性。这无论是对劳动合同争议案例、就业促进案例，还是社会保险案例，都十分必要。为此，本书精选了我国近年来的36个司法实践案例，这些案例涵盖了劳动与社会保障法的主体领域，旨在通过对这些案例相关司法裁判的学理分析，对其进行深入细致的解析，并提出相关的学理建议，以期为“劳动与社会保障法”课程的教学提供更充分的实证案例支持，也为司法裁判中相关制度的运用提供分析建议。

当然，本书尚存在许多不足甚至谬误，诚挚期盼各位专家、学者给与批评与指正，也期待本书能够在对劳动与社会保障法的案例研究中起到抛砖引玉的作用。

在此，特别感谢法律出版社陈妮编辑与黄筝编辑的辛苦编校。

赵树文

2020 年 8 月 8 日

目　录

第一章
倾斜保护原则与劳动法的适用范围

第二章
劳动合同关系

第四章
集体合同

第七章
劳动安全卫生制度

第八章 职业培训

第九章 工伤保险

第十章 养老保险

第十一章
医疗保险

第十二章
生育保险

第十三章 失业保险

第一章　倾斜保护原则与劳动法的适用范围

第一节　倾斜保护原则在劳动关系确立纠纷中的适用

一、案例选择

河南某科技股份有限公司与葛某某劳动关系纠纷案

案号:(2020)豫08民终273号

二、问题提示

在劳动关系确立中应合理适用倾斜保护原则。

三、案例基本情形

上诉人(原审被告):河南某科技股份有限公司。

被上诉人(原审原告):葛某某。

2017年3月葛某某到河南某科技股份有限公司(以下简称河南某科技公司)从事铆工工作,双方未签订劳动合同,河南某科技公司未给葛某某缴纳各项社会保险。2019年6月双方办理离职手续。河南某科技公司拖欠葛某某2019年1月和5月的工资3857.88元和7155.49元。葛某某离职前12个月的平均工资为4941.14元。2019年7月25日,葛某某提出劳动仲裁申请:要求河南某科技公司支付拖欠的2019年1月和5月的工资共11,013.37元、支付未签订劳动合同双倍工资44,000元、失业保险赔偿金损失36,480元、解除劳动合同经济补偿金12,000元。修武县劳动人事争议仲裁委员会2019年9月5日作出了修劳人仲案字(2019)41号仲裁裁决:河南某科技公司在裁决书生效后10日内支付拖欠葛某某的2019年1月和5月的工资11,013.37元;驳回其他仲裁请求。后葛某某不服该裁决,提起诉讼。葛某某自离职后开始从事打零工、送外卖等临时性工作,月收入约2000元。

原告葛某某向本院提起诉讼请求:(1)判令被告支付原告解除劳动合同经济补偿金12,000元、支付拖欠工资11,013.37元、失业保险赔偿金36,480元、未签订劳动合同双倍工资44,000元,共计103,503.37元;(2)诉讼费用由被告承担。事实与理由:葛某某于2017年3月起被河南某科技公司聘用从事铆工,平均工资每月4000元。原告被聘用后河南某科技公司未与其签订劳动合同,聘用期间未缴纳社会保险,且拖欠其2019年1月和5月工资不发,为此原告于2019年6月10日提出解除与被告的劳动合同。现请求被告支付解除劳动合同后的相关待遇,因而提起诉讼。

原告为证明自己的诉讼主张,提交了以下证据:(1)修武县劳动人事争议仲裁委员会于2019年9月5日作出的修劳人仲案字(2019)41号仲裁裁决书及其送达证明。仲裁裁决书查明了入职、未缴纳保险、欠付两个月工资的事实;对解除劳动合同经济补偿金以系个人原因离职而非被解除合同因而驳回该主张;对拖欠的11,013.37元予以了支持;对失业保险赔偿金的主张,也以个人原因离职为由驳回主张;对未签订劳动合同的双倍工资的主张以超过诉讼时效为由驳回主张。由此作出裁决:河南某科技公司在裁决书生效后10日内支付拖欠葛某某2019年1月和5月工资11,013.37元;驳回其他仲裁请求。(2)河南某科技公司2019年1月、5月的工资表照片打印件及葛某某的银行账户交易明细表。该照片打印件显示了葛某某1月、5月两个月的工资在表情况;葛某某主张银行流水显示其工资发放情况。河南某科技公司作为报酬发放一方,是工资发放凭证的管理者、保存者,法院根据举证能力及证据保存实际情况,将举证工资业已清偿的举证责任分配给河南某科技公司,河南某科技公司未提交工资清偿的证据,法院对原告的该证据予以采信。(3)员工离职清单复印件。离职清单内容显示:2019年6月10日,葛某某以"现因个人原因不能继续为集团服务,长时间腰疼"为由申请离职。关联案件(同车间、先后申请离职、同时申请劳动仲裁、同时相同理由提起诉讼)中的付某某、李某某分别于2019年6月6日和10日同样以"现因个人原因不能继续为集团服务,长时间腰疼"为由申请离职。但是,3人均称是因为公司拖欠工资离职,而如果如实写领导不会签字,在工作时借的工具和工作服都要扣钱。

被告河南某科技公司答辩称:(1)双方间未建立劳动合同关系;(2)原告身份属于临时性工作,与被告属劳务合同关系;(3)原告请求被告支付经济补偿金、失业保险金及双倍工资,没有事实依据;(4)原告不能证明被告拖欠其工资。请求驳回原告的诉讼请求。

一审法院判决结果:(1)河南某科技公司应在判决生效之日起10日内支付原告葛某某工资11,013.37元;(2)河南某科技公司应在判决生效之日起10日内支付原告葛某某解除劳动合同经济补偿12,000元;(3)驳回原告葛某某的其他诉讼请求。

河南某科技公司上诉请求:(1)撤销一审判决第二项;(2)葛某某承担本案一审、二审诉讼费。事实和理由:(1)一审判决认定事实错误。一审判决认定双方形成事实劳动关系是错误的,因为双方没有形成劳动关系,葛某某的身份是临时性工作,双方属于劳务关系。(2)葛某某主张的经济补偿金没有法律依据,因为双方是劳务关系,不需要签订劳动合同,一审判决河南某科技公司支付经济补偿金是错误的。

葛某某答辩称,葛某某与河南某科技公司之间存在劳动关系,所主张的费用是有法律依据的。一审判决正确,二审应予维持。

四、诉讼争点

(一)河南某科技公司与葛某某之间是否成立劳动合同关系?

(二)河南某科技公司是否应向葛某某支付未签订劳动合同双倍工资?

五、裁判理由及结果

(一)一审裁判理由及结果

1. 一审裁判理由

(1)关于双方是否成立劳动合同关系。河南某科技公司抗辩意见称,用工方式是企业的重要权利,用工形式存在多样化的特征,河南某科技公司对于管理层及生产技术骨干签订劳动合同,维持企业生产经营;对于临时性的雇工只是按照完成一定任务、工作量支付报酬,因而本案双方不属于劳动关系,而属于劳务关系。但《劳动法》与《劳动合同法》第1条均明确规定立法目的之一系"为保护劳动者的合法权益",这是劳动法律法规倾斜保护原则的体现,用人单位不得以各种形式规避劳动法律法规的规制,不得变换形式损害劳动者的各项权益。在本案中,葛某某自2017年3月入职,受具体的考勤及其他方式的管理、被发放了工作服和工作工具、按月计酬、同班组有人与公司签订劳动合同,以上可以证明双方业已形成了事实劳动合同关系;河南某科技公司以所谓用工形式多样的理由违反劳动法律法规的强制性规定,系对劳动者权益的侵害,对其主张不予支持,并确认双方之间形成事实劳动合同关系。(2)关于河南某科技公司是否应支付未签订劳动合同双倍工资的问题。《劳动争议调解仲裁法》第27条第1款规定:"劳动争议申请仲裁的时效期间为一年。仲裁时效期间从当事人知道或者应当知道其权利被侵害之日起计算。"因葛某某系2017年3月入职,其主张该双倍工资已超过仲裁时效,因而仲裁裁决驳回该项主张并无不当。(3)关于河南某科技公司是否应支付解除劳动合同经济补偿金的问题。《劳动合同法》第38条规定:"用人单位有下列情形之一的,劳动者可以解除劳动合同:……(二)未及时足额支付劳动报酬的;(三)未依法为劳动者缴纳社会保险费的……"河南某科技公司自葛某某2017年3月入职后未与其签订劳动合同、未缴纳社会保险、未及时足额支付劳动报酬,葛某某因此离职,在此情形下用人单位应当支付经济补偿金。葛某某离职前12个月的平均工资为4941.14元,工作时间为2年零2个月,河南某科技公司应支付2.5个月工资的经济补偿金,计12,352.84元,葛某某主张12,000元应予支持。

2. 一审裁判结果

(1)河南某科技公司应在判决生效之日起10日内支付原告葛某某工资11,013.37元;(2)河南某科技公司应在判决生效之日起10日内支付原告葛某某解除劳动合同经济补偿12,000元;(3)驳回原告葛某某其他诉讼请求。

(二)二审裁判理由及结果

1. 二审裁判理由

二审期间,双方当事人均未提交新证据。一审判决认定事实清楚,本院对一审法院查明的事实予以确认。

河南省焦作市中级人民法院认为,河南某科技公司是依法成立的企业法人,具有用工主体资格,用人单位自用工之日起即与劳动者建立劳动关系。在本案中,葛某某于2017年3月到河南某科技公司工作,此时葛某某与河南某科技公司之间建立了劳动关系。虽然双方之间没有订立书面劳动合同,但葛某某与河南某科技公司之间存在事实劳动关系。

2. 二审裁判结果

(1)驳回上诉,维持原判。(2)二审案件受理费10元,由上诉人河南某科技公司负担。

六、评析研判

劳动关系成立与否对劳动者与用人单位双方都具有重要影响,对劳动关系的确定也是劳动者主张双倍工资以及劳动合同解除经济补偿金的前提。在对劳动合同关系成立与否判断因素的考量中,应当适用倾斜保护原则,以防止用人单位借用劳务关系之名,逃避劳动合同关系义务,损害劳动者权益。

本案有两个争议焦点:(1)河南某科技公司与葛某某之间是否成立劳动合同关系?(2)河南某科技公司是否应向葛某某支付未签订劳动合同双倍工资?

(一)争点一解析:河南某科技公司与葛某某之间成立劳动合同关系

首先,河南某科技公司与葛某某之间劳动关系的认定应当坚持倾斜保护原则的适用。倾斜保护原则是《劳动法》以及《劳动合同法》的基本原则,"'倾斜保护原则'主要内涵就是倾斜立法和保护劳动者,该原则决定了我国《劳动法》的基本立场,是维持劳动者和用人单位之间平衡关系的重要原则"。① "就学理意义而言,劳动法的本质在于以'倾斜保护原则'为灵魂,通过宏观性的国家力量和中观性的社会力量,倾斜性地对劳动者权益予以保护。"②在本案的审理过程中,无论是一审法院即河南省修武县人民法院,还是河南省焦作市中级人民法院,在本案中都充分地认可了劳动合同关系认定中

① 聂娉芳:《劳动法为什么要倾斜保护弱势群体》,载《人民论坛》2017年第14期。

② 穆随心:《劳动法"倾斜保护原则"正义价值探寻——以马克思正义理论为视阈》,载《文史哲》2019年第3期。

的“倾斜保护原则”,这是本案裁决中的一个重要理论支点。在第一审程序中,河南省修武县人民法院在对本案的裁决中明确强调:“《劳动法》与《劳动合同法》第1条均明确规定立法目的之一系为‘保护劳动者的合法权益’,这是劳动法律法规倾斜保护原则的体现,用人单位不得以各种形式规避劳动法律法规的规制,不得变换形式损害劳动者的各项权益。”也就是说,在本案一审中,河南省修武县人民法院明确结合了《劳动法》以及《劳动合同法》的立法目的进行分析,强调了在劳动关系争议处理中必须坚持《劳动法》与《劳动合同法》的立法宗旨,即保护劳动者合法权益,并明确将其界定为“倾斜保护原则”。然后在此原则的指引下,结合原告葛某某提供的各种证据,对河南某科技公司与葛某某之间劳动关系进行了认定。可以说“倾斜保护原则”是河南省修武县人民法院作出第一审裁决的重要理论支撑。在二审程序当中,河南省焦作市中级人民法院对此也给与了充分的认可。所以,“倾斜保护原则”在本案当中具有重要的指导意义。“‘倾斜保护原则’具有重要的法律意义,其标志着《劳动法》从民法中分离出来,并形成独立的法律体系。”①所以,本案中河南省修武县人民法院以及河南省焦作市中级人民法院均从“倾斜保护原则”对河南某科技公司与葛某某之间劳动关系的认定进行分析,这本身就表明了两级法院倾向于在对劳动关系的认定当中应当优先保护劳动者权益,特别是要防止用人单位借用劳务关系等其他用工形式逃避劳动关系中的法律义务。这表明,在“倾斜保护原则”的具体适用当中,其具有显著的系统性,不仅停留于对劳动关系维持阶段劳动者具体权益的保护当中,而且对于劳动关系的确立与否这一劳动关系的前提性的问题也同样适用,这无疑更加有力地推进了劳动者权益的保护,因为如果放弃此原则对劳动关系认定的指引,可能就会在理论上削弱对劳动者保护的强度,进而使实践中的具体事实产生不同的定性,即把劳动关系定性成非劳动关系。例如,在本案中,被告河南某科技公司主张其有用工形式自主权,对于劳动用工还是劳务用工有自主权,其对葛某某的这种劳务用工方式是其自己的权利。企业的用工自主权确实应当受到法律保护,因此要对河南某科技公司的这种主张进行驳斥需要有力的理论支撑,而“倾斜保护原则”无疑是合适的选择,因为该原则是对劳动者生存权的保护,当劳动者生存权保护与企业用工形式自主权发生冲突时,应当优先保护劳动者的生存权。

其次,河南某科技公司与葛某某之间是确定的事实劳动关系。河南某科技公司与葛某某之间事实劳动关系清晰。对于劳动关系存在与否的判断标准有多种参考因素,其中,最为重要的就是劳动合同,如果双方存在真实有效的劳动合同,这将是对双方劳动合同关系最有力的证明。但是,劳动合同不是存在劳动合同关系的唯一证明路径。对于没有签订劳动合同,但是却存在事实劳动关系的依然应当认定为劳动合同关系。

---

① 聂媛芳:《劳动法为什么要倾斜保护弱势群体》,载《人民论坛》2017年第14期。

因为《劳动合同法》第7条明确规定:“用人单位自用工之日起即与劳动者建立劳动关系。”所以,实践中即使没有订立劳动合同,但是已经形成了实际的用工关系,则双方之间劳动关系必然存在。原劳动和社会保障部于2005年发布的《关于确立劳动关系有关事项的通知》[劳社部发(2005)12号]则明确规定了对事实劳动关系的效力确认及其判断条件。第一,该通知第1条规定:“用人单位招用劳动者未订立书面劳动合同,但同时具备下列情形的,劳动关系成立。”这些情形包括双方具有合法主体资格、劳动者适用用人单位的规章管理以及劳动者工作属于用人单位业务构成。从本案内容来看,葛某某属于成年人,具有完全民事行为能力,河南某科技公司也是正常经营的企业,双方具有合法的劳动关系主体资格。同时,葛某某自2017年3月入职,接受河南某科技公司具体的考勤及其他方式的管理;葛某某具体从事铆工工作,这也是河南某科技公司具体业务的一个重要组成部分。所以,从《关于确立劳动关系有关事项的通知》第1条规定来看,双方之间属于劳动关系。第二,《关于确立劳动关系有关事项的通知》第2条规定了事实劳动关系的判断条件,包括工资支付凭证或记录、社会保险缴纳记录、考勤记录以及用人单位向劳动者发放的工作证等相关证据材料。在该案中,河南某科技公司对葛某某进行了考勤记录,并且发放了工作服和工作工具、按月计酬,更重要的是,同班组有人与公司签订了劳动合同,所以从这些证明材料来看,河南某科技公司与葛某某之间完全符合《关于确立劳动关系有关事项的通知》第2条规定的关于事实劳动关系确立的判断因素。

综上所述,河南某科技公司与葛某某之间应当成立劳动合同关系。

(二)争点二解析:河南某科技公司应当向葛某某支付未签订劳动合同双倍工资

首先,双倍工资的目的与倾斜保护基本原则的一致性。双倍工资的目的与倾斜保护的基本原则具有高度的一致性,即保护劳动者的生存权益。劳动合同是对劳动者权利明确确定的重要载体,也是最重要的证据,而且能够降低劳动者在劳动争议当中的举证责任,并可以降低司法裁决的时间与成本。所以,要解决涉及劳动者双倍工资争议的问题,应先明晰其立法目的。双倍工资的支付具有惩罚性的色彩,其直接目的在于增加用人单位非法用工的成本,更好地保护劳动者的劳动权益。该规定鲜明地体现着社会法的意义,即保护劳动者的生存权,“从根本上讲,劳动法属于社会法领域,是与公法、私法相并列的一种法律领域”。① 具体而言,劳动法不同于民法,因为劳动或劳动力并不是法律意义上的物。所以,对双倍工资不应仅仅从惩罚性工资支付的路径来加以理解,其实质是为了更好地保护劳动者的生存权,避免劳动者的生存权因用人单位的强势而

① 宋歌:《二倍工资争议的社会法证成——弱者意志自由的法律补强》,载《东北大学学报》(社会科学版)2020年第2期。

受到侵害。因此,双倍赔偿的原则与倾斜保护原则应当是高度一致的,这就为接下来关于仲裁时效的确定明晰了方向。

其次,应当科学理解双倍工资支付的诉讼时效问题。本案确定河南某科技公司是否应当向葛某某支付未签订劳动合同双倍工资的关键问题在于对诉讼时效的界定,尽管《劳动争议调解仲裁法》第27条对劳动争议的诉讼时效进行了规定,但是双倍工资赔偿的时效计算问题依然存在较大分歧,“未签劳动合同二倍工资纠纷争议较大的是二倍工资的界定及仲裁时效从何时起算。实务界形成两种观点:一种观点认为二倍工资是拖欠的劳动报酬,时效从劳动合同终止时起算;另一种观点认为其是惩罚性赔偿,时效从劳动者应当知道权利受到侵犯时起算”。[①] 笔者认为,对于双倍工资诉讼时效的争议,应当坚持从劳动合同终止时计算。第一,如果坚持“惩罚性赔偿说”进而要求劳动者从应当知道权利被侵犯时计算,可能会使劳动者陷入被动地位,因为劳动者毕竟在用人单位工作,具体到本案中,葛某某在河南某科技公司工作,如果他自知道权利被侵犯时起就主动主张二倍工资赔偿,可能会破坏其与河南某科技公司之间的“和谐关系”,为了更好并更长时间地在此工作,其可能主动选择等终止劳动关系时再提起诉求。第二,二倍工资归根结底依然是工资,是劳动者的法定所得,所以从工资的角度来看,既然河南某科技公司自葛某某2017年3月入职,一直到其2019年5月离职,没有签订劳动合同,根据《劳动合同法》第82条“用人单位自用工之日起超过一个月不满一年未与劳动者订立书面劳动合同的,应当向劳动者每月支付二倍的工资”的规定,只要满一年未与劳动者订立书面合同就应当支付二倍工资,所以河南某科技公司没有向葛某某支付二倍工资,就表明其是拖欠工资。所以,从这一点来看,《劳动争议调解仲裁法》第27条第4款“劳动关系存续期间因拖欠劳动报酬发生争议的,劳动者申请仲裁不受本条第一款规定的仲裁时效期间的限制;但是,劳动关系终止的,应当自劳动关系终止之日起一年内提出”的规定应当适用于二倍工资的规定。第三,《劳动法》与《劳动合同法》中的倾斜保护原则也同样要求双倍工资的诉讼时效应当自劳动关系终止时计算,这不仅有利于保护劳动者在用人单位的正常工作,而且有助于最终保护劳动者合法权益,并威慑用人单位的违法用工的机会主义行为。具体到本案中,根据倾斜保护原则应当支持葛某某关于双倍工资的诉讼并未超过时效,这有助于保护葛某某的利益,也有助于规制河南某科技公司不与劳动者签订书面合同进而逃避劳动关系法律义务的机会主义行为。

综上所述,河南某科技公司应当向葛某某支付未签订劳动合同双倍工资。

---

① 宋歌:《二倍工资争议的社会法证成——弱者意志自由的法律补强》,载《东北大学学报》(社会科学版)2020年第2期。

七、拓展训练

(一)案例简介

2013 年 12 月 27 日,被告青岛某电子科技有限公司向原告宋某某发出《入职通知书》,内容主要为:报到时间 2014 年 2 月 5 日;携带资料包括失业证或与原单位解除劳动合同的证明材料原件等;试用期 3 个月,试用期工资 4000 元;合同期 5 个月,转正工资 6000 元;要求应聘者承诺在入职前,已与原工作单位解除劳动合同,并不再承担竞业等相关责任。原告在该《入职通知书》签字确认到职日期为 2014 年 2 月 5 日。原告称其于 2014 年 2 月 5 日到被告处办理报到手续,2 月 6 日正式上班,从事人事工作,2014 年 6 月 6 日因被告不支付工资并要求原告回家休息而离开被告处。原告故依法提起诉讼,请求判令:(1)确认原告 2014 年 2 月 6 日起与被告建立劳动关系;(2)被告支付原告工资 20,400 元,未签订劳动合同双倍工资 15,600 元,经济补偿金 3000 元;(3)本案诉讼费用及其他费用由被告承担。被告称,原告未提供失业证或与原单位解除劳动关系的证明,不具备录用条件,并未提供正常劳动,原告、被告之间不存在劳动关系。被告提交的一份《青岛某电子科技有限公司印章使用审批表》显示(双引号内文字为手写):公司章或合同章:"公章",印章用途:"办理社保(宋某某)备案审批不通过及保险说明",报送单位:"劳动局",经办人:"宋某某",该表分管领导意见:孙某某,签字时间为 2014 年 3 月 5 日,董事长意见:徐某某,签字时间为 2014 年 3 月 7 日。原告提交的一份 2014 年 3 月 7 日加盖被告公章的《保险说明》载明:"宋某某,女,身份证号:×××,自 2014 年 2 月 6 日开始在我公司正式报到上班,至今已正常出勤近一个半月,为我公司正式员工。现因公司特殊情况,不能为此员工签订劳动合同与社会保险。因此同意此员工个人暂时另找公司投保,并由青岛某电子公司为其负担社会保险公司应负责部分。每月 18 日同工资一起打入个人账户。特此说明!"

(二)思考问题

原告宋某某与被告青岛某电子科技有限公司之间是否存在劳动关系?

第二节　倾斜保护原则在工伤认定纠纷案件中的适用

一、案例选择

俞某某申请工伤认定纠纷案

案号:(2017)最高法行申 6467 号

二、问题提示

在劳动者工伤认定案件中应当适用倾斜保护原则。

三、案例基本情形

再审申请人(原审被告):海南省某市人力资源和社会保障局

再审被申请人(原审原告):俞某某

再审申请人海南省某市人力资源和社会保障局(以下简称海南省某市人社局)因再审被申请人俞某某诉其和原审被告海南省人力资源和社会保障厅(以下简称海南省人社厅)工伤认定行政确认、行政复议一案,不服海南省高级人民法院于2017年3月27日作出的(2017)琼行终82号行政判决,向海南省高级人民法院提出再审申请。

俞某某的丈夫冯某某,系某中学教师,担任该校高中部数学课教学和高中班主任工作。2011年11月15日晚,冯某某任教的366、367两个班级进行测验考试。考试结束后,冯某某回到家中。次日早上7时左右,同校老师在冯某某家中发现其身体异常状况,立刻拨打海口市"120"急救中心电话,琼山人民医院到场进行抢救,冯某某因抢救无效身亡。2011年12月20日,琼山人民医院出具《居民死亡医学证明书》,证明冯某某因突发心肌梗死,于2011年11月16日在家中死亡,发病到死亡的时间"不详"。在《抢救记录》上记载:"抢救时间段2011年11月16日8时31分至9时32分","到达现场时患者已无心跳、呼吸"。2011年12月15日,某中学以冯某某长期工作劳累过度,在工作时间、工作岗位中突发心肌梗死死亡为由,向海南省某市人社局提出申请,要求认定冯某某为工伤死亡。某中学数学组教师王某、陈某提供证据表明冯某某事发当晚行为异常,偶尔用手摁压自己胸口。庭审中,证人黄某、胡某亦证实,冯某某在2011年11月15日晚修期间,精神比往常差,气色苍白。

海南省某市人社局在受理某中学认定冯某某为工伤的申请中,于2012年5月23日作出海人社局工伤认字(2012)第223号《工伤认定决定书》(以下简称223号工伤决定),对冯某某因病死亡不认定为工伤。俞某某不服,申请复议,海南省人社厅复议作出维持海南省某市人社局223号工伤决定。俞某某不服,提出行政诉讼,海口市秀英区人民法院判决驳回俞某某的诉讼请求。俞某某不服并提起上诉,海口市中级人民法院以223号工伤决定事实不清为由,判决撤销一审判决,撤销223号工伤决定,责令海南省某市人社局重新作出行政行为。海南省某市人社局不服并申请再审,海口市中级人民法院驳回其再审申请。海南省某市人社局仍不服,继续申诉。海南省高级人民法院于2014年2月14日作出(2013)琼行监字第69号《驳回再审申请通知书》,驳回其申请。2015年1月17日,海南省某市人社局重新作出海人社工伤认定字(2012)223－1《不予认定工伤决定书》(以下简称223－1号工伤决定),认定事实基本如下:2011年11月16日上午8时20分许,冯某某被其同事韦某某发现在家趴卧床上,呼之不应,急拨“120”呼叫抢救。经“120”到场抢救约1小时,于当日9时32分宣告临床死亡。经查明:(1)2011年11月15日晚修期间,冯某某约晚上10时带女儿回家;(2)冯某某发病时已上床休息;(3)2011年11月16日上午学校并无安排数学教研活动;(4)学校规定,不得利用晚修时间上课或者考试;(5)学校领导否认安排教师通宵改卷或要求任课老师必须当天改完作业或试卷。223－1号工伤决定据此认为,晚上进行考试不是学校安排的活动,学校也没有要求老师当天必须批改完作业或试卷的规定,冯某某发病不是在工作时间,也不在工作岗位上,不符合《工伤保险条例》第14条、第15条认定工伤或视为工伤的情形,决定不认定为工伤或视为工伤。俞某某不服申请复议,海南省人社厅作出复议维持决定,俞某某仍不服,向海南省海口市中级人民法院提出本案行政诉讼,请求撤销223－1号工伤决定和复议决定,认定冯某某为工伤。

海口市中级人民法院一审认为,海南省某市人社局所作出的223－1号工伤决定中,部分事实不清,证据不充分,判决撤销223－1号工伤决定和复议决定,责令海南省某市人社局重新作出工伤认定。

一审宣判后海南省某市人社局不服,提起上诉。

海南省高级人民法院二审认为,冯某某“猝死”属于工伤情形,判决驳回上诉,维持原判。

海南省某市人社局申请再审称:(1)经申请人重新调查核实,冯某某身体状况良好,并无证据证明其在工作期间发病,且医疗机构初次诊断时间不在15日晚修期间。(2)冯某某系在家中死亡,并非死于工作岗位,一审、二审扩大工作时间、工作地点的范围不当。(3)根据《工伤保险条例》及相关规定,在工作岗位发病,未送医抢救回家休息,及其他因疾病死亡的情形,只能按照病亡对待,不应认定为工伤。请求撤销一审、二审判决,对本案予以再审。

海南省人社厅答辩称:(1)冯某某系在家中死亡,不符合视同工伤情形,(2)冯某某回家批改试卷并非学校安排的工作,不应认定为工作时间、工作岗位。(3)冯某某于当日没有就诊,而是直接回家,不属于突发疾病。某中学主张其劳累过度,亦不属于工伤或视同工伤的情形。请求撤销一审、二审判决,维持223－1号工伤决定。

俞某某未提交书面答辩意见。

四、诉讼争点

(一)冯某某病亡是否属于工伤情形?

(二)海南省某市人社局所作的223－1号工伤决定是否应该被撤销?

五、裁判理由及结果

（一）一审裁判理由及结果

1. 一审裁判理由

本案争议焦点是判定冯某某发病身亡情形是否属于可以认定为工伤的情形。根据《工伤保险条例》第 14 条的规定，有下列情形之一的，应当认定为工伤：(1)在工作时间和工作场所内，因工作原因受到事故伤害的；(2)工作时间前后在工作场所内，从事与工作有关的预备性或者收尾性工作受到事故伤害的；(3)在工作时间和工作场所内，因履行工作职责受到暴力等意外伤害的；(4)患职业病的；(5)因工外出期间，由于工作原因受到伤害或者发生事故下落不明的；(6)在上下班途中，受到非本人主要责任的交通事故或者城市轨道交通、客运轮渡、火车事故伤害的；(7)法律、行政法规规定应当认定为工伤的其他情形。海口市中级人民法院认为，223－1 号工伤决定认定“冯某某发病时已上床休息”，但琼山人民医院《院前急救记录交接单》上记载抢救情况是，到达时死亡，《居民死亡医学证明书》上对冯某某发病到死亡的大概时间间隔一栏上的记载为“不详”，海南省某市人社局仅凭冯某某同事到家中看见冯某某卧于床上，认定冯某某发病时已上床休息，明显证据不足。海南省某市人社局未提交某中学的相关规章制度，仅以某中学校长调查陈述认定“学校规定，不得利用晚修时间上课或考试”，而冯某某晚上安排测试，不是工作时间，事实认定依据不足。海南省某市人社局对冯某某连夜工作与突发疾病是否存在因果关系，是否因长时间工作劳累造成心肌梗死死亡等问题均未予认定，作出 223－1 号工伤决定，认定部分事实不清，证据不充分。

2. 一审裁判结果

(1)依照《行政诉讼法》第 70 条第 1 项、第 79 条之规定，判决撤销 223－1 号工伤决定和复议决定。(2)责令海南省某市人社局重新作出工伤认定。

（二）二审裁判理由及结果

1. 二审裁判理由

海南省高级人民法院认为，病亡视同工伤需满足三个条件：工作时间、工作岗位、突发疾病死亡或 48 小时内抢救无效死亡。冯某某组织晚修测验及批改试卷即使不是学校的硬性要求，但与其工作明显相关，且符合中小学教师的职业特点，应属于工作时间和工作岗位的延伸。突发疾病发病到死亡有一个持续的阶段和过程，如冯某某这样的“猝死”，也有从不明显到明显的发病至死亡的过程。某中学教师王某、陈某及冯某某的学生证明，冯某某在 2011 年 11 月 15 日晚修期间已有身体不适的表现，理应认定冯某某于 2011 年 11 月 15 日晚修时已开始发病。冯某某在琼山人民医院医护人员到达时已无心跳和呼吸，其属于突发疾病死亡的情况，而不是《工伤保险条例》第 15 条第 1

款第 1 项中“突发疾病在 48 小时之内经抢救无效死亡”的情况。

2. 二审裁判结果

依照《行政诉讼法》第 89 条第 1 款第 1 项的规定，判决驳回上诉，维持原判。

（三）再审裁判理由及结果

1. 再审裁判理由

最高人民法院认为，《工伤保险条例》第 15 条第 1 款第 1 项规定，职工在工作时间和工作岗位，突发疾病死亡或者在 48 小时之内经抢救无效死亡的，视同工伤。该项规定视同工伤包括两种情形：一是在工作时间、工作岗位上，突发疾病死亡；二是在工作时间、工作岗位上，突发疾病，48 小时内经抢救无效死亡。未经抢救死亡，可能存在两种情形：一是突发疾病，来不及抢救即已经死亡；二是发病时，没有其他人员在场，丧失抢救机会死亡。无论是经抢救无效死亡，还是未经抢救死亡，视为工伤的关键都在于，必须是在“工作时间和工作岗位”上突发疾病死亡。通常理解，“工作时间和工作岗位”应当是指单位规定的上班时间和上班地点。在本案中，冯某某被发现时已经没有呼吸和心跳，属于深夜在家发病，无人发现、未经抢救死亡的情形，不属于经抢救无效 48 小时内死亡的情形。虽然冯某某在家中死亡，但从本案查明的事实可以看出，冯某某在被发现死亡的前一天晚 10 时许，组织学生晚修测验回家，连夜评完两个班学生的数学试卷，并进行试卷分析。其行为显然是为学校的利益，在回家后利用个人休息时间，加班从事教学岗位职责工作，属于“在家加班工作”的情形。是否能够认定冯某某属于工伤，关键是看其发病、死亡是否发生在“在家加班工作期间”。冯某某的《居民死亡医学证明书》对其发病至死亡的时间认定为“不详”，这就造成冯某某的发病时间究竟是在加班工作期间，还是在已上床睡觉期间难以判断。223－1 号工伤决定根据冯某某的同事第二天一早发现其趴卧床上的陈述，认定“冯某某发病时已上床休息”。正如一审、二审所述，这一认定显然是缺乏充分证据予以支持的。趴卧床上，有可能是在发病后，身体不适倒卧床上，并非一定是上床睡觉后发病死亡。本院认为，在职工发病和死亡是否发生在工作时间、工作岗位上缺乏相关证据证明、难以确定的情况下，根据工伤认定倾向性保护职工合法权益的原则，应当作出有利于职工的肯定性事实推定，而非否定性的事实认定。因此，一审、二审判决以事实不清、主要证据不足为由，撤销 223－1 号工伤决定，判决理由和结果均无不当。海南省某市人社局申请再审的理由，均是建立在不认可在家加班工作期间应当认定为“工作时间、工作岗位”这一前提之下，其主张与工伤认定的立法精神不符，缺乏事实根据，不予支持。

2. 再审裁判结果

依照最高人民法院《关于执行〈中华人民共和国行政诉讼法〉若干问题的解释》第 74 条的规定，裁定如下：驳回海南省某市人社局的再审申请。

六、评析研判

根据《工伤保险条例》的规定，工伤可以划分为法定工伤情形以及视同工伤情形，对劳动者工伤情形的认定应当紧密结合《工伤保险条例》的规定进行，但是无论是该条例第 14 条规定的法定工伤情形还是第 15 条规定视同工伤情形的认定，都不应机械地加以适用，应当在实践中对其灵活地加以运用，特别是注重适用倾斜保护原则的具体适用。2014 年最高人民法院发布的《关于审理工伤保险行政案件若干问题的规定》对工伤具体认定情形的拓展，就是倾斜保护原则的具体体现，更加有利于保护劳动者的合法权益。

(一)争点一解析：冯某某死亡的情形应当认定为工伤

首先，冯某某的死亡情形符合"工作时间"与"工作场合"的工伤认定实质要求。根据《工伤保险条例》第 14 条的规定，工伤的法定情形可以划分为以下几种：(1)在工作时间和工作场所内，因工作原因受到事故伤害的；(2)工作时间前后在工作场所内，从事与工作有关的预备性或者收尾性工作受到事故伤害的；(3)在工作时间和工作场所内，因履行工作职责受到暴力等意外伤害的；(4)患职业病的；(5)因工外出期间，由于工作原因受到伤害或者发生事故下落不明的；(6)在上下班途中，受到非本人主要责任的交通事故或者城市轨道交通、客运轮渡、火车事故伤害的；(7)法律、行政法规规定应当认定为工伤的其他情形。以上七类劳动者受到伤害的情形可认定为工伤。根据《工伤保险条例》第 15 条第 1 款第 1 项的规定，职工在工作时间和工作岗位，突发疾病死亡或者在 48 小时之内经抢救无效死亡的，视同工伤。可以看出，无论是对于第 14 条中法定工伤情形的认定还是第 15 条中视同工伤情形的认定，都强调"工作时间"与"工作场所"两个必要条件。所以，本案中对冯某某死亡是否确定为工伤的判断条件就是，其死亡是否可以认定为在"工作时间"与"工作场所"。在本案中，冯某某被发现时已经没有呼吸心跳，属于深夜在家发病，无人发现、未经抢救死亡的情形。虽然冯某某在家中死亡，但是经查明，冯某某在死亡的前一天晚上 10 点，组织学生晚修检验，在回家后利用个人休息时间批改数学试卷。因此，尽管是在家里工作，其本质是教学工作时间的延长以及教学工作地点的拓展。这应当符合"工作时间"与"工作场所"的情形，这种认定也与《关于审理工伤保险行政案件若干问题的规定》第 4 条中关于工作时间与工作场所的拓展性规定精神是高度一致的，因为该条第 4 项明确规定职工"与履行工作职责相关，在工作时间及合理区域内受到伤害的"应当认定为工伤。冯某某死亡前确实是在组织学生晚修，而且还在批改数学试卷，所以理应确定为在工作时间，同时在家里批改数学试卷的情形当然属于其工作的"合理区域"。所以，根据《工伤保险条例》以及《关于审理工伤保险行政案件若干问题的规定》的相关规定与精神，应当认定冯某某死亡的情形为视同工伤情形。

其次，在冯某某死亡工伤条件认定中应当坚持适用倾斜保护原则。根据冯某某《居民死亡医学证明书》的记载，难以确定其发病至死亡的时间，也就导致对于其发病时间是否在工作时间内的判断存在疑问。最高人民法院在再审中对于这一问题运用的便是倾斜保护原则的思维。最高人民法院认为，为了单位的利益，将工作带回家，占用个人时间继续工作，其间突发疾病死亡的，其权利更应收到保护，这是倾斜保护职工权利的工伤认定的立法目的。在本案中，在冯某某发病和死亡是否发生在工作时间、工作岗位上缺乏相关证据证明，难以确定的情形下，依据倾斜保护原则，应当作出有利于职工的肯定性事实推定，即认定冯某某死亡视同工伤。倾斜保护原则是《劳动法》最重要的一项原则，贯穿于我国《劳动法》的始终，是将保护弱者的方式限定在倾斜立法上，在立法的层面上对法律保护的利益进行重新调整，在司法上必须严守平等的原则。[①] 劳动法的倾斜保护原则，是为了平衡用人单位和劳动者在劳动关系中不对等的地位而产生的。在劳动关系中，劳动者和用人单位的利益不同，在双方权益失衡的情形下，劳动者处于弱势地位，权益更容易受到侵害。因此，需要借助相关的法律规定来保障双方合法有序的雇佣关系，维持正常有序的劳动市场秩序。倾斜保护原则作为《劳动法》最重要的原则，利用倾斜保护手段保护劳动者的合法利益，法院依据倾斜保护原则的立法目的，在难以认定事实的情况下作出有利于劳动者的判决，即如果劳动合同立法本身对有关问题未作规定或者规定模糊不清，执法与司法应当根据“有利原则”作出对劳动者有利的倾斜。[②] 从而实现劳动关系最大化的平等，保障劳动者的最基本权益。

综上所述，冯某某死亡的情形应当认定为工伤。

（二）争点二解析：海南省某市人社局所作223－1号工伤决定应该被撤销

首先，冯某某死亡符合视同工伤认定的情形。前文已经论述，冯某某的死亡符合“48小时内经抢救无效而视同工伤”的法律规定，这种判断符合《工伤保险条例》以及最高人民法院《关于审理工伤保险行政案件若干问题的规定》的有关规定及其精神。既然符合视同工伤认定的条件，也是说明冯某某的死亡应当认定为工伤。既然冯某某的死亡应当认定为工伤，海南省某市人社局所作的223－1号工伤决定就应当撤销，否则两者之间必然形成矛盾。同时，退一步讲，冯某某死亡情形也不符合我国《工伤保险条例》第16条关于工伤认定排除情形的规定，即“职工符合本条例第十四条、第十五条的规定，但是有下列情形之一的，不得认定为工伤或者视同工伤：（一）故意犯罪的；（二）醉酒或者吸毒的；（三）自残或者自杀的。”从该条规定可知，冯某某的死亡不符合

① 参见董保华等：《社会法原论》，中国政法大学出版社2001年版，第145～150页。

② 参见李雄：《论我国劳动合同立法的宗旨、功能与治理》，载《当代法学》2015年第5期。

上述三种情形,因为其是突发疾病而死亡,不同于故意犯罪、醉酒或吸毒以及自残或自杀行为。排除工伤所规定的情形一般都是不能宽恕的私人行为,比如,损害了单位的利益,触犯了法律的底线,有损了国家公共利益而受伤的行为。[①] 显然,冯某某的死亡情形与此不符。

其次,海南省某市人社局所作的223-1号工伤决定被撤销符合《行政诉讼法》的规定。根据《行政诉讼法》第70条的规定,行政行为的主要证据不足的,人民法院应当判决撤销或者部分撤销,并可以判决被告重新作出行政行为。显然,在本案中,海南省某市人社局关于冯某某因病死亡不认定为工伤的认定结论缺乏充分的证据作支撑。海南省某市人社局在认定中主要强调了"学校规定不得利用晚修时间上课或考试、学校领导否认安排教师通宵改卷或要求任课老师必须当天改完作业或试卷等事实",但是这些事实不属于工伤认定应当考虑的因素,而且这些因素也并不属于《工伤保险条例》第16条中关于工伤认定排除情形的规定,显然这种认定属于明显的主要证据不足的情形,而且这种认定模式也严重背离了劳动法的倾斜保护原则,海南省某市人社局不应将此作为判定冯某某是否认定工伤的证据。

综上所述,海南省某市人社局所作的223-1号工伤决定应该被撤销。

七、拓展训练

(一)案例简介

李某某于2015年6月16日入职某泰公司,双方签订了期限为2015年6月16日至2018年6月30日的劳动合同。2015年7月15日某泰公司(甲方)与李某某(乙方)签订了《非北京户籍留学回国人员引进特别协议》,协议订立后,某泰公司为李某某办理了户籍进京手续。因李某某个人原因提出辞职,双方劳动关系于2016年6月15日解除。某泰公司主张,李某某在公司为其办理完落户北京手续后辞职,违背了诚实信用原则,亦违反单方承诺,造成其公司北京户籍指标的流失,没有达到吸引人才、稳定人才、长期发展壮大的目的,给其公司造成了不可挽回的损失。李某某则主张双方协议第5条中约定的系违约金,违反了《劳动合同法》第25条的规定,应属无效条款。主张其并未给某泰公司造成损失,户籍进京指标并非社会稀缺资源,只要符合申报条件各单位均可办理;其离职没有给某泰公司带来任何经济损失,员工离职应当受到法律保护。某泰公司向北京市海淀区人民法院提起诉讼,请求判令:李某某赔偿因违反《非北京户籍留学回国人员引进特别协议》的约定而给其公司造成的损失12万元。

---

① 参见苏小军:《我国工伤保险制度现状》,云南师范大学哲学与政法学院2019年硕士学位论文,第18页。

(二)思考问题

请评析该案例并判断某泰公司的诉讼请求能否得到支持?

第三节　劳动关系与加工承揽关系的认定

一、案例选择

重庆市某运输有限责任公司与谢某某确认劳动关系纠纷案

案号:(2016)渝03民终828号

二、问题提示

劳动关系不同于加工承揽关系。

三、案例基本情形

上诉人(原审原告):重庆市某运输有限责任公司

被上诉人(原审被告):谢某某

2009年6月,重庆市某运输有限责任公司(以下简称某运输公司)与谢某某签订《出租汽车营运经济目标协议书》。该协议第2条约定:本协议属企业出租汽车公司化内部经济责任制性质,实行的是出租汽车经营责任人每月按时足额缴清营运经济责任定额款,超营运经济责任定额全留的经营管理办法。本出租汽车的车辆所有权、营运权、经营指标权和营运管理权及收益权属某运输公司。谢某某按此协议,必须遵纪守法,按照某运输公司的《出租汽车公司化经营管理办法》及相关管理制度,按时足额缴纳营运经济责任定额款。该协议第3条约定:谢某某在签订协议书时须向某运输公司一次性缴纳营运车辆设备、安全、服务质量保证金2万元(含谢某某的雇用副驾,5000元车辆设备、安全、服务质量保证金)。该协议第4条约定:某运输公司和谢某某劳动关系按照《劳动法》并参照《重庆市交通委员会、劳动和社会保障局关于规范出租汽车行业劳动用工及相关问题的通知》[渝交委(2003)401号]精神和相关规定执行。该协议第6条约定:经营期限为2009年6月至2014年12月31日。该协议第7条约定:确定谢某某第一年度每月向某运输公司缴纳营运经济责任定额款7879元(此款含营业税、车船使用税407元,保险费786元,有偿使用费667元,车辆折旧费914元,资金利息330元,社保统筹费610元,驾驶员工资2600元,GPS使用费60元,座套换洗费45元,失业补偿准备金110元,车辆审验费150元,企业管理费350元,企业利润1000元)。该协议第9条约定:出租车经营责任人配置:(1)某运输公司车辆实行1车2人(经营责任人1人、经营责任人雇驾1人)的营运责任制;(2)谢某某有权挑选组合副驾(必须经过公司相关资质审验合格,缴纳5000元车辆设备、安全、服务质量保证金),负责出租汽车营运全过程的营运收入的缴纳,车辆交接班及日常行车工作安排,拥有出租车营运经济责任定额超额部分的自主分配权,谢某某的劳保福利、加班工资等各种补贴,由谢某某在经济责任定额超额部分中自行发放。同时负责车辆维护、优质服务和精神文明工作,承担车辆安全、治安防范的经济及法律责任。该协议第13条约定:出租汽车发生交通事故所造成的经济损失按保险公司的规定理赔,其免赔部分按以下标准由某运输公司、谢某某双方分别承担:(1)负事故全部责任的,保险公司理赔后,其免赔部分在6000元以内(含6000元),由谢某某全部承担,超过6000元以上,其超额部分由某运输公司承担60%,谢某某承担40%。(2)负事故主要责任的,保险公司理赔后,其免赔部分在5000元以内(含5000元),由谢某某全部承担,超过5000元以上,其超额部分由某运输公司承担60%,谢某某承担40%。(3)负事故同等责任的,保险公司理赔后,其免赔部分在4000元以内(含4000元),由谢某某全部承担,超过4000元以上,其超额部分由某运输公司承担60%,谢某某承担40%。(4)负事故次要责任的,保险公司理赔后,其免赔部分在3000元以内(含3000元),由谢某某全部承担,超过3000元以上,其超额部分由某运输公司承担60%,谢某某承担40%。该协议第17条约定:某运输公司拥有营运车辆的所有权、营运管理权和经营指标权、车内及车身广告收益权,以及对该出租车的安全、设备设施、劳务的统一管理权、服务质量监控权、对谢某某违章违纪、违约违规的处理权。该协议第19条约定:某运输公司根据国家法律法规和出租汽车客运行业的相关规定,制定企业相关管理规章制度,督促谢某某及副驾保持车容车貌整洁、车况良好、安全文明行车和文明规范服务,并对谢某某的职业道德、业务技能、安全行车、规范服务的教育和培训,提高谢某某的综合职业素质。该协议第20条约定:在本协议期限内,某运输公司承担的费用为经营权有偿使用费、车辆折旧费、资金利息、车辆保险费、养路费、座套换洗费、车船使用税、营业税及附加、企业管理服务费、GPS使用费、社保统筹金(企业部分)、经营责任人及副驾(1名)工资、失业准备补偿金。该协议第27条约定:谢某某必须严格进行规范营运,遵守行业管理部门和某运输公司的管理制度,服从某运输公司对谢某某违章违纪行为的处理。如有违法、违章、违规、违约而引发的经济或法律责任,概由谢某某自负。协议签订后,谢某某即被某运输公司确认为该车主驾人。

谢某某从2009年5月20日起在某运输公司从事出租车驾驶工作。从2015年1月起,双方签订了书面劳动合同。2015年4月3日,谢某某向垫江县劳动人事争议仲裁委员会申请仲裁,请求确认从2009年5月20日起与某运输公司存在劳动关系,该仲裁委员会于2015年6月1日裁决确认谢某某从2009年5月20日起与某运输公司存在劳动关系。

某运输公司公司一审向法院提起诉讼,请求确认其与谢某某之间不存在劳动关系。其诉称:2009 年至 2014 年,公司根据垫江县交通运输部门的安排,确定按公司化责任经营考核出租汽车,与经营责任人签订《出租汽车营运经济目标协议书》,约定由谢某某每月按时足额缴清营运经济责任定额的经营方式。同时还约定,副驾由主驾自行聘请,负责管理和发放其工资及福利。谢某某于 2009 年 1 月起驾驶公司的出租车至 2014 年 12 月 31 日。上述协议期满后,谢某某于 2015 年 1 月与公司签订了劳动合同。公司于 2015 年 8 月 5 日收到仲裁裁决书。公司认为,劳动关系的认定主要从以下 3 个方面进行审查:一是合意性,即用人单位与劳动者要有合意;二是隶属性,即劳动者是用人单位的职工,处于提供劳动力的地位,属用人单位管理,双方形成的是领导与被领导的关系;三是实际性,即用人单位实际是否用工。结合本案的情况看,公司只是应行业管理部门的要求对谢某某进行资质审查和安全教育培训。因此,公司与谢某某之间不存在劳动关系,故诉至法院,请求判决公司 2009 年 5 月 20 日至 2014 年 12 月 31 日与谢某某不存在劳动关系。

谢某某认为,其与某运输公司系劳动关系而不是承包关系。因为双方所签订的协议书第 2 条明确约定了该协议书系公司化内部经营责任制性质,同时,该协议书第 4 条也明确约定了双方系劳动合同关系,而不是责任经营关系。该协议书第 27 条、第 28 条、第 34 条、第 37 条、第 40 条均明确了某运输公司要对其进行有效管理。《关于规范出租汽车行业劳动用工及相关问题的通知》中明确规定了出租车驾驶员与车辆所有者应签订书面劳动合同。其在仲裁庭审时提交的从业资格证、服务监督卡、内部准驾证、诚信考核表等证据上均加盖了某运输公司单位的公章。同时,某运输公司还组织了其进行学习,并给一同培训的部分驾驶员发放奖状,也对部分驾驶员罚款,某运输公司的这些行为足以说明其是服从了某运输公司的管理。故请求法院判决确认其与某运输公司从 2009 年 5 月 20 日起至 2014 年 12 月 31 日存在劳动关系。

一审法院判决:某运输公司从 2009 年 5 月 20 日起至 2014 年 12 月 31 日与谢某某存在劳动关系。一审案件受理费 10 元,减半收取 5 元,由某运输公司负担。

某运输公司不服上述判决,提起上诉,请求撤销原判,改判确认上诉人与被上诉人之间不存在劳动关系或者依法发回重审。主要事实及理由如下:(1)2008 年以前,出租汽车大部分均采用挂靠经营的模式。在 2009 年新一轮出租车投放市场过程中,上诉人拟变更为公司化自营模式,但由于被上诉人坚决抵制,并同其他出租车驾驶员多人多次群体上访,后经当地行业主管部门协调,上诉人遂暂缓进行公司化自营改制,采用责任制目标考核方式继续让原经营者再继续经营 6 年。在此期间,被上诉人向上诉人缴纳定额包干费用,多余的营运收入归己,同时签订目标责任书的人员为主驾,自行聘请 1

名副驾与其共同经营，副驾的工资待遇由主驾负责发放。因此，上诉人与被上诉人之间仅系承包合同关系，而不是劳动合同关系。(2)上诉人除按行业主管部门要求对被上诉人组织安全学习，协助办理相关经营证件外，并未对被上诉人进行任何实质上的劳动管理，同时，每辆车的燃油补贴亦全额发放给每位承包经营者。因此，上诉人并不是真正的用人单位。(3)一审判决认定上诉人给被上诉人办理了社会保险费用，与双方当事人的陈述矛盾，认定事实错误。(4)一审判决认定上诉人给被上诉人发放了"工资"错误。被上诉人的收入实质上是自收自支，一部分是由上诉人在收取承包费用后返还的"工资"，但这仅是形式上公司经营过账的需要，并非向主驾、副驾支付的工资；另一部分是包干费用之外的营运收入，这部分全部归被上诉人享有、支配。因此，认定上诉人给被上诉人发放了工资不符合客观实际。(5)一审判决认定被上诉人所举示的驾驶证、服务质量证明、工作服、投诉职工花名册等证据，未经法庭质证，审判程序严重错误。(6)本案涉及的出租车经营权，已由上诉人转移给主驾，其实质属于主驾人自主经营、自负盈亏的经营方式，一审判决认定双方存在劳动关系，适用法律错误。

四、诉讼争点

本案再审审查的争议焦点是上诉人与被上诉人之间属于承包经营合同关系还是劳动合同关系？

五、裁判理由及结果

(一)一审裁判理由及结果

1. 一审裁判理由

谢某某在作为出租车驾驶员期间，受某运输公司单位劳动规章制度的约束和管理，由某运输公司发放工资，某运输公司还代缴社会保险，且某运输公司与主驾谢某某签订的《出租汽车营运经济目标协议书》清楚地载明对谢某某进行约束和管理，该协议约定的各项权利义务内容也符合《劳动合同法》第17条规定的劳动合同应当具备的相关条款，尤其该合同第4条清楚写明了某运输公司与谢某某的劳动关系按照《劳动法》的相关规定执行，足以证明谢某某是某运输公司的合同制员工，双方具有劳动关系显而易见。

2. 一审裁判结果

(1)某运输公司从2009年5月20日起至2014年12月31日与谢某某存在劳动关系。(2)一审案件受理费10元，减半收取5元，由某运输公司负担。

(二)二审裁判理由及结果

1. 二审判决理由

第一，承包经营合同关系与劳动合同关系在以下方面存在区别：(1)劳动者的身份不同。在承包经营合同中,承包人不一定是企业内部职工;而在劳动合同中,劳动者必须是企业录用的职工。(2)享有实际经营权的主体不同。经营权,是指占有、使用生产资料,运用生产工具,组织、指挥劳动者进行生产经营的权利。在承包经营合同中,所有者将属自己所有的生产资料、生产工具的占有、使用权通过订立合同的方式转让给承包人,由承包人自行组织人员进行生产,生产的产品及劳动成果全部归承包人。承包人除按约定向所有者支付费用外,不再支付其他费用。而在劳动合同中,所有者直接利用对生产资料、生产工具的占有、使用权自行组织生产,而劳动者仅仅是在所有者的组织、指挥下,付出具体劳动,其不享有经营权。(3)劳动者在合同中的身份不同。承包合同中的承包人是生产经营者的组织者、管理者;而劳动合同中的劳动者是劳动过程中的劳动者和被管理者。(4)劳动者在劳动过程中的承担责任形式不同。在承包合同中,承包人要对承包的生产经营成果负责;而在劳动合同中,劳动者仅对本人所担负的生产任务负责。(5)劳动者的劳动报酬的性质不同。在承包合同中,承包人的报酬为生产经营收入,受市场等诸多因素影响;而在劳动合同中,劳动者的收入为劳动报酬性质的工资,通常情况下较为固定。

第二,在本案中,被上诉人在签订本案目标协议书前,不是上诉人的员工;在签订本案目标协议后,被上诉人亦没有办理正常的入职手续。作为主要生产资料、生产工具的出租汽车,系实现经营权的主要载体,被上诉人通过订立目标责任书的形式,获得了对出租汽车的占有、使用权利,具体表现如下:在被上诉人实际从事营运过程中,其何时上班,何时下班,某运输公司均没有实际进行考勤,对车辆停放于何处,某运输公司并没有实际进行监管,这体现了被上诉人对车辆享有自由的占用、使用权利;在实际运营过程中,被上诉人获得了出租汽车运营所产生的全部收益,被上诉人除向上诉人每月交纳目标责任书所约定的固定款项外,不再交纳其他费用;某运输公司仅仅是出于行业管理的需要,对被上诉人的运营行为进行了一定程度的监管,而对每天的车辆行驶里程,每天实际收益数额,以及实际支付的运营成本,如油料、修理等费用,均是被上诉人自行享有、承担,这完全体现了被上诉人自行组织生产,独立获得劳动成果的事实。以上事实,均充分证明了被上诉人对涉诉出租汽车享有实际的经营权及收益权。至于某运输公司每月定期对被上诉人所进行了安全、教育培训,系基于出租汽车作为公共交通工具的行业要求,且符合目标协议书的约定,故不能以此作为认定上诉人对被上诉人进行了劳动管理的唯一证据。虽然双方在《出租汽车营运经济目标协议书》中约定交纳的款项中包括某运输公司支付给被上诉人的工资2600元,但在某运输公司与其他类似被上诉人的全部驾驶员签订的协议书中,均约定了这一相同金额,且这一款项事后亦由某运输公司全部返还给被上诉人,这在根本上未能体现与劳动者付出的具体劳动相匹配的报酬实质,况且被上诉人每月所获得的实际收入的大部分亦是从经营收入中获得,因此,目标协议书中的“工资”不能被认定为被上诉人获得了从事某运输公司安排的有报酬劳动的证据。

2. 二审裁判结果

(1)撤销垫江县人民法院(2015)垫法民初字第04327号民事判决。(2)确认重庆市某运输公司与谢某某从2009年5月20日起至2014年12月31日不存在劳动关系。(3)一审案件受理费减半收取5元,二审案件受理费10元,共计15元,均由被上诉人谢某某负担。

六、评析研判

劳动合同关系与加工承揽关系的区分具有十分重要的意义,如果诉讼双方之间是劳动合同关系,劳动者将享有《劳动法》以及《劳动合同法》等相关法律规定的具体权利,用人单位则承担相应的义务;而如果诉讼双方之间是加工承揽关系,那么诉讼双方当事人之间就是民事法律关系,其权利与义务就应当依据《合同法》来确定。

本案再审审查的争议焦点,就是上诉人与被上诉人之间属于劳动合同关系还是加工承揽关系?

争点解析:本案中上诉人与被上诉人之间的法律关系应当被定性为劳动合同关系,而不是加工承揽关系。首先,上诉人某运输公司与被上诉人谢某某都具有合法有效的劳动合同主体资格。在认定劳动关系方面,原劳动和社会保障部印发的《关于确立劳动关系有关事项的通知》[劳社部发(2005)12号]第1条规定的首要条件就是用人单位和劳动者符合法律、法规规定的主体资格,所以是否符合劳动合同关系主体资格是判断劳动合同关系成立与否的基础。根据《劳动法》以及《劳动合同法》的相关规定,劳动合同关系建立的首要条件是双方都具有合法的劳动合同关系主体资格。《劳动法》第15条明确规定:“禁止用人单位招用未满十六周岁的未成年人”,显然被上诉人谢某某不属于这种情况,因此被上诉人谢某某具有劳动合同主体资格。同时,《劳动法》第2条明确规定:“在中华人民共和国境内的企业、个体经济组织(以下统称用人单位)和与之形成劳动关系的劳动者,适用本法。”同时,《劳动合同法》第2条也明确规定:“中华人民共和国境内的企业、个体经济组织、民办非企业单位等组织(以下称用人单位)与劳动者建立劳动关系,订立、履行、变更、解除或者终止劳动合同,适用本法。”也就是说,上诉人某运输公司作为一个具有独立法人资格的企业,是符合《劳动法》与《劳动合同法》所规定的劳动合同关系主体资格条件的。

其次,上诉人某运输公司与被上诉人谢某某协议内容符合劳动合同关系特点。上诉人某运输公司与被上诉人谢某某签订了《出租汽车营运经济目标协议书》,该协议书的内容非常具体,包括了《劳动合同法》第17条所规定的主要条款,具有劳动合同的实质要件。例如,该协议书第 2 条关于责任定额的规定;第 6 条关于协议期限的规定;第 7 条关于工资的规定;第 17 条关于规范管理的规定;第 20 条关于社会统筹保险金的规定。特别是该协议书第 4 条明确规定了双方关系是劳动关系,按照劳动关系处理。劳动合同具有的一个显著特点就是合意性,也就是劳动者与用人单位双方的合意,是双方真实意思的表达,尽管劳动关系最核心的特点是管理性或者控制性,但是合意是劳动关系产生的前提与基础,只要不违反法律以及行政法规,劳动者与用人单位之间的合意内容应当得到司法的尊重。所以,在本案中,上诉人某运输公司与被上诉人谢某某约定的协议条款不仅与劳动合同法所规定的条款相符合,而且明确约定了双方的关系是劳动关系,按照劳动关系处理,这反映了当时双方签订协议时的真实意思就是要建立劳动合同关系,而不是加工承揽关系。更为重要的是,加工承揽关系一般具有短期性,而上诉人某运输公司与被上诉人谢某某之间的协议长达 5 年以上,这不符合一般加工承揽关系的时间特点,而且一般加工承揽关系是一次性或者阶段性支付报酬,被上诉人谢某某是按月从上诉人某运输公司领取工资,而且双方约定的就是工资而不是劳动报酬。所以,如果用加工承揽关系来定性,对被上诉人谢某某不公,上诉人某运输公司有逃避法律义务之嫌,因为"司法实践中劳动合同与承揽合同极易混淆,有些用人单位用承揽合同代替劳动合同,企图以承揽形式逃避用人单位的法定义务以争取自身利益最大化"。①

再次,被上诉人谢某某接受上诉人某运输公司的规章制度管理。"劳动关系的进行过程中,用人单位对劳动者予以监督、指挥。劳动者负有服从义务。这种特点使劳动者的劳务性质具有了从属性特征。"②在本案中,被上诉人谢某某与上诉人某运输公司具有明显的隶属关系或者管理与被管理关系。双方不仅在协议书第 17 条明确约定了被上诉人谢某某接受上诉人的监督管理,包括违纪处罚,而且在实践当中被上诉人也接受了上诉人某运输公司的管理与培训等,至于管理的强度、是不是对其进行日常的具体管理及具体到何种程度,这不应影响劳动关系的定位。因为出租车行业的特性决定了,该工作自主性相对较大,过于详细的管理是不必要的,所以二审法院认为上诉人某运输公司只是对被上诉人谢某某进行一般的监管而不是劳动管理中的管理,这种观点是片面的。同时,被上诉人是以上诉人公司的名义去从事运输,而且双方还在协议书第 13 条规定了出车事故的共同承担问题,这都表明了被上诉人谢某某隶属于上诉人某运输公司。如果是加工承揽关系,在对外责任当中,应当由承揽方自行负责,这种责任约定不符合加工承揽关系的一般特点。

最后,从生产资料的归属情况看,双方的关系符合劳动合同关系的一般特点。"有

---

① 郭征海:《区分承揽合同与劳动关系的实质标准》,载《上海法治报》2013 年 9 月 18 日,第 B07 版。

② 郭婧:《企业管理中承揽与劳动关系区别研究》,载《东方企业文化》2015 年第 4 期。

效区分劳动合同与加工承揽的关键并不在于双方协议的名称，而应根据协议的实质内容，从合同目的、报酬方式、劳动力及生产资料的归属等标准出发，结合合同主体性质、责任承担方式等因素进行严格区别与认定。”①加工承揽关系的一个显著特点，就是承揽人一般是用自己的生产资料完成定做人的任务，《合同法》第 253 条也对此作出了明确规定：“承揽人应当以自己的设备、技术和劳力，完成主要工作，但当事人另有约定的除外。”劳动关系中则是用人单位为劳动者提供生产资料，劳动者仅提供自身劳动力，一般不会自带生产工具，劳动关系强调的是劳动者的劳动力与用人单位生产资料的结合。而本案中被上诉人谢某某使用的出租车是上诉人某运输公司所有，所以这一点也不符合加工承揽关系的一般特点。尽管在加工承揽关系中可以对生产工具进行特殊约定，但是就本案而言，应当将生产资料的归属情况与当事人双方的协议书以及管理与被管理关系进行综合考量、整体判断，这样不难得出结论：被上诉人谢某某与上诉人某运输公司是劳动关系。

综上所述，本案中被上诉人谢某某与上诉人某运输公司之间应当是劳动关系，而不是加工承揽关系，劳动关系的定位更加符合双方真实的权利义务关系状态。

七、拓展训练

（一）案例简介

2018 年 1 月 25 日，原告四川省某建设公司与大英县某水库建设开发有限责任公司签订了《建设工程施工合同》，约定由原告承建都江堰大英灌区续建配套与节水改造某支渠及分支渠工程三标段。2018 年 1 月 15 日，原告与自然人蒋某某签订了《项目管理目标责任书》，明确了蒋某某为原告承建的都江堰大英灌区续建配套与节水改造某支渠及分支渠工程三标段的项目负责人，并对其权利义务进行了约定。2018 年 4 月 16 日，蒋某某与自然人左某签订《专业承揽合同》，将大英县某隧道爆破劳务以 350 元/米的方式分包给了左某，由左某以承揽方式组织人员进行爆破。被告林某某被左某雇请到工地上从事炮工工作，由左某负责管理和支付报酬。2019 年 10 月 15 日，被告向大英县劳动人事争议仲裁委员会申请仲裁，请求确认与原告之间存在事实劳动关系。该委员会于 2019 年 11 月 25 日作出大劳人仲案（2019）109 号仲裁裁决书裁决：申请人（指被告）与被申请人（指原告）存在劳动关系。并于 2019 年 11 月 27 日、29 日分别向原告、被告送达。原告不服该裁决，在法定期限内向四川省大英县人民法院提交了起诉材料。

（二）思考问题

四川省某建设公司与林某某之间是否存在劳动关系？

---

① 郭征海：《区分承揽合同与劳动关系的实质标准》，载《上海法治报》2013 年 9 月 18 日，第 B07 版。

第四节　事业单位与其雇佣劳动者之间劳动关系的认定

一、案例选择

某省图书馆与郑某某劳动争议纠纷案

案号:(2017)琼01民终973号

二、问题提示

如何确定事业单位与编制外人员争议的劳动法律法规适用问题。

三、案例基本情形

上诉人(原审原告):某省图书馆

被上诉人(原审被告):郑某某

某省图书馆于2007年3月30日经某省事业单位登记管理局批准成立,其举办单位为省文体厅。2009年8月起郑某某至某省图书馆工作,某省图书馆为其缴纳基本养老保险。2009年12月25日、2011年11月1日和2012年11月1日,某省图书馆与郑某某分别签订了三份劳动合同,约定的合同期限分别为2年、1年和1年。2013年11月1日,某省图书馆与郑某某签订《某省图书馆临时用工劳动合同书》,合同为无固定期限劳动合同,从2013年11月1日起至法定的终止条件出现止。在某省图书馆工作期间,郑某某先后在电子阅览室、办公室、人事机要室、财务部和借阅部工作。

2016年6月7日,省文体厅向某省图书馆下发《某省文化广电出版体育厅关于开展厅直属单位编外聘人清理工作的通知》,要求加快清理厅系统编外聘人的工作。该通知中写明:本文所称编外聘人,是指在单位编制之外,与该单位产生直接雇佣关系的人员,包括临时聘用(1年以下)和长期聘用人员,不包括服务外包、劳务派遣、退休返聘等人员。该通知要求凡临时聘用人员一律在当年6月底前,在法律框架下与其解除劳动关系。对已经签订劳动合同的编外聘用人员,凡合同到期的一律不得续聘,应按要求解除劳动合同;如确因工作需要,可根据实际情况,转为项目外包或劳务派遣等适宜的方式。郑某某属于某省图书馆的编制外人员。某省图书馆依照上述通知要求,于2016年7月31日向郑某某发出《解除劳动合同通知书》,以劳动合同订立时所依据的客观情况发生重大变化,致使劳动合同无法履行为由,决定于2016年7月31日解除与郑某某于2013年11月1日签订的劳动合同。并在该通知书的下方附注:“本单位向你提出协商解除劳动合同,你是否愿意协商解除劳动合同?"郑某某本人签署不愿意,并署名郑某某,填写日期为 2016 年 7 月 31 日。工会于 2016 年 11 月 4 日下午 4 时召开了工会委员会议,会议同意省图书馆根据《某省文化广电出版体育厅关于开展厅直属单位编外聘人清理工作的通知》解除对陈某某等 14 名人员的劳动合同。郑某某系以上 14 位被解除劳动合同的人员之一。

郑某某在某省图书馆通知与其解除劳动关系时已怀孕。2016 年 3 月 24 日,郑某某在某省农垦总医院做超声检查,医院出具的报告中写明郑某某已经宫内中期妊娠,相当于孕 15 周 +。2016 年 9 月 20 日,郑某某在某省农垦总医院东湖分院产下一子。2016 年 9 月 22 日,郑某某作为申请人,以某省图书馆为被申请人向省劳动仲裁委提起仲裁申请,请求裁决撤销被申请人于 2016 年 7 月 31 日作出的《解除劳动合同通知书》,继续履行 2013 年 11 月 1 日签订的无固定期限劳动合同。开庭审理后,省劳动仲裁委员会于 2016 年 12 月 2 日作出琼劳人仲裁字(2016)第 435 号《仲裁裁决书》,裁决撤销被申请人于 2016 年 7 月 31 日对申请人作出的《解除劳动合同通知书》,双方继续履行 2013 年 11 月 1 日签订的无固定期限劳动合同。

某省图书馆于 2016 年 12 月 22 日收到仲裁裁决后对结果不服,于 2016 年 12 月 30 日向一审法院起诉,请求:(1)确认某省图书馆与郑某某的劳动关系于 2016 年 7 月 31 日起解除;(2)本案诉讼费用由郑某某承担。

一审法院综合当事人的诉、辩主张和一审法院查明的事实,判决如下:(1)驳回某省图书馆的诉讼请求;(2)撤销某省图书馆于 2016 年 7 月 31 日向郑某某作出的《解除劳动合同通知书》,双方继续履行于 2013 年 11 月 1 日签订的无固定期限劳动合同。

一审宣判后,某省图书馆不服该判决,遂依法提起上诉。

某省图书馆诉称:(1)一审判决认定某省图书馆与郑某某之间的争议不是人事争议,认定事实错误。某省图书馆是全额拨款的事业单位,郑某某是某省图书馆招聘的管理人员。某省图书馆作为全额拨款的事业单位,双方在合同中不仅约定适用事业单位聘用人员的相关规定,而且还约定解除合同按某省有关规定执行。(2)一审判决适用法律错误。本案应首先适用《事业单位公开招聘人员暂行规定》和《某省事业单位公开招聘人员实施办法》等人事方面的规定。一审判决没有适用人事方面的特别规定,径行适用劳动关系方面的规定,属适用法律错误。(3)一审判决未查明某省图书馆与郑某某之间的合同在法律上和事实上均无法继续履行,认定事实不清。遂请求二审法院:(1)撤销海口市琼山区人民法院(2016)琼 0107 民初 3680 号民事判决书;(2)确认某省图书馆与郑某某的劳动关系(人事关系)于 2016 年 7 月 31 日起解除。

郑某某辩称:(1)一审判决认定郑某某与某省图书馆之间的争议属于劳动争议,认定事实正确。(2)郑某某与某省图书馆之间订立的无固定期限劳动合同,合法有效。郑某某与某省图书馆之间是劳动关系，故本案应当适用劳动法律规范进行裁判，而非人事法律规范。双方之间于2013年11月1日建立的无固定期限劳动合同合法有效，依法应当受到劳动法律规范的保护。某省图书馆依据人事法律规范以招聘程序违法进行抗辩，不能成立。(3)郑某某与某省图书馆之间的无固定期限劳动合同在法律和事实上均可以继续履行。遂请求二审法院驳回某省图书馆的上诉请求。

四、诉讼争点

(一)本案是劳动争议还是人事争议以及应适用何种法律?

(二)某省图书馆解除其与郑某某之间的劳动合同是否合法?

五、裁判理由及结果

(一)一审裁判理由及结果

1. 一审裁判理由

关于本案的法律适用问题。某省图书馆系事业单位，虽然事业单位与其工作人员之间多实行聘用制，但郑某某作为某省图书馆的编制外聘用人员，而非编制内工作人员，其与某省图书馆之间存在的是劳动关系，双方之间的争议系劳动争议，而非事业单位与其工作人员之间因辞职、辞退及履行聘用合同所产生的人事争议。根据《劳动合同法》第2条第2款的规定，事业单位和与其建立劳动关系的劳动者，订立、履行、变更、解除或者终止劳动合同，依照该法执行。所以本案中某省图书馆与郑某某之间的劳动争议应适用劳动合同法处理。

关于某省图书馆解除其与郑某某之间的劳动合同是否合法的问题。某省图书馆主张因订立合同时所依据的客观情况发生重大变化，致使劳动合同无法履行，遂解除与郑某某签订的劳动合同。但依据《劳动合同法》第40条第3项的规定，用人单位依据该条款解除与劳动者的劳动合同时，需经与劳动者协商，未能就变更劳动合同内容达成协议时方可适用。且用人单位应提前30日以书面形式通知劳动者本人或者额外支付劳动者一个月工资后，才可以解除劳动合同。某省图书馆无证据证明已与郑某某就劳动合同内容的变更进行过协商且未能达成协议，《解除劳动合同通知书》下方虽然附注向郑某某征求是否愿意协商解除劳动合同，但无法得知该协商的附注是在发出《解除劳动合同通知书》之前或者之后作出的，该附注后面郑某某的签名看起来更像是对《解除劳动合同通知书》内容的一种回应。故某省图书馆在2016年7月31日向郑某某发出《解除劳动合同通知书》，并要求郑某某当日办理离职手续，该通知行为不符合《劳动合同法》第40条第3项规定的用人单位可单方提出无过失性辞退的条件和程序。同时，《劳动合同法》第42条第4项规定，女职工在孕期、产期、哺乳期的，用人单位不得依照该法第

40 条、第 41 条的规定解除劳动合同。在 2016 年 7 月 31 日，某省图书馆向郑某某发出《解除劳动合同通知书》，郑某某正处在孕期，依据上述规定，某省图书馆不能在当时解除与郑某某的劳动合同。某省图书馆向郑某某发出的解除通知属违法解除行为，应予撤销。某省图书馆还称因其作为全额拨款的事业单位，在上级部门要求解除劳动合同、编外聘用人员的工资不得从财政拨款中支出的情况下，某省图书馆已不能向郑某某支付工资，双方的劳动合同已经无法继续履行。但郑某某作为某省图书馆的长期聘用人员，省文体厅的通知中未明确要求解除与长期聘用人员的劳动关系，且某省图书馆未能举证证明编外聘用人员的工资从财政拨款中支出，就算编外聘用人员的工资从财政拨款中支出，停止财政拨付也应在某省图书馆合法解除了与编外聘用人员的劳动关系后实行，不能基于某省图书馆的违法解除行为而停止，某省图书馆也不能以违法解除行为可能产生的后果来倒证其违法解除行为的合法性。《劳动合同法》第 48 条规定，用人单位违反该法规定解除或者终止劳动合同，劳动者要求继续履行劳动合同的，用人单位应当继续履行。故郑某某在仲裁时请求，以及在答辩中要求撤销某省图书馆于 2016 年 7 月 31 日作出的《解除劳动合同通知书》，继续履行 2013 年 11 月 1 日签订的无固定期限劳动合同，有法律依据，一审法院予以支持。

2. 一审判决结果

(1) 驳回某省图书馆的诉讼请求。(2) 撤销某省图书馆于 2016 年 7 月 31 日向郑某某作出的《解除劳动合同通知书》，双方继续履行于 2013 年 11 月 1 日签订的无固定期限劳动合同。

（二）二审裁判理由及结果

1. 二审裁判理由

关于本案的法律适用问题。《劳动合同法》第 2 条第 2 款规定："国家机关、事业单位、社会团体和与其建立劳动关系的劳动者，订立、履行、变更、解除或者终止劳动合同，依照本法执行。"在本案中，某省图书馆是事业单位，郑某某是某省图书馆的编制外聘用人员，双方签订了无固定期限劳动合同。双方因辞退及履行聘用合同发生争议，根据上述法律的规定，某省图书馆与郑某某之间的争议应适用《劳动法》和《劳动合同法》处理。

关于某省图书馆解除其与郑某某之间劳动合同是否合法的问题。根据《劳动合同法》第 40 条的规定，因客观情况发生重大变化，致使劳动合同无法履行的，某省图书馆欲解除与郑某某之间的劳动合同，应与郑某某协商，未能就变更劳动合同内容达成协商的，应提前 30 日以书面形式通知郑某某本人或者额外支付郑某某一个月工资后方可解除劳动合同。在本案中，某省图书馆未能举证证明其与郑某某就劳动合同内容的变更进行协商且未能达成协议，即于 2016 年 7 月 31 日向郑某某发出《解除劳动合同通知书》,并要求郑某某当日办理离职手续,明显不符合上述《劳动合同法》的规定。另外,根据《劳动合同法》第42条第1款第4项的规定,女职工在孕期、产期、哺乳期的,用人单位不得依照该法第40条、第41条的规定解除劳动合同。某省图书馆向郑某某发出《解除劳动合同通知书》时,郑某某正处于孕期,根据上述法律规定,某省图书馆解除与郑某某的劳动合同于法不符。

关于某省图书馆上诉主张其与郑某某之间的劳动合同在法律上和事实上不能继续履行应否支持的问题。即便某省图书馆依据某省文体厅的通知,解除与郑某某之间的劳动合同,亦应依《劳动合同法》的相关规定解除,否则,其解除行为违法。郑某某依据《劳动合同法》第48条的规定,要求继续履行劳动合同,应予支持。某省图书馆上诉主张编外聘用人员的工资从财政拨款中支出,但未能举证证明。即使编外聘用人员的工资从财政拨款中支出,停止财政拨付也应在某省图书馆合法解除了与编外聘用人员的劳动关系后实行,不能基于某省图书馆的违法解除行为而停止,某省图书馆也不能以违法解除行为可能产生的后果来倒证其违法解除行为的合法性。故对某省图书馆的该上诉主张,本院不予支持。

2. 二审判决结果

驳回上诉,维持原判。

六、评析研判

事业单位作为我国特殊的组织形式,其工作人员的构成也十分复杂。在我国事业单位中存在着一个人数众多的特殊群体,即编外人员。随着我国经济社会的发展,编外人员的数量不断增加,事业单位与编外人员的争议也越来越多。当编外人员与事业单位发生争议时,应适用何种法律,成为司法审判机关必须要思考和解决的问题。

本案中的诉讼争议焦点主要有两个:(1)本案是劳动争议还是人事争议以及应适用何种法律?(2)某省图书馆解除其与郑某某之间的劳动合同是否合法?

(一)争点一解析:本案属于劳动争议,应适用《劳动法》和《劳动合同法》等相关法律法规

首先,关于事业单位及其人员构成。事业单位是我国独有的概念,其内涵随着社会的发展和社会环境的变化而不断发展变化。1984年全国编制委员会工作会议印发的《关于国务院各部门直属事业单位编制管理的试行办法》中对事业单位的表述为:“凡为国家制造或改善生产条件,从事为国民经济、人民文化生活、增进社会福利等服务活动,不以国家积累资金为目的的单位,可定为事业单位,使用事业编制。”①1998年9月

① 李鸥:《事业单位改革与管理》,天津大学出版社2007年版,第18页。

25日，国务院颁布的《事业单位登记管理暂行条例》将事业单位定义为："国家为了社会公益目的，由国家机关举办或者其他组织利用国有资产举办的，从事教育、科技、文化、卫生等活动的社会服务组织"，[①]这是我国首次从法律上定义事业单位。由此可见，我国事业单位具有独立的法人人格，其是由国有资产举办的为公共社会提供服务的非营利性组织。

由于事业单位独特的法律地位，事业单位的用人制度也存在特殊性。尤其是实行事业单位聘用制度以来，事业单位的人员构成更加复杂。总的来说，我国事业单位人员可以分为4类：第一类是公务员编制人员；第二类是事业编制内人员，主要包括签订聘用合同的人员和无须签订聘用合同的任命人员；第三类是编外人员，其与事业单位签订的是非在编合同；第四类是劳务派遣人员，该类人员与派遣单位签订劳动合同后，通过劳务派遣的方式被事业单位招用为工作人员。上述事业单位的4类工作人员中，只有事业单位编制内的聘用人员才能与事业单位形成聘用关系。

在本案中，某省图书馆作为事业单位，的确符合人事争议案件用人单位一方主体资格的要求，但并非上述4类事业单位人员与事业单位发生争议均为人事争议，这4类人员与用人单位发生的争议是否为人事争议，关键在于确认该工作人员有无编制。虽然某省图书馆与郑某某签订的聘用合同书中指出依据国家有关规定和《某省事业单位实行聘用制办法》，某省图书馆以此证明其与郑某某是合同聘用关系而非劳动合同关系。但实质上，郑某某并非某省图书馆的在编人员，也并未享受到在编人员的待遇，另外，某省图书馆依据某省文化广电出版体育厅发布的《关于开展厅直属单位编外聘人清理工作的通知》与郑某某解除聘用合同的做法，更说明了郑某某为编外人员而非在编人员。同时，某省图书馆又主张郑某某为《事业单位公开招聘人员暂行规定》第2条规定的"管理人员"，因此其与郑某某为人事关系。对此，一审、二审法院认为，郑某某虽为图书管理员，但其从事的工作均为辅助性工作，且某省图书馆完全按照企业与职工的关系对郑某某进行管理，因此，一审、二审均认定郑某某为某省图书馆的非在编聘用人员，与某省图书馆为劳动合同关系，且与某省图书馆的争议为劳动争议的做法合法合理。

其次，关于事业单位各类人员人事关系的法律适用。由上所述，事业单位的劳动人事关系非常复杂，而根据其在事业单位中的不同身份，根据《劳动法》第2条、《劳动合同法》第2条、原劳动部《关于贯彻执行〈中华人民共和国劳动法〉若干问题的意见》第3条以及《公务员法》第106条的规定，事业单位与其工作人员发生争议时适用法律的情况为：第一，凡是工作人员按照公务员管理的事业单位的人事争议适用《公务员法》处理。第二，实行企业化管理的事业单位与其工作人员发生的争议，应当按照劳动争议适

① 《事业单位登记管理暂行条例》（国务院令第411号）第2条。

用《劳动法》处理。第三,事业单位与通过劳务派遣等形式招用的人员发生的争议适用《劳动法》的规定处理。[①] 第四,实行事业单位聘用制人员在与事业单位发生争议后的法律适用较为复杂,且存在较大争议,目前仅能部分适用《劳动合同法》。在本案中,根据原劳动部《关于贯彻执行〈中华人民共和国劳动法〉若干问题的意见》第3条"国家机关、事业组织、社会团体实行劳动合同制度的以及按规定应实行劳动合同制度的工勤人员;实行企业化管理的事业组织的人员;其他通过劳动合同与国家机关、事业组织、社会团体建立劳动关系的劳动者,适用劳动法"的规定,以及《劳动法》第2条"在中华人民共和国境内的企业、个体经济组织(以下统称用人单位)和与之形成劳动关系的劳动者,适用本法。国家机关、事业组织、社会团体和与之建立劳动合同关系的劳动者,依照本法执行"的规定,郑某某作为某省图书馆的非在编聘用人员,与某省图书馆为劳动合同关系,且某省图书馆与其发生的争议属于实行企业化管理的事业单位与其工作人员发生的争议。因此,郑某某与某省图书馆的争议属于劳动争议,应当适用《劳动法》和《劳动合同法》等相关劳动法规。

综上所述,郑某某属于编外聘用人员,本案属于劳动争议,应适用劳动法规。

(二)争点二解析:某省图书馆解除其与郑某某之间的劳动合同不符合法律规定

由上所述,郑某某与某省图书馆为劳动合同关系,应适用劳动法规的规范。因此,某省图书馆是否属于违法解除与郑某某的劳动合同关系,应由劳动法律规范进行衡量。

首先,郑某某与某省图书馆签订的无固定期限劳动合同合法有效。《劳动合同法》第26条规定:"下列劳动合同无效或者部分无效:(一)以欺诈、胁迫的手段或者乘人之危,使对方在违背真实意思的情况下订立或者变更劳动合同的;(二)用人单位免除自己的法定责任、排除劳动者权利的;(三)违反法律、行政法规强制性规定的。对劳动合同的无效或者部分无效有争议的,由劳动争议仲裁机构或者人民法院确认。"在本案中,郑某某与某省图书馆根据各自的真实意思表达,且在未违反强制性法律规范和公序良俗的基础上签订了无固定期限的劳动合同是合法有效的,并不属于《劳动合同法》第26条规定的致使劳动合同无效或部分无效的情形。某省图书馆以未公开招聘郑某某违反了入职程序为由与郑某某解除劳动合同,不属于导致劳动合同无效的法定情形,且某省图书馆的行为也不符合诚实信用原则。故一审、二审对某省图书馆以未公开招聘郑某某而主张劳动合同无效的抗辩不予支持的做法合法合理。

其次,某省图书馆能够继续履行与郑某某的无固定期限劳动合同。在本案中,某省图书馆以因订立合同时所依据的客观情况发生重大变化,致使劳动合同无法履行,而主张其是合法解除与郑某某的劳动关系。对此,某省图书馆主要存在两个抗辩理由:一是

---

① 参见宋治礼:《事业单位人事争议法律救济研究》,载《西部法学评论》2010年第3期。

某省图书馆依据某省文化广电出版体育厅颁布的《关于开展厅直属单位编外聘人清理工作的通知》的要求解除与编外聘用人郑某某的聘用合同并予以清退，是对上述规定的执行，是合法行为；二是某省文化广电出版体育厅《关于开展厅直属单位编外聘人清理工作的通知》规定，编外聘用人员的工资不得从财政拨款中支出，否则将追究相关单位和人员的法律责任。某省图书馆系全额拨款的事业单位，编外聘用人员的工资不得从财政拨款中支出，必然导致某省图书馆与郑某某之间的合同在事实上无法继续履行。某省图书馆的上述抗辩理由均不能成立，理由如下：

第一，《劳动合同法》第 40 条第 3 款规定："劳动合同订立时所依据的客观情况发生重大变化，致使劳动合同无法履行，经用人单位与劳动者协商，未能就变更劳动合同内容达成协议的"，用人单位提前 30 日以书面形式通知劳动者本人或者额外支付劳动者一个月工资后，可以解除劳动合同。在本案中，某省图书馆并无证据证明已与郑某某就劳动合同内容的变更进行过协商且未能达成协议。同时，《关于开展厅直属单位编外聘人清理工作的通知》中仅要求某省图书馆在法律框架内与临时聘用人员（1 年以下）解除劳动关系，并未要求解除无固定期限劳动关系。故一审、二审法院均认定某省图书馆在向郑某某发出《解除劳动合同通知书》，并要求郑某某当日办理离职手续的行为不符合《劳动合同法》第 40 条第 3 款规定的用人单位可单方提出无过失性辞退的条件和程序。

第二，某省图书馆虽然为全额拨款的事业单位，但不能举证证明编外聘用人员的工资从财政拨款中支出，因而应承担举证不能的责任。另外，一审、二审法院均认为，即便能够证明郑某某的工资是财政拨款，停止财政拨付也应在某省图书馆合法解除了与编外聘用人员的劳动关系后实行，不能基于某省图书馆的违法解除行为而停止，某省图书馆不能以违法解除行为可能产生的后果来倒证其违法解除行为的合法性，故一审、二审法院对某省图书馆的上述抗辩理由均不予支持的做法合法合理。《劳动合同法》第 48 条规定："用人单位违反本法规定解除或者终止劳动合同，劳动者要求继续履行劳动合同的，用人单位应当继续履行；劳动者不要求继续履行劳动合同或者劳动合同已经不能继续履行的，用人单位应当依照本法第八十七条规定支付赔偿金。"由上所述，某省图书馆属于违法解除劳动合同，因此，对郑某某要求某省图书馆继续履行与其签订的无固定期限劳动合同的主张应当予以支持。

最后，郑某某属于法定不得解除劳动合同情形。根据《劳动合同法》第 42 条第 1 款第 4 项的规定，女职工在孕期、产期、哺乳期的，用人单位不得依照该法第 40 条、第 41 条的规定解除劳动合同。在本案中，某省图书馆向郑某某发出《解除劳动合同通知书》时，郑某某正处于孕期，属于法定的不得解除劳动合同的情形。因此，某省图书馆在郑某某孕期与其解除劳动合同的行为属于违法解除劳动合同。

综上所述,某省图书馆解除其与郑某某之间的劳动合同不符合法律规定。

七、拓展训练

（一）案例简介

被告范某某于2010年9月入职原告某市人民医院,属事业单位聘用制人员。双方在2011年1月签订了一份《事业单位聘用合同》,约定合同期限自签订之日起算,至被告达到国家规定的退休年龄之日终止。该合同第7条关于“聘用合同的解除”中第5款约定,有下列情形之一的,被告可以随时单方面解除本合同:(1)在试用期内的;(2)考入普通高等院校的;(3)被录用或者选调为公务员的;(4)依法服兵役的。除上述情形外,被告提出解除本合同未能与原告协商一致的,被告应当坚持正常工作,继续履行合同;6个月后再次提出解除该合同仍未能与原告协商一致的,即可单方面解除合同。该合同第10条第2款“乙方违约责任”中第3点约定,因被告违反本合同约定而造成原告损失的,被告应当按照原告的实际损失承担赔偿责任。被告违反该合同约定,造成原告中断履行合同的,应继续履行合同,同时负责赔偿在合同中断期间原告的经济损失。2018年2月5日,被告以“父母年老多病以及女儿的学习、成长”为由向原告提出辞职,但未获得批准。其后被告于2018年3月30日自行离开被告处未再返回上班。原告因被告在未得到其同意的情况下而离开工作岗位,遂在2018年3月后停止为原告缴纳社会保险,在2018年5月后停止为原告缴纳机关事业单位养老保险及职业年金。原告认为被告的行为违反了双方合同的约定,应当按合同约定承担赔偿经济损失的违约责任,同时应继续履行合同。原告某市人民医院向法院提出诉讼请求:(1)判令被告继续履行事业单位聘用合同;(2)判令原告无须向被告出具解除聘用合同证明和办理其人事档案转移手续。

（二）思考问题

请评析该案例并判断某市人民医院的诉讼请求能否得到支持?

第二章　劳动合同关系

第一节　劳动合同订立关系

一、案例选择

广州市某城家具有限公司与李某某劳动合同纠纷案

案号:(2019)粤 01 民终 20750 号

二、问题提示

如何处理劳动合同订立的相关纠纷。

三、案例基本情形

上诉人(原审原告):广州市某城家具有限公司

被上诉人(原审被告):李某某

(一)双方建立劳动关系与订立劳动合同的情况

广州市某城家具有限公司(以下简称某城公司)系于 2016 年 9 月 30 日注册成立的有限责任公司。某城公司、李某某均确认双方于 2017 年 5 月 9 日至 2018 年 5 月 9 日存在劳动关系。某城公司称于 2017 年 5 月 8 日与李某某订立了至 2019 年 5 月 28 日的劳动合同,李某某予以否认,称从未与某城公司签订书面的劳动合同。在仲裁与诉讼中,某城公司均提交了一份分开两页纸张印制的《劳动合同》,合同第 1 页载明了合同期限从 2017 年 5 月 9 日起至 2019 年 5 月 8 日止;工作岗位样品师;工作地点广州市;劳动报酬为试用期工资 1895 元/月,试用期满正常工作时间工资 1895 元/月、加班工资基数 10.89 元/小时。合同第 2 页甲方处填写了某城公司及其法定代表人的信息,并加盖某城公司公章,乙方处则填写了李某某的姓名、联系电话、身份证号码及住址,落款日期为 2017 年 5 月 8 日。李某某对某城公司提供的劳动合同的真实性提出异议,称该劳动合同第 1 页与第 2 页是分开的,字体存在差异明显不是同时打印,某城公司也从未向其出示该劳动合同第 1 页的内容,李某某确认劳动合同第 2 页中的姓名、身份证号码、联系电话、日期及住址均由其填写并签名,还称其填写该信息时某城公司未告知其该资料为劳动合同,甲方处也无加盖某城公司公章,其以为某城公司让其填写上述信息的目的是要为其购买社会保险。某城公司则称该劳动合同第 1 页与第 2 页是同时打印出来的,当时某城公司填写了合同第 1 页第 4 条的劳动报酬“1895 元”,在李某某填写第 2 页信息时也向其出示了该合同第 1 页的内容,并告知李某某劳动合同的期限、工资标准、工资构成等。仲裁审理期间,李某某就某城公司提交的上述劳动合同中第2页手写字体与第1页手写字体是否同一时间形成等申请了司法鉴定并垫付鉴定费7680元。中国广州分析测试中心司法鉴定所作出鉴定意见:"(1)劳动合同第2页书写'李某某'笔迹与第1页书写笔迹不是同时书写形成;(2)劳动合同第2页打印字体与第1页打印字体不是同时制作形成;(3)劳动合同第1页打印字体与第2页打印字体不是同一字体印刷形成。"

在一审审理中,某城公司对仲裁期间的鉴定结论提出异议,并向一审法院申请司法鉴定,要求对《劳动合同》第2页手写"李某某"笔迹与第1页中的手写笔迹是否同一时间形成及对《劳动合同》两页纸的复印时间是否同一时间形成进行司法鉴定。经一审法院两次对外委托,选定的鉴定机构均表示以现有条件,对鉴定事项无法形成鉴定结论,某城公司、李某某也均同意就上述鉴定事项不再委托司法鉴定。鉴定机构收取文证审查费1120元。

(二)李某某的工资情况

某城公司确认李某某2017年6月至2018年5月的实发工资为2017年6月6387.93元、7月6500元、8月6964元、9月7232元、10月7248元、11月7248元、12月7264元,2018年1月7264元、2月1387.69元、3月6763.03元、4月6600.86元、5月2003.86元。

(三)申请仲裁的情况

2018年5月16日,李某某向广州市番禺区劳动人事争议仲裁委员会申请仲裁,请求裁决确认劳动关系,并要求某城公司支付工资、未订立劳动合同二倍工资、解除劳动合同经济补偿金、加班费、未休年休假工资、高温津贴等。仲裁委员会作出穗番劳人仲案(2018)第1732号仲裁裁决书,裁决:(1)确认双方于2017年5月9日至2018年5月9日存在劳动关系。(2)某城公司向李某某支付2018年4月至5月的工资6709.72元;2017年6月9日至2018年5月8日未签订书面劳动合同的二倍工资差额71,159.92元。(3)驳回李某某的其他仲裁请求。司法鉴定费7680元,由某城公司承担。某城公司不服上述裁决诉至一审法院,李某某未对仲裁裁决提起诉讼。庭审中,某城公司、李某某对上述仲裁裁决第1项确认劳动关系的期间及第2项某城公司向李某某支付2018年4月至5月的工资6709.72元均无异议,某城公司也未对该两项裁决提起诉讼。

某城公司向一审法院起诉请求:判令其无须向李某某支付未订立书面劳动合同的二倍工资差额71,159.92元。事实和理由:(1)李某某于2017年5月8日入职某城公司,双方随即签订劳动合同,合同期限为2017年5月9日至2019年5月8日,李某某于2017年5月9日正式上班。(2)经一审法院司法鉴定得出"以现有条件对鉴定事项无法形成鉴定结论",而由一审法院依据番禺区劳动仲裁委的司法鉴定结果作出判决结果有失公平和公正。李某某在番禺区劳动仲裁委员会和一审法院法庭上所述“劳动合同第2页是某城公司需要确认李某某购买社保情况而引导李某某签字和书写”,毫无法律和事实依据。根据最新的鉴定结论,无法对劳动合同得出合法有效的鉴定结果,根据“谁主张,谁举证”的原则,李某某理应为其在庭审辩论观点提供有效事实依据,以此证明其所述情况真实有效。(3)李某某在入职签订劳动合同时,同步签订了一份《申请书》,申请书上有李某某亲笔签名称其因在东莞已参保故放弃在某城公司缴纳社保,既然李某某向某城公司递交放弃参保申请,某城公司无理由再以“收集李某某个人信息从而方便缴纳社会保险”为由,要求李某某填写劳动合同第二页信息。(4)根据《劳动合同法》第二章第17条关于劳动合同必备条款的规定,某城公司提交的证据1劳动合同中第2页包含劳动合同必备条款中的第1项和第2项;第1页包含第3项至第9项,由此可见,证据1中第2页明显属于劳动合同的内容。(5)根据《员工入职登记表》(见某城公司提交的证据3),劳动合同必备条款中的第1项至第6项已在证据3中体现,证据2体现上述法规第7项,对于第8项,某城公司均有对李某某进行派发相应劳保用品。(6)根据《劳动合同法》第二章第19条的规定,在证据3中,双方约定试用期一个月,经李某某最后签字确认,可知,双方约定劳动合同为两年,即2017年5月9日至2019年5月8日。(7)综上所述,某城公司与李某某签订的劳动合同合法合规,故某城公司不需要支付未签订劳动合同的二倍工资差额及司法鉴定费、文书审查费。

一审法院判决:(1)确认广州市某城家具有限公司与李某某于2017年5月9日至2018年5月9日存在劳动关系。(2)广州市某城家具有限公司应于判决发生法律效力之日起5日内向李某某支付工资6709.72元。(3)广州市某城家具有限公司应于判决发生法律效力之日起5日内向李某某支付未订立书面劳动合同的二倍工资70,937.27元。(4)驳回广州市某城家具有限公司的其余诉讼请求。当事人如果未按本判决确定的期间履行给付金钱义务,应当依照《民事诉讼法》第253条之规定,加倍支付迟延履行期间的债务利息。本案受理费10元、司法鉴定费7680元及文证审查费1120元,均由某城公司负担。其中,司法鉴定费7680元由李某某在仲裁期间预交,某城公司应于判决生效后径付予李某某。

某城公司上诉请求:(1)某城公司不须向李某某支付未签订书面劳动合同的二倍工资差额70,937.27元。(2)由李某某支付司法鉴定费7680元、文证审查费1120元,共8800元。事实和理由:(1)李某某于2017年5月8日入职某城公司,双方随即签订劳动合同,合同期限为2017年5月9日至2019年5月8日,李某某于2017年5月9日正式上班。(2)经一审法院司法鉴定结论得出:“以现有条件对鉴定事项无法形成鉴定结论”,而由一审法院依据番禺区劳动仲裁委员会的司法鉴定结果作出判决结果有失公平和公正。李某某在番禺区劳动仲裁委和一审法院法庭上所述“劳动合同第二页是某城公司需要确认李某某购买社保情况而引导李某某签字和书写”,毫无法律和事实依据。根据最新的鉴定结论,无法对劳动合同得出合法有效的鉴定结果,根据“谁主张,谁举证”的原则,李某某理应为其在庭审辩论观点提供有效事实依据,以此证明其所述情况真实有效。(3)李某某在入职签订劳动合同时,同步签订了一份《申请书》,申请书上有李某某亲笔签名称其因在东莞已参保故放弃在某城公司缴纳社保,既然李某某向某城公司递交放弃参保申请,某城公司无理由再以“收集李某某个人信息从而方便缴纳社会保险”为由,要求李某某填写劳动合同第二页信息。(4)根据《劳动合同法》第二章第17条关于劳动合同必备条款的规定,某城公司提交的证据1劳动合同中第2页包含劳动合同必备条款中的第1项和第2项;第1页包含第3项至第9项,由此可见,证据1中第2页明显属于劳动合同的内容。(5)根据《员工入职登记表》(见某城公司提交的证据3),劳动合同必备条款中的第1项至第6项已在证据3中体现,证据2体现上述法规第7项,对于第8项,某城公司均有对李某某进行派发相应劳保用品。(6)根据《劳动合同法》第二章第19条,在证据3中,双方约定试用期一个月,经李某某最后签字确认,可知,双方约定劳动合同为两年,即2017年5月9日至2019年5月8日。(7)综上所述,某城公司与李某某签订的劳动合同合法合规,故某城公司不需要支付未签订劳动合同的二倍工资差额及司法鉴定费、文书审查费。

李某某辩称:不同意某城公司的上诉请求。

二审期间,某城公司提交了以下证据:(1)申请书,拟证实李某某入职当天放弃社保,不存在所述签订第2页用于购买社保。(2)入职登记表,拟证实该入职登记表符合劳动合同必备条款,视为已签订合同。

四、诉讼争点

(一)某城公司与李某某是否订立了书面劳动合同?

(二)某城公司应否向李某某支付未订立劳动合同的二倍工资?

(三)某城公司是否应当支付司法鉴定费7680元、文证审查费1120元共8800元?

五、裁判理由及结果

(一)一审裁判理由及结果

1. 一审裁判理由

本案属劳动合同纠纷案。某城公司、李某某对双方存在劳动关系及其期限均无异议,一审法院予以确认,双方当事人的合法权益均受法律保护。审理中,双方当事人对仲裁裁决某城公司向李某某支付2018年4月至5月工资6709.72元均无异议,一审法院予以确认。

在仲裁与诉讼中,某城公司均提交了一份分开两页纸张印制的劳动合同。李某某称某城公司提交的两页劳动合同不是同一时间形成,还称其填写第 2 页乙方信息并非为订立劳动合同所用,某城公司也未向其出示该劳动合同第 1 页的内容。某城公司予以否认,称该劳动合同两页纸张的形成时间一致,且在李某某填写第 2 页乙方信息时,向李某某出示过劳动合同第 1 页的内容。仲裁审理期间,有关司法鉴定机构就上述情况作出的鉴定意见,与某城公司的上述主张并不吻合。而一审法院两次对外委托,选定的鉴定机构就有关鉴定事项均不能作出鉴定结论。尽管某城公司对仲裁期间的鉴定意见不予认可,但并无提供证据反驳,也未举证证实其所提主张,对此负举证责任。因此,仲裁期间的司法鉴定费及诉讼中的文证审查费均应由某城公司负担。同时,根据某城公司确认的李某某在职期间的工资发放情况,与某城公司提交的劳动合同第 1 页载明李某某的工资标准明显存在差异,该劳动合同第 1 页的有关内容由某城公司自行填写,其所称已向李某某出示该合同第 1 页内容的主张也无证据证实,李某某对此也不予确认。故综合双方当事人的举证与陈述及案件审理的情况,一审法院对某城公司所称双方已签订了书面劳动合同的主张不予采纳。

2. 一审裁判结果

(1)确认某城公司与李某某于 2017 年 5 月 9 日至 2018 年 5 月 9 日存在劳动关系。(2)某城公司应于判决发生法律效力之日起 5 日内向李某某支付工资 6709. 72 元。(3)某城公司应于判决发生法律效力之日起 5 日内向李某某支付未订立书面劳动合同的二倍工资 70, 937. 27 元。(4)驳回广州市某城家具有限公司的其余诉讼请求。当事人如果未按本判决确定的期间履行给付金钱义务,应当依照《民事诉讼法》第 253 条之规定,加倍支付迟延履行期间的债务利息。本案受理费 10 元、司法鉴定费 7680 元及文证审查费 1120 元,均由广州市某城家具有限公司负担。其中司法鉴定费 7680 元由李某某在仲裁期间预交,广州市某城家具有限公司应于判决生效后径付予李某某。

(二)二审裁判理由及结果

1. 二审判决理由

关于某城公司主张依照其在二审提交的《入职登记表》可以证实双方有签订劳动合同的问题,根据《劳动合同法》第 17 条第 1 款"劳动合同应当具备以下条款:(一)用人单位的名称、住所和法定代表人或者主要负责人;(二)劳动者的姓名、住址和居民身份证或者其他有效身份证件号码;(三)劳动合同期限;(四)工作内容和工作地点;(五)工作时间和休息休假;(六)劳动报酬;(七)社会保险;(八)劳动保护、劳动条件和职业危害防护;(九)法律、法规规定应当纳入劳动合同的其他事项"的规定,该《入职登记表》并未包含上述规定的必备条款,故不能依据该《入职登记书》认定双方已经签订有劳动合同。

但某城公司在本案中提交了李某某的劳动合同，李某某对该劳动合同第 2 页上签名的真实性并无异议，其主张当时某城公司只交付他合同第 2 页，是因为当初购买社保，才在第 2 页上签名。但根据某城公司在本案二审提交的申请书，明确显示李某某要求不购买社保，同时李某某也表明该申请书是入职当天填写，即可证实李某某在入职时是有要求某城公司不为其购买，故其主张在合同第 2 页上签名是为了要求某城公司购买社保，与其在不购买社保的申请书上签名的事实相违背，本院对李某某该主张不予采纳。

关于劳动合同两页字迹形成时间不一致的问题，某城公司对此称，在将合同交付给李某某时，第 1 页只填写了劳动报酬和劳动期限，在李某某签名之后才填写其他内容，某城公司该主张可以合理解释字迹形成时间不一致的原因。

综上所述，根据本案证据和双方各自陈述，可以证实某城公司与李某某签订了劳动合同，某城公司无须再向李某某支付未签订书面劳动合同的双倍工资差额。关于鉴定费用和文证费用的问题，虽然认定双方有签订劳动合同，但李某某所提出鉴定的理由与鉴定机构所鉴定的结论是相一致的，某城公司在与员工签订劳动合同的过程中也存在不规范之处，故司法鉴定费用和文证审查费用，仍应由某城公司负担。

2. 二审裁判结果

（1）维持广东省广州市番禺区人民法院（2018）粤 0113 民初 10431 号民事判决第 1 项、第 2 项、第 4 项。（2）变更广东省广州市番禺区人民法院（2018）粤 0113 民初 10431 号民事判决第 3 项为：某城公司无须向李某某支付未订立书面劳动合同的二倍工资 70, 937. 27 元。当事人如果未按本判决确定的期间履行给付金钱义务，应当依照《民事诉讼法》第 253 条之规定，加倍支付迟延履行期间的债务利息。一审案件受理费 10 元，由李某某负担。司法鉴定费 7680 元及文证审查费 1120 元，由某城公司负担。其中司法鉴定费 7680 元由李某某在仲裁期间预交，某城公司应于判决生效后径付予李某某。二审案件受理费 10 元，由李某某负担。

六、评析研判

劳动合同法律制度，是通过平等自愿、协商一致的原则，确立劳动者与用人单位之间稳定和谐劳动关系的制度；是通过劳动合同明确双方权利和义务，保护双方合法权益的制度。劳动合同制度的建立，从源头上规范企业用工行为。劳动合同制度是劳动社会保障工作的基础工作。通过劳动合同制度，来保护劳动者和用人单位双方的合法权益，调整好劳动关系，加强企业管理，提高劳动者的生产积极性，促进经济发展和社会进步的事实越来越被人们肯定。

本案的争议焦点有三个：（1）某城公司与李某某是否订立了书面劳动合同？（2）某

城公司应否向李某某支付未订立劳动合同的二倍工资？(3)某城公司是否应当支付司法鉴定费7680元、文证审查费1120元共8800元？

(一)争点一解析：某城公司与李某某订立了书面劳动合同

首先，一审法院对某城公司所称“双方已签订书面劳动合同”的主张不予采纳，该判决合法合理。本案中某城公司、李某某均确认双方于2017年5月9日至2018年5月9日存在劳动关系，双方对于是否存在劳动关系这一问题并无争议。但是否存在书面劳动合同双方持有相反意见。由上述内容得知，一审法院判决某城公司应于判决发生法律效力之日起5日内向李某某支付未订立书面劳动合同的二倍工资70,937.27元，说明一审法院并未支持原告某城公司的该项诉讼请求。一审法院的判决依据为，某城公司所提供的两页劳动合同内容经仲裁期间的司法鉴定机构进行鉴定后，该两页合同并非同一时间形成的，可见某城公司的主张与该司法鉴定结论并不吻合，且某城公司于此没有提供证据反驳，也未举证证实其所提主张，所以某城公司对此负举证责任。负有举证责任的一方若未进行举证，则其应当承担不利的法律后果。另外，根据某城公司给李某某在职期间的工资发放情况，与某城公司提交的劳动合同第1页载明的李某某的工资标准明显存在差异，且该劳动合同第1页的有关内容由某城公司自行填写，某城公司称其已向李某某出示该合同第1页内容的主张也无证据证实。根据上述两个方面的论证，一审法院对某城公司所称双方已签订书面劳动合同的主张不予采纳。综合双方的举证情况，一审法院的该判决，合法合理。

其次，二审期间通过新的举证，结论发生了改变，某城公司与李某某之间签订了劳动合同。本案原告某城公司提交了新的证据：申请书和入职登记表；这两个证据拟证实李某某入职当天放弃社保，不存在所述签订第2页用于购买社保，以及拟证实该入职登记表符合劳动合同必备条款，视为已签订合同。先来分析该申请表是否能够证实“李某某入职当天放弃社保，不存在所述签订第2页用于购买社保”这一主张。在一审中，被告李某某称其是因为某城公司打算为其购买社保才签的劳动合同第2页的信息，但一审期间，原告某城公司并未对李某某的该辩解进行举证，因而导致了一审法院未支持其该诉求。在二审期间，某城公司提交了该申请书，该申请书为李某某要求不购买社保，且李某某也表明该申请书是入职当天写的，由此可以证实李某某在入职时要求某城公司不为其购买社保。则李某某的辩解与事实相违背，所以李某某的该主张便无法得到法院的支持，那么则可以认定某城公司提供的第2页劳动合同中的有关李某某的个人信息为其真实意思表示，是在其知情的情况下填写的。关于意思表示的有效性，表意人的意思表示符合以下条件即为有效。第一，行为人具有相应的行为能力。行为人具有相应的行为能力作为一项意思表示有效的基本条件，在学界几成通说。史尚宽先生认为:"关于意思表示之主体者,须主体有权利能力、意思能力、行为能力。"①第二,意思表示自由、真实。"意思表示自由、真实作为法律行为的有效要件之一,是指行为人为使其意思自治发生完全的法律效力,不仅要在形式上具备意思表示行为的构成要素,而且该表意行为在行为过程中还应符合自愿真实的条件要求。"②可知,李某某的该行为符合上述"意思表示有效性"的两个要件,所以,李某某是知道该内容涉及其工资、职位等一系列信息的。再来分析《入职登记表》是否符合劳动合同必备条款,进而判断能否据此认定双方之间存在劳动合同。《劳动合同法》第 17 条第 1 款规定:"劳动合同应当具备以下条款:(一)用人单位的名称、住所和法定代表人或者主要负责人;(二)劳动者的姓名、住址和居民身份证或者其他有效身份证件号码;(三)劳动合同期限;(四)工作内容和工作地点;(五)工作时间和休息休假;(六)劳动报酬;(七)社会保险;(八)劳动保护、劳动条件和职业危害防护;(九)法律、法规规定应当纳入劳动合同的其他事项。"很明显,该《入职登记表》未包含规定的必备条款,所以该《入职登记表》并非劳动合同,不能依据其认定双方已经签订劳动合同。

综上所述,某城公司提供的申请书证实了李某某填写劳动合同第 2 页信息时为其真实意思表示,李某某是知道该内容涉及其工资、职位等一系列信息,表明李某某是知情的,即其认同了合同第 1 页的相关信息才填写的第 2 页内容。此外,某城公司也就两页劳动合同字迹形成时间不一致作出了合理解释。故可以证实某城公司与李某某之间签订了劳动合同。

(二)争点二解析:某城公司不必向李某某支付未订立劳动合同的二倍工资

在本案中,某城公司不必再向李某某支付二倍工资差额。依据《劳动合同法》第 82 条的规定,用人单位自用工之日起超过 1 个月不满 1 年未与劳动者订立书面劳动合同的,应当向劳动者每月支付二倍的工资。用人单位违反该法规定不与劳动者订立无固定期限劳动合同的,自应当订立无固定期限劳动合同之日起向劳动者每月支付二倍的工资。该法条表明,用人单位若违反该法规定,不与劳动者订立劳动合同,此时,用人单位应当每月向劳动者支付二倍工资。该条款是针对用人单位基于过错未签订劳动合同的情况而言的,只有在用人单位存在过错时才适用该条款,也即"二倍工资罚则"。目前,学界的主流意见和官方意见仍认为二倍工资是惩罚性赔偿的性质。"惩罚性赔偿说"认为二倍工资中的计算基数是劳动者提供的劳动这种商品价值的货币表现形式,而加倍的部分则是对用人单位未签订书面劳动合同的惩罚性赔偿,而不是对劳动者劳动价值的货币体现。全国人大常委会委员厉无畏在《劳动合同法》审议过程中已经提出

---

① 史尚宽:《民法总论》,中国政法大学出版社 2000 年版,第 325 ~ 326 页。

② 董安生:《民事法律行为》,中国人民大学出版社 1994 年版,第 205 页。

“工作一个月应当获得一个月的工资,这是市场经济的基本规则……有事实劳动关系而在一个月内未签订书面劳动合同,就要支付两个月的工资,算是对用人单位的处罚”。[①] 那么,有人会对此提出疑问,为什么有时候只判决用人单位承担签订劳动合同的责任,而不再另外支付二倍工资呢?依据《劳动合同法》第 10 条的规定,建立劳动关系,应当订立书面劳动合同。已建立劳动关系,未同时订立书面劳动合同的,应当自用工之日起 1 个月内订立书面劳动合同。用人单位与劳动者在用工前订立劳动合同的,劳动关系自用工之日起建立。该法条本质要表达的意思是,若基于劳动者过错导致用人单位未与其签订劳动合同时,此时,用人单位只需补签劳动合同即可,不必再另外支付二倍工资。还可以理解为,若劳动者与用人单位之间已经签订了劳动合同,那么,用人单位同样不必再支付二倍工资。结合本案,某城公司与李某某之间已经签订了劳动合同,所以某城公司不必再向李某某支付二倍工资差额。

(三)争点三解析:某城公司应当支付司法鉴定费 7680 元、文证审查费 1120 元,共 8800 元

首先,应由某城公司将司法鉴定费 7680 元直接支付给李某某。在仲裁期间,李某某申请第一次司法鉴定,并预付司法鉴定费 7680 元,第一次司法鉴定的结论与原告某城公司的主张不吻合,即该司法鉴定费应当由主张未成立的一方即某城公司承担,因李某某已预付,所以由某城公司将司法鉴定费 7680 元直接支付给李某某即可。

其次,第二次司法鉴定中,某城公司作为申请人应当支付相关费用。在一审期间,由于某城公司不认可第一次司法鉴定的结论,而申请第二次司法鉴定,但其表示以现有条件对鉴定事项无法形成鉴定结论,鉴定机构收取文证审查费 1120 元。第二次司法鉴定中,某城公司作为申请人应当支付相关费用。

综上所述,某城公司与李某某之间订立了书面劳动合同;某城公司无须向李某某支付未订立劳动合同的二倍工资;某城公司应当支付司法鉴定费 7680 元、文证审查费 1120 元,共 8800 元。

七、拓展训练

(一)案例简介

2018 年 12 月 12 日,原告邵某某入职被告大连某公共停车场管理有限公司,从事停车管理员工作,双方于当日填写了《试用期聘用登记表》,其中约定:劳动期限为 2018 年 12 月 12 日至 2021 年 12 月 11 日;试用期为 2018 年 12 月 12 日至 2019 年 1 月 11 日;试用期工资为 2500 元(含加班),转正工资为 3000 元(含加班);工作地点为辽宁省大连市

① 董保华:《劳动合同立法的争鸣和思考》,上海人民出版社 2011 年版,第 814 页。

某区站北广场××号，工作要求为“严格按公司作息时间上岗离岗，认真负责，不得旷岗旷工”。原告邵某某在该登记表上签名。被告为原告缴纳了2019年1月和2月的社会保险。被告向原告发放2018年12月工资1987.26元，并通过银行转账分别在2019年2月25日、3月25日向原告发放工资2651.36元、2798.13元，原告邵某某于2019年3月4日主动离职。另查明，2018年5月6日，被告大连某公共停车场管理有限公司召开职工代表大会，制定并通过《大连某公共停车场管理有限公司作息时间规定》《各岗位薪资规定》，上述规定于2018年5月14日生效，其中《大连某公共停车场管理有限公司作息时间规定》分别对正常工作和值班的作息时间进行规定，原告每周工作6天（其中值班天数不超过2天），周日为休息日，正常工作时间为早8时至晚5时、值班工作时间为早7时至晚6时30分，午休时间为1小时30分钟，同时，该规定载明每周加班不超过6小时、每月加班不超过25小时。根据被告对原告的考勤记录及原告的打卡记录显示，原告在试用期间，正常工作时间为14天（其中1天为元旦法定假日），值班时间为6天；试用期后的2019年1月12日至2019年3月4日，原告正常工作时间为30天，值班时间为8天。2019年3月29日，原告邵某某向大连市西岗区劳动人事争议仲裁委员会申请仲裁，请求被告支付自2018年12月12日至2019年3月4日未订立书面劳动合同书的二倍工资6141.77元、2018年12月12日至2019年3月4日延时加班工资1417.91元。该委员会作出西劳人仲案字（2019）第099号仲裁裁决书，裁决：被告大连站某公共停车场管理有限公司支付原告2018年12月20日至2019年2月28日延时加班工资1417.91元，驳回原告的其他申请请求。原告、被告均不服该裁决书，诉至一审法院。

（二）思考问题

1. 分析大连某公共停车场管理有限公司与邵某某之间是否订立书面劳动合同？

2. 大连某公共停车场管理有限公司是否应当向邵某某支付加班工资？

第二节　欺诈性劳动关系

一、案例选择

某（福建）文化传媒有限公司与蔡某某劳动争议案

案号：（2019）闽01民终2420号

二、问题提示

入职者隐瞒其婚姻状况能否构成劳动法意义上的欺诈。

三、案例基本情形

上诉人(原审原告):某(福建)文化传媒有限公司

被上诉人(原审被告):蔡某某

2017 年 11 月 15 日,蔡某某通过应聘入职某(福建)文化传媒公司(以下简称某文化传媒公司),从事文案策划工作。入职时,蔡某某为离异状态,但在《员工入职表格》"婚姻"一栏中填写为"未婚"。同时,《员工入职表格》"特别提示"一栏中载明:"本人承诺保证所填资料真实,若有虚假愿承担所有法律责任和经济责任","正式上班时间"一栏填写为"2017.11.15"。入职后,某文化传媒公司未与蔡某某签订书面劳动合同。双方对蔡某某入职后至 2018 年 4 月每月工资为 3800 元,2018 年 5 月工资 3400 元,6 月工资 1360 元没有异议。2018 年 9 月 17 日,福州经济技术开发区劳动人事争议仲裁委员会作出榕开劳人仲裁案字(2018)第 674 号《裁决书》,裁决如下:(1)某文化传媒公司应当在裁决生效之日起 10 日内向蔡某某支付未签订书面劳动合同的另一倍工资 21,860 元。(2)驳回蔡某某关于补缴社会保险费用的仲裁申请。(3)驳回蔡某某的其他仲裁请求。蔡某某认可仲裁裁决,某文化传媒公司不服上述第 1 项裁决向一审法院提起诉讼。另查明,蔡某某的预产期为 2018 年 10 月 6 日。2018 年 6 月 12 日下午起,蔡某某因怀孕生产未再到某文化传媒公司上班,也未办理正式请假手续。

某文化传媒公司的一审诉讼请求:判令某文化传媒公司无须向蔡某某支付未签订书面劳动合同的另一倍工资 21,860 元。一审诉讼过程中,某文化传媒公司增加一项诉讼请求:判令确认某文化传媒公司与蔡某某之间不存在劳动关系。

一审判决结果:(1)某文化传媒有限公司应于本判决生效之日起 3 日内向蔡某某支付未签订书面劳动合同的另一倍工资 21,860 元。(2)驳回某文化传媒有限公司的其他诉讼请求。如果未按本判决指定的期间履行金钱给付义务,应当按照《民事诉讼法》第 253 条规定,加倍支付迟延履行期间的债务利息。案件受理费 10 元,减半收取计 5 元,由某文化传媒有限公司负担。

上诉人某文化传媒有限公司因与被上诉人蔡某某劳动争议一案,不服福建省福州市马尾区人民法院(2018)闽 0105 民初 1305 号民事判决,向本院提起上诉。

某文化传媒公司上诉请求:撤销一审判决,改判支持某文化传媒公司的一审诉讼请求或发回重审。事实和理由:(1)某文化传媒公司与蔡某某已不存在劳动关系。第一,某文化传媒公司和蔡某某之间的劳动关系无效。一审认定该劳动关系合法,适用法律错误。蔡某某故意隐瞒离异事实,目的是诱使某文化传媒公司作出录用蔡某某的错误意思表示,其行为违背诚信原则,不应予以保护。第二,即使劳动关系合法,蔡某某长期无故旷工,严重违反劳动制度和《劳动法》,双方的劳动关系也已解除。一审未予认定,属认定事实不清。(2)某文化传媒公司无须向蔡某某支付未签订书面劳动合同的另一倍工资21,860元。双方是无效的劳动关系,实际上是劳务关系,某文化传媒公司也已支付了报酬,无须再承担其他责任。

蔡某某未作答辩。

四、诉讼争点

(一)蔡某某隐瞒婚姻状况,能否构成劳动法意义上的欺诈,进而导致劳动关系无效?

(二)某文化传媒公司是否须向蔡某某支付未签订书面劳动合同的另一倍的工资21,860元?

五、裁判理由及结果

(一)一审裁判理由及结果

1. 一审裁判理由

蔡某某入职时婚姻状况实际为离异,作为已经历过一次婚姻的成年人,其对于婚姻中的未婚与离异之间的区别应当是清楚的,故应认定其主观上确有隐瞒婚姻状况的故意。本案争议焦点为蔡某某隐瞒婚姻状况,能否构成劳动法意义上的欺诈,进而导致劳动关系无效。对此,一审法院认为,首先,根据《就业促进法》第27条"国家保障妇女享有与男子平等的劳动权利。用人单位招用人员,除国家规定的不适合妇女的工种或者岗位外,不得以性别为由拒绝录用妇女或者提高对妇女的录用标准。用人单位录用女职工,不得在劳动合同中规定限制女职工结婚、生育的内容"的规定和《妇女权益保障法》第23条"各单位在录用职工时,除不适合妇女的工种或者岗位外,不得以性别为由拒绝录用妇女或者提高对妇女的录用标准。各单位在录用女职工时,应当依法与其签订劳动(聘用)合同或者服务协议,劳动(聘用)合同或者服务协议中不得规定限制女职工结婚、生育的内容"的规定,无论蔡某某是结婚、离异还是生育,均应当保障其与男子平等的就业权利,某文化传媒公司不应对其区别对待。其次,《劳动合同法》第8条规定,用人单位有权了解劳动者与劳动合同直接相关的基本情况,劳动者应当如实说明。故劳动者的欺诈行为,应当与工作内容及是否胜任相关工作直接相关,蔡某某的婚姻状况与其担任的文案策划工作并不冲突,蔡某某在某文化传媒公司实际工作时间半年有余,某文化传媒公司并无证据证明因蔡某某离异而导致其无法胜任相关工作,故蔡某某隐瞒婚姻状况不构成劳动法意义上的欺诈。最后,《劳动合同法》第26条第1款第1项中的"以欺诈、胁迫的手段或者乘人之危,使对方在违背真实意思的情况下订立或者变更劳动合同"中的"真实意思"应当符合法律规定。基于上述理由,对某文化传媒公司以蔡某某隐瞒婚姻状况为由主张劳动关系无效或不存在劳动关系的诉请，一审法院不予支持。

蔡某某入职后，某文化传媒公司始终未与其签订书面劳动合同，已违反了劳动法律规定，根据《劳动合同法》第82条的规定，某文化传媒公司应向蔡某某支付未签订劳动合同的二倍工资。蔡某某在申请仲裁时主张未签订劳动合同6个月的二倍工资，系其对自身权利的处分，一审法院予以支持。双方对蔡某某入职后至2018年4月每月工资为3800元，2018年5月工资3400元、6月工资1360元没有异议，故某文化传媒公司应向蔡某某支付未签订书面劳动合同的另一倍工资21,860元(3800元/月 ÷2 +3800元/月 ×4个月 +3400元 +1360元)。蔡某某对仲裁裁决无异议，某文化传媒公司对仲裁裁决的其他事项未提出异议，一审法院予以确认。

2. 一审裁判结果

(1)某文化传媒有限公司应于本判决生效之日起3日内向蔡某某支付未签订书面劳动合同的另一倍工资21,860元。(2)驳回某文化传媒有限公司的其他诉讼请求。如果未按本判决指定的期间履行金钱给付义务，应当按照《民事诉讼法》第253条的规定，加倍支付迟延履行期间的债务利息。案件受理费10元，减半收取计5元，由某文化传媒有限公司负担。

(二)二审裁判理由及结果

1. 二审裁判理由

《劳动合同法》第26条规定："下列劳动合同无效或者部分无效：(一)以欺诈、胁迫的手段或者乘人之危，使对方在违背真实意思的情况下订立或者变更劳动合同的……"所谓欺诈，一般来说是指行为人故意制造假相、隐瞒事实真相并可能使他人误解的行为。就本案而言，蔡某某就职的岗位系"文案策划"，在某文化传媒公司的招聘启事中并未对婚姻状况有要求，且没有证据证明蔡某某的婚姻状况与履行岗位职责有关联性，蔡某某隐瞒婚姻状况的行为不构成欺诈。退一步说，即使因蔡某某隐瞒婚姻状况违背了某文化传媒公司的真实意思，但其真实意思亦不能违反法律的规定，用人单位不能就劳动者的婚姻状况作出就业歧视行为，某文化传媒公司据此主张双方之间劳动关系无效或不存在劳动关系，没有事实和法律依据，不予采纳。某文化传媒公司和蔡某某的劳动关系合法有效，某文化传媒公司始终未与蔡某某签订书面劳动合同，理应向蔡某某支付未签订劳动合同的二倍工资。

此外，蔡某某自2018年6月12日下午起，一直未再到某文化传媒公司工作，而某文化传媒公司亦明确表示双方已不存在劳动关系，故可视为蔡某某和某文化传媒公司已协商一致解除劳动合同。

2. 二审裁判结果

(1)驳回上诉,维持原判。(2)二审案件受理费10元,由上诉人某文化传媒有限公司负担。(3)本判决为终审判决。

六、评析研判

随着女性劳动者的增加,对女性的就业歧视现象其实是普遍存在的。直接歧视尤其是性别歧视大行其道,不仅挫伤女性就业的积极性,破坏社会的公平原则,扭曲劳动力资源配置,而且浪费人力资源,威胁社会稳定与和谐。[①] 构建防治就业歧视制度,是检视一个国家保障其劳工基本权利是否落实的一项重要指标,尤其在全球化过程中,无论是发达国家还是发展中国家的劳工多深受其害。女性作为典型的弱势群体,消除就业过程中的性别歧视,保障其平等权利的实现理应得到全社会的广泛关注。

本案的争议焦点有两个:(1)蔡某某隐瞒婚姻状况,能否构成劳动法意义上的欺诈,进而导致劳动关系无效?(2)某文化传媒公司是否须向蔡某某支付未签订书面劳动合同的另一倍工资21,860元?

(一)争点一解析:蔡某某隐瞒婚姻状况,并不构成劳动法意义上的欺诈,进而也不会导致劳动关系无效

首先,某文化传媒公司认为的"蔡某某隐瞒婚姻状态属于欺诈行为,认定其与蔡某某之间的劳动关系无效"的主张无法得到支持。根据《就业促进法》第27条和《妇女权益保障法》第23条的规定,保障女性就业,首先应保护劳动者享有的就业权。无论男女都应该有权选择适宜的工作,获取相应的报酬。"就业权是每个人都应该享有的基本人权,就业市场中存在的性别歧视会导致劳动者无法获得应有就业机会。"[②]由该内容可知,在我国女性享有与男性平等的劳动方面的权利,禁止对女性的就业歧视,不得因女性未婚、已婚、怀孕或离异而拒绝录用或辞退女性。在本案中,某文化传媒公司主张"蔡某某隐瞒婚姻状态属于欺诈行为,因此认定其与蔡某某之间的劳动关系无效",结合上述法条内容,用人单位录用女职工,不得在劳动合同中规定限制女职工结婚、生育的内容。很明显某文化传媒公司因得知蔡某某的真实婚姻状态后,不承认与蔡某某之间的劳动关系的,也就是若某文化传媒公司知晓蔡某某的真实婚姻状况为离异状态将选择不予录用,该主张必然得不到支持,否则保障妇女平等就业权利将成为一句空话。

其次,蔡某某未告知某文化传媒公司真实婚姻状况并不违反法律规定。依据《劳动合同法》第8条的规定,用人单位有权了解劳动者与劳动合同直接相关的基本情况,劳

① 参见喻术红:《反就业歧视法律问题之比较研究》,载《中国法学》2005年第1期。

② 郭建辉:《反就业歧视与平等就业权之保障研究》,山东大学法学院2011年硕士学位论文,第10页。

动者应当如实说明。在本案中,蔡某某在入职时并未告知某文化传媒公司其婚姻的真实状况,表面看似好像违反了上述《劳动合同法》第 8 条规定的内容,实则并未违反规定。用人单位有权了解劳动者的内容应当与劳动合同或其即将担任的工作相关,而蔡某某的婚姻状况与其担任的文案策划工作并不相关,蔡某某无论未婚、已婚或离异并不会影响其工作能力。故蔡某某未告知某文化传媒公司真实婚姻状况并不违反法律规定。

最后,蔡某某并没有告知的义务,故蔡某某隐瞒的行为不属于欺诈。《劳动合同法》第 26 条规定:"下列劳动合同无效或者部分无效:(一)以欺诈、胁迫的手段或者乘人之危,使对方在违背真实意思的情况下订立或者变更劳动合同的……"由该法条内容可知,若劳动者以欺诈手段导致用人单位违背真实意思而订立合同,此时,双方之间的劳动合同则属于无效;我们可以来分析一下此处的"真实意思"的内涵,该"真实意思"应当符合法律规定内容,而本案中的某文化传媒公司的真实意思为若其知晓蔡某某的真实婚姻状况为离异状态将选择不予录用,该意思表示则将违背法律规定及法律精神,故蔡某某的行为并未违反法律规定,而是某文化传媒公司的意思表示违反法律规定。是否已婚并不一定与工作有直接相关的联系或者并不一定影响了劳动者的劳动力质量,劳动者在没有如实告知用人单位的情况下,并不应构成对用人单位的欺诈而招致被解除的结果。[①] 此外,隐瞒事实须有一个前提,即行为人必须有告知的义务。则对于没有告知义务的隐瞒,不构成隐瞒事实真相,也不属于欺诈。本案中的蔡某某并没有告知的义务,故蔡某某隐瞒的行为并不属于欺诈,不违反法律规定。因此,对于某文化传媒公司主张的"蔡某某隐瞒婚姻状况构成劳动法意义上的欺诈,进而导致劳动关系无效"不予认可。

综上所述,蔡某某隐瞒婚姻状况,并不构成劳动法意义上的欺诈,进而也不会导致劳动关系无效。

(二)争点二解析:某文化传媒公司须向蔡某某支付未签订书面劳动合同的另一倍工资 21,860 元。

在本案中,某文化传媒公司须向蔡某某支付未签订书面劳动合同的另一倍工资 21,860 元。根据《劳动合同法》第 82 条规定,用人单位自用工之日起超过 1 个月不满 1 年未与劳动者订立书面劳动合同的,应当向劳动者每月支付二倍的工资。用人单位违反本法规定不与劳动者订立无固定期限劳动合同的,自应当订立无固定期限劳动合同之日起向劳动者每月支付二倍的工资。目前,学界的主流意见和官方意见仍认为二倍

---

① 参见林晓萍:《用人单位知情权与劳动者隐私权的冲突与协调研究》,华侨大学法学院 2014 年硕士学位论文,第 25 页。

工资是惩罚性赔偿的性质。“惩罚性赔偿说”认为二倍工资中的计算基数是劳动者提供的劳动这种商品价值的货币表现形式,而加倍的部分则是对用人单位未签订书面劳动合同的惩罚性赔偿,而不是对劳动者劳动价值的货币体现。全国人大常委会委员厉无畏在《劳动合同法》审议过程中已经提出“工作一个月应当获得一个月的工资,这是市场经济的基本规则……有事实劳动关系而在一个月内未签订书面劳动合同,就要支付两个月的工资,算是对用人单位的处罚”。① 在本案中,蔡某某入职后,某文化传媒公司未与其签订书面劳动合同。可知,某文化传媒公司应向蔡某某支付未签订劳动合同的二倍工资。某文化传媒公司已支付给蔡某某6个月的正常工资,所以,某文化传媒公司应当再支付给蔡某某该6个月另一倍工资21,860元,即3800元/月 ÷2 +3800元/月 ×4个月 +3400元 +1360元。

综上所述,某文化传媒公司须向蔡某某支付未签订书面劳动合同的另一倍工资21,860元。

七、拓展训练

(一)案例简介

王某某自2014年5月19日入职东方某宝公司,入职时为产品经理,后于2015年6月18日晋升为运营辅导部经理。双方签订了劳动合同,第一份劳动合同期限为2014年5月19日至2015年5月18日,最后一份劳动合同期限为2015年5月19日至2018年5月18日。王某某在职期间工资为8015元/月。

王某某于2014年5月28日在员工手册培训确认签字表上签字确认,该签字表上载有“我已接受员工手册培训,对员工手册上的内容悉知并认可”。东方某宝公司提交的员工手册第7条规定,“应聘员工必须保证向公司提供的个人资料真实无误,若一经发现虚报或伪造,公司有权立即将其辞退”。第36条规定,“如员工有计划生小孩,需提前3个月告知部门领导以及公司人事部,以便人事部做好相关工作安排。如员工未履行提前告知义务,不享受本条第3条款福利;如员工计划外怀孕,应在发现自己怀孕后48小时内及时告知部门领导以及公司人事部,以便人事部做好生育保险申报以及员工工作安排等准备工作。如员工未履行及时告知义务,除不享受本条第3条款福利外,并因违背公司诚信原则,视为严重违反公司的规章制度”。王某某对员工手册的真实性不予确认,但未提交其他版本员工手册。王某某填写的入职申请表上填表人申明处载明“(1)本人保证所填写资料属实;(2)保证遵守公司各项规章制度;(3)若有不实之处,本人愿意无条件接受公司处罚甚至辞退,并不要求任何补助”。王某某在申明人处签名确

① 董保华:《劳动合同立法的争鸣和思考》,上海人民出版社2011年版,第814页。

认。王某某在“婚姻状况”一栏勾选“未婚”,“紧急联系人”一栏填写的联系人为张某某。王某某的结婚证显示王某某于2010年12月24日登记结婚,其配偶为张某某。

2015年11月10日,东方某宝公司出具《员工开除通知书》,以王某某违反《劳动合同法》第26条的规定,以欺诈、胁迫的手段或者乘人之危,使对方在违背真实意思的情况下订立或者变更劳动合同,行为严重违反了公司的规章制度,决定予以除名处理。王某某、东方某宝公司确认劳动合同解除时间为2015年11月11日。

(二)思考问题

东方某宝公司解除双方之间的劳动合同是否合法?

第三节　劳动合同关系解除

一、案例选择

武某某因与陕西某信息咨询有限公司劳动争议纠纷案

案号:(2019)陕08民终4519号

二、问题提示

如何处理劳动合同解除的相关纠纷。

三、案例基本情形

上诉人(原审被告):武某某

被上诉人(原审原告):陕西某信息咨询有限公司

自2011年8月29日起原告、被告之间建立劳动关系,并连续签订了劳动合同,被告一直在原告设在定边县的办公点处工作。2017年9月19日,被告在原告提供的《员工手册》签收回执单上签字。在《员工手册》上约定:不请假、无故缺勤、未经批准擅自离岗等行为视为旷工,当日旷工0.5小时以上、3.5小时以内旷工0.5天;当日旷工3.5小时以上计旷工1天。一个月内连续旷工3天(含)或累计旷工5天(含)以上者/季度矿工7天(含)以上者/年度旷工10天(含)以上者,公司将有权依照离职管理办法作相应处理。在《拓某集团假勤管理制度(修订)》中明确规定:一个月内连续旷工3天(含)或累计旷工5天(含)以上者公司可参照《劳动合同法》第39条的规定予以解除劳动合同。对于《员工手册》,有职工代表进行签字确认。2017年10月23日,原告、被告签订的劳动合同书中约定的合同类型为固定期限,自2017年10月23日至2022年10月22

日,被告担任客户经理,工作地点在榆林市,但被告同意原告在必要时可根据工作情况调整被告工作地点。被告的月工资是1900元。2019年因公司区域基础业务收回,原告曾让被告接受优化(有偿劝退),但被告不接受。2019年3月1日,原告的股东拓某信息系统股份有限公司发布陕西省区文件《关于陕西省区各区域业务收缩调整及人员调动的通知》[陕人字(2019)04号]载明第一阶段业务收缩调整及人员调动通知如下:榆林区域:收回靖边县、定边县常驻办公点,靖边客户经理高某某、定边客户经理武某某调至榆林办事处集中办公,并要求以上客户经理务必于2019年3月4日(周一)准时至办事处打卡报到。如逾期未到者视为旷工,将根据公司《考勤管理制度》相关条款予以处罚。该文件由原告的榆林区域经理李某于当日下午发给了被告。被告于2019年3月2日申请休年假未获批准,2019年3月4日被告没有去榆林市报道,一直没有上班。2019年3月11日,拓某信息系统股份有限公司发布的陕西省区文件《关于榆林区域高某某、武某某解除劳动合同的通知》[陕人字(2019)05号]中载明:武某某因自2019年3月4日起连续旷工5天以上,解除双方的劳动合同并无须支付经济补偿金,并要求其3日内完成相关工作交接。当日原告在工作群中收到了《解除劳动合同通知书》,并于2019年3月13日收到书面通知。其载明:因被告严重违反公司劳动纪律或规章制度,公司解除劳动合同,具体表现为连续旷工3天(含)以上或年度劣迹旷工15天(含)以上。并要求被告于2019年3月14日前至人力资源部办理离职手续。但被告至今未办理手续,原告遂未向其发放2019年2月的工资。被告收到通知后向定边县劳动人事争议仲裁委员会提出劳动仲裁,该仲裁委员会于2019年6月3日作出定劳人裁字(2019)第11号裁决书,原告对此不服,诉至法院。另查明:定边县于2017年5月1日起至2019年4月30日执行一类工资区标准为1680元,原告提交的工资表中被告的工资未达到最低工资标准的月份有4个,其中2018年5月与最低工资差额为216.6元,6月的差额为249.2元,7月的差额为444.7元,8月的差额为609.2元,合计差额为1519.7元。又查明:拓某信息系统股份有限公司系原告的法人股东。

陕西某信息咨询有限公司向一审法院起诉请求:(1)认为双方劳动合同已于2019年3月11日解除。(2)确认原告与被告解除劳动合同符合法律规定。(3)令原告无须向被告支付赔偿金34,189.12元。(4)原告无须向被告支付2019年2月的工资2138.82元以及2019年3月11天的工资783元。(5)判令原告无须向被告补足工资差额1519.75元。(6)本案诉讼费由被告承担。

一审判决结果:(1)原告陕西某信息咨询有限公司与被告武某某之间的劳动合同于2019年3月11日解除。(2)原告陕西某信息咨询有限公司解除与被告武某某之间的劳动合同合法。(3)原告陕西某信息咨询有限公司无须向被告武某某支付赔偿金34,189.12元。(4)原告陕西某信息咨询有限公司于本判决生效之日起5日内向被告武某某支付2019年2月的工资1954.6元、支付工资差额1519.7元,合计3474.3元。(5)驳回原告陕西某信息咨询有限公司的其他诉讼请求。(6)驳回被告武某某的其他仲裁请求。如果未按本判决书指定的期间履行给付金钱义务,应当依据《民事诉讼法》第253条之规定,加倍支付迟延履行期间的债务利息。案件受理费5元,由被告武某某负担。

武某某上诉请求:(1)依法撤销一审判决并予以改判。(2)依法确认被上诉人无依据解除与上诉人的劳动合同无效。(3)被上诉人按二倍支付上诉人赔偿金34,189.12元,支付2019年2月至3月11日工资2920元,支付按最低工资标准补差1519.75元,共计38,628.87元。(4)被上诉人承担一审、二审诉讼费。

上诉事实和理由:(1)上诉人与被上诉人于2011年8月建立劳动关系,一直在定边县通过公司设置的系统对外联系业务,通过网络系统刷卡签到,属流动性外勤工作。2019年3月1日,被上诉人转发拓某信息系统股份有限公司通知收回定边县常住办公点,调动上诉人到榆林市办公处办公,逼迫上诉人接受辞退,并将考勤刷卡系统关闭,致使照常工作的上诉人无法刷卡考勤,故意捏造上诉人旷工的事实,单方违法解除劳动合同。一审法院未查清事实,确认上诉人旷工的事实不清。(2)被上诉人提供的《拓某集团假勤管理制度(修订)》和《员工手册》,其管理制度规定与劳动合同约定及《劳动合同法》不符,不能作为解除劳动合同的证据,一审确认被上诉人单方解除劳动合同有效,属确认证据错误。(3)被上诉人与上诉人签订《劳动合同》和送达《员工手册》均采取欺诈行为,内容均是制约劳动者的"霸王条款",只让上诉人签字,不准上诉人持有,故对合同和《员工手册》的内容上诉人并不知情。合同约定工作地点在榆林市,但实际在定边县办公点按网络系统流动工作,被上诉人关闭网络系统,无法体现上诉人工作,且上诉人8年未享受节假日,被上诉人不安排补休和发放加班费,构成违约,其采取欺诈行为单方辞退上诉人违法,一审对此认定错误。(4)被上诉人是与上诉人签订劳动合同的直接当事人,上诉人仅受本用人单位管理和合同制约,拓某信息系统股份有限公司内部制定的《假勤管理制度》《员工手册》和收缩调整区域业务及人员调动的通知,均与上诉人无关,一审混淆法律关系,确认上诉人违反用人单位管理制度,认定事实错误。(5)一审确认解除劳动合同合法有效,无须支付经济赔偿金及加付赔偿金,不符合合同约定和法律规定,属适用法律不当。综上所述,一审认定事实不清,确认证据有误,适用法律不当,判决错误,请求二审予以纠正,公正判决。

陕西某信息咨询有限公司辩称,上诉人旷工事实成立,违反了《员工手册》和《假勤管理制度》,该制度经职工代表大会讨论通过,上诉人签字确认知悉,对其具有约束力,且与劳动合同约定无冲突,应优先适用,上诉人严重违反规章制度,答辩人解除劳动合同合法,无须支付赔偿金。根据不告不理原则,答辩人无须支付2019年3月工资,且

2019 年 2 月工资应以工资表为依据。综上所述,上诉人的上诉无事实及法律依据,应依法予以驳回。

四、诉讼争点

(一)陕西某信息咨询有限公司解除与武某某之间的劳动合同是否合法?陕西某信息咨询有限公司是否需要向武某某支付赔偿金 34,189.12 元?

(二)陕西某信息咨询有限公司是否应当向武某某支付 2019 年 2 月的工资 1954.6 元、2019 年 3 月 11 天的工资 783 元以及是否需要补足工资差额 1519.75 元?

五、裁判理由及结果

(一)一审裁判理由及结果

1. 一审裁判理由

被告抗辩从 2019 年 3 月 4 日起无法正常打卡,但仍然实际进行了工作,其承认在发现打卡异常后没有找人反映情况,且未提交其实际工作的证据,随后又承认工作至 2019 年 3 月 4 日,应认定被告从 2019 年 3 月 4 日起未按照原告下发的通知到榆林市工作,原告作为用人单位有权根据公司的情况决定劳动者是否能够休年假,被告在未获得批准后未上班构成连续旷工。被告认为,原告以拓某信息系统股份有限公司的文件以及被告违反了该公司的《员工手册》而解除劳动合同的行为不合法。经查,拓某信息系统股份有限公司确系原告的股东,且被告在员工手册签收回执单上进行了签字,该回执单也注明寄送对象的是拓某信息系统股份有限公司,故对被告的辩称不予采信。此外,被告认为原告有意解雇,让被告调至离家较远的地方工作以迫使其离职,但根据《关于陕西省区各区域业务收缩调整及人员调动的通知》规定,该公司因业务原因收回包括被告所在的定边县常驻办公点等多处机构,并非故意安排被告去其他地方工作,被告不服从公司的安排在年休假未被批准的情况下连续旷工,已经违反了原告的《员工手册》和管理制度中的规定,被告构成严重违反用人单位规章制度,原告有权利解除双方之间的劳动合同关系,故原告解除劳动合同的行为合法,无须向被告支付经济赔偿金及加付赔偿金,也无须向被告额外支付 1 个月工资。原告向被告发放了解除合同通知,被告承认收到,原告、被告已经于 2019 年 3 月 11 日解除劳动合同关系,予以确认。关于被告 2019 年 2 月的工资,原告承认一直未付,用人单位应该及时足额向劳动者发放工资,即使被告未按要求办理离职手续原告没有权利扣发被告的工资,原告至今未向被告发放 2019 年 2 月的工资,已经违法,应承担向被告支付工资的义务。关于支付的工资标准,被告认可原告提交的工资表,故应按照工资表的金额 1954.6 元予以发放,对于 3 月份的工资被告在仲裁时未请求,不予审理。关于被告要求原告补齐被告与陕西省最低工资差额的仲裁请求，根据《劳动法》第 48 条的规定，用人单位支付劳动者的工资不得低于当地最低工资标准。根据《陕西省最低工资规定》和陕西省人力资源和社会保障厅发布的各年最低工资标准及适用范围，原告从 2018 年 3 月至 2019 年 2 月，其中有 4 个月的工资低于陕西省最低工资标准，应予以补齐，故原告应该向被告支付工资差额 1519.7 元。被告在仲裁时要求原告支付因未发 2 月工资和工资差额 80% 的赔偿，根据《劳动合同法》第 85 条的规定，劳动者可以要求用人单位加付赔偿金的前提是在劳动行政部门限期内不支付的，本案中被告并未向劳动行政部门反映问题，原告亦未接到限期支付的通知，故不存在支付赔偿金的条件，对被告要求加付赔偿金的仲裁请求不予支持。

2. 一审裁判结果

(1)认为原告陕西某信息咨询有限公司与被告武某某之间的劳动合同于 2019 年 3 月 11 日解除。(2)原告陕西某信息咨询有限公司解除与被告武某某之间的劳动合同合法。(3)原告陕西某信息咨询有限公司无须向被告武某某支付赔偿金 34,189.12 元。(4)由原告陕西某信息咨询有限公司于本判决生效之日起 5 日内向被告武某某支付 2019 年 2 月的工资 1954.6 元、支付工资差额 1519.7 元，合计 3474.3 元。(5)驳回原告陕西某信息咨询有限公司的其他诉讼请求。(6)驳回被告武某某的其他仲裁请求。如果未按本判决书指定的期间履行给付金钱义务，应当依据《民事诉讼法》第 253 条之规定，加倍支付迟延履行期间的债务利息。案件受理费 5 元，由被告武某某负担。

(二)二审裁判理由及结果

1. 二审裁判理由

本案系劳动者与用人单位因终止劳动合同所产生的纠纷，根据当事人所主张的法律关系的性质，本案案由应确定为劳动争议纠纷，一审确定劳动合同纠纷不当，依法予以纠正。陕西某信息咨询有限公司与武某某订立书面劳动合同，双方建立了劳动合同关系，在劳动合同履行过程中，武某某违反用人单位管理制度，连续矿工 5 天，陕西某信息咨询有限公司作出解除劳动关系的通知，并予以送达，符合法律规定，一审确认用人单位合法解除劳动关系正确。武某某上诉主张其未矿工，亦未违反用人单位规章制度。经查，上诉人武某某自述其在被上诉人陕西某信息咨询有限公司处工作到 2019 年 3 月 4 日，且其未提供证据证明其无法正常打卡并实际工作的事实，故其主张未矿工的上诉理由不能成立；根据加盖被上诉人陕西某信息咨询有限公司印章，并由上诉人武某某签字的《员工手册签收回执单》所载内容，拓某信息系统股份有限公司的《员工手册》及《假勤管理制度》为被上诉人陕西某信息咨询有限公司规章制度，对上诉人武某某具有约束力，且未违反劳动合同约定内容及法律规定，故上诉人武某某主张其未违反用人单位规章制度的上诉理由亦不能成立。由于上诉人武某某违反用人单位规章制度，被上诉人陕西某信息咨询有限公司解除与其的劳动关系合法，上诉人武某某请求支付赔偿金的请求,不符合法律规定,依法不予支持。此外,武某某上诉要求支付3月工资,不属于其提出劳动仲裁申请范围,依法不予支持。

2. 二审裁判结果

(1)驳回上诉,维持原判。(2)二审案件受理费10元,由上诉人武某某负担。(3)本判决为终审判决。

六、评析研判

劳动合同一旦建立,用人单位与劳动者就要恪守履行,但是我国法律也赋予双方在特定情形下可以行使一定的解除权,劳动合同解除制度就随之应运而生。有学者对劳动合同解除制度作出这样的释义:“它是一种在签订劳动合同后,合同还没有履行完毕前或者合同未到期之前,劳动合同的双方当事人协商或者一方当事人按照法律规定、双方合同约定行使解除权致使双方的劳动合同关系结束的法律制度。”①这种法律制度涉及劳动者的生活来源及自我价值的实现,关系用人单位用工的稳定性及生产秩序,关系到整个社会的发展和稳定。因此,在现实生活中,“劳动合同的解除是劳动争议的最大诱因”。②

本案的争议焦点有两个:(1)陕西某信息咨询有限公司解除与武某某之间的劳动合同是否合法?陕西某信息咨询有限公司是否须向武某某支付赔偿金34,189.12元?(2)陕西某信息咨询有限公司是否应当向武某某支付2019年2月的工资1954.6元、2019年3月11天的工资783元以及是否需要补足工资差额1519.75元。

(一)争点一解析:陕西某信息咨询有限公司解除与武某某之间的劳动合同属于合法行为,无须支付经济补偿金

《劳动合同法》第39条规定:“劳动者有下列情形之一的,用人单位可以解除劳动合同:(一)在试用期间被证明不符合录用条件的;(二)严重违反用人单位的规章制度的;(三)严重失职,营私舞弊,给用人单位造成重大损害的;(四)劳动者同时与其他用人单位建立劳动关系,对完成本单位的工作任务造成严重影响,或者经用人单位提出,拒不改正的;(五)因本法第二十六条第一款第一项规定的情形致使劳动合同无效的;(六)被依法追究刑事责任的。”该条款中的第2项规定了,若劳动者严重违反用人单位的规章制度,则用人单位可单方依法解除与劳动者的劳动合同。判断某种行为是否严重违反用人单位规章,需要考虑行为是否发生在工作时间、工作地点。在绝大多数情况下,法院会认为违规行为若发生在工作场所及工作时间以外,则该行为属于与单位无关

---

① 信春鹰主编:《中华人民共和国〈劳动合同法〉释义》,法律出版社2007年版,第127页。

② 袁刚、范围:《我国劳动合同解除权的体系问题研究》,载《理论界》2011年第7期。

的个人行为,用人单位不得以该行为为解雇理由即时解除与劳动者的劳动合同;[1]但当该行为是由于工作原因所致,[2]或者该行为已经妨碍了用人单位的正常工作秩序,或因劳动者岗位的特殊性,其行为本身便代表着单位整体形象,[3]在这类情况下,法院倾向于认定劳动者的行为不因该行为未发生在工作时间、工作地点而当然不受规章制度的束缚。结合本案,若能够证明劳动者武某某严重违反用人单位陕西某信息咨询有限公司规章制度,就可以认定陕西某信息咨询有限公司解除劳动合同的行为合法,进而认定陕西某信息咨询有限公司无须向武某某支付赔偿金 34,189.12 元。故武某某是否严重违反陕西某信息咨询有限公司规章制度就是解决本案争议焦点的关键。

首先,拓某信息系统股份有限公司内部制定的《假勤管理制度》《员工手册》是有效的规章制度。武某某认为拓某信息系统股份有限公司内部制定的《假勤管理制度》《员工手册》和收缩调整区域业务及人员调动的通知,均与其无关。经查,拓某信息系统股份有限公司是陕西某信息咨询有限公司的法人股东,因此,拓某信息系统股份有限公司的《员工手册》及《假勤管理制度》为陕西某信息咨询有限公司的规章制度,对武某某有约束力,且其未违反劳动合同约定内容及法律规定,符合法律规定。所以,武某某作为该公司的劳动者应当遵守《假勤管理制度》及《员工手册》规定的内容。此外,武某某主张陕西某信息咨询有限公司转发拓某信息系统股份有限公司通知收回定边县常住办公点,调动武某某到榆林市办公处办公,是想逼迫其接受辞退,这些主张武某某亦未提供证据予以证明。故这些主张没有法律效力。

其次,武某某构成《劳动合同法》中规定的"严重违反用人单位的规章制度"。武某某认为自己于 2019 年 3 月 4 日开始无法正常打卡,其实际仍在继续工作,依据"谁主张,谁举证"的原则,武某某应当承担举证责任,证明其于 2019 年 3 月 4 日之后仍工作过,但武某某并未提供相关证据来佐证其主张的观点,即武某某自 2019 年 3 月 4 日开始至今未正常上班。故对武某某的该主张不予认可,应当认定武某某于 2019 年 3 月 4 日起连续旷工 5 日以上,已经构成劳动合同法中的"严重违反用人单位规章制度"。

综上所述,陕西某信息咨询有限公司可依据《劳动合同法》第 39 条的规定解除与武某某之间的劳动合同,同时也无须支付经济补偿金。

(二)争点二解析:陕西某信息咨询有限公司应当向武某某支付 2019 年 2 月的工资 1954.6 元、需要补足工资差额 1519.75 元,但无须支付 2019 年 3 月 11 天的工资 783 元

首先,陕西某信息咨询有限公司愿意向武某某支付 2019 年 2 月的工资。关于是否

---

① 参见(2014)深中法劳终字第 5014 号、(2017)沪 0112 民初 18908 号判决文书。

② 参见(2018)沪 01 民终 2946 号判决文书。

③ 参见(2018)粤 01 民终 8749 号判决文书。

应当支付武某某2019年2月工资的争议,依据《劳动合同法》第30条关于"劳动报酬"的规定,用人单位应当按照劳动合同约定和国家规定,向劳动者及时足额支付劳动报酬。用人单位拖欠或者未足额支付劳动报酬的,劳动者可以依法向当地人民法院申请支付令,人民法院应当依法发出支付令。由该法条的内容可知,用人单位未及时足额支付劳动者工资属于违法行为,应当承担向劳动者支付工资的义务。在本案中,武某某主张由陕西某信息咨询有限公司向其支付2019年2月工资2138.82元,对于该主张,陕西某信息咨询有限公司承认其未向武某某及时足额支付2019年2月的工资,所以,陕西某信息咨询有限公司愿意也应当承担向武某某支付2019年2月工资的义务,但该月工资的标准为多少,应当依据工资表的规定予以发放,即为1954.6元,对于该工资的数额,武某某表示认同。

其次,陕西某信息咨询有限公司无须向武某某支付2019年3月11天的工资。关于陕西某信息咨询有限公司是否应向武某某支付2019年3月11天工资的争议,武某某在申请劳动仲裁时并未提出该申请,则该项申请未经劳动仲裁一审法院不得予以审理。故武某某该项请求不予认可,陕西某信息咨询有限公司无须向武某某支付2019年3月11天的工资。

最后,陕西某信息咨询有限公司需要补足武某某工资的差额1519.75元。依据《劳动法》第48条的规定,国家实行最低工资保障制度。最低工资的具体标准由省、自治区、直辖市人民政府规定,报国务院备案。用人单位支付劳动者的工资不得低于当地最低工资标准。最低工资法律保障制度,是指劳动者在法定工作时间内提供了正常劳动的前提下,国家以法律形式保障其应该获得、能够维持其生存及必要的供养其家属的最低费用的制度。"最低工资法律保障制度是一项重要的社会保障制度,是实现社会公平正义、稳定和宏观经济目标以及保护处于社会弱势群体地位的劳动者生存权的重要手段。"①依据《陕西省最低工资标准》和陕西省人力资源和社会保障厅发布的各年最低工资标准及适用范围,陕西某信息咨询有限公司向武某某发放的各月工资中,未达当地最低工资标准的月份有4个,其中,2018年5月与最低工资差额为216.6元,6月的差额为249.2元,7月的差额为444.7元,8月的差额为609.2元,合计差额为1519.7元。因此,依据《劳动法》第48条的规定,陕西某信息咨询有限公司需要补足武某某工资的差额1519.75元。

综上所述,陕西某信息咨询有限公司解除与武某某之间的劳动合同为合法;陕西某信息咨询有限公司无须向武某某支付赔偿金34,189.12元;陕西某信息咨询有限公司应当向武某某支付2019年2月的工资1954.6元、需要补足工资差额1519.75元,但无

① 郭捷:《劳动法与社会保障法》,法律出版社2008年版,第198页。

须支付2019年3月11天的工资783元。

七、拓展训练

（一）案例简介

陶某某原系搏某公司员工。双方于2017年5月8日签订无固定期限劳动合同，约定自2017年5月1日起建立无固定期限劳动合同关系，工作地点在某大道159号搏某公司，涉及劳动者切身利益的条款内容或重大事项变更时，应协商一致。

2019年3月，搏某公司因经营需要决定由原办公地点某大道159号整体搬迁至某大道529号。包括陶某某在内的员工得知后，以距离太远为由拒绝到新厂址上班。2019年3月9日，搏某公司组织人员拆除生产线时，包括陶某某在内的员工大面积停工，自此每日到原厂址打卡后，不再提供劳动。2019年3月11日，搏某公司发布《关于厂区搬迁的通知》声明，自2019年4月1日起，厂区将从某大道159号（14,000平方米）整体搬迁至529号（17,000平方米），生产车间提供中央空调，食宿更加便利，搏某公司将安排车辆携全员前往新厂区参观，给予每人500元搬迁奖励，交通补贴在每月100元基础上增加50元，要求员工通过合理渠道沟通，必须于2019年3月12日8时30分回岗进行正常劳动。员工拒绝返岗。2019年3月13日，搏某公司再次发布公告，重申员工的岗位、工作内容和福利待遇不变，增发50元交通补助。员工仍然拒绝返岗。2019年3月15日，搏某公司向陶某某发出《督促回岗通知》，告知陶某某其行为已严重违反规章制度，扰乱破坏生产秩序，要求陶某某于2019年3月18日8时30分到生产主管处报到，逾期未报到将解除劳动合同。陶某某未按要求报到。2019年3月18日，搏某公司在通知工会后，以严重违反规章制度为由决定与陶某某解除劳动合同。陶某某离职前平均月工资为4719元。

2019年3月25日，陶某某向南京市江宁区劳动人事争议仲裁委员会申诉，仲裁请求与本案诉讼请求一致。2019年5月6日，仲裁委员会作出裁决，驳回了陶某某的仲裁请求。搏某公司服从裁决。陶某某不服裁决，向法院起诉。

另查明，搏某公司于2017年5月4日召开职工代表大会，审议修订员工手册。陶某某签收了员工手册。员工手册规定，连续旷工3个工作日，或连续12个月内累计旷工5个工作日，给予解除合同处分。

又查明，某大道159号、529号两地相距约4.5千米，全程骑行约20分钟，均在地铁S1号沿线，有864路、874路公交可乘，但地铁和公交站点与两个厂区均有一定距离。

（二）思考问题

搏某公司解除与陶某某之间的劳动合同是否违法？

第四节　劳动合同关系终止

一、案例选择

淄博某陶瓷技术开发有限公司与毕某某劳动争议纠纷案

案号:(2019)鲁03民终3853号

二、问题提示

如何处理劳动合同终止的相关纠纷。

三、案例基本情形

上诉人(原审被告):淄博某陶瓷技术开发有限公司

被上诉人(原审原告):毕某某

原告毕某某系被告淄博某陶瓷技术开发有限公司员工,与被告淄博某陶瓷技术开发有限公司自2006年8月至2018年9月存在事实劳动关系。原告毕某某在与被告淄博某陶瓷技术开发有限公司存有事实劳动关系期间,被告淄博某陶瓷技术开发有限公司未与原告毕某某签订书面劳动合同,被告淄博某陶瓷技术开发有限公司亦未为原告毕某某缴纳劳动保险。被告淄博某陶瓷技术开发有限公司的工资发放形式为本月发放上月工资。原告毕某某离职之前12个月的平均工资为3867.16元。另查明,原告毕某某出生于1963年9月27日。2018年10月18日,淄博市劳动人事争议仲裁委员会受理了申请人毕某某与被申请人淄博某陶瓷技术开发有限公司劳动争议一案,申请人毕某某请求:(1)确认申请人与被申请人之间自2004年11月开始存在事实劳动关系。(2)裁决被申请人向申请人支付解除劳动关系经济补偿54,307.54元。(3)裁决被申请人向申请人支付2018年9月、10月工资共5600元。(4)裁决被申请人向申请人支付2018年10月1日至7日加班工资2298.8元。(5)解除申请人与被申请人的劳动关系。在庭审中,申请人放弃第3项仲裁请求中的2018年9月工资,变更2018年10月工资为815元。2018年12月14日,淄博市劳动人事争议仲裁委员会作出淄劳人仲案字(2018)第499号仲裁裁决书,裁决书驳回申请人的仲裁请求。之后,毕某某提起诉讼,提出本案诉讼请求。

毕某某向一审法院起诉请求:(1)确认原告与被告之间自2004年11月至2018年10月10日存在事实劳动关系。(2)判决被告支付原告经济补偿金54,140.24元。

(3)被告支付拖欠原告的2018年10月1日至7日的工资3022.6元。(4)本案诉讼费用由被告承担。

一审判决结果:(1)确认原告毕某某与被告淄博某陶瓷技术开发有限公司自2006年8月至2018年9月存在事实劳动关系。(2)被告淄博某陶瓷技术开发有限公司于判决生效后10日内支付原告毕某某经济补偿金48,339.5元。(3)驳回原告毕某某的其他诉讼请求。如果未按本判决指定的期间履行给付金钱义务,应当依照《民事诉讼法》第253条之规定,加倍支付迟延履行期间的债务利息。案件受理费减半收取计5元,由被告淄博某陶瓷技术开发有限公司负担。

淄博某陶瓷技术开发有限公司上诉请求:(1)发回重审或依法改判。(2)诉讼费由被上诉人承担。事实与理由:(1)本案被上诉人出生日期为1963年9月27日,申请仲裁时年龄为55周岁,已经超过法定退休年龄,《劳动合同法实施条例》第21条规定:"劳动者达到法定退休年龄的,劳动合同终止。"在本案中,被上诉人显然符合本规定,根据该规定,上诉人与被上诉人劳动合同关系已经早已终止,上诉人的仲裁请求已超过仲裁时效(诉讼时效),被上诉人的一审诉讼请求不应当得到法院支持,一审法院判令上诉人支付被上诉人经济补偿48,339.5元无法律依据。(2)本案被上诉人提出的一审诉讼请求与原仲裁时的仲裁请求不一致,不一致部分违反了劳动争议先裁后审的原则,请二审法院依法查明。

四、诉讼争点

(一)淄博某陶瓷技术开发有限公司与毕某某之间的劳动关系何时终止?

(二)淄博某陶瓷技术开发有限公司是否须支付毕某某经济补偿54,140.24元?

五、裁判理由及结果

(一)一审裁判理由及结果

1.一审裁判理由

《劳动合同法》第10条第1款、第2款规定:"建立劳动关系,应当订立书面劳动合同。已建立劳动关系,未同时订立书面劳动合同的,应当自用工之日起一个月内订立书面劳动合同",《劳动合同法》第38条规定:"用人单位有下列情形之一的,劳动者可以解除劳动合同:……(三)未依法为劳动者缴纳社会保险费的",《劳动合同法》第44条规定:"有下列情形之一的,劳动合同终止:……(二)劳动者开始依法享受基本养老保险待遇的",最高人民法院民一庭2015年9月30日向山东省高级人民法院作出的《最高人民法院民一庭关于达到或者超过法定退休年龄的劳动者(含农民工)与用人单位之间劳动关系终止的确定标准问题的答复》[(2015)民一他字第6号]载明"你院关于达到或超过法定退休年龄的劳动者(含农民工)与用人单位之间劳动关系终止的确定标准问题的请示收悉。经研究,答复如下:原则同意你院审判委员会的倾向性意见,即对于达到或者超过退休年龄的劳动者(含农民工)与用人单位之间劳动关系的终止,应当以劳动者是否享受养老保险待遇或者领取退休金为标准"。具体到本案中,被告淄博某陶瓷技术开发有限公司在与原告毕某某形成事实劳动关系后,在长达数年的时间里未与原告毕某某签订书面劳动合同,亦未为原告毕某某依法缴纳社会保险费,故原告毕某某主张确认与被告之间自2006年8月至2018年9月存在事实劳动关系的诉讼请求成立,予以支持;被告关于原告毕某某违反了劳动争议先裁后审的法律原则,达到法定退休年龄,原告、被告劳动关系到2013年9月27日已经终止的辩解意见于法无据,不予支持。《劳动合同法》第46条规定:"有下列情形之一的,用人单位应当向劳动者支付经济补偿金:(一)劳动者依照本法第三十八条规定解除劳动合同的",在本案中,原告毕某某主张被告淄博某陶瓷技术开发有限公司支付其经济补偿金48,339.5元(离职前12个月平均工资3867.16元,计算12.5个月)的诉讼请求成立,超出部分被告淄博某陶瓷技术开发有限公司不认可,且原告未能提供有效证据予以证实,故不予支持。原告毕某某要求被告支付其2018年10月1日至7日的工资3022.6元,因原告毕某某不能提供有效证据证实加班的事实,从本案劳动关系的解除情况来看,原告毕某某主张系其于2018年11月提出解除劳动关系,但没有提供有效证据证实,被告淄博某陶瓷技术开发有限公司认可系原告毕某某提出解除劳动关系,但主张原告毕某某在其处工作至2018年9月底,且原告毕某某没有提供有效证据证实其2018年10月在被告处工作,由此可认定原告、被告双方劳动关系解除的时间为2018年9月,故对其该项诉讼请求,不予支持。被告淄博某陶瓷技术开发有限公司关于原告、被告劳动关系自2013年9月27日已经终止,原告的诉讼请求已经超过仲裁时效(诉讼时效)及不应支付经济补偿的辩解意见于法无据,不予支持。

2. 一审裁判结果

(1)确认原告毕某某与被告淄博某陶瓷技术开发有限公司自2006年8月至2018年9月存在事实劳动关系。(2)被告淄博某陶瓷技术开发有限公司于判决生效后10日内支付原告毕某某经济补偿金48,339.5元。(3)驳回原告毕某某的其他诉讼请求。如果未按本判决指定的期间履行给付金钱义务,应当依照《民事诉讼法》第253条之规定,加倍支付迟延履行期间的债务利息。案件受理费减半收取计5元,由被告淄博某陶瓷技术开发有限公司负担。

(二)二审裁判理由及结果

1. 二审裁判理由

上诉人淄博某陶瓷技术开发有限公司与被上诉人毕某某之间的本案劳动争议,经淄劳人仲案字(2018)第499号仲裁裁决,被上诉人不服提起本诉。根据被上诉人提交的相应证据,并依据相关法律规定,一审判决上诉人支付被上诉人解除劳动合同经济补偿金有事实及法律依据。上诉人未提交证据推翻一审判决对本案事实的认定,亦未提交证据佐证其上诉主张成立,故对其上诉请求,本院不予支持。

综上所述,淄博某陶瓷技术开发有限公司的上诉请求不能成立,应予驳回;一审判决认定事实清楚,适用法律正确,应予维持。

2. 二审裁判结果

(1)驳回上诉,维持原判。(2)二审案件受理费10元,由上诉人淄博某陶瓷技术开发有限公司负担。(3)本判决为终审判决。

六、评析研判

劳动者达到法定退休年龄,但仍符合从属性特征,劳动关系不应自行终止。若要终止劳动关系,需要劳动者或用人单位一方或双方作出意思表示,对终止权予以行使。如果选择终止,则劳动关系终止,之后劳动者仍可与新的用人单位建立劳动关系。如果选择不终止,由于劳动者没有享受养老保险待遇,则双方劳动关系继续存续。对用人单位而言,在招用已达到法定退休年龄的劳动者时,应当对劳动者的基本情况有所了解,包括年龄问题、是否领取退休金问题,用人单位可要求劳动者对此作出书面说明。如果劳动者已经享受养老保险待遇或领取退休金,则双方签订劳务合同,反之,则签订劳动合同。

本案的争议焦点有两个:(1)淄博某陶瓷技术开发有限公司与毕某某之间的劳动关系何时终止?(2)淄博某陶瓷技术开发有限公司是否须支付毕某某经济补偿金54,140.24元?

(一)争点一解析:淄博某陶瓷技术开发有限公司与毕某某之间的劳动关系于2018年9月终止

首先,劳动者达到法定退休年龄,但未享受基本养老保险待遇,则劳动者与用人单位之间的劳动合同或劳动关系并不终止。在本案中,毕某某主张其与淄博某陶瓷技术开发有限公司之间的劳动关系于2018年11月解除,而淄博某陶瓷技术开发有限公司认为其与毕某某之间的劳动关系于2018年9月解除。若能够依据相关法律将双方之间的劳动关系解除的时间确定清楚,那么该案例存在的争议便能够迎刃而解。第一,《劳动合同法》第10条第1款、第2款规定:“建立劳动关系,应当订立书面劳动合同。已建立劳动关系,未同时订立书面劳动合同的,应当自用工之日起一个月内订立书面劳动合同。”在本案中,毕某某为淄博某陶瓷技术开发有限公司员工,该公司工资发放形式为本月发放上月工资,虽淄博某陶瓷技术开发有限公司却一直未与毕某某签订劳动合同,但不影响认定其与毕某某之间存在事实劳动关系。第二,《劳动合同法》38 条规定:"用人单位有下列情形之一的,劳动者可以解除劳动合同……(三)未依法为劳动者缴纳社会保险费的";在本案中,淄博某陶瓷技术开发有限公司一直未为毕某某缴纳劳动保险,故毕某某依法享有单方解除其与淄博某陶瓷技术开发有限公司之间的劳动关系。第三,《劳动合同法》第 44 条规定:"有下列情形之一的,劳动合同终止:……(二)劳动者开始依法享受基本养老保险待遇的";该法条也可理解为,劳动者虽达到法定退休年龄,但未享受基本养老保险待遇,则劳动者与用人单位之间的劳动合同或劳动关系也不终止。在本案中,毕某某出生于 1963 年 9 月 27 日,其法定退休年龄为 2013 年 9 月 27 日,据此淄博某陶瓷技术开发有限公司主张其与毕某某之间的劳动关系于 2013 年 9 月 27 日便已终止,由此来反对毕某某的主张。

其次,毕某某与淄博某陶瓷技术开发有限公司之间的劳动关系于 2018 年 9 月终止。除《劳动合同法》第 44 条第 1 款第 2 项的规定外,最高人民法院民一庭 2015 年 9 月 30 日向山东省高级人民法院作出的《最高人民法院民一庭关于达到或者超过法定退休年龄的劳动者(含农民工)与用人单位之间劳动关系终止的确定标准问题的答复》载明"你院关于达到或超过法定退休年龄的劳动者(含农民工)与用人单位之间劳动关系终止的确定标准问题的请示收悉。经研究,答复如下:原则同意你院审判委员会的倾向性意见,即对于达到或者超过退休年龄的劳动者(含农民工)与用人单位之间劳动关系的终止,应当以劳动者是否享受养老保险待遇或者领取退休金为标准"。由该回复可知,最高人民法院支持对于达到或者超过法定退休年龄的劳动者与用人单位之间劳动关系终止问题上的倾斜性观点,不能单以劳动者达到法定退休年龄就自动终止双方之间的劳动关系,而是需要进一步判断劳动者是否开始享受养老保险待遇或领取退休金。作出这样的规定或回复,均体现了《劳动合同法》《劳动法》等相关法律的一个鲜明原则,即最大限度保护劳动者合法权益,这与《宪法》中"保护弱势群体合法权益"的基本原则相呼应。最高人民法院《关于审理劳动争议案件适用法律若干问题的解释(三)》第 7 条规定:"用人单位与其招用的已经依法享受养老保险待遇或领取退休金的人员发生用工争议,向人民法院提起诉讼的,人民法院应当按劳务关系处理。"该解释第 7 条的处理思路与《劳动合同法》相一致,即以依法享受基本养老保险待遇或领取退休金作为劳动关系与劳务关系的分割线。[①] 简单来讲就是,若达法定退休年龄的劳动者已经享受基本养老保险待遇,那么该劳动者与其用人单位之间的关系属于劳务关系;若达法定退休年龄的劳动者没有享受基本养老保险待遇,那么该劳动者与其用人单位之间的关系属于劳动关系,故应当依据劳动法相关法律规定来认定事实,进而作出判断。在本案

① 参见杨喆:《超过法定退休年龄从业人员的身份界定》,载《中国劳动》2017 年第 3 期。

中,毕某某并未享受基本养老保险待遇或领取退休金,因此,即使毕某某在仲裁时或起诉时超过法定退休年龄,也并不影响对于毕某某与淄博某陶瓷技术开发有限公司之间劳动关系终止日期的认定。毕某某主张双方于 2018 年 11 月终止劳动关系,但其该主张并没有相应的证据来佐证,故依据"谁主张,谁举证"的原则,毕某某的该主张不予认可。而且,毕某某还主张 2018 年 10 月 1 日至 7 日的工资,但其仍没有相关证据来证实该主张,故该项主张亦得不到认可。即毕某某于 2018 年 10 月之后便未再工作过,因此,可认定毕某某与淄博某陶瓷技术开发有限公司之间的劳动关系于 2018 年 9 月终止。

综上所述,淄博某陶瓷技术开发有限公司与毕某某之间的劳动关系于 2018 年 9 月终止。

(二)争点二解析:淄博某陶瓷技术开发有限公司须支付毕某某经济补偿金54,140.24元

首先,淄博某陶瓷技术开发有限公司应当承担支付经济补偿金的义务。《劳动合同法》第 46 条第 1 款规定:"有下列情形之一的,用人单位应当向劳动者支付经济补偿金:(一)劳动者依照本法第三十八条规定解除劳动合同的……"该法第 38 条是关于劳动者单方解除劳动合同的规定,即用人单位存在过错,劳动者依法享有单方解除与用人单位之间劳动合同或劳动关系的内容。在本案中,淄博某陶瓷技术开发有限公司未给劳动者毕某某缴纳社会保险费,故毕某某单方解除与其之间的劳动合同合法。同时,淄博某陶瓷技术开发有限公司还须依照《劳动合同法》第 46 条第 1 款的相关规定,承担支付经济补偿金的义务。经济补偿金只由用人单位单方向地支付给劳动者,劳动者在任何情况下都无须对用人单位进行补偿,这是因为劳资双方实力不均衡,而对劳动者进行倾斜保护。[①] 学界对于劳动法中经济补偿金属于何种性质,有着不同的观点,其中笔者比较认同的是"劳动合同伦理说"。该观点认为,"在不可归责于劳雇双方当事人之事由时,资遣费乃是雇主保护照顾义务之效力衍生的一种义务,其法律性质为对受解雇劳工之'离职补贴',具有劳动契约之伦理功能"。[②] 经济补偿金带有用人单位对劳动者照顾的义务色彩。

其次,淄博某陶瓷技术开发有限公司应当支付给毕某某的经济补偿金为 46,405.92 元。依据《劳动合同法》第 47 条的规定,经济补偿按劳动者在本单位工作的年限,每满 1 年支付 1 个月工资的标准向劳动者支付。6 个月以上不满 1 年的,按 1 年计算;不满 6 个月的,向劳动者支付半个月工资的经济补偿。劳动者月工资高于用人单位所在直辖

---

① 喻术红:《劳动合同法专论》,武汉大学出版社 2009 年版,第 134 页。

② 黄越钦:《劳动法新论》,中国政法大学出版社 2003 年版,第 158 页。

市、设区的市级人民政府公布的本地区上年度职工月平均工资3倍的,向其支付经济补偿的标准按职工月平均工资3倍的数额支付,向其支付经济补偿的年限最高不超过12年。该条所称月工资,是指劳动者在劳动合同解除或者终止前12个月的平均工资。在本案中,毕某某于淄博某陶瓷技术开发有限公司任职的期间为2006年8月至2018年9月,一共是12年零1个月的时间,但根据上述法条规定"支付经济补偿的年限最高不超过12年",因此,应当支付给毕某某12个月的平均工资。经调查,毕某某离职前12个月平均工资3867.16元,故淄博某陶瓷技术开发有限公司应当支付给毕某某的经济补偿金为46,405.92元(12个月×3867.16元),而并非毕某某主张的54,140.24元。但在此需要说明的是,本判决书中判决的经济补偿金为48,339.5元(12.5×3867.16元),很明显该数额存在问题,上述法条明确规定了经济补偿金最高不超过12年,所以,该判决结果是什么原因仍需探讨。在此予以特殊说明。

综上所述,淄博某陶瓷技术开发有限公司须支付毕某某经济补偿金46,405.92元。

七、拓展训练

(一)案例简介

吴某某自2006年开始在明某公司上班,负责食品包装及装箱工作。2017年5月12日,吴某某年龄达到退休年龄55岁,选择继续留在明某公司上班,明某公司与吴某某签订《雇佣合同》,约定合同期限为1年,即2017年4月1日起至2018年3月31日止。同时,吴某某向明某公司签署《承诺书》,该承诺书载明:"本人吴某某(公民身份证号码:××××××××××××××××××),因超过法定退休年龄55岁,同意在向贵公司提供个人劳务过程中,如发生任何意外造成人身伤害的各项赔偿费用由本人自行承担,同意不按照劳动法规定的工伤标准处理。上述承诺内容是本人及直系亲属的真实意思表示,绝不反悔。承诺期限叁年:自2017年4月1日起至2020年3月31日止。承诺人:吴某某,直系亲属:吴某琳,吴某森。承诺日期:2017年5月12日"。2018年4月1日,吴某某再次与明某公司签订一份《雇佣合同》,约定工作时间为2018年4月1日起至2019年3月30日止。2018年9月12日13时20分,吴某某因突发胸痛伴大汗淋漓半小时,到南靖县龙山中心卫生院急诊,13时55分,在转送漳州市医院过程中死亡。2019年2月15日,吴某琳向南靖县人力资源和社会保障局申请工伤认定,南靖县人力资源和社会保障局2019年3月26日作出靖人社认止字〔2019〕38号《关于中止吴某某工伤认定时限的决定书》,决定对作出吴某某工伤认定决定的时限中止,中止期间不计入时限要求。待有关行政主管部门作出相关结论后或提交相关证据后再予恢复工伤认定程序。2019年4月11日,吴某琳向南靖县劳动人事争议仲裁委员会提出仲裁申请,请求确认吴某某生前与明某公司存在劳动关系。2019年4月12日,南靖县劳动人事争议仲裁委员会作出靖劳人仲案字〔2019〕第27号《不予受理通知书》,认为:“按照国发〔1978〕104号的规定,女工人年满50周岁的应该退休。死亡职工吴某某,女,出生于1962年4月7日,属于超过法定退休年龄的劳动者。根据《劳动合同法》和《劳动合同法实施条例》等有关规定,申请人与用人单位形成雇佣关系,双方因雇佣关系而产生的争议不属于劳动仲裁受理范围。现依据《劳动争议调解仲裁法》第29条、《劳动人事争议仲裁办案规则》第31条第1款之规定,本委决定不予受理。”另查明,吴某琳与吴某某系夫妻关系。2019年2月26日,南靖县社会劳动保险管理中心出具证明:“经查,在南靖县企业职工基本养老保险信息系统中,未显示该人员领取养老保险待遇相关信息。”2018年9月13日,吴某琳、吴某森向明某公司出具收条一份,该收条载明:“兹收到漳州明某食品有限公司给予的生活补助款人民币贰万元整。吴某某是由于自身原因的死亡,与公司没有任何关系。此据。收款人:吴某琳,吴某森。2018年9月13日。”

(二)思考问题

分析吴某某生前与明某公司是否存在劳动关系?

第三章　事实劳动关系

第一节　事实劳动关系中劳动报酬、经济补偿的认定

一、案例选择

山东某物业有限公司与闫某某追索劳动报酬、经济补偿金纠纷案

案号:(2020)鲁03民终186号

二、问题提示

如何认定事实劳动法律关系。

三、案例基本情形

上诉人(原审被告):山东某物业有限公司

被上诉人(原审原告):闫某某

原告闫某某于2018年6月12日到被告处担任保安一职,双方约定工资为每月1800元。2019年1月12日被告山东某物业公司将原告闫某某辞退。另查明,被告山东某物业公司于2018年7月30日收取原告闫某某押金1800元。

闫某某向一审法院起诉请求:(1)被告山东某物业公司向告闫某某支付未签订劳动合同的双倍工资差额10,800元。(2)被告山东某物业公司向原告闫某某支付解除劳动合同经济补偿金1910元。(3)请求被告返还押金1800元。(4)被告山东某物业公司向原告闫某某支付2018年12月剩余工资300元、2019年1月12天的工资720元。(5)被告山东某物业公司向原告闫某某支付2018年6月至2019年1月最低工资差额770元。

一审法院判决:(1)自本判决生效之日起10日内,被告山东某物业有限公司支付原告闫某某未签订书面劳动合同二倍工资差额10,800元。(2)自本判决生效之日起10日内,被告山东某物业有限公司支付原告闫某某解除劳动合同经济补偿金1910元。(3)自本判决生效之日起10日内,被告山东某物业有限公司返还原告闫某某押金1800元。(4)自本判决生效之日起10日内,被告山东某物业有限公司支付原告闫某某2018年12月工资300元及2019年1月工资720元。(5)自本判决生效之日起10日内,被告山东某物业有限公司支付原告闫某某2018年6月至2019年1月最低工资差额770元。如果未按本判决指定的期间履行给付金钱义务,应当依照《民事诉讼法》第253条之规定,加倍支付迟延履行期间的债务利息。案件受理费10元,减半收取计5元,由被告山

东某物业有限公司负担。

山东某物业公司不服上述判决,提起上诉,请求:(1)依法撤销淄博市张店区人民法院作出的〔2019〕鲁0303民初6336号民事判决书,本案发回重审或依法改判。(2)本案一审、二审全部诉讼费用均由被上诉人闫某某承担。事实和理由:原审判决认定事实错误,从而导致作出了错误的判决。具体理由如下:(1)山东某物业有限公司与闫某某之间不存在劳动关系,山东某物业有限公司无须支付未签订劳动合同的双倍工资差额及解除劳动合同的经济补偿金,押金也不应该向山东某物业有限公司主张。闫某某为山东某物业有限公司接手涉案小区物业之前由芳某地业主委员会委聘的公司员工,可以说闫某某在山东某物业有限公司接手小区物业之前便在小区工作,由芳某地业主委员会发放工资等。山东某物业有限公司接手小区物业以后,芳某地业主委员会向山东某物业有限公司提出要求,要求闫某某继续原先的工作,山东某物业有限公司从事其他物业方面的管理工作,但是闫某某的工资等由芳某地业主委员会承担。同时,为方便管理,芳某地业主委员会已委托山东某物业有限公司向闫某某代发工资,收取押金。另据山东某物业有限公司了解,闫某某可能自山东某物业有限公司接手小区物业管理工作或之前,其已经是其他单位退休人员,抑或是其他单位的内退或者下岗、待岗等人员。因此,山东某物业有限公司与闫某某之间不存在劳动关系,无须向其支付未签订劳动合同的双倍工资、差额及解除劳动合同的经济补偿金。(2)假使认定山东某物业有限公司与被上诉人之间存在劳动关系,本案系闫某某向山东某物业有限公司主动提出辞职后单方离职而引发的,并非山东某物业有限公司将闫某某辞退,闫某某应提供充分证据证实被辞退的事实,故本案并不存在《劳动合同法》第46条中用人单位应当支付经济补偿金的情形。(3)山东某物业有限公司未拖欠闫某某的工资,即使拖欠工资也系其他主体的责任,闫某某不应向山东某物业有限公司主张相关劳动待遇。综上所述,山东某物业有限公司的上诉请求符合事实及法律规定。

四、诉讼争点

(一)本案山东某物业公司与闫某某之间是否存在事实劳动法律关系?

(二)本案山东某物业公司是否应当向闫某某支付各项劳动待遇?

五、裁判理由及结果

(一)一审裁判理由及结果

1. 一审裁判理由

第一,原告与被告之间已建立事实劳动法律关系。从原告、被告的诉辩事实看,原告闫某某在涉案期间在被告处工作,且已提供劳务属实。依据举证规则,发生劳动争议，当事人对自己提出的主张，有责任提供证据予以证明。因此，被告主张，原告系芳某地业主委员会委托临沂市某保安服务有限公司淄博分公司，派遣至该小区工作的员工；主张被告山东某物业公司系受芳某地业主委员会委托向原告闫某某代发工资，收取押金等，但未提供证据证明，无法采信。相反，原告闫某某提交的齐商银行活期存款账户交易明细、押金收据，可以证实其在被告山东某物业公司处任职保安工作及被告为其发放工资及收取其押金的事实，故依法认定双方存在事实劳动关系。同时，《劳动法》第25条、第26条对用人单位单方解除劳动合同的理由和解除程序均作了明确、具体的规定，因此，用人单位单方解除劳动合同，必须符合法定情形，必须履行法定程序，否则应支付劳动者经济补偿金或赔偿金。被告山东某物业公司单方面解除与原告闫某某的劳动关系，既未履行提前通知义务，也未申明解除劳动合同的理由。况且，即使如被告所称，系原告自动离职，在被告支付劳动者工资低于当地最低工资标准时，劳动者有权解除劳动合同。在上述情形下，用人单位均须支付劳动者经济补偿金。原告闫某某主张被告山东某物业公司支付解除劳动合同经济补偿金1910元，符合法律规定，予以支持。第二，《劳动法》第48条规定："国家实行最低工资保障制度……用人单位支付劳动者的工资不得低于当地最低工资标准。"在本案中，入职年限、工资待遇、薪酬发放标准等相关证据，均属用人单位掌握管理，用人单位对此应承担举证责任。被告山东某物业公司负有举证责任但未提交证据，应承担不利后果。根据原告闫某某提供的银行账户交易明细，可以认定其任职期间月工资为1800元，低于张店区最低工资标准1910元。故原告闫某某主张被告山东某物业公司拖欠其2018年12月剩余工资300元、2019年1月工资720元及2018年6月至2019年1月最低工资差额770元，依法予以采信。原告闫某某要求被告山东某物业公司支付上述月份拖欠的工资及补发最低工资差额，符合法律规定，予以支持。第三，《劳动合同法》第10条规定："建立劳动关系，应当订立书面劳动合同。已建立劳动关系，未同时订立书面劳动合同的，应当自用工之日起一个月内订立书面劳动合同。"该法第82条规定："用人单位自用工之日起超过一个月不满一年未与劳动者订立书面劳动合同的，应当向劳动者每月支付二倍的工资。"原告闫某某与被告山东某物业公司建立劳动关系，双方未依法订立书面劳动合同，原告闫某某要求被告山东某物业公司支付2018年7月13日至2019年1月12日未签订书面劳动合同二倍工资差额10,800元（原告月工资1800元×6个月），符合法律规定，依法予以支持。第四，《劳动合同法》第9条规定："用人单位招用劳动者，不得扣押劳动者的居民身份证和其他证件，不得要求劳动者提供担保或者以其他名义向劳动者收取财物。"被告收取原告押金，违背上述法律规定，原告闫某某要求被告山东某物业公司返还押金1800元，于法有据，予以支持。

2. 一审裁判结果

(1)自本判决生效之日起10日内,被告山东某物业有限公司支付原告闫某某未签订书面劳动合同二倍工资差额10,800元。(2)自本判决生效之日起10日内,被告山东某物业有限公司支付原告闫某某解除劳动合同经济补偿金1910元。(3)自本判决生效之日起10日内,被告山东某物业有限公司返还原告闫某某押金1800元。(4)自本判决生效之日起10日内,被告山东某物业有限公司支付原告闫某某2018年12月剩余工资300元及2019年1月工资720元。(5)自本判决生效之日起10日内,被告山东某物业有限公司支付原告闫某某2018年6月至2019年1月最低工资差额770元。如果未按本判决指定的期间履行给付金钱义务,应当依照《民事诉讼法》第253条之规定,加倍支付迟延履行期间的债务利息。案件受理费10元,减半收取计5元,由被告山东某物业有限公司负担。

(二)二审裁判理由及结果

1. 二审裁判理由

本案争议焦点为上诉人山东某物业公司与被上诉人闫某某是否存在劳动关系及上诉人应否向被上诉人支付各项劳动待遇。

被上诉人闫某某提交的押金收据和齐商银行活期存款账户交易明细能够证明其在上诉人山东某物业有限公司任职,并由上诉人公司收取押金、发放工资,与上诉人公司存在劳动关系的事实。上诉人虽主张其系受芳某地业主委员会委托收取押金、发放工资,被上诉人闫某某系其他单位派遣员工,闫某某担任保安工作前系其他单位退休人员或内退下岗待岗人员,上诉人与被上诉人不存在劳动关系的上诉抗辩事由,但上诉人山东某物业有限公司未提交有效证据证明其主张,故对上诉人的该项上诉理由,本院不予支持。

《劳动合同法》第38条规定,用人单位存在未及时足额支付劳动报酬情形的,劳动者可以解除劳动合同。该法第46条规定,劳动者依照该法第38条规定解除劳动合同的,用人单位应当向劳动者支付经济补偿。因被上诉人闫某某提供的银行账户交易明细能够证明其月工资标准低于所在地区最低工资标准,故上诉人主张被上诉人闫某某系主动提出辞职,其不应当支付经济补偿金的上诉理由不能成立,本院不予支持。

2. 二审裁判结果

驳回上诉,维持原判。二审案件受理费10元,由上诉人山东某物业有限公司负担。本判决为终审判决。

六、评析研判

"事实劳动关系应当认定为劳动关系的一种表现形式,之所以会被冠以'事实'二字,是因为我国现行的劳动法律对书面劳动合同形式的强制性规定,但法律执行存在延后性,这种延后性使得存在的问题逐渐暴露出来,现实中不符合法律规范要求的事实劳动关系大量存在。”①无论是在理论界还是在实践中,事实劳动关系的这一提法已经被普遍接受。

本案的争议焦点有两个:(1)山东某物业公司与闫某某之间是否存在事实劳动法律关系?(2)山东某物业公司是否应当向闫某某支付各项劳动待遇?

(一)争点一解析:山东某物业公司与闫某某之间存在事实劳动法律关系

原劳动和社会保障部《关于确立劳动关系有关事项的通知》第1条规定:“用人单位招用劳动者未订立书面劳动合同,但同时具备下列情形的,劳动关系成立:(一)用人单位和劳动者符合法律、法规规定的主体资格;(二)用人单位依法制定的各项劳动规章制度适用于劳动者,劳动者受用人单位的劳动管理,从事用人单位安排的有报酬的劳动;(三)劳动者提供的劳动是用人单位业务的组成部分。”

首先,山东某物业公司与闫某某均具有合法有效的劳动合同主体资格。认定用人单位与劳动者之间是否存在事实劳动法律关系的首要条件就是,用人单位和劳动者符合法律法规规定的主体资格。依据《劳动合同法》的相关规定,用人单位包括我国境内的企业、个体经济组织、民办非企业单位等组织,国家机关、事业单位、社会团体也可成为用人单位。因此,本案的山东某物业有限公司显然是一个具有独立法人资格的企业,符合《劳动法》《劳动合同法》中关于劳动合同主体用人单位资格的要求。另外,劳动者是指达到法定年龄,具有劳动能力,以从事某种社会劳动获得收入为主要生活来源,依据法律或合同的规定,在用人单位的管理下从事劳动并获取劳动报酬的自然人,劳动者最低年龄除特种工作外为16周岁。在本案中,闫某某为自然人,于1959年出生,显然超过16岁,闫某某已经达到法定年龄,具有劳动能力,凭借其自身的劳动赚取收入,因而,闫某某符合《劳动法》《劳动合同法》中关于劳动合同主体劳动者的资格要求。综上所述,本案的山东某物业有限公司与闫某某均具有合法有效的劳动合同主体资格。

其次,本案的闫某某接受山东某物业公司的劳动管理,从事山东某物业公司安排的有报酬的劳动。认定用人单位与劳动者之间是否存在事实劳动关系的第二个关键因素就是,用人单位与劳动者之间是否存在隶属关系或者是管理与被管理关系。劳动关系最主要的特征是具有隶属性。劳动者作为用人单位的成员,在实现劳动的过程中理所当然地应当遵守用人单位的规章制度,服从用人单位的管理,从事用人单位安排的有报酬的劳动,双方形成领导与被领导的隶属关系或从属关系。有学者专门从劳动关系的从属性方面进行了总结,可以通过以下几点参考指标来确定双方当事人之间是否存在

① 董保华:《劳动合同立法的争鸣与思考》,上海人民出版社2011年版,第3页。

事实劳动关系:"第一,劳动者的工作时间、工作内容以及工作场所等是否是由用人单位指定,其在提供劳动的过程中是否受到用人单位的监督和管理;第二,用人单位的规章制度是否适用于劳动者,以及劳动者受该规章制度的约束程度;第三,劳动者的工资是否由用人单位定期发放,即劳动者是否在经济上从属于用人单位;第四,劳动者在劳动过程中所需的生产工具以及原材料等是否由用人单位提供;第五,劳动者提供的劳动是否具有持续性、日常性;第六,劳动者从事的劳动内容是否是用人单位业务的组成部分。"①本案的闫某某于2018年6月12日到山东某物业公司处担任保安一职,双方约定工资为每月1800元,且山东某物业公司于2018年7月30日收取闫某某押金1800元。依据举证规则,发生劳动争议,当事人对自己提出的主张,有责任提供证据予以证明。依据闫某某提交的齐商银行活期存款账户交易明细、押金收据可以证实,其在山东某物业有限公司处任职保安工作及山东某物业有限公司为闫某某发放工资及收取其押金的事实。而山东某物业有限公司仅表达了其反驳的主张,而并没有提供相关证据证明其主张,因而,对于山东某物业有限公司的主张不予采信。综上所述,闫某某与山东某物业有限公司之间形成了隶属关系或者管理与被管理关系,也就是闫某某在涉案期间接受山东某物业公司的劳动管理。

最后,本案的闫某某提供的劳动是山东某物业公司业务的组成部分。依据求职经验与常识,求职者在应聘之前都会先了解该用人单位的招聘职位,之后才会去应聘。如果用人单位并无意愿招聘某一职位的员工,那么,用人单位必然不会将该职位的招聘信息发布出来,那么求职者相应也就不可能去应聘该职位。因此,本案的山东某物业有限公司必然是先发布了保安职位的招聘信息,之后本案的闫某某才会去应聘该职位。故保安这一工作属于山东某物业有限公司的业务组成部分。综上所述,闫某某在任职保安期间所提供的劳动属于山东某物业公司的业务组成部分。

综上所述,本案的山东某物业有限公司与闫某某之间存在事实劳动法律关系。

(二)争点二解析:山东某物业公司应当向闫某某支付各项劳动待遇

首先,本案的山东某物业有限公司应当向闫某某支付经济补偿金1910元。一方面,依据《劳动合同法》第38条的规定,用人单位若未及时足额支付劳动者劳动报酬,则劳动者有权利单方解除与用人单位的劳动合同。依据闫某某提交的齐商银行活期存款账户交易明细,可以证明山东某物业有限公司向闫某某发放工资的具体情况。由于山东某物业有限公司未及时足额支付闫某某工资,故闫某某享有单方解除劳动合同的法定权利。《劳动法》第25条规定:"劳动者有下列情形之一的,用人单位可以解除劳动

---

① 曹燕:《劳动法律基本概念的哲学研究——基于和谐劳动关系法律构建视角》,中国法制出版社2012年版,第34页。

合同:(一)在试用期间被证明不符合录用条件的;(二)严重违反劳动纪律或者用人单位规章制度的;(三)严重失职,营私舞弊,对用人单位利益造成重大损害的;(四)被依法追究刑事责任的。”本案的闫某某并不存在上述4种情形,山东某物业有限公司不得解除与其的劳动合同。《劳动法》第26条对用人单位解除劳动合同的解除程序作了明确、具体的规定。本案的山东某物业有限公司单方面解除与原告闫某某的劳动关系,并未履行提前通知义务,故山东某物业公司属于违法解除劳动合同。另一方面,依据《劳动合同法》第46条的规定,若根据该法第38条规定解除劳动合同,那么,用人单位应当向劳动者支付经济补偿金。综上所述,山东某物业有限公司应当向闫某某支付经济补偿金1910元。

其次,本案的山东某物业有限公司应当支付闫某某2018年12月剩余工资300元、2019年1月工资720元及2018年6月至2019年1月最低工资差额770元。依据闫某某提交的齐商银行活期存款账户交易明细,可以证明山东某物业有限公司向闫某某发放工资的具体情况。山东某物业有限公司虽主张其并未拖欠闫某某工资,但山东某物业有限公司并没有提供相关证据来证明其主张,所以,山东某物业有限公司应当承担举证不能的不利后果。此外,山东某物业有限公司与闫某某之间存在事实劳动法律关系,这一点上文已经进行了充分的论证,所以,山东某物业有限公司主张其不是拖欠工资的责任主体,显然是在狡辩,是在推卸责任。故山东某物业有限公司应当支付闫某某2018年12月剩余工资300元、2019年1月工资720元。另外,依据《劳动法》第48条的规定,国家实行最低工资保障制度。最低工资的具体标准由省、自治区、直辖市人民政府规定,报国务院备案。用人单位支付劳动者的工资不得低于当地最低工资标准。经查明,山东某物业有限公司的住所地在山东省淄博市张店区,张店区当地最低工资标准为1910元,根据闫某某提供的银行账户交易明细,可以认定其任职期间月工资为1800元,低于当地最低工资标准,山东某物业有限公司明显违反了《劳动法》第48条的规定,山东某物业有限公司应当支付闫某某2018年6月至2019年1月最低工资差额770元[(1910元-1800元)×7个月]。

再次,本案的山东某物业有限公司应当支付闫某某2018年7月13日至2019年1月12日未签订书面劳动合同二倍工资差额10,800元。依据《劳动合同法》第10条的规定,建立劳动关系,应当订立书面劳动合同。已建立劳动关系,未同时订立书面劳动合同的,应当自用工之日起1个月内订立书面劳动合同。本案的山东某物业有限公司在用工之时并未与闫某某订立书面劳动合同,故山东某物业公司明显违反了《劳动合同法》第10条的规定。同时,《劳动合同法》第82条针对用人单位不订立书面劳动合同的法律责任进行了明确的规定,用人单位自用工之日起超过1个月不满1年未与劳动者订立书面劳动合同的,应当向劳动者每月支付二倍的工资。故山东某物业有限公司应当依据该法条规定,向闫某某支付2018年7月13日至2019年1月12日未签订劳动合同的二倍工资差额10,800元(1800元×6个月)。

最后,本案的山东某物业有限公司应当返还闫某某押金1800元。依据《劳动合同法》第9条的规定,用人单位招用劳动者,不得扣押劳动者的居民身份证和其他证件,不得要求劳动者提供担保或者以其他名义向劳动者收取财物。而山东某物业公司于2018年7月30日向闫某某收取押金1800元,明显违反该法条规定,该1800元属于不当得利,应当予以返还。故山东某物业有限公司应当返还闫某某押金1800元。

综上所述,山东某物业有限公司应当向闫某某支付各项劳动待遇。

七、拓展训练

(一)案例简介

被告郭某于2005年4月进入原告单位从事辅警工作,2019年1月3日,被告郭某因违反国家法律法规被原告辞退;期间双方没有签订劳动合同。因确认劳动关系问题与原告产生争议,武城县劳动人事争议仲裁委员会于2019年8月2日作出武劳人仲案字(2019)第34号仲裁裁决书,裁决双方自2005年4月至2018年12月存在事实劳动关系。本案原告于2019年8月13日签收了仲裁裁决书。原告不服仲裁裁决,诉至一审法院,请求人民法院确认双方不存在事实劳动关系。

某城交警大队向一审法院起诉请求:(1)判决原告与被告之间不存在劳动关系。(2)诉讼费及其他费用由被告承担。

某城交警大队上诉请求:(1)撤销一审判决,依法改判上诉人与被上诉人不存在劳动关系。(2)一审、二审诉讼费用及其他费用全部由被上诉人承担。事实与理由:第一,一审法院认定事实错误,判决错误。被上诉人向一审法院提出上诉人与被上诉人存在劳动关系,但被上诉人并未提交有效证据证实其与上诉人存在劳动关系,而一审法院在无有效证据的情况下判决上诉人与被上诉人2005年4月至2018年12月存在事实劳动关系,明显判决错误,缺乏事实与法律依据。第二,2008年1月31日,被上诉人向上诉人提供的武城县某工厂证明一份,证实由武城县某工厂为被上诉人缴纳养老保险,被上诉人是借调到上诉人处工作,二者无确立劳动关系的意愿,所以一审判决认定事实错误,判决错误。

郭某答辩称,一审判决认定事实清楚,证据确实充分。适用法律正确,要求依法驳回上诉,维持原判。

(二)思考问题

原告、被告之间是否存在事实劳动关系?

第二节　事实劳动关系与雇佣关系的区别

一、案例选择

吴某与湖南某物流股份有限公司劳动争议案

案号:(2019)湘01民终13038号

二、问题提示

事实劳动法律关系不同于雇佣关系。

三、案例基本情形

上诉人(原审原告):吴某

被上诉人(原审被告):湖南某物流股份有限公司(以下简称湖南某物流公司)

(一)双方当事人无争议的事实。(1)自2017年10月8日起,吴某从事司机工作,工作地点为某某项目部,工作内容为某某线路运输部门的货运司机,工作期间报酬均由邹某向吴某发放,未签订任何书面协议。2018年12月4日,吴某以湖南某物流公司未与其签订书面劳动合同以及未缴社保为由向湖南某物流公司邮寄了一份《解除劳动合同通知书》,并同时向湖南某物流公司的股东邹某广发送解除劳动关系短信,邹某广回复:"找邹某办手续并领工资。"(2)2018年12月17日,吴某向长沙县劳动人事争议仲裁委员会申请仲裁,请求裁决:第一,被申请人支付欠付的2018年11月的工资6000元。第二,被申请人支付未签订书面劳动合同的二倍工资66,000元。第三,被申请人支付解除劳动关系的补偿9000元。第四,被申请人支付失业保险损失4800元。第五,被申请人支付加班费20,454元。2019年2月14日,长沙县劳动人事争议仲裁委员会作出长县劳人仲案字(2018)第646号仲裁裁决书,裁决驳回吴某全部仲裁请求。吴某不服该裁决,于2018年3月27日诉至一审法院提出前述诉讼请求。

(二)双方当事人有争议的事实。吴某与湖南某物流公司是否存在劳动关系,湖南某物流公司应否支付吴某二倍工资及经济补偿金。吴某主张与湖南某物流公司建立了劳动关系,吴某是由湖南某物流公司股东邹某广招聘并前期受邹某广的管理,并对湖南某物流公司与邹某之间的劳务分包协议形成时间提出质疑。湖南某物流公司及邹某均认为吴某是与邹某建立了雇佣关系,与湖南某物流公司不存在劳动关系,邹某与湖南某物流公司之间是劳务分包关系,邹某广只是介绍吴某至邹某处工作,吴某的工资也均由邹某发放并一直受邹某安排工作。

吴某向一审法院起诉请求:(1)湖南某物流公司支付吴某自用工之日起超过1个月未签订劳动合同的二倍工资66,000元。(2)湖南某物流公司支付吴某解除合同的经济补偿金9000元。(3)湖南某物流公司补交吴某从2017年9月13日至2018年12月4日社会保险损失4800元。(4)湖南某物流公司承担诉讼费。

一审判决结果:驳回吴某的诉讼请求。案件受理费10元,减半收取5元,由吴某负担。

上诉人吴某因与被上诉人湖南某物流公司、原审第三人邹某劳动争议一案,不服湖南省长沙县人民法院(2019)湘0121民初2946号民事判决,提出上诉。

吴某上诉请求:(1)撤销一审判决,依法改判被上诉人向上诉人支付未签订劳动合同的二倍工资66,000元,被上诉人支付上诉人解除劳动合同的经济补偿金9000元。(2)判决被上诉人承担诉讼费用。事实与理由:第一,被上诉人不与上诉人签订劳动合同,而与利害关系人签订上诉人毫不知情的所谓劳务分包协议,以劳务分包的名义安排上诉人从事湖南某物流公司的工作。发生劳动争议时,被上诉人便以劳务分包协议为由,否认劳动关系,逃避法律义务。一审法院单凭被上诉人提供的与利害关系人签订的劳务分包协议,就否定上诉人与被上诉人的事实劳动关系,不符合本案的客观事实,对上诉人是极不公平的。(1)上诉人与被上诉人之间未签订劳动合同,但存在事实劳动关系。①上诉人、被上诉人均为符合法律、法规规定的主体资格的劳动者、用人单位。②上诉人入职为司机,从事工作必须使用的车辆,由被上诉人提供,此系用人单位为劳动者提供工作条件、工作用具。③被上诉人为上诉人提供的工作车辆,按照被上诉人的《湖南某物流股份有限公司车辆5S检查记录表》中的评分细则进行检查、考评,上诉人作为司机与工作车辆共同遵守被上诉人的要求,接受被上诉人对司机及车辆的管理和要求。④上诉人每天固定从事的运输业务,不是自行寻找的运输任务,而是被上诉人所安排的固定工作内容,也是湖南某物流公司最重要的业务组成部分。⑤上诉人提交的考勤记录,上诉人在被上诉人处上班,上下班均须打卡,被上诉人对上诉人有固定、持续的考勤要求。这明显符合劳动关系的人身隶属性这一典型的本质特征。⑥上诉人向被上诉人提供的是长期的、固定的劳动,工作具有持续性,绝非一次性的、偶发的劳务工作。任职司机从事开车工作即是其日常工作,被上诉人根据上诉人的劳动及考勤,固定支付了劳动报酬。在经济上,上诉人对被上诉人有持续的依赖性。⑦上诉人的工作内容,均在被上诉人指定的工作场所,按照排班时间在白天或晚上上班,服从被上诉人安排与管理。综上所述,上诉人使用被上诉人提供的工作用具和条件,在被上诉人指定的工作场所从事固定工作,接受被上诉人的考核考勤与管理,提供的劳动是被上诉人业务的最重要的组成部分,被上诉人固定、持续地向上诉人支付劳动报酬,上诉人与被上诉人之间显然符合法律规定的对事实劳动关系的认定。因此,上诉人与被上诉人之间为事实劳动关系。一审法院错误地否定了上诉人与被上诉人之间的事实劳动关系,实属对法律适用有误,对事实认定不清。(2)一审法院判决中对上诉人、被上诉人之间事实劳动关系不予认定,实属对证据认识不清,对法律理解与适用错误。①上诉人与被上诉人之间的关系完全符合法律关于事实劳动法律关系的认定标准。上诉人入职湖南某物流公司后,自2017年10月8日至2018年12月4日与被上诉人解除劳动合同期间,虽然其工资支付形式是由被上诉人指定的负责人以微信转账方式进行。但是,上诉人一直按照入职时被上诉人聘用的司机岗位,在被上诉人指定的某某项目部从事某某线路运输工作,每月固定工资为6000元。在此期间,上诉人的工作岗位固定,工作内容固定,工作场所和工资报酬均固定,完全符合法律对事实劳动关系的认定条件。而且上诉人提交了被上诉人对其的考勤记录也可证明,上诉人一直在被上诉人处工作,接受被上诉人的考勤制度管理。一审法院忽视上诉人提供的考勤记录这一重要证据,从而否定上诉人与被上诉人的行政隶属及人身依附关系,实在有失偏颇。②一审中,上诉人主张是由被上诉人股东邹某广招聘入职,并前期受邹某广的管理。被上诉人及邹某称邹某广只是介绍上诉人至邹某处工作,被上诉人认可邹某广招聘了上诉人这一事实,只是辩称为"介绍工作"。可是一审判决中却称上诉人"由股东邹某广招聘并受邹某广管理并无直接证据证明",在双方均认可邹某广参与招聘的事实下,一审法院作出忽视证据、不予认可上诉人主张的判决是错误的。

第二,被上诉人提供的证据《劳务分包协议》以及证人证言,在真实性、合法性上均存在重大瑕疵,一审法院只听一面之词,以此证据作出损害上诉人合法权益的判决,既不合法,也不合理,判决不公正。(1)《劳务分包协议》由被上诉人与被上诉人股东邹某广的亲属邹某所签署。上诉人认为:①此协议的签署双方系亲属关系,协议双方既有为逃避法律义务而伪造协议的可能性,也有共同签署的便利性,上诉人对此协议的质疑合理而正当。②协议签订时间显示为2017年7月1日,而上诉人于2017年10月8日入职时,是由被上诉人股东邹某广招聘入职,由被上诉人发放工资。上诉人作为利益相关人,对此协议毫不知情。③《劳务分包协议》约定的劳务费均采用现金方式支付,如此大额、经常性的费用交易,无任何转账支付记录、无任何有效发票和收款凭证,也未对具体交付时间、金额、地点等细节作出合理说明。无任何其他可以印证的证据证明劳务费的真实发生。这不符合生活经验法则,作为证据的证明力度十分微弱。综上所述,作为一审法院认可的关键证据,上诉人对其真实性、合法性持有完全正当且合理的怀疑,而一审法院却只听信一面之词,作出既不合法也不合理的不公正判决,损害上诉人的合法权益。(2)邹某是被上诉人股东邹某广的弟弟,与被上诉人具有紧密的亲属关系。邹某与被上诉人当然认可《劳务分包协议》,想要以此否定上诉人与被上诉人之间的劳动关系。双方的《劳务分包协议》约定所有报酬均以现金方式支付,实为虚假交易、恶意串通以损害上诉人合法权益的行为。

第三,一审法院程序违法:《劳务分包协议》作为一审法院认可的关键证据,上诉人对该《劳务分包协议》签字形成时间提请司法鉴定,并向法院提交了《鉴定申请书》,但一审法院未依法出具裁定书,违反法定程序,导致判决依据不当,作出不公判决。被上诉人提供的证据中,只有这样一份真实性、合法性存疑的《劳务分包协议》,一审法院却以协议签署双方均认可他们的劳务分包关系为由,拒绝上诉人要求鉴定《劳务分包协议》形成时间的申请。《劳务分包协议》的签署、劳务分包关系的认可,对协议双方而言,正是逃避用人单位法律义务的好借口,他们双方又岂会不认可。而且,一审法院认为"该分包协议的形成时间与吴某、湖南某物流公司之间是否存在经济及行政隶属、人身依附关系并无关联",实在无法令人信服。若该分包协议的形成就有问题,那么被上诉人岂不是随意以己之便利,以此来逃避法律规定的用人单位法律义务。

第四,上诉人与被上诉人存在符合法律规定的事实劳动关系,被上诉人自 2017 年 10 月 8 日上诉人入职至 2018 年 12 月 4 日解除劳动合同,共计工作时间 15 个月,一直未与上诉人签订书面劳动合同,未给上诉人购买社会保险,上诉人工资为 6000 元每月。根据《劳动合同法》的规定,被上诉人应当向上诉人支付二倍工资 66,000 元,支付经济补偿金 9000 元。

湖南某物流公司答辩称:第一,被上诉人 2017 年 7 月 1 日已经将物料运输服务工作分包给了邹某,上诉人与被上诉人之间不存在劳动关系。《劳务分包协议》是双方的真实意思表示。并且上诉人在之前的仲裁及一审阶段,关于邹某向上诉人分配工作任务、接受邹某的管理、工资由邹某发放的事实已经查清。基于原劳动和社会保障部《关于确立劳动关系有关事项的通知》第 1 条所规定的劳动关系成立的法定要素,上诉人与被上诉人之间并不存在人身隶属性,因此不存在劳动关系。第二,被上诉人在仲裁阶段已经提出上诉人的部分诉讼请求(二倍工资)已经超过诉讼时效。第三,上诉人在仲裁及一审阶段并未提供有效证据证明劳动关系,二审阶段也未提供新的证据,应承担举证不能的法律后果。第四,上诉人认为其提供的车辆 5S 检查记录表及排班表起到了举证的效果,被上诉人不予认可。上诉人提供的该份检查表和排班表与被上诉人无关,并且里面也没有被上诉人及相关方的签字或盖章。该份证据的三性在仲裁和一审阶段已经进行了审查。第五,上诉人提到的钉钉 APP 考勤截图只能是被上诉人与邹某之间进行劳务结算的依据,并不能证明上诉人与被上诉人之间存在劳动关系,更无法证明被上诉人对上诉人实施了管理或约束。

四、诉讼争点

（一）吴某与湖南某物流公司之间是否存在事实劳动法律关系？

（二）吴某与邹某之间是否存在雇佣关系？

五、裁判理由及结果

（一）一审裁判理由及结果

1. 一审裁判理由

劳动关系，是基于用人单位与劳动者之间生产要素的结合而产生的关系，劳动关系的双方主体间不仅存在财产关系即经济关系，还存在人身关系即行政隶属关系，劳动者除提供属于用人单位业务组成部分的劳动之外，还要受用人单位的管理，服从其安排，遵守其规章制度，成为用人单位的内部职工。而劳务关系是劳动者与用工者根据口头或书面约定，由劳动者向用工者提供一次性的或者特定的劳动服务，用工者依约向劳动者支付劳动报酬的一种有偿服务的法律关系，双方之间只存在财产关系，彼此之间无从属性，没有管理与被管理、支配与被支配的权利和义务，劳动者提供劳务服务，用工者支付劳务报酬，各自独立、地位平等。在本案中，从吴某提供劳务和获取报酬的情况来看，吴某的工资均由邹某发放，吴某亦认可受邹某的工作安排，其诉称前期由湖南某物流公司股东邹某广招聘并受邹某广管理并无直接证据证明。吴某提交的证人证言无法证明证人与湖南某物流公司存在劳动关系，故一审法院对该证据不予认定；吴某提供的钉钉考勤 APP 截图拟证明接受湖南某物流公司考勤管理，湖南某物流公司辩称该考勤仅是湖南某物流公司与邹某之间结算劳务计算工时的依据，一审法院认为，是否接受用人单位的管理须综合考量，即用人单位是否对劳动者实施了管理、指挥和监督的职能，劳动者是否接受用人单位的劳动纪律和规章制度的约束，仅凭该部分考勤截图无法证实吴某受到了湖南某物流公司管理和约束，并不能证明吴某、湖南某物流公司之间具有事实劳动关系，一审法院不予认定。综上所述，吴某认为与湖南某物流公司存在劳动关系缺乏充分有效的证据予以证明，未能尽到基本举证责任，而根据查明的事实，吴某由邹某发放工资，并由邹某安排工作，吴某与邹某之间具有典型的雇佣关系特征。另外，吴某对湖南某物流公司与邹某之间的《劳务分包协议》的形成时间提出质疑，一审法院认为，湖南某物流公司与邹某均认可双方之间自 2017 年 7 月 1 日起的劳务分包关系，《劳务分包协议》的形成时间不影响湖南某物流公司与邹某之间的事实劳务分包，且吴某的工资均由邹某发放，受其安排，该分包协议的形成时间与吴某、湖南某物流公司之间是否存在经济及行政隶属、人身依附关系并无关联，一审法院对吴某要求鉴定《劳务分包协议》形成时间的申请不予准许。

一审法院认为,吴某主张与湖南某物流公司存在劳动关系缺乏充分有效的证据予以证明,未能尽到基本举证责任。吴某与湖南某物流公司未建立劳动关系,吴某要求湖南某物流公司承担用工主体责任缺乏事实与法律依据,一审法院不予支持。

2. 一审裁判结果

驳回吴某的诉讼请求。案件受理费10元,减半收取5元,由吴某负担。

(二)二审裁判理由及结果

1. 二审裁判理由

本案的争议焦点:吴某与湖南某物流公司是否存在事实劳动关系。参照原劳动和社会保障部《关于确立劳动关系有关事项的通知》第1条之规定,劳动关系是基于用人单位与劳动者之间生产要素的结合而产生的关系,劳动关系的双方主体间不仅存在财产关系,更存在人身关系即行政隶属关系。劳动者要受用人单位的管理,服从其安排,遵守其规章制度。在本案中,从吴某提供劳务和获取报酬的情况来看,吴某的工资均由邹某发放,且接受邹某的工作安排,至于吴某从事的工作内容,湖南某物流公司亦提交了《劳务分包协议》证明其将某某项目部运输服务工作分包给了邹某。吴某虽主张双方之间存在事实劳动关系,但其提交的证据不足以反驳前述事实,一审法院据此认定双方之间不存在事实劳动关系并无不妥,本院予以认可。吴某主张支付未签订劳动合同的二倍工资、经济补偿金,亦缺乏依据,一审法院未予支持其诉讼请求并无不当,本院予以认可。另一审法院认定本案证据、审理并未违反法定程序,本院予以认可。

2. 二审裁判结果

驳回上诉,维持原判。二审案件受理费10元,由吴某负担。本判决为终审判决。

六、评析研判

事实劳动关系,最早可以追溯到德国法学家豪普特教授提出的"事实上的契约关系",即"不以当事人的意思表示缔结,而是由事实过程的完成所形成的法律关系"。[①]事实劳动关系具备劳动法律关系的实质特征,即劳动者提供劳动创造价值、接受用人管理、获取劳动报酬,属于劳动法律规制体系当然调整的社会关系。目前,关于如何认定事实劳动关系,我国相关的劳动法律并没有明确的规定,但有学者表示可以通过事实劳动关系的构成要件来判定当事人双方之间是否存在事实上的劳动关系。

本案的争点有两个:(1)吴某与湖南某物流公司之间是否存在事实劳动法律关系?(2)吴某与邹某之间是否存在雇佣关系?

① 徐妍:《事实劳动关系基本问题探析》,载《当代法学》2003年第3期。

(一)争点一解析:本案的吴某与湖南某物流公司之间不存在事实劳动法律关系

原劳动和社会保障部《关于确立劳动关系有关事项的通知》第1条规定:“用人单位招用劳动者未订立书面劳动合同,但同时具备下列情形的,劳动关系成立。(一)用人单位和劳动者符合法律、法规规定的主体资格;(二)用人单位依法制定的各项劳动规章制度适用于劳动者,劳动者受用人单位的劳动管理,从事用人单位安排的有报酬的劳动;(三)劳动者提供的劳动是用人单位业务的组成部分。”

首先,本案的吴某不受湖南某物流公司的劳动管理与约束,双方之间并不存在行政隶属关系。在进行事实劳动法律关系的认定时,最关键、最核心的因素就是判断用人单位与劳动者之间是否存在行政隶属关系,劳动者是否接受用人单位的劳动管理与约束。有学者专门从劳动关系的从属性方面进行了总结,可以通过以下几点参考指标来确定双方当事人之间是否存在事实劳动关系:“第一,劳动者的工作时间、工作内容以及工作场所等是否是由用人单位指定,其在提供劳动的过程中是否受到用人单位的监督和管理;第二,用人单位的规章制度是否适用于劳动者,以及劳动者受该规章制度的约束程度;第三,劳动者的工资是否由用人单位定期发放,即劳动者是否在经济上从属于用人单位;第四,劳动者在劳动过程中所需的生产工具以及原材料等是否由用人单位提供;第五,劳动者提供的劳动是否具有持续性、日常性。”①在本案中,吴某由2017年10月8日起从事司机工作,工作地点为某某项目部,工作内容为某某线路运输部门的货运司机,工作期间报酬均由邹某向吴某发放,且吴某与湖南某物流公司对此这些事实均无争议。可见吴某的工作时间、工作内容及工作场所并非由湖南某物流公司直接指定,而是由邹某来具体安排;吴某的工资由邹某定期发放而非湖南某物流公司,即吴某并不在经济上从属于湖南某物流公司;吴某提供了一份检查表和排班表,这些与湖南某物流公司无关,并且里面也没有湖南某物流公司及相关方的签字或盖章,该份证据的三性在仲裁和一审阶段已经进行了审查。此外,吴某提供了钉钉考勤APP截图,拟证明接受湖南某物流公司考勤管理,而湖南某物流公司辩称,该考勤仅是湖南某物流公司与邹某之间结算劳务计算工时的依据。在判断劳动者是否接受了用人单位的管理与约束,需要进行综合地考量,即用人单位是否对劳动者实施了管理、指挥和监督的职能,劳动者是否接受用人单位的劳动纪律和规章制度的约束。经综合考量,仅凭该部分考勤截图无法证实吴某受到了湖南某物流公司管理和约束。综上所述,本案中吴某不受湖南某物流公司的劳动管理与约束,双方之间并不存在行政隶属关系。

其次,虽湖南某物流公司符合《劳动合同法》《劳动法》规定的劳动合同主体资格,

---

① 曹燕:《劳动法律基本概念的哲学研究——基于和谐劳动关系法律构建视角》,中国法制出版社2012年版,第34页。

但吴某并不具有合法有效的劳动合同主体中“劳动者”的资格。依据《劳动合同法》的相关规定,用人单位包括我国境内的企业、个体经济组织、民办非企业单位等组织,国家机关、事业单位、社会团体也可成为用人单位。本案的湖南某物流公司显然是一个具有独立法人资格的企业,因而,湖南某物流公司符合《劳动合同法》《劳动法》所规定的用人单位的主体资格。此外,劳动者是指达到法定年龄,具有劳动能力,以从事某种社会劳动获得收入为主要生活来源,依据法律或合同的规定,在用人单位的管理下从事劳动并获取劳动报酬的自然人,劳动者最低年龄除特种工作外为16周岁。本案中的吴某于1990年8月28日出生,虽然超过了16岁,但吴某并未接受湖南某物流公司的管理与约束,因此,吴某并不符合《劳动合同法》《劳动法》所规定的“劳动者”的主体资格要求。不存在劳动者一方主体,便无法建立劳动关系。

最后,吴某于涉案期间所提供的劳动属于湖南某物流公司的业务组成部分。对于分包出去的业务的认定方面,在建筑工程中,需要具体情况具体分析;除建筑工程类之外,其他分包出去的业务类型,仍属于原发包人的业务组成部分。吴某从事的工作内容为某某线路运输部门的货运司机,虽然湖南某物流公司已将物料运输服务工作分包给了邹某,但该部分工作仍属于湖南某物流公司的业务组成部分,故吴某于涉案期间所提供的劳动属于湖南某物流公司的业务组成部分。

综上所述,吴某虽然于涉案期间提供的劳动属于湖南某物流公司的业务组成部分,但是吴某并不具有合法有效的劳动合同主体中“劳动者”一方的主体资格,且吴某也不接受湖南某物流公司的劳动管理与约束,双方之间并不存在行政隶属关系,因此,吴某与湖南某物流公司之间不存在事实劳动法律关系。

(二)争点二解析:吴某与邹某之间存在雇佣关系

雇佣关系,是雇佣人与被雇佣人依据口头或者书面约定,由被雇佣人向雇佣人提供劳务,雇佣人支付相应报酬形成权利义务关系。根据原劳动和社会保障部《关于确立劳动关系有关事项的通知》第1条的规定,雇佣关系与劳动关系的区别主要有以下几点:(1)双方的地位是否平等。(2)劳动者是否遵守用人单位的规章制度。(3)劳动目的是否是劳动过程的实现而不单纯是劳动成果的给付。(4)劳动者从事的劳动是临时性的还是单位决定的正常岗位劳动。(5)劳动者与用人单位的关系是否具有稳定性。由此可总结出雇佣关系的特征如下:(1)雇佣人与被雇佣人之间地位平等,无隶属关系。(2)被雇佣人无须遵守雇佣人的规章制度。(3)被雇佣人的劳动目的单纯是劳动成果的给付。(4)被雇佣人从事的劳动是临时性的。(5)被雇佣人与雇佣人之间不具有稳定性。

首先,吴某与邹某之间是平等关系,并无隶属关系。“在雇佣关系中,双方当事人的法律地位是平等的。”[1]在本案中,吴某并没有打卡上下班的行为,也没有服从邹某的具体工作安排;另外,邹某是自然人,且未成立公司,故不存在“规章制度”一说,那么就更不存在遵守的行为。吴某仅是提供劳务的一方,邹某也仅是支付报酬的一方,其双方之间存在一种平等的民事法律关系,并无管理与被管理、支配与被支配的权利和义务。吴某与邹某之间只存在财产关系,彼此相对独立。综上所述,吴某与邹某之间是平等关系,并非隶属关系。

其次,吴某提供劳动的目的单纯是劳动成果的给付,而非劳动过程的实现。“劳动成果是指,人类通过创造物质或精神财富的活动而形成的工作或事业上的收获。”[2]劳动合同的目的在于劳动过程的实现,而非劳动成果的给付。而雇佣关系的目的则在于劳动成果的给付,而非劳动过程的实现。在本案中,吴某作为一名运货司机,通过顺利运货完成自己的工作任务,其目的就是劳动成果的给付,而并非对运货过程的享受。故吴某提供劳动的目的单纯是劳动成果的给付,而非劳动过程的实现。

最后,吴某与邹某之间的关系并不稳定。吴某从事的运货司机的岗位,是邹某进行安排的,而并非湖南某物流公司。况且湖南某物流公司已将该项目分包给了邹某,那么邹某有权利为该项目的进展进行具体安排与策划。故邹某便临时聘用吴某来担任运货司机一职,吴某的工作任务一旦完成,且邹某完成报酬的支付后,双方的口头协议便由此终止,明显吴某与邹某的关系之间具有临时性、不稳定性。

综上所述,虽然湖南某物流公司符合《劳动合同法》《劳动法》规定的劳动合同主体资格,其于涉案期间所提供的劳动属于湖南某物流公司的业务组成部分,但吴某并不具有合法有效的劳动合同主体中“劳动者”的资格,且其不受湖南某物流公司的劳动管理与约束,双方之间并不存在行政隶属关系,故吴某与湖南某物流公司之间不存在事实劳动法律关系;另外,由于吴某与邹某之间是平等关系,且吴某并没有遵守邹某的管理与约束,其提供劳动的目的单纯是劳动成果的给付,且吴某与邹某之间的关系并不稳定,故吴某与邹某之间存在着雇佣关系。

七、拓展训练

(一)案例简介

2013 年 4 月,但某某跟随陈某律师离开浙江某律师事务所进入北京某(宁波)律师事务所,担任律师助理工作。2013 年 5 月 22 日北京某(宁波)律师事务所为其办理了

---

① 唐德华:《人身损害赔偿司法解释及相关法律案例评析》,人民法院出版社 2004 年版,第 338 页。

② 陈春萍、刘洁:《论社会主义和谐劳动的伦理准则》,载《湖南科技大学学报》(社会科学版)2013 年第 4 期。

《律师助理证》,该证书于2014年6月年检到期后因政策原因自动失效。因但某某未通过司法考试,不具有申领律师执业证或者实习律师证的资格,故其通过与北京某(宁波)律师事务所的律师陈某、张某、郑某某、盛某某等人合作案源的方式进行工作,报酬由合作的律师个人支付。2013年至2016年,北京某(宁波)律师事务所每年为但某某出具工作及无犯罪记录证明,用于向社区推荐法律服务志愿者。北京某(宁波)律师事务所未与但某某签订劳动合同,但为但某某缴纳了2013年4月至2018年12月的社会保险,2019年1月30日陈某通过微信向但某某发送《社会保险中止缴费情况说明表》照片。

2013年4月至2014年1月,但某某报酬为底薪工资2500元/月+案件提成,社保承担个人缴费部分。2014年1月下旬,但某某与陈某进行结算时自行书写了以下内容:"2014年2月1日起,但某某的案件金额由他自己来分配收入,所有的费用也由他本人自己承担,包括但不限于房子、税金、养老保险等(房租及养老保险已支付至2014年3月,2014年4月起但某某自己承担)。57,000×32.5%=18,525+150+800+540=20,015元,扣案件保证金:2850+100=2950元,实发20,015-2950+4225.20-上次结算欠款5000=16,290.20元。于2014年1月24日另行补收现金壹仟元。"其中,4225.20元系2013年12月和2014年1月两个月工资扣除社保个人部分后的实发金额。陈某于2014年1月23日向但某某转账16,290.20元。

2014年2月起,但某某的报酬全部为案件提成,社保自行承担全部费用。2014年2月21日陈某向但某某转账2250元;2014年3月10日、4月14日、6月11日、7月22日、8月11日,张某分别向但某某转账5500元、10,900元、36,800元、15,050元和1990元;之后但某某称系通过现金领取报酬,也无须签收任何单据。

2017年1月13日,但某某再次与陈某进行结算,同日陈某将结算后应付款项18,558.72元(提成扣除社保、公积金及办公费用)转账给但某某。2018年12月18日,但某某最后一次与陈某进行结算,2018年12月21日陈某将结算后应付款项3351.52元(提成扣除但某某妻子的工位费、但某某与盛某某对接分担款、社保、公积金及办公费用)转账给但某某。2019年1月23日,北京某(宁波)律师事务所中断但某某的社保。

另查明,2013年4月1日,但某某与北京某(宁波)律师事务所签订过合同期从2013年3月31日起至2014年3月30日止的劳动合同,岗位为助理。

但某某向一审法院起诉请求:(1)确认双方自2013年4月起至本案判决生效执行完结之日止存在事实劳动关系。(2)支付2017年2月至2018年12月的底薪工资57,500元,及依据《劳动合同法》第85条的规定支付拖欠工资99%的赔偿金56,925元。(3)退还2017年2月至2018年12月应由北京某(宁波)律师事务所承担的社保和律师公积金合计34,000元。(4)支付被克扣的工资143,500元(提成75,000元、工位费66,000元、2019年1月底薪2500元)。(5)赔偿2019年2月起至本案判决生效执行完结之日止的工资损失(按2500元/月标准计算)。(6)支付未签订劳动合同的二倍工资27,500元。(7)缴纳2019年1月起至本案判决生效执行完结之日的基本养老保险和基本医疗保险。

二审期间,但某某依法向本院提供以下证据:(1)北京某(宁波)律师事务所投诉总表一份、宁波市鄞州区人民法院行政案件合议庭组成人员告知书一份,拟证明上诉人向宁波市鄞州区人民法院诉宁波市鄞州区人力资源和社会保障局、第三人(宁波)律师事务所行政诉讼一案,案号为(2019)浙0212行初225号,宁波市鄞州区人力资源和社会保障局向法庭提供的,由被上诉人出具的证据。该证据证明上诉人的工作内容及被投诉,被上诉人对投诉进行处理的事实,进而证明上诉人与被上诉人存在事实劳动关系。(2)上诉人名片一张,此名片系被上诉人于2014年2月为上诉人制作的,拟证明上诉人的工作内容,进而证明上诉人与被上诉人存在事实劳动关系。(3)上诉人妻子朱某某与被上诉人管委会主任微信聊天记录一份,拟证明上诉人被被上诉人解除劳动合同的事实。(4)上诉人与被上诉人管委会主任信息聊天记录一份,拟证明上诉人与被上诉人解除劳动合同以及要求被上诉人支付工资等的事实,进而证明上诉人与被上诉人存在事实劳动关系。后但某某又向本院提供补充证据:(1)体检报告一份,拟证明被上诉人为上诉人做体检建立职业健康档案的事实,进而证明被上诉人与上诉人存在事实劳动关系。(2)被上诉人《案件详情单》3份,拟证明上诉人的工作岗位及工作情况,进而证明被上诉人与上诉人存在事实劳动关系。(3)协议书1份、确认书2份,拟证明上诉人为被上诉人工作的事实,进而证明被上诉人与上诉人存在事实劳动关系。(4)劳动合同复印件1份,上诉人之前没有该合同原件,后经上诉人向律协投诉协调后才得到,该证据拟证明被上诉人与上诉人签订了劳动合同,双方存在劳动关系。(5)宁波市民卡(工会卡)复印件,拟证明上诉人系工会成员,进而证明被上诉人与上诉人存在事实劳动关系。(6)行政答辩状、投诉书、笔录,拟证明上诉人的部分工作内容。

北京某(宁波)律师事务所对但某某提供的证据质证认为:对证据1的真实性无异议,但其无法证明上诉人主张的证明目的,双方不存在劳动关系。上诉人系2014年2月1日之后多次独立找律师合作,与律师事务所不存在关系。对证据2的真实性无异议,但其与本案缺乏关联性,不能证明存在劳动关系。对证据3、证据4的真实性无异议,但其无法证明上诉人主张的证明目的,上诉人与被上诉人之间不存在劳动关系。北京某(宁波)律师事务所对补充证据质证认为,对补充证据1的真实性无异议,对其证明目的有异议。上诉人当时以陈某律师助理的身份进入被上诉人处,被上诉人只是为上诉人代缴社保,被上诉人会为所有的律师以及助理安排体检,但无法证明双方存在劳动关系。对补充证据2的真实性无异议,对其证明目的存疑。上诉人的工作内容非被上诉人指派,案件录入是由主办律师自由输入的,从而也印证了被上诉人在仲裁以及一审时提供的上诉人与陈某的结算单,其只是找来案源与其他律师合作。对补充证据3的真实性无法确认,被上诉人不是协议的一方,无法确认协议书和确认书的真实性。对补充证据4的真实性无异议,对其证明目的存疑,上诉人是陈某律师团队带过来的,该劳动合同是为了办理律师助理证所签,该合同没有一式两份,只签了一份放在司法局。对补充证据5的真实性无异议,对其证明目的存疑,从市民卡的内容以及有关的规定,无法证明双方存在劳动关系。对补充证据6的真实性无异议,从笔录来看,上诉人是陈某律师个人的助理,上诉人的工作由陈某律师个人安排,而非被上诉人指派,故无法证明双方存在劳动关系。

(二)思考问题

原告、被告双方自2013年4月起至本案判决生效执行完结之日止,是否存在事实劳动关系?

第三节　建设工程转包事实劳动关系的认定

一、案例选择

刘某某与阜新某建筑工程有限责任公司劳动争议案

案号:(2019)辽09民终1716号

二、问题提示

如何认定建设工程转包中的事实劳动关系。

三、案例基本情形

上诉人(原审被告):刘某某

被上诉人(原审原告):阜新某建筑工程有限责任公司(以下简称阜新某建筑公司)

阜新某建筑公司于2017年7月1日与内乡县某农牧专业合作社签订《建设工程施工合同》,承包建设位于阜蒙县的某合作社阜蒙一分场2标猪舍土建及附属工程。之后,案外人李某某又与阜新某建筑公司签订《企业内部施工承包协议》,承包了该工程,李某某系实际施工人。李某某找到刘某某、冯某等人,又借用阜新某建筑公司资质以及相关人员组成项目部,并向工程发包方报备建设工程施工合同附件四,该附件四中载明刘某某为安全员。刘某某工资与李某某约定每月6000元。2017年3月,刘某某曾跟随阜新某建筑公司人员及李某某去河南某原集团总公司参加培训学习两次。2018 年 10 月 30 日,李某某为刘某某出具工资欠条一张,内容为:工资从 2017 年 4 月 1 日起至 11 月 1 日工程放假休息,共 7 个月,每月工资 6000 元,计 42,000 元,已支付工资 23,000 元,剩 20,363 元工资未支付;2018 年 3 月 20 日起工地开工至 10 月 20 日工程放假休息共 7 个月,每月工资 6000 元,共 42,000 元工资支付,总计欠款为 62,363 元,并承诺由甲方某原集团总公司发放工程款给与支付工资,欠款人为李某某。刘某某于 2018 年 11 月向阜蒙县劳动监察大队投诉,2019 年 1 月 22 日,经阜蒙县劳动监察大队曾追索工资 8363 元。后刘某某向阜蒙县人力资源和社会保障局仲裁办公室申请仲裁,阜新某建筑公司不服该仲裁办公室作出的阜蒙人社裁字(2019)第 21 号仲裁裁决,向本院提起诉讼。上述事实,有双方当事人陈述,建设工程施工合同及附件、企业内部施工承包协议、阜蒙人社裁字(2019)第 21 号仲裁裁决书、专职安全生产管理人员证书、工资明细、欠据等证据在卷为凭,并经庭审质证,可以采信。

阜新某建筑公司向一审法院起诉请求:因被告刘某某向阜蒙县人力资源和社会保障局仲裁办公室申请劳动争议仲裁,2019 年 5 月 30 日阜蒙县劳动仲裁办公室作出阜蒙县人社裁字(2019)第 21 号仲裁裁决书,原告对仲裁裁决不服,依法起诉,根据我国法律及司法解释的规定,不应认定原告与被告存在事实劳动关系。理由是:(1)被告不是原告招用的工人,双方不存在建立劳动关系的合意,也不存在劳动法规定的用人单位与劳动者之间的隶属关系,认定双方存在事实劳动关系违背劳动法基本法理。(2)根据最高人民法院办公厅《关于印发〈全国民事审判工作会议纪要〉的通知》[法办(2011)第 442 号]第 59 条的规定,建设单位将工程发包给承包人,承包人又非法转包或者违法分包给实际施工人,实际施工人招用的劳动者请求确认与具有用工主体资格的发包人之间存在劳动关系的,不予支持。现请求法院判决原告与被告不存在事实劳动关系。

一审判决结果:原告阜新某建筑公司与被告刘某某不存在事实劳动法律关系。案件受理费 10 元,由被告负担。

上诉人刘某某因与被上诉人阜新某建筑公司劳动争议纠纷一案,不服阜新蒙古族自治县人民法院(2019)辽 0921 民初 2245 号民事判决,遂提起上诉。

刘某某上诉请求:(1)请求二审人民法院维持阜蒙人社裁字(2019)第 21 号仲裁裁决书,裁定上诉人与被上诉人在 2017 年 4 月 1 日至 10 月 30 日、2018 年 3 月 20 日至 10 月 20 日存在事实劳动关系,判令被上诉人给付上诉人工资款共计 54,000 元。(2)一审、二审诉讼费用及其他费用由被上诉人承担。事实与理由:申请人自 2017 年 3 月 20 日经被上诉人处公司工作人员面试至 2017 年 3 月末赴河南某原集团总公司参加两次培训,经培训合格聘为该集团阜蒙县大固本镇开建项目安全员,已经多次辩论、质证,控辩双方对此没有异议,即上诉人工作安排均由被上诉人实行,受被上诉人管理,符合存在事实劳动关系特征。故由被上诉人给付拖欠工资合理合法。被上诉人向一审人民法院提供了最高人民法院办公厅《关于印发〈全国民事审判工作会议纪要〉的通知》,该纪要对审理案件的指导性意见有待商榷,多个民事审判工作会议纪要之间均存在不同意见,所见该纪要不能替代民商事审判案件的法律规定,且多个民事审判工作会议纪要均提到,待民事审判工作会议纪要整理归纳后,最高人民法院将出台相应司法解释,但尚未见相关司法解释,被上诉人所述第59条的规定与现行法律发生冲突,在没有发布相关司法解释的情况下,上诉人方认为应以现行法律规定为准。被上诉人方对同时聘用职工区别对待,在上诉人提供的多份证据显示,同一工地其他工人均收到了被上诉人发放的工资,对上诉人的不公正待遇,请求二审人民法院予以纠正,支持上诉人的上诉请求,维护上诉人的合法权益。

阜新某建筑公司辩称:(1)上诉人第1项请求存在对法律理解错误,本案并不应当提出维持仲裁裁决书的请求,二审只针对原审判决是否正确,应否维持进行审理。(2)被上诉人认为原审法院一审判决认定事实全面、客观清楚,有证据证实,适用的法律正确,判决结果符合司法审判实践,请求予以维持。

四、诉讼争点

(一)刘某某与阜新某建筑公司之间是否存在事实劳动法律关系?

(二)刘某某与李某某之间是否存在雇佣法律关系?

五、裁判理由及结果

(一)一审裁判理由及结果

1. 一审裁判理由

案外人李某某将刘某某招聘到其所承包建设的建筑工地任安全员,由李某某与其约定工资并支付,李某某与刘某某之间形成雇佣关系。原告阜新某建筑公司与被告刘某某之间无身份上的从属和依附关系,阜新某建筑公司也未直接招用刘某某和向其支付报酬,故原告、被告之间不存在事实劳动法律关系。原告的诉讼请求,予以支持。对于被告提出其受原告外派学习培训,合同附件中体现其名字,其与原告属于事实劳动关系的意见,一审法院认为,实际施工人李某某借用原告资质进行工程施工,与原告系挂靠关系,其与工程发包人之间的业务往来亦借用原告名义进行,不能仅以此来判定被告与原告之间存在事实劳动关系,且在施工期间被告的工资系由李某某支付,故对被告的该意见不予支持。

2. 一审裁判结果

原告阜新某建筑公司与被告刘某某不存在事实劳动法律关系。案件受理费10元,由被告负担。

(二)二审裁判理由及结果

1. 二审裁判理由

上诉人刘某某在案外人李某某承包建筑工地任安全员,由李某某与其约定工资并支付,上诉人刘某某与李某某之间形成雇佣关系。被上诉人阜新某建筑公司与被告刘某某之间无身份上的从属和依附关系,阜新某建筑公司也未直接招用刘某某和向其支付劳动报酬,故对上诉人刘某某请求确认其与被上诉人阜新某建筑公司存在事实劳动法律关系,被上诉人应给付上诉人工资款54,000元的上诉请求不予支持。同时,对于上诉人提出其受被上诉人外派学习培训,合同附件中体现其名字,其与原告属于事实劳动关系的意见,经查,实际施工人李某某借用被上诉人资质进行工程施工,与被上诉人系挂靠关系,其与工程发包人之间的业务往来亦借用被上诉人名义进行,不能仅以此来判定上诉人与被上诉人之间存在事实劳动关系,故对上诉人此项意见亦不予支持。

2. 二审裁判结果

驳回上诉,维持原判。二审案件受理费10元,由上诉人刘某某负担。本判决为终审判决。

六、评析研判

事实劳动关系是相对书面劳动合同关系而言的,劳动合同在我国的劳动法律规制体系中历来都是要式合同。事实劳动关系具备劳动法律关系的实质特征,即劳动者提供劳动创造价值、接受用人管理、获取劳动报酬,属于劳动法律规制体系当然调整的社会关系。虽不具备书面形式,但只要同时满足"主体适格""劳动者接受用人单位管理,提供劳动并获得劳动报酬""劳动者提供的劳动"是用人单位业务组成部分三个方面的要件,则可认定为"事实劳动关系"。[①] 同时,"工资支付凭证或记录""职工花名册""缴纳各项社会保险费的记录""工作证""服务证""工作服""职工招用记录""考勤记录""其他劳动者的证言"等证据材料都可以作为司法实践中认定事实劳动关系的证据材料。

本案的争点有两个:(1)刘某某与阜新某建筑公司之间是否存在事实劳动法律关系?(2)刘某某与李某某之间是否存在雇佣法律关系?

(一)争点一解析:本案的刘某某与阜新某建筑公司之间不存在事实劳动法律关系

原劳动和社会保障部《关于确立劳动关系有关事项的通知》第1条规定:"用人单位招用劳动者未订立书面劳动合同,但同时具备下列情形的,劳动关系成立。(一)用

---

① 王泽鉴:《民法学说与判例研究》(第1册),中国政法大学出版社2005年版,第99页。

人单位和劳动者符合法律、法规规定的主体资格;(二)用人单位依法制定的各项劳动规章制度适用于劳动者,劳动者受用人单位的劳动管理,从事用人单位安排的有报酬的劳动;(三)劳动者提供的劳动是用人单位业务的组成部分。”

首先,刘某某并未接受阜新某建筑公司的管理与约束,刘某某与阜新某建筑公司之间不存在从属性。认定事实劳动法律关系时,最关键、最核心的一个要素就是,判断双方之间是否具有从属性。什么是劳动法律关系中的从属性?有学者专门从劳动关系的从属性方面进行了总结,可以通过以下几点参考指标来确定双方当事人之间是否存在事实劳动关系:“第一,劳动者的工作时间、工作内容以及工作场所等是否是由用人单位指定,其在提供劳动的过程中是否受到用人单位的监督和管理;第二,用人单位的规章制度是否适用于劳动者,以及劳动者受该规章制度的约束程度;第三,劳动者的工资是否由用人单位定期发放,即劳动者是否在经济上从属于用人单位;第四,劳动者在劳动过程中所需的生产工具以及原材料等是否由用人单位提供;第五,劳动者提供的劳动是否具有持续性、日常性。”①在本案中,阜新某建筑公司于2017年7月1日与内乡县某农牧专业合作社签订《建设工程施工合同》,承包建设位于阜蒙县的某合作社阜蒙一分场2标猪舍土建及附属工程。之后,案外人李某某又与阜新某建筑公司签订《企业内部施工承包协议》,承包了该工程,李某某是实际施工人。李某某将刘某某招聘到其所承包建设的建筑工地任安全员,由李某某与其约定工资并支付,刘某某与李某某约定每月工资为6000元。由此可知,刘某某与阜新某建筑公司之间并不进行直接的联系,刘某某的工资是由李某某进行支付的,支付标准、支付方式等事项与阜新某建筑公司均无关联,这些均由李某某直接对刘某某负责。刘某某在工作期间并未受到阜新某建筑公司的监督与管理,而是由李某某对其进行指导。故刘某某并不受阜新某建筑公司一系列规章制度的约束。阜新某建筑公司已将该工程承包给李某某,所以该工程所需要的生产工具、原材料等应当由李某某负责。综上所述,刘某某与阜新某建筑公司之间不存在从属性。

其次,本案中的刘某某不符合法定的“劳动者”的主体资格。依据相关法律规定,“劳动者”是指达到法定年龄,具有劳动能力,以从事某种社会劳动获得收入为主要生活来源,依据法律或合同的规定,在用人单位的管理下从事劳动并获取劳动报酬的自然人。劳动者最低年龄除特种工作外为16周岁。本案的刘某某于1981年4月2日出生,显然超过16周岁,符合法定年龄;刘某某也具有相应劳动能力,并且依靠其劳动获得收入。但,评析研判的第一部分已经论证了刘某某并不接受阜新某建筑公司的管理。故

---

① 曹燕:《劳动法律基本概念的哲学研究——基于和谐劳动关系法律构建视角》,中国法制出版社2012年版,第34页。

刘某某不属于阜新某建筑公司的员工,不符合劳动合同主体中“劳动者”的资格。

最后,本案的刘某某于工作期间提供的劳动不属于阜新某建筑公司的业务组成部分。阜新某建筑公司于2017年7月1日与内乡县某农牧专业合作社签订《建设工程施工合同》,承包建设位于阜蒙县的某合作社阜蒙一分场2标猪舍土建及附属工程。之后,案外人李某某又与阜新某建筑公司签订《企业内部施工承包协议》,承包了该工程,李某某是实际施工人,李某某又将刘某某招聘到其所承包建设的建筑工地任安全员。由于阜新某建筑公司已将该工程承包给李某某,那么该工程的所有事务则将由李某某完全负责。李某某为保障该工程的顺利进行,便任刘某某为安全员。所以,刘某某仅与李某某之间存在某种关系,而与原发包人阜新某建筑公司之间不存在法律上的关系。故刘某某所提供的劳动不属于阜新某建筑公司的业务组成部分。

综上所述,由于本案的刘某某未接受阜新某建筑公司的管理与约束,其与阜新某建筑公司之间不存在从属性,同时,刘某某也不符合法定的“劳动者”的主体资格,且其工作期间提供的劳动不属于阜新某建筑公司的业务组成部分,故刘某某与阜新某建筑公司之间不存在事实劳动法律关系。

(二)争点二解析:刘某某与李某某之间是否存在雇佣法律关系

雇佣关系,是指一方主体以劳务来换取另一方主体之报酬,并接受其指挥、监督的契约关系。狭义上的雇佣关系是由私法调整,其实质其实是一种契约关系。学者史尚宽认为,“雇佣,谓当事人约定一方于一定或不定期间内,为他方服劳务,他方给付报酬之契约”。①

首先,本案的刘某某与李某某之间是平等关系,并非隶属关系。“在雇佣关系中,双方当事人的法律地位是平等的。”②雇佣关系属民法规制,属于私法调整的范畴。雇佣关系以劳务供给本身为目的,标的为劳务供给。雇主依靠雇员提供的劳务来进行生产、经营活动,而雇员通过提供劳务的形式来换取相应的劳动报酬。因此,在雇佣关系中,双方当事人的法律地位是平等的,而非隶属关系。在本案中,李某某与刘某某口头约定刘某某的工资为每月6000元,由刘某某提供劳动,李某某为其发放工资,且在其提供劳动期间,刘某某并不存在打卡上下班的行为,也没有表明其受李某某的具体约束。另外,李某某为自然人,而非“用人单位”,故李某某一方不存在“规章制度”一说,那么刘某某一方就更不存在“遵守规章制度”的行为了。刘某某与李某某之间只存在财产关系,彼此相互独立。综上所述,本案的刘某某与李某某之间是平等关系,并非隶属关系。

其次,刘某某提供劳动的目的单纯是劳动成果的给付,并非劳动过程的实现,且刘

---

① 史尚宽:《债法各论》,中国政法大学出版社2000年版,第291页。

② 唐德华:《人身损害赔偿司法解释及相关法律案例评析》,人民法院出版社2004年版,第338页。

某某提供的劳动已不再是阜新某建筑公司的业务组成部分。劳动成果,是指人类通过创造物质或精神财富的活动而形成的工作或事业上的收获。雇佣关系的目的在于劳动成果的给付,而劳动合同的目的则是在于劳动过程的实现。本案中的刘某某为该工程的安全员,其任务则是负责巡视检查施工现场的安全状况,并负责对新进场人员进行安全教育及监督协助安全技术交底落实情况。刘某某需要在其责任范围内实现特定安全的保障,而非享受保障安全的过程。另外,阜新某建筑公司已将该工程承包给了李某某,所以,该工程业务如何开展、任用什么样的工人等一系列事项应由李某某负责,与阜新某建筑公司无关。刘某某作为安全员所提供的劳动,已不再是阜新某建筑公司的业务组成部分。故刘某某提供劳动的目的单纯是劳动成果的给付,并非劳动过程的实现,且刘某某提供的劳动已不再是阜新某建筑公司的业务组成部分。

最后,刘某某任职的岗位具有临时性,其与李某某之间的关系并不稳定。雇佣关系是以完成一项或几项工作为目的,不具有长期、持续、稳定的特征。另外,临时性岗位,是指临时设立的岗位,其任职期间不超过6个月。本案中的刘某某所任职的岗位,也是由李某某在承包工程后临时设立的,李某某也并未规定刘某某在该岗位上从事多长时间。刘某某从事该岗位的目的是完成其自身的工作,在完成工作后,双方之间的协议会自行终止。故刘某某任职的岗位具有临时性,其与李某某之间的关系并不稳定。

综上所述,本案的刘某某未接受阜新某建筑公司的管理与约束,其与阜新某建筑公司之间不存在从属性,同时,刘某某也不符合法定的“劳动者”的主体资格,且其工作期间提供的劳动不属于阜新某建筑公司的业务组成部分,故刘某某与阜新某建筑公司之间不存在事实劳动法律关系。另外,刘某某与李某某之间是平等关系,并非隶属关系,刘某某提供劳动的目的单纯是劳动成果的给付,并非劳动过程的实现,且其提供的劳动已不再是阜新某建筑公司的业务组成部分,任职的岗位具有临时性,与李某某之间的关系并不稳定,故刘某某与李某某之间存在雇佣关系。

七、拓展训练

(一)案例简介

郑州市金水区某饺子凤凰店经营者系被告魏某某,注册地址为郑州市金水区陇海路××号,于2019年7月26日注销。原告李某某提交2018年5月16日的收据一份,显示:今收到李某某510元,系付保证金,会计“姜”。原告李某某提交的证人证言、与海某的微信聊天记录和杨某某通话录音证明原告李某某每月工资为3000元,二被告提交的证人证言证明原告李某某每月工资为2000元。原告李某某于2020年1月3日向郑州市金水区劳动人事争议仲裁委员会申请劳动仲裁,该仲裁委以原告李某某未提供与被申请人存在劳动关系的有效证据为由,作出不予受理通知书。

庭审中,原告、被告均认可,原告李某某于2018年3月入职郑州市金水区某饺子凤凰店,于2019年6月3日离职,工资均为现金发放。原告李某某称其工作时间为9点半至下午2点半,下午5点至晚上10点到12点之间;主要在厨房帮厨配菜;一个月3天假,请假是跟厨师长或店长申请;工资是会证姜某发放的,保证金510元是在发放2018年4月份工资时直接扣除的衣服的押金,收据上的"姜"即为姜某。二被告认可杨某某为厨师长,姜某是被告魏某某的会计。

原告李某某诉称:原告李某某于2018年5月在被告魏某某经营的郑州市金水区某饺子凤凰店(该店类型为个体工商户,且已于2019年7月26日注销)入职,双方口头约定工资数额,被告魏某某让原告李某某缴纳了工装押金,但双方未签订劳动合同。2019年6月3日,被告魏某某经营的郑州市金水区某饺子凤凰店派原告李某某到被告某饺子馆送东西并帮忙。原告李某某在工作时,由于地面湿滑而滑倒,同时被盘子划伤左手腕,被同事送到医院住院治疗,医院诊断为左手腕肌腱断裂。之后原告李某某与二被告多次沟通工资及医疗费等问题,但二被告一直推脱责任。原告李某某向本院提出诉讼请求:(1)被告魏某某支付原告李某某2018年6月16日至2019年5月15日的二倍工资33,000元。(2)被告魏某某支付拖欠原告李某某的2019年5月工资3150元。(3)被告魏某某退还原告李某某工装押金510元。(4)被告某饺子馆对前3项请求承担连带责任。(5)诉讼费用由二被告承担。

被告魏某某辩称:第一,被告魏某某与原告李某某并不存在劳动关系,原告李某某以劳动关系为基础向被告魏某某主张二倍工资于法无据。第二,即使双方构成劳动关系,原告李某某主张的二倍工资系属于惩罚性赔偿,不属于劳动报酬,适用《劳动争议调解仲裁法》第27条第1款的规定,即1年的仲裁时效,原告李某某主张二倍工资的诉讼请求已过诉讼时效。第三,被告魏某某并未拖欠原告李某某劳务费用,也未收取过原告李某某的押金。

被告某饺子馆辩称,本案与被告某饺子馆无关。

(二)思考问题

原告、被告之间是否存在事实劳动关系?

第四章　集 体 合 同

第一节 集体合同的效力适用

一、案例选择

邓某某与岳池某燃气有限公司劳动争议案

案号:(2019)川16民终1294号

二、问题提示

如何认定劳动集体合同的效力问题。

三、案例基本情形

上诉人(原审原告):邓某某

被上诉人(原审被告):岳池某燃气有限公司

岳池某燃气有限公司的前身是原国有企业岳池县天然气有限责任公司改制后设立的岳池某江燃气有限公司(以下简称某江公司),某江公司由某江投资有限公司占股90%。邓某某原系岳池县天然气有限责任公司职工,公司改制后,转为某江公司员工。改制时,岳池县天然气有限责任公司工会与某江投资有限公司签订了《职工合法权益保障协议》。改制后,某江公司根据《职工合法权益保障协议》的约定与公司工会协商签订了《集体合同》。《集体合同》约定了"企业和员工依法参加社会保险。企业按法律法规的规定,按时为全体员工办理社会保险的必要手续,拨付保险费用";"企业应创造条件,为员工提供集体福利,并建立相应的制度予以落实";"企业按照规章制度,对违纪者进行罚款,扣罚后剩余部分不低于最低工资标准";"企业对所有职工中的男性年满55周岁,女性年满45周岁或者工龄在30年以上的在职职工采取离岗的办法,纳入企业直接管理,并为这部分人按规定交纳各类社会保险、住房公积金等,计发本人离岗时的基本工资(若离岗时其基本工资低于改制时档案工资按档案工资计),离岗期间的工龄照算,待年满法定退休年龄时按规定办理退休手续。符合离岗条件的职工采取'一刀切'的政策,若企业工作需要可以返聘上岗,返聘待遇双方协商";"本合同履行期5年,即2005年1月1日至2009年12月31日"等内容。

2006年12月,邓某某的工龄达到30年,符合《集体合同》约定的离岗休息条件。2006年,邓某某与某江公司签订《离岗休息协议书》。该协议书约定:邓某某符合男性年满55周岁、女性年满45周岁、工龄在30年以上的离岗休息条件,经本人申请,总经理办公会研究，离岗休息时间从2006年12月1日起至法定退休年龄；邓某某在离岗休息期间，按离岗休息时的档案工资即792.50元逐月发放，离岗休息期间，不享受公司各类奖金及各种劳保待遇；邓某某在离岗休息期间，以个人全年档案工资总额为缴费基数，按规定的比例在工资费用中由公司代为扣除养老、失业、基本医疗和住房公积金等费中个人应缴纳的部分，公司按时足额向有关部门缴纳单位应缴纳的社会保险费用和代扣个人部分；邓某某在离岗休息期间工龄照算，达到法定退休年龄时，公司向有关部门申报办理退休手续，达到退休年龄下月起公司停止支付邓某某工资等内容。该协议书尾部由邓某某签名、某江公司签章。

邓某某于1976年12月通过招收退休职工子女到原岳池县天然气有限责任公司工作。2004年9月，邓某某在原岳池县天然气有限责任公司领取的基本工资781元、粮贴1.50元、洗理煤贴10元，共计792.50元。2006年11月，邓某某在岳池某燃气有限公司每月领取基本工资280元、岗位工资692元、绩效工资194元，共计1166元。根据《离岗休息协议书》的约定，从2006年12月起，岳池某燃气有限公司向邓某某每月支付792.50元，并与其他离岗休息职工一起，根据相关规定增加工资，同时按月扣除邓某某应缴的住房公积金、工会会费、养老保险、医疗保险、失业保险等费用个人部分，与岳池某燃气有限公司应缴部分一起向社会保险经办机构缴纳了邓某某的社会保险费。2018年6月，邓某某达到了法定退休年龄，岳池某燃气有限公司已为邓某某办理了退休手续，并于2018年7月停止支付邓某某工资，与邓某某终止了劳动合同关系。

同时查明，2007年9月3日，邓某某向岳池县劳动争议仲裁委员会递交仲裁申请书，请求裁决岳池某燃气有限公司支付邓某某2004年7月至2007年6月工资15,042.20元及补偿金和赔偿金；请求裁决岳池某燃气有限公司支付邓某某从原岳池县天燃气有限责任公司下岗的安置费36,020元。岳池县劳动争议仲裁委员会于2007年11月16日以岳劳仲案字(2007)32号仲裁裁决书裁决岳池某燃气有限公司返还邓某某工资15,042.20元和安置费36,020元。岳池某燃气有限公司不服该裁决，向该院提起诉讼。该院于2008年8月15日以(2008)岳池民初字第6号民事判决书判决岳池某燃气有限公司支付邓某某工资15,042.20元和解除劳动合同安置经济补偿金36,020元。岳池某燃气有限公司不服判决，向广安市中级人民法院提起上诉。广安市中级人民法院于2009年7月16日以(2008)广法民终字第416号民事判决书判决驳回上诉，维持原判。2010年12月20日，邓某某与岳池某燃气有限公司签订《协议书》。该协议书约定：鉴于双方就广安区杨坪乡公路工程中存在债权债务争议，双方曾进行劳动仲裁、不当得利、债权纠纷、名誉权纠纷民事诉讼，本着相互理解、化解矛盾、维护和谐的原则达成如下协议：(1)岳池某燃气有限公司一次性向邓某某支付补助款25,000元(含工程中的款项和扣安置费、工资的补偿和利息等)。(2)邓某某承诺，领取上述补助款后，不再就广安区杨坪乡公路工程所涉及的任何争议向岳池某燃气有限公司和第三方主张任何债权、索赔。(3)邓某某承诺,领取上述补助款后,不再就岳池某燃气有限公司曾经对其安置经济补偿金、工资福利扣抵行为主张任何权利、索赔。(4)邓某某确认,领取上述补助款后,双方的各种争议(包含已诉讼的)就此全部解决,邓某某不得再提任何异议及已有或新的权利主张(包含各种民事责任主张),如有违反,应向岳池某燃气有限公司支付以上补助款双倍违约金等内容。协议书尾部邓某某签名、岳池某燃气有限公司签章。

2019年4月24日,邓某某向岳池县劳动人事争议仲裁委员会申请,要求裁决岳池某燃气有限公司克扣邓某某2006年至2007年9月工资、奖金及其他,扣工资利息等27,848元;岳池某燃气有限公司将离岗休息职工工资改变为内部退休职工工资,从2006年12月至2018年6月工资差额损失、住房公积金及社保损失,职工过节福利损失424,442.07元。同日,岳池县劳动人事争议仲裁委员会发出岳劳人仲不字(2019)第8号《不予受理通知书》,以申请人超龄为由,决定不予受理。2019年5月7日,邓某某向该院提起诉讼。

邓某某向一审法院起诉请求:(1)确认邓某某与岳池某燃气有限公司签订的《离岗休息协议书》无效。(2)判令岳池某燃气有限公司支付邓某某2018年4月至6月住房公积金1052元。(3)判令岳池某燃气有限公司退还邓某某个人所得税122元。(4)判令岳池某燃气有限公司退还邓某某2006年8月至10月水、电、气费340元。(5)判令岳池某燃气有限公司补发邓某某2006年1月至3月绩效工资352元。(6)判令岳池某燃气有限公司补发邓某某2006年2月至2007年7月工资13,939元及利息12,043元(13,939元×利率0.072%×12年)。(7)判令岳池某燃气有限公司支付邓某某工资损失316,092.57元,住房公积金损失41,177.34元,退休工资损失94,063.03元。(8)判令岳池某燃气有限公司支付邓某某购物卡损失7200元。

一审判决结果:驳回原告邓某某的全部诉讼请求。一审案件受理费10元,由邓某某负担。

邓某某不服上述判决,提起上诉。

邓某某上诉请求:(1)撤销四川省岳池县人民法院(2019)川1621民初1519号民事判决。(2)改判岳池某燃气有限公司向邓某某支付2006年2月至2007年9月克扣的工资、奖金及资金占用利息共计25,982元。(3)改判岳池某燃气有限公司向邓某某补偿2006年7月至2018年6月的工资差额损失、住房公积金及社会保险损失计392,721.24元。(4)改判岳池某燃气有限公司向邓某某支付2006年至2018年各项福利损失7200元。(5)一审、二审案件诉讼费用由岳池某燃气有限公司承担。事实与理由:第一,原审判决认定事实不清。(1)邓某某实际离岗时间是2006年7月,《离岗休息协议书》是2006年8月15日签订,协议载明签订时间2006年12月1日与实际签订时间不符,邓某某离岗起始时间应是2006年7月。(2)按《离岗休息协议书》第2条的约定,邓某某于2006年7月离岗,此时的档案工资是1166元/月,邓某某离岗休息工资应按此标准计算,调资应按在职职工的调资标准计算。(3)岳池某燃气有限公司扣发邓某某2004年至2007年6月的工资15,042.20元已为生效法律文书所确认,邓某某请求岳池某燃气有限公司返还2006年2月至2007年7月克扣的工资不是重复主张。(4)邓某某离岗时档案工资1166元/月,而岳池某燃气有限公司确认的离岗休息工资为792.50元/月,相差373.50元;离岗休息到邓某某退休期间调资10次,且是按内退职工标准调资;给邓某某造成工资差损失316,092.57元,社会保险损失58,140.00元,住房公积金损失18,488.67元。(5)岳池某燃气有限公司原审提交证据显示,给邓某某过节购物卡是按内退职工情况发放,邓某某应与在职职工同等福利待遇,12年损失7200元。第二,原审法院部分程序违法。邓某某原审中申请法院调取的证据符合2001年最高人民法院《关于民事诉讼证据的若干规定》①第17条、第18条的规定,原审不予调取程序违法。

岳池某燃气有限公司辩称:(1)邓某某离岗休息日是2006年12月1日,一是有协议书为证,二是2006年7月至11月邓某某仍领取是离岗前工资待遇,2006年12月才是领取的离岗休息的工资待遇。如果按邓某某的说法,邓某某在2006年7月至11月是离岗休息,却享受的上班工资待遇。(2)《离岗休息协议书》第2条对离岗期间的工资待遇约定是明确的,按本人离岗休息时的档案工资逐月发放,即792.50元。如果按邓某某上诉理由中对该合同条文的理解,按《某江公司集体合同》第32条的约定,邓某某离岗时基本工资就是280元,正因该合同条文还有括弧调整约定,所以在《离岗休息协议书》中明确为改制时档案工资792.50元。《离岗休息协议书》履行长达11年多,邓某某也未提出异议。(3)邓某某主张2006年2月至2007年7月岳池某燃气有限公司扣发的邓某某的工资及利息,已由生效法律文书确认的岳池某燃气有限公司扣发邓某某2004年7月至2007年7月工资所涵盖,双方因执行和解履行而终结,邓某某本案该主张是重复主张。(4)邓某某主张的工资差额损失、社会保险和住房公积金损失没有事实基础。邓某某离岗休息工资待遇按约定应是792.50元/月,不存在补差,亦不存社会保险和住房公积金损失。邓某某该主张参照岳池某燃气有限公司其他离岗休息职工情况主张计算没有可比性,其参照的潘某某后为返聘,张某某是2019年3月离岗休息。同时社会保险和住房公积金纠纷不属人民法院劳动争议受案范围。(5)邓某某在离岗期间与其他离岗休息职工的福利待遇是一致的,不存在少领。邓某某要求与在岗职工

① 2001年通过的最高人民法院《关于民事诉讼证据的若干规定》因最高人民法院审判委员会于2019年10月14日通过并于2020年5月1日起施行的《关于修改〈关于民事诉讼证据的若干规定〉的决定》而失效。

一致没有事实依据。请求维持原判,驳回邓某某的上诉。

在二审庭审中,邓某某主张其与岳池某燃气有限公司签订的《离岗休息协议书》是有效合同,某江公司与公司工会签订的《集体合同》为过渡性合同,他与岳池某燃气有限公司的离岗协议不受该集体合同拘束。他在离岗休息期间的调资、福利待遇应与在职职工一致。要求本院调取某江公司确认其离岗休息的文件,在职职工在 2006 年 2 月至 2018 年 6 月的调资表和对全体员工发放过节购物卡的证明文件,2006 年 7 月至 11 月对邓某某的考勤表,2006 年 7 月至 11 月某江公司对全体员工发放奖金和劳保的证明文件。同时提交了某江公司 2006 年 11 月工资表等一审中双方已提交证据。对邓某某二审提交的证据,岳池某燃气有限公司的质证意见为,不是新证据,以一审质证意见为准,特别说明邓某某参比的 2019 年 3 月内退的职工张某某,离岗休息待遇为 2079 元/月,邓某某正式退休前的离岗休息待遇在 2018 年 6 月为 2074 元,邓某某在离岗休息期间完全按内退职工的调资规定进行了调资。对邓某某二审中提交的证据因不是新证据,本院不再予以认证。对邓某某申请本院调取证据,本院认为,邓某某一方面认可与岳池某燃气有限公司的《离岗休息协议书》,即承认在 2006 年下半年至 2018 年 6 月与岳池某燃气有限公司的劳动关系为不上班享受一定待遇的离岗休息,且《离岗休息协议书》明确约定,离岗休息期间不享受公司各类奖金及各种劳保待遇;一方面又要求与在岗职工同等劳动报酬等待遇。因此,其诉讼行为相互矛盾。在岗职工的调资、福利待遇的证据与本案不存在关联。邓某某要求调取某江公司确认其离岗的文件和 2006 年 7 月至 11 月的考勤记录,因邓某某二审中明确认可《离岗休息协议书》有效,邓某某何时离岗休息的事实查明与邓某某的上诉请求已无实质性法律意义。根据最高人民法院《关于适用〈中华人民共和国民事诉讼法〉的解释》第 95 条"当事人申请调查收集的证据,与待证事实无关联、对证明待证事实无意义或者其他无调查收集必要的,人民法院不予准许"的规定,对邓某某要求本院调取相关证据的申请,本院不予准许。

岳池某燃气有限公司二审中提交了某江公司(2006)39 号文,为电脑输出件,没有某江公司印章,载明制作时间为 2006 年 10 月 31 日,邓某某从 2006 年 12 月 1 日内退休养。拟证明,邓某某离岗休息是从 2006 年 12 月 1 日起算,此前几个月邓某某虽未上班,但领取的是在岗工资。邓某某质证意见为是虚假的。本院认证认为,因邓某某二审明确认可《离岗休息协议书》有效,放弃了确认无效的诉讼请求,邓某某实际离岗日的事实与判断邓某某的上诉请求已无实质意义,邓某某在 2006 年 7 月和 11 月的应领工资均是 1166 元,由基本工资 280 元、岗位工资 692 元、绩效工资 194 元构成。该份证据不作为本案认定案件事实依据。

四、诉讼争点

（一）邓某某的离岗休息待遇应按1166元/月计发，还是按792.50元/月计发？

（二）《集体合同》是否拘束邓某某与岳池某燃气有限公司的劳动关系？

（三）邓某某主张岳池某燃气有限公司扣发其2006年2月至2007年9月的工资是否为重复主张？

五、裁判理由及结果

（一）一审裁判理由及结果

1. 一审裁判理由

本案当事人争议的焦点问题有：（1）本案所涉争议是否属于人民法院受案范围。（2）邓某某申请劳动仲裁和提起诉讼是否已过法定时效？（3）《集体合同》和《离岗休息协议书》是否有效？（4）邓某某的诉讼请求是否构成重复主张权利？（5）邓某某要求岳池某燃气有限公司支付的各项损失是否成立？

第一，关于本案所涉争议是否属于人民法院受案范围问题。邓某某的诉讼请求涉及确认《离岗休息协议书》的效力和要求岳池某燃气有限公司赔偿工资、绩效工资及利息损失，赔偿住房公积金损失，赔偿退休金损失，赔偿代扣个人所得税损失和购物卡损失，退还多扣的水、电、气费。除退还多扣的水、电、气费不属劳动争议处理范围外，其他请求系邓某某与岳池某燃气有限公司因劳动合同的效力，以及邓某某、岳池某燃气有限公司因劳动合同关系存续期间的工资、社会保险和福利待遇纠纷，邓某某请求岳池某燃气有限公司赔偿损失的争议。根据最高人民法院《关于审理劳动争议案件适用法律若干问题的解释》第1条和最高人民法院《关于审理劳动争议案件适用法律若干问题的解释（三）》第1条"劳动者以用人单位未为其办理社会保险手续，且社会保险经办机构不能补办导致其无法享受社会保险待遇为由，要求用人单位赔偿损失而发生争议的，人民法院应予受理"的规定，本案属人民法院受案范围，应予受理。本案涉争议不涉及企业改制改革问题，岳池某燃气有限公司辩称本案不属于人民法院受案范围的理由不能成立。

第二，关于邓某某申请劳动仲裁和提起诉讼是否已过法定时效问题。邓某某诉称的事实发生时间自2006年起，2019年4月24日才向岳池县劳动人事争议仲裁委员会申请仲裁。《劳动争议调解仲裁法》第27条第1款规定："劳动争议申请仲裁的时效期间为一年"，但该条第4款还规定，"劳动关系存续期间因拖欠劳动报酬发生争议的，劳动者申请仲裁不受本条第一款规定的仲裁时效期间的限制；但是，劳动关系终止的，应当自劳动关系终止之日起一年内提出"，邓某某与岳池某燃气有限公司间的劳动关系终止时间为2018年6月，邓某某于2019年4月就本案所涉争议向仲裁委申请仲裁，因此，邓某某的仲裁申请未过仲裁时效，仲裁机关也未以仲裁请求超过仲裁申请时效为由不予受理，因此，岳池某燃气有限公司辩称，邓某某已超过申请劳动仲裁的期间，被仲裁委通知不予受理后才对岳池某燃气有限公司提起诉讼，已超过诉讼时效期间的理由不能成立。

第三，关于《集体合同》和《离岗休息协议书》是否有效的问题。2006年1月至2018年6月，邓某某系岳池某燃气有限公司员工，在此期间因劳动争议发生纠纷，应当依照邓某某与岳池某燃气有限公司之间形成的劳动合同和法律、法规处理。岳池某燃气有限公司与其工会于2004年12月24日依《职工合法权益保障协议》签订了《集体合同》；邓某某与岳池某燃气有限公司于2006年签订的《离岗休息协议书》，是对《集体合同》中涉及邓某某个人权利义务部分作出的变更，因此，《集体合同》和《离岗休息协议书》共同构成邓某某与岳池某燃气有限公司间劳动合同关系的书面文件。《集体合同》和《离岗休息协议书》均系邓某某与岳池某燃气有限公司真实意思表示，内容未违反《劳动法》，不具有《劳动合同法》第26条规定的劳动合同无效的情形，因此，《集体合同》和《离岗休息协议书》均属有效协议，对邓某某、岳池某燃气有限公司均具有约束力，邓某某与岳池某燃气有限公司均应认真履行合同和协议约定的各自的义务。邓某某诉称，邓某某没有写离岗休息申请书，邓某某的离岗时间应当是2006年7月1日，岳池某燃气有限公司改成了2006年12月1日，属不真实；邓某某不符合离岗休息需要工龄满30年，年龄满55周岁的条件；协议书属格式合同，内容有瑕疵，不符合实际，岳池某燃气有限公司违反了《劳动合同法》第26条第2项有关用人单位免除自己的法定责任，排除劳动者权利的规定；邓某某2006年7月离岗，当时档案工资为1166元，岳池某燃气有限公司以欺诈手段将档案工资改变为内退职工工资792.50元，违反了《劳动合同法》第26条第1项有关以欺诈、胁迫的手段或者乘人之危，使对方在违背真实意思的情况下订立或者变更劳动合同的规定，因此，《离岗休息协议书》无效。该院认为，《集体合同》对离岗休息条件作了明确约定，凡符合离岗休息条件的职工，应当办理离岗休息相关手续。书写离岗申请书并不是离岗休息的前提条件，未书写离岗休息申请书不影响《离岗休息协议书》的效力；离岗休息起止时间是明确的，且符合《集体合同》的约定，邓某某在《离岗休息协议书》上签字的具体时间不影响离岗休息起止时间，即使邓某某签字的时间不是2006年12月1日，仍然不影响《离岗休息协议书》的效力；《集体合同》约定，“企业对所有职工中的男性年满55周岁，女性年满45周岁或者工龄在30年以上的在职职工采取离岗的办法，纳入企业直接管理”，是指职工只要符合年龄或者工龄任何一个条件就构成符合离岗休息条件。到2006年12月，邓某某的工龄达到了30年，符合《集体合同》关于“符合离岗条件的职工采取‘一刀切’的政策”实行离岗休息的约定；《离岗休息协议书》并非格式合同，虽然协议书中“乙方符合男满55周岁、女满45周岁、工龄在30年以上的离岗休息条件”、“经本人申请”以及“乙方在离岗休息期间，按本人离岗休息时的档案工资逐月发放，即792.50元”等处存在文字表述上的瑕疵，但结合上下文和《集体合同》的约定，可以明确协议书签订时双方当事人的真实意思，因此，不影响其效力；《离岗休息协议书》约定“按本人离岗休息时的档案工资逐月发放，即792.50元”，《离岗休息协议书》没有对“档案工资”作出解释和说明，但《集体合同》第32条有“……计发本人离岗时的基本工资(若离岗时其基本工资低于改制时档案工资按档案工资计)……”的约定，改制时即2004年9月，邓某某在原岳池县天然气有限责任公司领取的工资包括基本工资781元、粮贴1.50元、出勤补助25元、职务津贴50元、洗理煤贴10元、职工药费78.10元、独子费8元，共计953.60元。邓某某离岗休息前即2006年11月，邓某某在岳池某燃气有限公司处领取的工资包括基本工资280元、岗位工资692元、绩效工资194元，共计1166元。按照《集体合同》第32条的规定，计发本人离岗时的基本工资应为280元，但该工资低于改制时档案工资中的基本工资781元。在此情况下，岳池某燃气有限公司按邓某某改制时档案记载的基本工资加上粮贴和洗理煤贴，共计792.50元计发邓某某离岗休息后的工资，符合《集体合同》的约定，并无不当。同时，《离岗休息协议书》对邓某某离岗后计发工资的具体数额为792.50元作了明确约定，邓某某也签名予以了确认，岳池某燃气有限公司以792.50元为邓某某离岗休息后的工资向邓某某发放长达十多年，邓某某应当明知但未提出异议。因此，邓某某以岳池某燃气有限公司违反《劳动合同法》第26条第1项、第2项规定为由，诉称《离岗休息协议书》无效，不予认定。

第四，关于邓某某的诉讼请求是否构成重复主张权利问题。岳劳仲案字(2007)32号仲裁裁决书、(2008)岳池民初字第6号民事判决书、(2008)广法民终字第416号民事判决书涉及的事项包括岳池某燃气有限公司扣留邓某某自2004年7月5日至2007年6月6日的工资及福利待遇15,042.20元等款项用于抵偿岳池某燃气有限公司所称邓某某在修建广安区杨坪乡公路工程中欠岳池某燃气有限公司7万余元款项的争议。2010年12月20日，邓某某与岳池某燃气有限公司签订《协议书》，约定岳池某燃气有限公司向邓某某支付2.5万元补助款，换取邓某某承诺对邓某某与岳池某燃气有限公司之间有关工程欠款和各种争议全部解决，邓某某不得再提任何异议及已有或新的权利主张。这里所提的各种争议及已有或新的权利主张应当是指在上述案件中邓某某与岳池某燃气有限公司已经发生的全部民事权利义务争议，但不包括尚未发生的事实和争议。岳池某燃气有限公司辩称，邓某某与岳池某燃气有限公司签订上述《协议书》并领取补助款项后，邓某某与岳池某燃气有限公司之间的一切争议均已解决，邓某某再次提起诉讼，构成重复主张权利，且违反了诚实信用原则的理由不能成立，但本案中涉及上述案件争议额15,042.20元组成项目范围内的事项除外。

第五,关于邓某某要求岳池某燃气有限公司支付的各项损失是否成立的问题。(1)邓某某诉称岳池某燃气有限公司克扣邓某某2018年4月至6月住房公积金1052元问题。住房公积金以职工上年度月平均工资为缴费基数,职工个人和用人单位各缴纳12%。2017年,邓某某的月平均工资为2074元,岳池某燃气有限公司将邓某某2017年度月平均工资确定为2100元,并以此作为缴纳基数缴纳邓某某2018年度住房公积金。2018年1月至6月,岳池某燃气有限公司应代扣邓某某个人缴费部分1512元,岳池某燃气有限公司应为邓某某缴纳部分为1512元,共计应缴3024元。2018年1月至3月,岳池某燃气有限公司实际以缴费基数每月3000元代扣代缴,岳池某燃气有限公司为邓某某缴纳也按此进行即2018年1月至3月,岳池某燃气有限公司代邓某某每月共缴存住房公积金720元。2018年4月至6月,岳池某燃气有限公司实际以缴费基数每月1400元代扣代缴,岳池某燃气有限公司为邓某某缴纳也按此进行即2018年4月至6月,岳池某燃气有限公司代邓某某每月共缴存住房公积金336元。2018年1月至6月,岳池某燃气有限公司代扣代缴和岳池某燃气有限公司为邓某某缴纳住房公积金共计3168元,比应缴数额高,因此,岳池某燃气有限公司在2018年1月至6月为邓某某扣缴住房公积金的行为并未损害邓某某的利益,邓某某该诉称没有事实依据。(2)邓某某诉称岳池某燃气有限公司扣邓某某2006年2月个人所得税122元的问题。2006年2月岳池某燃气有限公司扣邓某某个人所得税122.10元属实,该款系邓某某2006年1月的应纳税额。2006年1月,邓某某的收入(含税)为3071.30元,扣除免税额1600元后,应税所得为1471.30元,按10%的税率,减去速算扣除数25元,邓某某应纳税额为122.10元。据此,岳池某燃气有限公司于次月从邓某某工资中扣除应纳税额122.10元并无不当,邓某某该辩称没有事实依据。(3)邓某某诉称岳池某燃气有限公司多扣邓某某2006年8月至10月水电气费340元问题。岳池某燃气有限公司扣邓某某水、电、气费用的争议不属本案劳动争议的处理范围,本案不作处理,邓某某可另案主张。(4)邓某某诉称,2006年1月至3月,邓某某旷工半天,岳池某燃气有限公司扣发其1个月绩效工资352元的问题。2006年3月23日下午,邓某某无故不参加培训会被岳池某燃气有限公司记旷工半天。根据《某江公司考勤及休假制度实施细则》第2条第8项"凡旷工者,所属旷工月份不发效益工资"的规定,应扣邓某某1个月绩效工资176元。上述事实经岳池某燃气有限公司调查核实,并按其内部程序对邓某某进行的处罚,符合岳池某燃气有限公司内部管理规定,也符合《集体合同》的约定,并无不当。岳池某燃气有限公司于2006年4月11日补发2006年1月至3月绩效工资时,发给邓某某2个月效益工资352元,扣除1个月绩效工资176元。邓某某诉称岳池某燃气有限公司扣发邓某某1个月绩效工资352元,与事实不符。(5)邓某某诉称,岳池某燃气有限公司无故克扣邓某某2006年2月至2007年7月工资奖金等13,939元及利息12,043元的问题。邓某某与岳池某燃气有限公司因广安区杨坪乡公路工程存在债权债务争议,岳池某燃气有限公司采取扣除邓某某部分工资奖金等的方式进行处理。邓某某不服,通过仲裁和诉讼方式起诉岳池某燃气有限公司。经审理,仲裁委和法院分别作出裁决和判决。2010年12月20日,邓某某与岳池某燃气有限公司签订《协议书》对上述争议进行和解,邓某某收取岳池某燃气有限公司补助款2.5万元(含工程中的款项和扣安置费、工资的补偿和利息等),邓某某不再就广安区杨坪乡公路工程所涉及的任何争议向岳池某燃气有限公司主张任何债权、索赔,不再就岳池某燃气有限公司曾经对其安置经济补偿金、工资福利扣抵行为主张任何权利、索赔,邓某某确认双方的各种争议就此全部解决。邓某某诉称的2006年2月至2007年7月工资奖金等13,939元及利息12,043元属上述案件争议的一部分,双方协商已经作出了处理,邓某某在本案中再次主张权利,属重复主张,理由不充分。(6)邓某某诉称,邓某某在2006年7月被岳池某燃气有限公司强行离岗休息,当时邓某某的年龄为48周岁,工龄29年零6个月,不符合离岗休息条件;离岗休息时,邓某某的档案工资为1166元,岳池某燃气有限公司按每月792.50元向邓某某支付工资,每月少领373.50元,加上调资,邓某某离岗休息的12年间,岳池某燃气有限公司造成邓某某工资损失316,092.57元,相应生产住房公积金损失41,177.34元、退休后退休金损失94,063.03元的问题。《离岗休息协议书》是有效协议,岳池某燃气有限公司按该协议履行了义务,也为包括邓某某在内的其他离岗休息职工按期进行了增资,在邓某某达到法定退休年龄时,为邓某某办理了退休手续,没有证据证明岳池某燃气有限公司存在违约行为。邓某某离岗时在《离岗休息协议书》上签了名,该协议约定的内容符合《集体合同》中有关离岗休息的约定,岳池某燃气有限公司没有强行让邓某某离岗休息的行为。邓某某离岗休息时间从2006年12月开始,此时邓某某的工龄已达到30年离岗休息的条件,符合《集体合同》有关离岗休息条件的约定。邓某某离岗休息的前一个月的工资组成为基本工资280元、岗位工资692元、绩效工资194元,共计1166元,根据《集体合同》约定,邓某某离岗后岳池某燃气有限公司应按月计发邓某某的基本工资280元,邓某某离岗后,不应计发岗位工资,更不存在计发绩效工资问题。由于邓某某离岗前一个月的基本工资低于改制时邓某某的基本工资,根据《集体合同》约定,岳池某燃气有限公司按邓某某改制时的基本工资加上粮贴、洗理煤贴后计发每月792.50元并无不当。邓某某诉称其每月少领373.50元,没有事实依据。因此,邓某某诉称岳池某燃气有限公司造成邓某某工资损失316,092.57元理由不充分。同理,邓某某诉称岳池某燃气有限公司相应造成邓某某住房公积金损失41,177.34元和退休后退休金损失94,063.03元的理由也不能成立。(7)邓某某诉称,邓某某在离岗休息的12年里少领过节购物卡金额每年600元,岳池某燃气有限公司应补发过节购物卡金额

7200元的问题。岳池某燃气有限公司为其职工包括离岗休息职工发放节日购物卡(卷)属岳池某燃气有限公司为其职工提供的福利待遇。岳池某燃气有限公司可根据其经济效益等具体情况酌情发放节日慰问礼券,但这不是岳池某燃气有限公司应尽的合同义务或者法定义务。岳池某燃气有限公司提供的证据证明其向在职职工和离岗休息职工一视同仁发放节日购物卡(卷),并无邓某某少领的事实。邓某某未提供充分的证据证明其少领的事实。

2. 一审裁判结果

驳回原告邓某某的全部诉讼请求。一审案件受理费10元,由邓某某负担。

(二)二审裁判理由及结果

1. 二审裁判理由

因邓某某明确主张《离岗休息协议书》有效,二审双方争议焦点为:(1)对《离岗休息协议书》第2条约定如何理解,邓某某的离岗休息待遇应按1166元/月计发,还是按792.50元/月计发。(2)《集体合同》是否拘束邓某某与岳池某燃气有限公司的劳动关系。(3)邓某某主张岳池某燃气有限公司扣发其2006年2月至2007年9月的工资是否重复主张。法院评述如下:

邓某某主张岳池某燃气有限公司支付其岳池某燃气有限公司扣发的2006年2月至2007年9月的工资、奖金及利息,一审判决认定事实清楚,阐述理由明晰,属重复主张,本院不再赘述。双方2010年12月20日协议对双方有拘束力,邓某某本案再主张已履行终止的问题,有违我国劳动合同法和合同法确认的诚信原则。根据《劳动合同法》第51条第2款"集体合同由工会代表企业职工一方与用人单位订立;尚未建立工会的用人单位,由上级工会指导劳动者推举的代表与用人单位订立"和第54条第2款"依法订立的集体合同对用人单位和劳动者具有约束力。行业性、区域性集体合同对当地本行业、本区域的用人单位和劳动者具有约束力"的规定,《集体合同》对岳池某燃气有限公司和邓某某有约束力。双方《离岗休息协议书》第2条对邓某某离岗休息期间的待遇约定明确,该条明确792.50元/月,是有事实依据和法律依据支撑。根据原劳动部《工资支付暂行规定》[劳部发(1994)489号]文第4条"工资支付主要包括:工资支付项目、工资支付水平、工资支付形式、工资支付对象、工资支付时间以及特殊情况下的工资支付"的规定,邓某某改制时的2004年9月工资支付项目与2006年11月的工资支付项目不尽相同,且原全民所有制的岳池县天然气有限责任公司和股份制的岳池某燃气有限公司工资制度大相径庭,故依据《集体合同》第32条指向的离岗时基本工资确认邓某某离岗休息期间待遇与客观实际不符,后依据《集体合同》第32条中"若离岗时其基本工资低于改制时档案工资按档案工资计"的约定确认邓某某离岗休息待遇为792.50元/月,即符合客观实际,也是双方当时协商一致的真实意思表示。至此,本案不存在《劳动合同法》第18条“劳动合同对劳动报酬和劳动条件等标准约定不明确,引发争议的,用人单位与劳动者可以重新协商;协商不成的,适用集体合同规定;没有集体合同或者集体合同未规定劳动报酬的,实行同工同酬;没有集体合同或者集体合同未规定劳动条件等标准的,适用国家有关规定”规定的情形,且双方《离岗休息协议书》第2条明确约定离岗休息期间不享受公司各类奖金及各种劳保待遇。故邓某某的上诉请求均不能成立。

2. 二审裁判结果

(1)驳回上诉,维持原判。(2)二审案件受理费10元,由邓某某负担。(3)本判决为终审判决。

六、评析研判

学者董保华认为,“集体合同是劳动者结成团体后,由团体出面与雇主交涉劳动条件中形成的书面协议”。①

本案的争议焦点有三个:(1)邓某某的离岗休息待遇应按1166元/月计发,还是按792.50元/月计发?(2)《集体合同》是否拘束邓某某与岳池某燃气有限公司的劳动关系?(3)邓某某主张岳池某燃气有限公司扣发其2006年2月至2007年9月的工资是否重复主张?

(一)争点一解析:邓某某的离岗休息待遇应按792.50元/月计发

首先,《离岗休息协议书》第2条对邓某某离岗休息期间的待遇进行了明确的约定。《离岗休息协议书》约定“按本人离岗休息时的档案工资逐月发放,即792.50元”,《离岗休息协议书》虽然没有对“档案工资”作出解释和说明,但其之间签订的《集体合同》中第32条约定:“……计发本人离岗时的基本工资(若离岗时其基本工资低于改制时档案工资按档案工资计)……”改制时即2004年9月,邓某某在原岳池县天然气有限责任公司领取的工资包括基本工资781元、粮贴1.50元、出勤补助25元、职务津贴50元、洗理煤贴10元、职工药费78.10元、独生子女费8元,共计953.60元。邓某某离岗休息前即2006年11月,邓某某在岳池某燃气有限公司处领取的工资包括基本工资280元、岗位工资692元、绩效工资194元,共计1166元。按照《集体合同》第32条规定,计发本人离岗时的基本工资为280元,由于该工资低于改制时档案工资中的基本工资781元,故岳池某燃气有限公司按邓某某改制时档案记载的基本工资加上粮贴和洗理煤贴,共计792.50元(781元+1.5元+10元)计发邓某某离岗休息后的工资,符合《集体合同》的约定。

---

① 董保华:《劳动法论》,上海世界图书出版公司1999年版,第145页。

其次,《离岗休息协议书》第2条对邓某某离岗休息期间待遇的约定是有事实依据和法律依据支撑的。原劳动部《工资支付暂行规定》[劳部发(1994)489号]文第4条规定:"工资支付主要包括:工资支付项目、工资支付水平、工资支付形式、工资支付对象、工资支付时间以及特殊情况下的工资支付。"邓某某改制时的2004年9月工资支付项目与2006年11月的工资支付项目不尽相同,故依据《集体合同》第32条中的约定,"若离岗时其基本工资低于改制时档案工资按档案工资计",来确认邓某某离岗休息待遇为792.50元/月,符合客观实际,也是双方当时协商一致的真实意思表示。此外,本案并不存在《劳动合同法》第18条规定的"劳动合同对劳动报酬和劳动条件等标准约定不明确,引发争议的,用人单位与劳动者可以重新协商;协商不成的,适用集体合同规定;没有集体合同或者集体合同未规定劳动报酬的,实行同工同酬;没有集体合同或者集体合同未规定劳动条件等标准的,适用国家有关规定"情形。

最后,邓某某在该《离岗休息协议书》上签名予以了确认,岳池某燃气有限公司以792.50元为邓某某离岗休息后的工资向邓某某发放长达10多年,邓某某明知其离岗休息后的具体工资数额但未提出异议,表明邓某某认可其离岗休息后的具体工资数额。而且,邓某某在其离岗之后,岳池某燃气有限公司就无须再向其发放岗位工资。

综上所述,邓某某的离岗休息待遇应按792.50元/月计发。

(二)争点二解析:《集体合同》约束邓某某与岳池某燃气有限公司的劳动关系

首先,该《集体合同》系有效协议。从内容角度出发,集体合同的内容具有特殊性。"根据德国学者胡戈辛茨海默的理论,集体合同的内容由特有内容和非特有内容两部分组成:特有内容是用于调整个体劳动关系的内容,包括劳动者的工资、工时、劳动安全等劳动标准;非特有内容是用于调整合同主体双方的内容,包括工会与雇主或者雇主协会之间的权利义务规定以及因履行集体合同发生纠纷的解决措施等。"①2006年1月至2018年6月,邓某某系岳池某燃气有限公司员工,在此期间因劳动争议发生纠纷,应当依照邓某某与岳池某燃气有限公司之间形成的劳动合同和法律、法规处理。岳池某燃气有限公司与其工会于2004年12月24日依法签订了《集体合同》,则《集体合同》属于邓某某与岳池某燃气有限公司间劳动合同关系的书面文件。该《集体合同》系邓某某与岳池某燃气有限公司真实意思表示,且其内容未违反《劳动法》相关规定,也不具有《劳动合同法》第26条规定的劳动合同无效的情形。因此,《集体合同》系有效协议。

其次,该《集体合同》拘束邓某某与岳池某燃气有限公司的劳动关系。集体合同一经劳动保障行政部门审查通过即对企业和全体职工产生约束力。②《劳动合同法》第51

---

① 谈育明:《集体协商机制:集体协商与集体合同》,华东师范大学出版社2010年版,第142~143页。

② 参见卫祎:《集体合同订立制度研究》,东北财经大学法学院2011年硕士学位论文,第8页。

条第2款规定:“集体合同由工会代表企业职工一方与用人单位订立;尚未建立工会的用人单位,由上级工会指导劳动者推举的代表与用人单位订立”;第54条第2款规定:“依法订立的集体合同对用人单位和劳动者具有约束力。行业性、区域性集体合同对当地本行业、本区域的用人单位和劳动者具有约束力。”因而,《集体合同》对岳池某燃气有限公司和邓某某有约束力,邓某某与岳池某燃气有限公司均应认真履行合同和协议约定的各自的义务。

综上所述,该《集体合同》拘束邓某某与岳池某燃气有限公司的劳动关系。

(三)争点三解析:邓某某主张岳池某燃气有限公司扣发其2006年2月至2007年9月的工资属于重复主张

由上述案件内容可知,岳劳仲案字(2007)32号仲裁裁决书、(2008)岳池民初字第6号民事判决书、(2008)广法民终字第416号民事判决书涉及的事项包括岳池某燃气有限公司扣留邓某某自2004年7月5日至2007年6月6日的工资及福利待遇15,042.20元等款项用于抵偿岳池某燃气有限公司所称邓某某在修建广安区杨坪乡公路工程中欠岳池某燃气有限公司7万余元款项的争议。2010年12月20日,邓某某与岳池某燃气有限公司签订《协议书》,2010年12月20日,邓某某与岳池某燃气有限公司签订《协议书》。该协议书约定:鉴于双方就广安区杨坪乡公路工程中存在债权债务争议,双方曾进行过劳动仲裁、不当得利、债权纠纷、名誉权纠纷民事诉讼,本着相互理解、化解矛盾、维护和谐的原则达成如下协议:(1)岳池某燃气有限公司一次性向邓某某支付补助款25,000元(含工程中的款项和扣安置费、工资的补偿和利息等)。(2)邓某某承诺,领取上述补助款后,不再就广安区杨坪乡公路工程所涉及的任何争议向岳池某燃气有限公司和第三方主张任何债权、索赔。(3)邓某某承诺,领取上述补助款后,不再就岳池某燃气有限公司曾经对其安置经济补偿金、工资福利扣抵行为主张任何权利、索赔。(4)邓某某确认,领取上述补助款后,双方的各种争议(包含已诉讼的)就此全部解决,邓某某不得再提任何异议及已有或新的权利主张(包含各种民事责任主张),如有违反,应向岳池某燃气有限公司支付以上补助款双倍违约金等内容。协议书尾部邓某某签名、岳池某燃气有限公司签章。因双方执行和解履行而终结,故邓某某该主张是重复主张。

综上所述,邓某某主张岳池某燃气有限公司扣发其2006年2月至2007年9月的工资属于重复主张。

七、拓展训练

(一)案例简介

杨某荣生于1965年1月20日,为农村户籍人员。2018年杨某荣与被告签订了集体劳动合同,该集体劳动合同于2018年9月10日经审查生效。2018年11月15日6时

20 分许,应某某驾驶两轮电动车(经鉴定为机动车),沿宝锦线道路北侧非机动车道由东向西行驶至 176 公里 +200 米路段,低头拉衣服拉锁时,与由北向南行走的环卫工人杨某荣相撞,杨某荣抢救无效死亡。2018 年 12 月 3 日,被告出具证明,证实杨某荣为被告单位集体合同中临时清扫人员,2016 年 4 月起在被告单位主要负责锦娘线志江敬老院段的清扫、保洁工作。2019 年 5 月 28 日,锦州市某新区城乡居民社会养老保险管理中心出具证明,杨某荣于 2011 年 6 月在该区参加城乡居民社会养老保险,现已注销,未曾领取城乡居民社会养老保险待遇。原告金某某为杨某荣的母亲,原告杨某某为金某某的丈夫,原告杨某为金某某的女儿。2019 年 7 月 5 日,金某某、杨某某、杨某向锦州市劳动人事争议仲裁院申请仲裁,请求确认杨某荣与锦州市某新区环境卫生管理处存在劳动关系,锦州市劳动人事争议仲裁院因杨某荣已超过法定退休年龄,未予受理。

(二)思考问题

杨某荣与锦州市某新区环境卫生管理处自 2016 年 4 月至 2018 年 11 月 14 日是否存在劳动关系?

第二节　集体合同对劳动者权益的保护

一、案例选择

丁某与某峰大世界连锁发展股份有限公司劳动争议案

案号:(2019)苏 06 民终 3216 号

二、问题提示

涉及集体合同相关纠纷如何处理。

三、案例基本情形

上诉人(原审原告):丁某

被上诉人(原审被告):某峰大世界连锁发展股份有限公司(以下简称某峰大世界公司)

丁某原系某峰大世界公司员工,双方之间最后一份劳动合同为 2014 年 5 月 1 日起的无固定期限劳动合同,合同约定工作地点为南通市,工作岗位为销售。某峰大世界公司与其工会于 2015 年 5 月 10 日签订集体劳动合同,合同约定加班工资的计发基数为最低工资标准。丁某工作时间为“对班制”,上午班 9 时至 15 时、下午班 15 时至 22 时

(周五、周六至22时30分)。丁某实际在江苏某峰电器有限公司(以下简称某峰电器公司)从事电器销售工作,某峰电器公司为某峰大世界公司的全资控股子公司,丁某原工作地点为南大街店。2018年2月,某峰大世界公司决定将丁某调动至某峰电器公司人民路店,丁某知晓后,因调动后的待遇等问题,在2月底至3月初与某峰大世界公司管理人员进行多次交涉。2018年3月5日,某峰大世界公司通知丁某于3月6日至人民路店报到,岗位不变,仍从事电器销售工作。丁某未服从单位调动至某峰电器公司人民路店上班。2018年3月20日,丁某向某峰大世界公司邮寄员工解除劳动合同通知书。2018年4月,某峰大世界公司为丁某办理退工停保手续。2018年9月28日,某峰大世界公司补发丁某2015年7月至2017年6月(24个月)休息日加班费7680元,计发基数为最低工资标准。

另查明,某峰电器公司南大街店与某峰电器公司人民路店之间步行距离为1000米左右。丁某在本案中主张的2018年3月的工资及改制补偿金在劳动仲裁中并未提出。

丁某向一审法院起诉请求:(1)判决确认双方劳动关系于2018年3月20日解除。(2)判令某峰大世界公司支付违法解除劳动合同的赔偿金196,098.9元。(3)判令支付2016年9月至2017年12月8日游街活动的加班工资775元。(4)支付2017年7月之前24个月的每月2天休息日加班工资2496元。(5)承担本案全部诉讼费用。庭审中,丁某增加两项诉讼请求:(1)判令某峰大世界公司补发2018年3月的工资4398元。(2)支付改制补偿金4800元。

一审判决结果:(1)丁某与某峰大世界公司的劳动关系于2018年3月20日解除。(2)某峰大世界公司于判决生效之日起15日内一次性支付丁某2016年9月至2017年12月8日游街活动的加班工资595元。(3)驳回丁某的其他诉讼请求。

丁某上诉请求:(1)撤销一审判决。(2)判令某峰大世界公司支付违法解除赔偿金196,098.9元、2016年9月至2017年12月的游街加班工资775元、2017年7月前24个月每月2天休息日加班工资2496元、2018年2月26日至3月5日的工资1760元。事实和理由:一审认定某峰大世界公司调岗行为合法无事实和法律依据,用工自主权不是企业可以为所欲为,而是有限制的,即受法律、双方所签劳动合同及企业规章制度的约束。某峰大世界公司未按时结算加班费,还以违法调岗的方式取消上诉人原岗位、阻止上诉人指纹考勤、拒绝继续按原劳动合同履行义务,迫使上诉人在仲裁阶段接受劳动关系解除的事实,构成违法解除,应支付经济赔偿金。集体劳动合同系保障单位员工权益的兜底条款,在上诉人与公司签订的劳动合同待遇高于集体劳动合同的情况下,加班工资应当以双方劳动合同所产生的正常工作时间工资数额为基数计算。上诉人增加的3月工资请求与本案工资争议具有不可分性,应当合并审理。

某峰大世界公司辩称:公司对丁某的调动属于企业用工自主权的范围,无须征得丁某的同意;集体合同中对加班工资的计算基数进行了约定,应按集体合同具体执行。一审法院认定事实清楚,适用法律正确,请求二审法院驳回上诉,维持原判。

二审中,某峰大世界公司向本院提交《情况说明》一份,载明某峰大世界公司与丁某2018年3月20日解除劳动关系,丁某正常出勤到2018年3月6日,丁某的该月工资为1797.7元,某峰大世界公司已从丁某2018年3月工资扣除丁某个人承担的2018年4月社会保险及公积金部分658.8元,剩余部分639.4元已支付给丁某。

四、诉讼争点

(一)某峰大世界公司是否应当向丁某支付违法解除劳动合同的赔偿金?

(二)某峰大世界公司是否应当向丁某支付2016年9月至2017年12月8日游街活动的加班工资775元,以及2017年7月之前24个月的每月2天休息日加班工资2496元?

(三)某峰大世界公司是否需要向丁某补发2018年3月的工资4398元及支付改制补偿金4800元?

五、裁判理由及结果

(一)一审裁判理由及结果

1.一审裁判理由

第一,某峰大世界公司将丁某从南大街店调动至人民路店是否合法。在符合法律规定及劳动合同约定的情况下,用人单位有权依据本单位的经营状况对劳动者工作内容进行调整,这种调整属于用人单位用工自主权的范畴。丁某、某峰大世界公司签订的劳动合同中约定的工作地点为南通市,丁某原工作地点为某峰电器公司南大街店,某峰大世界公司将丁某调动至某峰电器公司人民路店,岗位不变,仍从事电器销售工作,且依照丁某提供的其与某峰大世界公司单位管理人员的录音内容,其调动后工资仍按照底薪+提成的方式计算,底薪由2300元调整为2500元,某峰电器公司南大街店与某峰电器公司人民路店之间的步行距离为1000米左右。故某峰大世界公司对丁某的调动未侵害丁某的利益,也未变更双方劳动合同约定的内容,属于用人单位行使用工自主权的范畴,无须与丁某协商一致征得丁某同意。故一审认定,某峰大世界公司将丁某从某峰电器公司南大街店调动至某峰电器公司人民路店是并不违法的。

第二,丁某2015年7月至2017年6月(24个月)的加班费的计发基数。用人单位计算劳动者的加班工资时,若双方的劳动合同对加班工资的计算标准有约定则从其约定,若没有约定,则按照集体合同执行。丁某、某峰大世界公司签订的劳动合同并未对加班工资的计算基数作出约定,而某峰大世界公司的集体劳动合同约定的加班工资的计算基数为最低工资标准,且该集体劳动合同已经劳动行政主管部门审查备案,故丁某

2015 年 7 月至 2017 年 6 月(24 个月)的加班费的计发基数应依照某峰大世界公司集体劳动合同的约定,为最低工资标准。

一审法院认为,某峰大世界公司认可丁某主张的双方劳动关系于 2018 年 3 月 20 日解除,予以确认。

用人单位违法解除与劳动合同的,应当依照经济补偿金标准的二倍向劳动者支付赔偿金。在本案中,某峰大世界公司将丁某从某峰电器公司南大街店调动至某峰电器公司人民路店是并不违法的,某峰大世界公司调动丁某工作地点后,丁某并未服从调动至某峰电器公司人民路店上班,2018 年 3 月 20 日,丁某向某峰大世界公司发出解除劳动和通知书,某峰大世界公司于 2018 年 4 月为丁某办理退工停保。某峰大世界公司并未违法解除与丁某的劳动关系,对于丁某要求某峰大世界公司支付赔偿金的诉讼请求不予支持。

关于丁某主张的 2016 年 9 月至 2017 年 12 月的 26 天,每天 1.5 小时游街活动的加班费。某峰大世界对游街的事实、游街天数为 26 天、每天 1.5 小时未提出异议,但认为丁某虽然参加游街,日工作时间却未超过 8 小时,如果存在超时,在当月的考勤中也会有所记载,并在工资中发放。一审认为,丁某工作时间为对班制,上午班 9 时至 15 时、下午班 15 时至 22 时(周五、周六至 22 时 30 分),而参加游街的时间并不属于对班制的工作时间,故该部分时间参加游街应认定为加班。某峰大世界公司单位的考勤记录仅记载了劳动者提供劳务的班次为上午班还是下午班,对游街的事实并未记载,应当承担举证不能的责任。某峰大世界公司并未对丁某主张的游街天数 26 天、每天 1.5 小时提出异议,故采信丁某的主张,认定丁某参加 26 天、每天 1.5 小时游街,某峰大世界公司未支付加班费。依照某峰大世界公司集体劳动合同规定,加班费计算基数为最低工资标准,丁某主张游街的时间为 2016 年 9 月至 2017 年 12 月,2016 年 1 月至 2017 年 6 月南通市最低工资标准为 1770 元/月,2017 年 7 月起南通市最低工资标准为 1890 元/月,丁某未能提供游街的具体日期,酌定以 1770 元/月作为游街加班费的计算基数。某峰大世界公司须支付丁某 2016 年 9 月至 2017 年 12 月的 26 天,每天 1.5 小时游街活动的加班费 595 元(1770 元/月 ÷21.75 ÷8 ×1.5 ×1.5 ×26)。丁某诉讼请求中未超过该金额的,予以支持。

丁某 2015 年 7 月至 2017 年 6 月(24 个月)的加班费某峰大世界公司已依照集体劳动合同的约定,以最低工资标准为基数补发。对于丁某要求以其实际工资为基数计算补发 2015 年 7 月至 2017 年 6 月(24 个月)的加班费的诉讼请求不予支持。

劳动争议发生后,当事人一方可向劳动争议仲裁委员会申请仲裁,对仲裁裁决不服的,可以向人民法院提出诉讼。人民法院受理劳动争议案件后,当事人增加诉讼请求的,如属独立的劳动争议,应当告知当事人向劳动争议仲裁委员会申请仲裁。丁某要求某峰大世界公司支付2018年3月工资及改制补偿金的诉讼请求在劳动仲裁中并未提出。故丁某的该两项诉讼请求并未经过仲裁前置程序,且与其在本案中的诉讼请求不具有不可分性,其应先就该项诉讼请求另行申请劳动仲裁,故对于丁某的该两项诉讼请求不予理涉。

2. 一审裁判结果

(1)丁某与某峰大世界公司的劳动关系于2018年3月20日解除。(2)某峰大世界公司于判决生效之日起15日内一次性支付丁某2016年9月至2017年12月8日游街活动的加班工资595元。(3)驳回丁某的其他诉讼请求。

(二)二审裁判理由及结果

1. 二审裁判理由

关于赔偿金。在本案中,双方在劳动合同约定丁某的工作岗位为销售,某峰大世界公司将丁某由某峰电器公司南大街店调动至某峰电器公司人民路店,调动后除物理距离发生了微小的变化外,其余情况均未发生变化,一审认定某峰大世界公司对丁某的工作调动系用人单位的用工自主权行使,在合理的幅度范围之内并无不当,本院予以确认。丁某主张两店分属不同企业法人,调动意味着双方劳动关系的必然解除没有证据证实,不能成立,本院不予采信。而丁某并未配合公司的合理调动,在未能很好地与公司进行沟通协商的情况下于2018年3月20日通知公司解除劳动合同,合同解除系由丁某主动提出。因此,某峰大世界公司并不存在违法解除之事实,故丁某违法解除劳动合同赔偿金的主张没有事实依据。

关于加班工资。某峰大世界公司与职工方订有集体合同,对于集体合同的存在,丁某并未提出实质性异议,且因集体合同中对加班工资的计算基数已作出明确约定,故一审法院按此约定作为加班工资的计算基数并无不当,对丁某的该项主张,本院不予采信。

关于丁某2018年2月26日至3月5日工资主张。二审中,某峰大世界公司向本院出具《情况说明》一份,据某峰大世界公司提供的相应凭证,本院对该公司已支付丁某2018年3月工资1797.7元的事实予以确认,对丁某的该主张不再予以支持。

关于改制补偿金,未仲裁前置程序非本案处理范围。

2. 二审裁判结果

驳回上诉,维持原判。二审案件受理费10元,由上诉人丁某负担。本判决为终审判决。

六、评析研判

如果劳动者想在集体合同谈判中与乙方相抗衡,就必须采取法人化的方式行使团结权,如果想在集体合同协商中与资本家团体处于真正平等的地位,采取工会的组织形式是最佳途径。因为集体合同订立制度既能确保劳动者获得妥当且有利的劳动条件,又能保证企业的经营安全使双方双赢。

本案的争议焦点有三个:(1)某峰大世界公司是否应当向丁某支付违法解除劳动合同的赔偿金?(2)某峰大世界公司是否应当向丁某支付2016年9月至2017年12月8日游街活动的加班工资775元及2017年7月之前24个月的每月2天休息日加班工资2496元?(3)某峰大世界公司是否需要向丁某补发2018年3月的工资4398元及支付改制补偿金4800元?

(一)争点一解析:某峰大世界无须向丁某支付违法解除劳动合同的赔偿金

《劳动合同法》第87条规定:"用人单位违反本法规定解除或者终止劳动合同的,应当依照本法第四十七条规定的经济补偿标准的二倍向劳动者支付赔偿金";第47条规定:"经济补偿按劳动者在本单位工作的年限,每满一年支付一个月工资的标准向劳动者支付。六个月以上不满一年的,按一年计算;不满六个月的,向劳动者支付半个月工资的经济补偿。劳动者月工资高于用人单位所在直辖市、设区的市级人民政府公布的本地区上年度职工月平均工资三倍的,向其支付经济补偿的标准按职工月平均工资三倍的数额支付,向其支付经济补偿的年限最高不超过十二年。本条所称月工资是指劳动者在劳动合同解除或者终止前十二个月的平均工资。"

首先,某峰大世界公司并不存在违法解除劳动合同的行为。在什么情况下解除与劳动者的劳动合同属于违法解除劳动合同?《劳动合同法》第42条规定:"劳动者有下列情形之一的,用人单位不得依照本法第四十条、第四十一条的规定解除劳动合同:(一)从事接触职业病危害作业的劳动者未进行离岗前职业健康检查,或者疑似职业病病人在诊断或者医学观察期间的;(二)在本单位患职业病或者因工负伤并被确认丧失或者部分丧失劳动能力的;(三)患病或者非因工负伤,在规定的医疗期内的;(四)女职工在孕期、产期、哺乳期的;(五)在本单位连续工作满十五年,且距法定退休年龄不足五年的;(六)法律、行政法规规定的其他情形。"根据上述法条规定的内容可以得出结论,若用人单位违反《劳动合同法》第42条的规定而解除与劳动者的劳动合同,则属于违法解除劳动合同的情形,那么就应当依法承担支付赔偿金的义务;若用人单位未违反上述法条规定而解除劳动合同,则无须承担支付赔偿金的义务。有学者通过与我国《劳动合同法》规定解雇事由类似的反向列举方式,认为"用人单位非基于劳动者行为、劳动者自身能力、用人单位本身经济运营原因等原因提前终止与劳动者的劳动合同关系外,包括因为劳动者的性别、种族等歧视性原因以及劳动者主动参加工会、组织或者进行罢工等原因的解雇都是非法解雇"。[1] 在本案中,丁某不服从某峰大世界公司的工作

① 朱孟琳:《雇主不当解雇责任探究——以我国〈劳动合同法〉第87条规定为出发点》,载《法律与经济》2012年第4期。

调整、拒绝接受公司安排并向某峰大世界公司主动提出解除合同，因而，某峰大世界公司并不存在违法解除劳动合同的行为。

其次，某峰大世界公司无须向丁某支付违法解除劳动合同的赔偿金。一审法院与二审法院针对某峰大世界公司对丁某工作调动问题的认定上，均认定其是对用人单位用工自主权的行使。那么，什么是用人单位的用工自主权呢？有学者认为，“用工自主权是用人单位在国家法律、法规规定的范围内，根据经营管理的需要和劳动者各方面的表现情况，自主地决定用工形式、用工办法、用工数量、用工时间、用工条件、工作地点、工作岗位、工资报酬等的权利”。① 用人单位拥有此项权利能够更好地进行人员管理以及人力资源的优化配置，虽然用人单位可以变更与劳动者之间的劳动合同，但用工自主权并不是没有边界的，用工自主权的行使必须是合法合理的，应当遵循诚实信用原则，根据生产经营需要给劳动者安排工作，不得损害劳动者的利益。在本案中，某峰大世界公司将丁某从南大街店调动至人民路店，仍从事电器销售工作，底薪由2300元调整为2500元，且某峰电器公司南大街店与某峰电器公司人民路店之间的步行距离为1000米左右。因而，可以认定某峰大世界公司对丁某工作地点的调动并未损害丁某的合法权益，且该调动决定在一定合理的范围之内，同时也未违反相关法律法规的规定，在一般人可接受的范围之内。故某峰大世界公司的该调动行为属于对用人单位用工自主权的行使。所以，丁某应当服从某峰大世界公司的工作安排，因丁某不服从该工作安排而主动向某峰大世界公司提出解除劳动合同。

综上所述，某峰大世界公司不存在违法解除劳动合同的行为，故某峰大世界公司无须向丁某支付违法解除劳动合同的赔偿金。

（二）争点二解析：某峰大世界公司应当向丁某支付2016年9月至2017年12月8日游街活动的加班工资595元，无须支付丁某2017年7月之前24个月的每月2天休息日加班工资

首先，丁某的加班费用应当以集体合同约定的最低工资标准为计算基数。对于是否向丁某支付游街加班费以及2017年7月之前24个月的每月2天休息日加班费该事项并未存在争议，存在争议的是具体的加班费用。丁某主张加班费的计发基数应当为实际工资，而某峰大世界公司则主张丁某加班费的计发基数应当为最低工资标准。如何解决该争议，需要明确加班费的计发基数为实际工资还是最低工资标准。《江苏省工资支付条例》第64条规定：“本条例第二十条用于计算劳动者加班加点工资的标准，第二十四条、第二十八条、第二十九条、第三十条用于计算劳动者提供正常劳动支付月工资的标准，第二十六条用于计算不予支付月工资的标准应当按照下列原则确定：

① 胡高崇：《用工有边界　侮辱当休矣》，载《工人日报》2013年6月22日，第5版。

(一)用人单位与劳动者双方有约定的,从其约定;(二)双方没有约定的,或者双方的约定标准低于集体合同或者本单位工资支付制度标准的,按照集体合同或者本单位工资支付制度执行;(三)前两项无法确定工资标准的,按照劳动者前十二个月平均工资计算,其中劳动者实际工作时间不满十二个月的按照实际月平均工资计算。"由该条例可知,用人单位计算劳动者的加班工资时,若双方的劳动合同对加班工资的计算标准有约定则从其约定,若没有约定,则按照集体合同执行。某峰大世界公司与丁某之间的劳动合同并没有针对加班费用的计算机基数作出约定,则应当按照集体合同的约定,且某峰大世界公司与其工会于 2015 年 5 月 10 日签订集体劳动合同,该集体合同已经向劳动行政部门审查备案,合同约定加班工资的计发基数为最低工资标准。故丁某的加班费用应当以集体合同约定的最低工资标准为计算基数。

其次,某峰大世界无须再支付丁某 2017 年 7 月之前 24 个月每月 2 天休息日的加班费用。我国最低工资标准分为月最低工资标准与小时最低工资标准两种,本案中应当适用月最低工资标准。最低工资标准不仅是一个经济指标,还在一定程度上反映出一个国家的社会和谐度。[①] 在本案中,对于 2017 年 7 月之前 24 个月的每月 2 天休息日的加班工资而言,应按照当地每月最低工资标准来计算丁某的加班费用。在本案中,丁某主张的 2015 年 7 月至 2017 年 6 月(24 个月)的加班费,某峰大世界公司已依照集体劳动合同的约定,以最低工资标准为基数进行了补发。因此,对于丁某要求以其实际工资为基数计算补发 2015 年 7 月至 2017 年 6 月(24 个月)的加班费的诉讼请求不予支持。故某峰大世界无须再支付丁某 2017 年 7 月之前 24 个月每月休息 2 天的加班费用。

最后,某峰大世界公司需要支付丁某 2016 年 9 月至 2017 年 12 月的 26 天,每天 1.5 小时游街活动的加班费 595 元(1770 元/月 ÷21.75 ÷8 ×1.5 ×1.5 ×26),而并非 775 元。对于 2016 年 9 月至 2017 年 12 月 8 日游街活动的加班工资而言,丁某主张游街的时间为 2016 年 9 月至 2017 年 12 月,2016 年 1 月至 2017 年 6 月南通市最低工资标准为 1770 元/月,2017 年 7 月起南通市最低工资标准为 1890 元/月,丁某未能提供游街的具体日期,所以法院酌定以 1770 元/月作为游街加班费的计算基数并无不当。且双方对于游街的具体天数 26 天无异议,所以,某峰大世界公司须支付丁某 2016 年 9 月至 2017 年 12 月的 26 天,每天 1.5 小时游街活动的加班费 595 元(1770 元/月 ÷21.75 ÷8 ×1.5 ×1.5 ×26),而并非 775 元。

综上所述,某峰大世界公司应当向丁某支付 2016 年 9 月至 2017 年 12 月 8 日游街活动的加班工资 595 元,无须支付丁某 2017 年 7 月之前 24 个月的每月 2 天休息日加班工资。

---

① 傅端香:《中国最低工资就业效应研究》,北京交通大学经济系 2011 年博士学位论文,第 29 页。

（三）争点三解析：某峰大世界公司无须向丁某补发2018年3月的工资4398元及支付改制补偿金4800元

首先，某峰大世界公司无须向丁某补发2018年3月的工资4398元。最高人民法院《关于审理劳动争议案件适用法律若干问题的解释（一）》第6条规定：人民法院受理劳动争议案件后，当事人增加诉讼请求的，如该诉讼请求与讼争的劳动争议具有不可分性，应当合并审理；如属独立的劳动争议，应当告知当事人向劳动争议仲裁委员会申请仲裁。除此之外，二审中，某峰大世界公司向法院提交《情况说明》一份，载明某峰大世界公司与丁某2018年3月20日解除劳动关系，丁某正常出勤到2018年3月6日，丁某的该月工资为1797.7元，某峰大世界公司已从丁某2018年3月工资扣除丁某个人承担的2018年4月社会保险及公积金部分658.8元，剩余部分639.4元已支付给丁某。由此可知，某峰大世界公司已支付丁某2018年3月的工作1797.7元，既然丁某的主张已得以实现，因此，对丁某的该主张不再予以支持。

其次，关于改制补偿金的主张，未经过劳动仲裁该前置程序，故对于丁某的该主张不予处理。发生劳动争议后，应当先行提起仲裁，对于仲裁结果不服的，可向法院提起诉讼。目前，学界大多数学者，对于劳动争议仲裁制度的界定是，“国家劳动法律法规规定成立劳动争议仲裁委员会为中介力量，遵照法定的原则和程序，对劳动关系中双方的劳动争议依法调解或进行裁决的一种劳动法律制度”。[①] 关于改制补偿金，并未经过劳动仲裁该前置程序，故对于丁某的该主张不予处理。

综上所述，某峰大世界公司应当向丁某支付2016年9月至2017年12月8日游街活动的加班工资595元。

七、拓展训练

（一）案例简介

2012年9月11日签订的《劳动关系解除协议》载明：原告、被告双方协商一致，双方的劳动关系于2012年9月11日解除；在原告办理完毕离职交接手续后，被告应在10个工作日内向原告支付解除劳动关系的经济补偿金（税前）264,597.6元；被告为原告承担的社会保险金与住房公积金已缴交至2012年8月；被告已向原告结清所有工资和其他费用，原告、被告双方的劳动关系终结，再无其他纠纷；因原告为被告事业单位改制前的在编人员，其解除劳动关系后，仍享有深圳市政府关于对该类人员补缴企业年金的政策。

2012年10月11日，被告已经向原告支付上述解除劳动关系经济补偿金。

---

① 邢新民、沈翔编著：《劳动争议仲裁员调解员业务指导》，中国人事出版社2000年版，第3页。

原告主张被告曾为其缴纳过企业年金，账户余额为8404.49元。原告主张其诉讼请求第1项的数额是根据同岗位、同时期、同工资级别估算的，不了解缴纳的标准，无精确的计算方式。被告主张为原告缴纳过企业年金，提交了以下证据：(1)被告的年金计划及深社保函(2005)148号，内容为企业年金具体方案及得到社保部门的批复；证明事项为被告的企业年金计划合法有效；被告企业年金保费的计算方法为月工资×8%×司龄系数，被告系按照该年金计划为原告缴纳企业年金的。其中司龄系数的确定方法为第1年1.1，第2年1.2……第11年2.1，依此类推。(2)被告为部分员工缴纳企业年金的原始资料，内容为被告为员工缴纳年金的计算依据及具体金额；证明事项为被告为原告2006年至2008年缴纳的企业年金。2008年的年金是由被告下属公司深圳市某环境评估顾问有限公司代为缴纳的。2008年之后，由于企业出现亏损，所有员工都不再缴纳企业年金。综上所述，缴纳总额为8404.49元。

另外，原告的诉求之一为：被告向深圳市企业年金管理中心补缴1999年1月至2008年12月31日的企业年金、利息、红利242,933.31元。被告辩称：原告并非企业年金方案纠纷的适格诉讼主体。

(二)思考问题

原告是否具备企业年金方案纠纷的诉讼主体资格？

第三节　集体合同内容的确定

一、案例选择

某县畜牧良种场诉黄某劳动争议纠纷案

案号：(2019)桂05民终547号

二、问题提示

关于集体合同相关纠纷如何处理。

三、案例基本情形

上诉人(原审原告)：某县畜牧良种场

被上诉人(原审被告)：黄某

黄某是合浦县某宾馆的下岗职工，于2003年6月内部下岗。2017年2月3日，黄某入职某县畜牧良种场，系该单位的合同制工人，2018年2月1日，黄某辞职。黄某在某县畜牧良种场工作期间,双方未签订有书面的劳动合同。黄某于 2018 年 5 月 31 日向合浦县劳动人事争议仲裁委员会申请仲裁,请求裁决某县畜牧良种场向其支付 2017 年 5 月至 2018 年 1 月未签订劳动合同的二倍工资 28,813.50 元。合浦县劳动人事争议仲裁委员会于 2018 年 8 月 9 日作出合劳人仲字(2018)第 63 号《仲裁裁决书》,裁决某县畜牧良种场一次性支付黄某 2017 年 6 月至 2018 年 1 月未签订劳动合同的二倍工资 18,456 元。某县畜牧良种场不服该裁决,于 2018 年 9 月 13 日向一审法院起诉。另查明,经某县畜牧良种场同意,黄某的社会保险费继续在原单位合浦县某宾馆缴纳,由某县畜牧良种场支付单位需缴纳的数额。黄某 2017 年 5 月至 2018 年 1 月的工资分别是 2284 元、2307 元、2307 元、2307 元、2307 元、2307 元、2307 元、2307 元、2307 元。

某县畜牧良种场向一审法院起诉请求:请求依法判决某县畜牧良种场不予支付黄某未签订劳动合同的二倍工资 18,456 元。

一审判决结果:某县畜牧良种场应支付黄某 2017 年 6 月至 2018 年 1 月未签订劳动合同的二倍工资 18,456 元。

某县畜牧良种场上诉请求:请求依法撤销广西壮族自治区合浦县人民法院(2018)桂 0521 民初 2300 号民事判决,改判某县畜牧良种场不予支付黄某 2017 年 6 月至 2018 年 1 月未签订劳动合同的二倍工资 18,456 元。事实和理由:(1)原审法院认定的主要事实不清,证据不足。第一,造成双方未签订劳动合同的根本原因不在于某县畜牧良种场一方,完全是由于黄某自己的原因造成的。某县畜牧良种场和黄某原单位(合浦县某宾馆)的性质均是事业单位,由于合浦县某宾馆还有很多资产未处置,因此合浦县某宾馆的职工享有因处置财产而获得的福利待遇。黄某根本没有想调入某县畜牧良种场,因而导致其劳动人事关系仍保留在合浦县某宾馆。某县畜牧良种场曾多次要求黄某将其劳动人事关系转入某县畜牧良种场,以便签订劳动合同,但黄某均以种种理由拖延。现黄某辞职后才以某县畜牧良种场未与其签订合同为由,向某县畜牧良种场主张支付其二倍工资,明显全部责任在于黄某一方,与某县畜牧良种场无关。第二,根据某县畜牧良种场《2017 年经济工作会议纪要》第 4 条第 2 项的规定,黄某、梁某、洪某 3 人与某县畜牧良种场构成事实劳动合同关系,需要在会议后 15 日内与其原所有单位解除或终止劳动合同,方可与某县畜牧良种场签订合同。否则按与某县畜牧良种场单位拒签劳动合同处理,由此产生的后果自负。黄某、梁某、洪某 3 人均参加了该会议并在会议签到表中签字。黄某在此次会议的签字,表明其知道在会后 15 日内未解除或终止原单位的劳动合同即视为其拒绝与某县畜牧良种场签订劳动合同。第三,某县畜牧良种场与集体职工于 2017 年 3 月 23 日签订的《某县畜牧良种场 2017 年联产计酬及绩效考核方案》,涉及计件工资、绩效工资、加班、奖励等合同的主要内容,包括了黄某在内的全体职工均已签字,可视为用人单位已经签订了集体劳动合同,对全体职工有约束力。原审法院以未经劳动部门备案为由,根据《劳动合同法》第51条、第54条的规定,认定不属于集体劳动合同。某县畜牧良种场认为全体职工(包括黄某)均签字确认了上述方案,没有必要再向劳动部门备案。只有在职工未全部签字的情况下才需要备案,因此应视为集体劳动合同。第四,即使黄某未与某县畜牧良种场签订劳动合同,但在黄某工作期间,某县畜牧良种场没有其合法权益,其享受本单位职工的一切福利待遇。故不应向其支付二倍的工资,原审法院判决不符合《劳动合同法》的立法精神。(2)在黄某与合浦县某宾馆未解除或终止劳动合同的情况下,某县畜牧良种场与黄某签订《劳动合同》,会损害合浦县某宾馆的合法权益。因此,在黄某与合浦县某宾馆未解除或终止劳动合同的情况下,某县畜牧良种场与黄某之间的劳动合同或事实劳动合同均不受法律保护,故不存在支付二倍的工资的情形。综上所述,原审判决认定的主要事实不清,适用法律错误,为了维护某县畜牧良种场的合法权益,特提起上诉,请求二审法院依法作出公正判决。

黄某辩称:某县畜牧良种场所主张的上述观点,其在一审时已经答辩过。现在某县畜牧良种场亦没有新的证据证明与其签订了合法的劳动合同,所以不同意某县畜牧良种场的请求。某县畜牧良种场提供的计酬及绩效考核方案主张等同于与黄某签订了集体劳动合同,不符合法律规定。劳动合同是由用人单位与员工个人签订的,所以某县畜牧良种场提交的该方案不能等同双方已签订劳动合同。黄某在某县畜牧良种场工作并没有违反国家的法律,所以不存在双重用工的违法情况。在某县畜牧良种场2017年经济工作会议签到表上的签字,并不能等同于签订劳动合同。一审判决认定事实清楚,适用法律正确,请求二审法院驳回上诉,维持原判。

四、诉讼争点

(一)《某县畜牧良种场2017年联产计酬及绩效考核方案》是否属于集体合同?

(二)某县畜牧良种场是否应当支付黄某2017年6月至2018年1月未签订劳动合同的二倍工资18,456元?

五、裁判理由及结果

(一)一审裁判理由及结果

1.一审裁判理由

(1)关于黄某于2018年5月31日向合浦县劳动人事争议仲裁委员会对某县畜牧良种场申请仲裁是否超过仲裁时效的问题。劳动者的合法权益受法律保护。根据《劳动合同法》第10条"建立劳动关系,应当订立书面劳动合同。已建立劳动关系,未同时订立书面劳动合同的,应当自用工之日起一个月内订立书面劳动合同。用人单位与劳动者在用工前订立劳动合同的,劳动关系自用工之日起建立”以及《劳动合同法》第82条第1款“用人单位自用工之日起超过一个月不满一年未与劳动者订立书面劳动合同的,应当向劳动者每月支付二倍的工资”的规定,某县畜牧良种场没有在用工之日起1个月内与黄某订立书面劳动合同,已违反了该法律规定,侵犯了黄某的合法权益,至双方劳动合同终止。根据《劳动争议调解仲裁法》第27条第1款“劳动争议申请仲裁的时效期间为一年。仲裁时效期间从当事人知道或者应当知道其权利被侵害之日起计算”的规定,黄某于2018年5月31日提起仲裁申请,除了关于2018年5月的仲裁请求超过一年的仲裁时效,2017年6月至2018年1月二倍工资的仲裁申请未超过诉讼时效,因此,某县畜牧良种场在本案诉讼中主张黄某的仲裁申请超过仲裁时效期间,一审法院不予支持。(2)关于《某县畜牧良种场2017年联产计酬及绩效考核方案》是否属于集体合同问题。根据《劳动合同法》第51条、第54条的规定,一审法院认为,《某县畜牧良种场2017年联产计酬及绩效考核方案》只是某县畜牧良种场对职工绩效工资的考核方案,不属于集体合同,某县畜牧良种场主张与黄某签订了集体合同,一审法院不予认可。(3)关于某县畜牧良种场应否支付黄某2017年6月至2018年1月未签订劳动合同的二倍工资以及工资数额是多少的问题。某县畜牧良种场与黄某于2017年2月3日至2018年2月1日存在劳动关系,却未签订书面劳动合同,某县畜牧良种场主张未签订劳动合同的原因是黄某未与合浦县某宾馆解除劳动关系,视为黄某拒绝与其签订劳动合同。一审法院认为,我国法律未禁止劳动者存在双重的劳动关系,只规定存在双重劳动关系造成原用人单位经济损失的法律责任,黄某是否与原单位解除劳动关系,不影响其与其他用工单位依法签订劳动合同。某县畜牧良种场以黄某未与原单位解除劳动关系主张是黄某拒绝签订书面劳动合同的理由不成立。且黄某是合浦县某宾馆的下岗职工,已于2003年下岗,某县畜牧良种场提交的黄某2017年2月10日要求回原单位参加养老保险缴纳的申请书及合浦县某宾馆2017年3月27日的证明,该两份证据均有某县畜牧良种场法定代表人梁某某签名同意并加盖单位的公章,证实某县畜牧良种场在黄某入职后就知晓其与合浦县某宾馆存在劳动关系,仍与其继续存在劳动关系,认可了黄某的双重劳动关系。综上所述,根据《劳动合同法》第82条第1款“用人单位自用工之日起超过一个月不满一年未与劳动者订立书面劳动合同的,应当向劳动者每月支付二倍的工资”的规定,某县畜牧良种场诉请不支付黄某2017年6月至2018年1月未签订劳动合同的二倍工资,不符合法律规定,一审法院不予支持。某县畜牧良种场应承担不与黄某签订书面劳动合同的法律责任,即应支付黄某2017年6月至2018年1月未签订劳动合同的二倍工资。黄某2017年6月至2018年1月的工资分别是2307元、2307元、2307元、2307元、2307元、2307元、2307元、2307元,由此得出黄某2017年6月至2018年1月未签订劳动合同的二倍工资数额为18,456元。

2. 一审裁判结果

某县畜牧良种场应支付黄某2017年6月至2018年1月未签订劳动合同的二倍工资18,456元。

(二)二审裁判理由及结果

1. 二审裁判理由

二审期间,黄某没有提交新证据,某县畜牧良种场申请证人梁某、洪某出庭作证,拟证明2017年3月23日某县畜牧良种场2017年经济工作会议上,某县畜牧良种场要求梁某、洪某和黄某3人在会后15日内与原单位终止或解除劳动合同,否则即视为与某县畜牧良种场拒绝签订劳动合同。黄某对梁某、洪某的证言不予认可。本院认为,梁某、洪某的证言不能证实某县畜牧良种场的上述主张。

二审期间,本院二审查明的事实与一审认定的事实相一致,对一审认定的事实本院予以确认。

本院认为,某县畜牧良种场2017年联产计酬及绩效考核方案,是某县畜牧良种场内部对于该单位职工绩效工资的考核方案,并不涉及职工的工作时间、休息休假、劳动安全卫生、保险福利等事项。根据《劳动合同法》第51条“企业职工一方与用人单位通过平等协商,可以就劳动报酬、工作时间、休息休假、劳动安全卫生、保险福利等事项订立集体合同。集体合同草案应当提交职工代表大会或者全体职工讨论通过”的规定,《某县畜牧良种场2017年联产计酬及绩效考核方案》不属于集体合同。2017年2月3日至2018年2月1日,黄某在某县畜牧良种场工作,双方未签订有书面的劳动合同,根据《劳动合同法》第82条第1款“用人单位自用工之日起超过一个月不满一年未与劳动者订立书面劳动合同的,应当向劳动者每月支付二倍的工资”的规定,黄某有权要求某县畜牧良种场支付因未签订书面劳动合同的二倍工资,一审判决予以支持于法有据,本院予以维持。

2. 二审裁判结果

驳回上诉,维持原判。二审案件受理费10元,由上诉人某县畜牧良种场负担(已交)。本判决为终审判决。

六、评析研判

集体合同订立制度改变了个体劳动者在劳动关系中的弱势地位,避免因其处在弱势地位而被迫接受不合法、不合理的条款。在此基础上,促进社会正义在劳动关系领域中的实现。集体合同订立制度是实现劳动关系协调的必要手段。协调稳定劳动关系,促进社会经济的健康发展,是集体合同订立法律制度追求的目标。通过集体合同的订立以进一步明确劳动标准和劳动条件,为以后的个体劳动合同的订立提供依据。集体合同使劳动关系得到协调稳定。

本案的争议焦点有两个:(1)《某县畜牧良种场2017年联产计酬及绩效考核方案》是否属于集体合同?(2)某县畜牧良种场是否应当支付黄某2017年6月至2018年1月未签订劳动合同的二倍工资18,456元?

(一)争点一解析:《某县畜牧良种场2017年联产计酬及绩效考核方案》不属于集体合同

首先,该方案并不符合《劳动合同法》第51条关于集体合同内容的规定。依据《劳动合同法》第51条的规定,企业职工一方与用人单位通过平等协商,可以就劳动报酬、工作时间、休息休假、劳动安全卫生、保险福利等事项订立集体合同。集体合同草案应当提交职工代表大会或者全体职工讨论通过。集体合同由工会代表企业职工一方与用人单位订立;尚未建立工会的用人单位,由上级工会指导劳动者推举的代表与用人单位订立。我国大陆学者董保华认为,"集体合同是劳动者结成团体后,由团体出面与雇主交涉劳动条件中形成的书面协议"。① 从内容角度出发,集体合同的内容具有特殊性。"根据德国学者胡戈辛茨海默的理论,集体合同的内容由特有内容和非特有内容两部分组成:特有内容是用于调整个体劳动关系的内容,包括劳动者的工资、工时、劳动安全等劳动标准;非特有内容是用于调整合同主体双方的内容,包括工会与雇主或者雇主协会之间的权利义务规定以及因履行集体合同发生纠纷的解决措施等。"②在本案中,某县畜牧良种场与集体职工于2017年3月23日签订了《某县畜牧良种场2017年联产计酬及绩效考核方案》,涉及计件工资、绩效工资、加班、奖励等内容,但该方案并不涉及职工工作时间、休息休假、劳动安全卫生、保险福利等事项,仅为该用人单位的内部方案。因此,该方案并不符合《劳动合同法》第51条关于集体合同内容的规定。

其次,某县畜牧良种场的行为并不符合法律规定,因此该方案不属于集体劳动合同。《劳动合同法》第54条规定,集体合同订立后,应当报送劳动行政部门;劳动行政部门自收到集体合同文本之日起15日内未提出异议的,集体合同即行生效。依法订立的集体合同对用人单位和劳动者具有约束力。行业性、区域性集体合同对当地本行业、本区域的用人单位和劳动者具有约束力。在本案中,某县畜牧良种场主张该方案包括黄某在内的全体职工均已签字,可视为用人单位已经签订了集体劳动合同,对全体职工均有约束力,既然全体职工均已签字,就没有必要再向劳动部门备案了。某县畜牧良种场认为,只有在职工未全部签字的情况下才需要向劳动部门备案,因此,认为该方案应视为集体劳动合同。《劳动合同法》第54条明确规定,集体合同订立后,应当报送劳动行

① 董保华:《劳动法论》,上海世界图书出版公司1999年版,第145页。

② 谈育明:《集体协商机制:集体协商与集体合同》,华东师范大学出版社2010年版,第142~143页。

政部门,即用人单位应当向劳动部门备案,但本案中某县畜牧良种场表示不必向劳动部门备案,即某县畜牧良种场并未将该方案向有关劳动部门备案。故某县畜牧良种场的行为并不符合该法律的规定,因此,该方案也就不属于集体劳动合同。

综上所述,《某县畜牧良种场2017年联产计酬及绩效考核方案》不属于集体合同。

（二）争点二解析:某县畜牧良种场应当支付黄某2017年6月至2018年1月未签订劳动合同的二倍工资18,456元

首先,黄某未与原单位解除劳动关系并不代表黄某故意拒绝与某县畜牧良种场签订劳动合同,即黄某是否与原单位解除劳动关系并不影响黄某与其他用人单位再签订劳动合同。目前,学界的主流意见和官方意见仍认为二倍工资是惩罚性赔偿的性质。"惩罚性赔偿说"认为二倍工资中的计算基数是劳动者提供的劳动这种商品价值的货币表现形式,而加倍的部分则是对用人单位未签订书面劳动合同的惩罚性赔偿,而不是对劳动者劳动价值的货币体现。全国人大常委会委员厉无畏在《劳动合同法》审议过程中已经提出"工作一个月应当获得一个月的工资,这是市场经济的基本规则……有事实劳动关系而在一个月内未签订书面劳动合同,就要支付两个月的工资,算是对用人单位的处罚"。[①] 本案中的黄某于2017年2月3日入职某县畜牧良种场,于2018年2月1日辞职,因双方之间并未签订劳动合同,因此,黄某与某县畜牧良种场在2017年2月3日至2018年2月1日存在事实劳动关系。那么,该争议焦点的关键在于,未签订劳动合同的原因是谁导致的?到底是由黄某的过错还是某县畜牧良种场的过错而导致?若是某县畜牧良种场的过错,则其应当支付黄某二倍工资赔偿金,若是劳动者黄某的过错,则某县畜牧良种场无须支付黄某二倍工资的赔偿金。某县畜牧良种场主张未签订劳动合同是由于黄某过错而导致,其认为,黄某是想享受其原单位合浦县某宾馆的福利待遇,所以不与原单位解除劳动合同,进而导致无法与现单位某县畜牧良种场签订劳动合同。某县畜牧良种场由此主张未与黄某签订劳动合同的责任完全在于黄某一方,因而,某县畜牧良种场主张不应支付黄某二倍工资的赔偿金。关于"双重劳动关系"的定义,多数学者认为,是指劳动者同时与多个用人单位建立劳动关系所产生之现象。"也就是,一个劳动者具有双重身份和享有两个劳动关系。"[②]我国现行法律中,并未禁止劳动者存在双重劳动关系,仅规定了存在双重劳动关系造成原单位经济损失时应承担的法律责任。有学者认为,"承认双重劳动关系的合法地位,才真正保护了劳动者合法权益。不承认双重劳动关系,可能导致劳动者出现工伤时得不到工伤保险的保障,工作总

① 董保华:《劳动合同立法的争鸣和思考》,上海人民出版社2011年版,第814页。

② 邵芬:《双重劳动关系探源及其思考》,载《法学评论》2001年第1期。

时间突破法定最高工时的限制等”。[①] 所以,上述“因黄某未与原单位解除劳动关系,而认为黄某故意拒绝与某县畜牧良种场签订劳动合同”的主张明显不成立。我国法律规定,并不禁止劳动者拥有双重劳动关系,所以,黄某未与原单位解除劳动关系并不代表黄某故意拒绝与某县畜牧良种场签订劳动合同,即黄某是否与原单位解除劳动关系并不影响黄某与其他用人单位再签订劳动合同。故某县畜牧良种场未与黄某签订劳动合同责任在于黄某一方的主张不成立,不予认可。依据“谁主张,谁举证”的原则,某县畜牧良种场举证不能则应当承担不利后果。

其次,某县畜牧良种场应当再支付2017年6月至2018年1月的二倍工资18,456元。《劳动合同法》第82条规定,用人单位自用工之日起超过一个月不满一年未与劳动者订立书面劳动合同的,应当向劳动者每月支付二倍的工资。用人单位违反该法规定不与劳动者订立无固定期限劳动合同的,自应当订立无固定期限劳动合同之日起向劳动者每月支付二倍的工资。本案中某县畜牧良种场因其过错而未能与黄某签订劳动合同,则某县畜牧良种场应当依据《劳动合同法》第82条的规定向黄某每月支付二倍工资。因此某县畜牧良种场应当支付黄某2017年6月至2018年1月的二倍工资,因其已经每月支付黄某的正常工资,故其应当再支付2017年6月至2018年1月的另一倍工资,黄某2017年6月至2018年1月的工资分别是2307元、2307元、2307元、2307元、2307元、2307元、2307元、2307元,由此得出黄某2017年6月至2018年1月未签订劳动合同的二倍工资数额为18,456元。

综上所述,某县畜牧良种场应当支付黄某2017年6月至2018年1月未签订劳动合同的二倍工资18,456元。

七、拓展训练

(一)案例简介

扶某某于2018年9月27日入职东莞市某兴脚手架工程有限公司(以下简称某兴公司)。(1)双方的工资情况:双方确认扶某某2018年10月27日至12月23日的工资为16,287.5元。(2)双方的劳动关系情况:扶某某主张双方劳动关系尚未解除,只请求确认双方劳动关系存续至2019年1月8日。某兴公司主张扶某某完成工程后于2018年12月23日离开,某兴公司已结清扶某某工资和支付车费、路途补贴,双方的劳动关系至此终结。另外,双方确认扶某某于2018年12月23日受伤,未再返回某兴公司上班。(3)劳动合同签订情况:某兴公司主张其委托下属员工吴某某对外临时招聘一批搭架工,并与以吴某某为代表的17名员工(包括扶某某)签订了劳动合同期限为2018

① 喻婵:《论双重劳动关系》,西南政法大学民商法学院2007年硕士学位论文,第16页。

年9月27日至12月30日的《临时用工合同》。该集体合同内容合法,扶某某等17名员工已经包含在该集体合同中,某兴公司也没有损害扶某某等人的合法权益,双方已签订有效的劳动合同。某兴公司已为员工购买了商业保险,扶某某对此知情。某兴公司为此提供了《临时用工合同》(含扶某某等人花名册、17名员工身份证复印件)及《团体人身意外伤害保险单》(含扶某某等被保险人名单)、工资发放表(9月至12月)及承包合同。其中:(1)《临时用工合同》显示用人单位(甲方)为某兴公司,职工(乙方)为吴某某(签约代表),主要内容为"甲方某兴公司决定聘用乙方吴某某(等17人详见附表)从事相关工作,经甲、乙双方协商一致,达成协议……"落款处乙方签名盖章处有吴某某字样签名。(2)《团体人身意外伤害保险单》显示某兴公司于2018年9月18日为扶某某等40人投保意外伤害保险。(3)工资发放表显示扶某某9月、10月和12月工资构成中均有车费200元和路途补贴240元。扶某某主张双方没有签订劳动合同,认为其没有参与签订《临时用工合同》;花名册和身份证复印件真实性确认,但从花名册可见吴某某与某兴公司也存在劳动关系,并非临时用工;确认《团体人身意外伤害保险单》,该保险单证明了双方存在劳动关系。

(二)思考问题

1. 该《临时用工合同》是否属于集体劳动合同?

2. 扶某某主张其并未与某兴公司签订劳动合同能否成立?

第五章　就业促进

第一节　涉外中介劳动服务关系

一、案例选择

高某某与抚顺市某隆出国劳务咨询处、李某某合同纠纷案

案号:(2019)辽0402民初916号

二、问题提示

如何处理涉及境外就业中介机构相关纠纷。

三、案例基本情形

原告:高某某

被告:抚顺市某隆出国劳务咨询处

被告:李某某,抚顺市某隆出国劳务咨询处投资人兼经理

2019年1月14日,原告(甲方)高某某与被告(乙方)抚顺市某隆出国劳务咨询处(以下简称某隆出国劳务咨询处)签订《劳务协议书》一份,约定:“(1)甲方赴马来西亚做电焊工作,试用期1个月,按每天400元计算,1个月12,000元。1个月后根据甲方工作能力调整工资,每天500元为上限(包工另算),工资次月25日前发放给甲方,若工资未交付甲方,由乙方负责,要求甲方身体健康。(2)甲方统一订餐,每月扣除伙食费450~600马币(450马币无早餐,600马币含早餐)。(3)甲方出境时,无行李托运,不可私带工具,只可以携带日常药品及生活用品少量。(4)甲方到马来西亚前期生活必需品由甲方垫付(床垫、枕头、褥子、劳保鞋),甲方工作满1个月后,乙方报销。(5)若因个人原因导致回国,无法继续工作,则后果甲方负责,与乙方无关。(6)若甲方在工作情况下因签证问题导致甲方遣送回国,乙方赔付甲方全部费用,另赔付甲方20,000元,共30,000元。(7)此合同有效期1年,一式两份,甲乙双方各执一份。”当日,原告向被告支付代办费用10,000元,被告某隆出国劳务咨询处向原告出具专用收款收据一张,收款项目和收款事由均标注“代办马来西亚”。合同签订后,被告为原告办理了旅游签证,原告于2019年1月20日乘飞机前往马来西亚,次日到达,到达当日休息一天。2019年1月22日,原告被指派做“刮大白”工作;2019年1月23日,原告休息未上班;2019年1月24日,因工地发生打架斗殴事件,原告未上班;2019年1月25日,原告决定回国,当晚,被告李某某告知原告第二日有电焊工作,要求原告回住处,第二日做电焊工

作,原告未应允,于 2019 年 1 月 26 日自行购买机票回国。原告称在马来西亚期间因对被告不信任未提供护照,未办理工作签证。

原告诉称:原告高某某与朋友韩某某在 58 同城上结识被告,被告告诉原告等人给原告代办出国手续并安排原告赴马来西亚做电焊工作,每天按 400 ~ 500 马币给付工资,并答应原告办理工作签证。双方于 2019 年 1 月 14 日签订一份《劳务协议书》,按协议第 6 条之规定被告违约赔付原告 20,000 元,原告于 2019 年 1 月 20 日出发,2019 年 1 月 21 日到达马来西亚,但并没有电焊工作,只是干了几个小时的“刮大白”(原告及工友韩某某能相互作证),原告与被告公司微信联系,被告只是说过几天,但几人看工地并没有电焊工作,原告怕自己的签证快到期了,原告及工友韩某某在告知被告的情况下,回国后找到被告讨要代办费及其他费用,被告拒绝给付,原告多次讨要无果后,无奈诉至法院,请求法院依法判令被告返还原告代办费 10,000 元,交通及餐旅费 5698 元,违约金 20,000 元,精神损失费 10,000 元,误工费 6000 元,复印费 120 元,共计 51,818 元;本案诉讼费由被告承担。

被告某隆出国劳务咨询处辩称:不同意原告的诉讼请求,关于违约金 20,000 元,合同上写的是如果原告在正常工作情况下因签证问题导致原告回国,乙方赔偿甲方 20,000 元违约金,而原告回国是擅自离开,是没有经过允许回国的,所以对违约金不认同。关于精神损失费,原告是否有医院开具的证明,证明其精神受到损伤。

被告李某某辩称:按合同约定,其义务就是将原告送到马来西亚,让原告做相应的工作,原告回国没有经过马来西亚公司的同意,也没有经过其允许,是私自回来的,所以不同意承担任何责任,这属于原告的自愿行为,所以原告的所有诉讼请求,其都不同意。

一审判决结果:(1)被告抚顺市某隆出国劳务咨询处、被告李某某于本判决生效之日起 15 日内返还原告高某某代办费用费 10,000 元。(2)驳回原告高某某的其他诉讼请求。如果未按本判决指定的期间履行给付金钱义务,应当依照《民事诉讼法》第 253 条之规定,加倍支付迟延履行期间的债务利息。案件受理费 1096 元,本院减半收取 548 元,由原告负担 523 元,由被告抚顺市某隆出国劳务咨询处、被告李某某负担 25 元。如不服本判决,可在判决书送达之日起 15 日内,向本院递交上诉状,并按对方当事人的人数提出副本,上诉于抚顺市中级人民法院。

四、诉讼争点

(一)抚顺市某隆出国劳务咨询处是否具备境外就业中介资质?

(二)被告是否应当返还原告代办费 10,000 元、交通及餐旅费 5698 元、违约金 20,000 元、精神损失费 10,000 元、误工费 6000 元、复印费 120 元,共计 51,818 元?

五、裁判理由及结果

(一)裁判理由

我国《就业促进法》第40条规定,设立职业中介机构应当在工商行政管理部门办理登记后,向劳动行政部门申请行政许可。未经依法许可和登记的机构,不得从事职业中介活动。国家对外商投资职业中介机构和向劳动者提供境外就业服务的职业中介机构另有规定的,依照其规定。我国《境外就业中介管理规定》第3条规定,境外就业中介实行行政许可制度,未经批准及登记注册,任何单位和个人不得从事境外就业中介活动;第12条规定,境外就业中介机构应当将签订的境外就业中介服务协议书和经其确认的境外就业劳动合同报省级劳动保障行政部门备案。省级劳动保障行政部门在10日内未提出异议的,境外就业中介机构可以向境外就业人员发出境外就业确认书。公安机关依据有关规定,凭境外就业确认书为境外就业人员办理出入境证件。在本案中,被告某隆出国劳务咨询处不具备境外就业中介资质而从事境外就业中介活动,该行为违反了我国《就业促进法》及《境外就业中介管理规定》的相关强制性规定,故原告、被告之间签订的劳务协议书无效。由于无效的合同自始没有法律约束力,故被告因协议取得的代办费用10,000元,应当返还原告。原告在与被告签订合同前,未审慎审查被告是否具备境外就业中介资质,盲目听从被告安排出国工作,其自身也有一定过错,对由此产生的机票等交通费损伤、餐旅费损失应当自行承担。关于原告要求被告支付的违约金、精神损失费、误工费、复印费,因无法律依据,本院不予支持。

(二)裁判结果

(1)被告抚顺市某隆出国劳务咨询处、被告李某某于本判决生效之日起15日内返还原告高某某代办费用费10,000元。(2)驳回原告高某某的其他诉讼请求。如果未按本判决指定的期间履行给付金钱义务,应当依照我国《民事诉讼法》第253条之规定,加倍支付迟延履行期间的债务利息。案件受理费1096元,本院减半收取548元,由原告负担523元,由被告抚顺市某隆出国劳务咨询处、被告李某某负担25元。如不服本判决,可在判决书送达之日起15日内,向本院递交上诉状,并按对方当事人的人数提出副本,上诉于抚顺市中级人民法院。

六、评析研判

对外劳务合作是一项政策性强、涉及面广、社会影响大的对外经济活动。各级政府、各有关部门要以科学发展观为指导,从讲政治、讲大局、讲稳定的高度,充分认识加强对外劳务合作和境外就业中介管理以及保护外派劳务和境外就业人员合法权益的重要意义,将加强对外劳务合作和境外就业中介的管理作为整顿和规范市场经济秩序工作的重要内容,认真进行部署,切实维护好外派劳务人员和境外就业者的合法权益,促进我市对外劳务合作和境外就业中介事业持续、健康、快速发展,为更好地贯彻实施"走出去"战略,为开放型经济发展创造良好的外部环境。

本案的争议焦点有两个:(1)抚顺市某隆出国劳务咨询处是否具备境外就业中介资质?(2)被告是否应当返还原告代办费10,000元、交通及餐旅费5698元、违约金20,000元、精神损失费10,000元、误工费6000元、复印费120元,共计51,818元?

(一)争点一解析:抚顺市某隆出国劳务咨询处不具备境外就业中介资质

本案中,被告某隆出国劳务咨询处并不具备境外就业中介资质。依据我国《就业促进法》第40条的规定,设立职业中介机构应当在工商行政管理部门办理登记后,向劳动行政部门申请行政许可。未经依法许可和登记的机构,不得从事职业中介活动。国家对外商投资职业中介机构和向劳动者提供境外就业服务的职业中介机构另有规定的,依照其规定。另外,我国《境外就业中介管理规定》第3条规定:境外就业中介实行行政许可制度,未经批准及登记注册,任何单位和个人不得从事境外就业中介活动;第12条规定:境外就业中介机构应当将签订的境外就业中介服务协议书和经其确认的境外就业劳动合同报省级劳动保障行政部门备案。省级劳动保障行政部门在10日内未提出异议的,境外就业中介机构可以向境外就业人员发出境外就业确认书。公安机关依据有关规定,凭境外就业确认书为境外就业人员办理出入境证件。在本案中,通过原告、被告双方的举证、质证,被告某隆出国劳务咨询处并未就其具备境外就业中介资质该事项进行举证,未提供其已向工商行政管理部门的登记申请,同时也未提供其已向劳动行政部门申请行政许可的相关证据。因此,本案被告某隆出国劳务咨询处属于未经依法许可和登记的机构,则其不得从事境外职业中介活动。另外,境外就业中介机构应当将签订的境外就业中介服务协议书和经其确认的境外就业劳动合同报省级劳动保障行政部门备案,本案被告某隆出国劳务咨询处与原告高某某签订的《劳务协议书》并未报省级劳动保障行政部门备案,某隆出国劳务咨询处也未向原告高某某发出境外就业确认书。因此,被告的一系列行为违反了我国《就业促进法》第40条规定及《境外就业中介管理规定》第3条、第12条的规定,由此,认定被告某隆出国劳务咨询处不具备境外就业中介资质。

综上所述,抚顺市某隆出国劳务咨询处不具备境外就业中介资质。

(二)争点二解析:被告不应返还原告交通及餐旅费5698元、违约金20,000元、精神损失费10,000元、误工费6000元、复印费120元,而是仅返还代办费10,000元

首先,被告某隆出国劳务咨询处从原告高某某处收取的10,000元费用属于不当得利,应当返还原告高某某。由上述第一个争议焦点的分析可知,被告某隆出国劳务咨询处并不具备法定的境外就业中介资质,则其与原告高某某签订的《劳务协议书》为无效

合同,无效合同的法律效力自始不存在,我国《民法总则》第157条规定:民事法律行为无效、被撤销或者确定不发生效力后,行为人因该行为取得的财产,应当予以返还;不能返还或者没有必要返还的,应当折价补偿。有过错的一方应当赔偿对方由此所受到的损失;各方都有过错的,应当各自承担相应的责任。法律另有规定的,依照其规定。学界对于不当得利制度也有着其独特的观点,认为不当得利制度是指,在一方当事人无法律上的原因取得利益,另一方当事人的利益因此受损的前提下,法律为了平衡双方当事人之间的利益关系,规定遭受损失的一方有权请求取得利益的一方返还所得的不当利益,不当得利一方有义务返还其所得的不当利益的制度。不当得利制度的目的在于规范平等主体之间无法律上的原因的财产变动。研究不当得利制度,就是一次对平等主体之间"财产变动的价值判断及其调整的机制"①的探讨过程。我国针对不当得利的构成要件采取的是"四要件说":(1)一方获得利益,而且我国学者多认为,所受的利益不应该包括精神利益,"必须是财产利益";(2)他方遭受损失,这里的损失不同于侵权行为或者合同行为造成的"损失",它不仅包括现有财产的积极减少,还包括财产本应增加却没有增加;(3)无法律上的原因,是指缺乏受益的法律上的原因,而不是指权利或者财产的取得没有法律上的直接原因;②(4)取得利益与他方遭受损失之间有因果关系。依据上述4个要件,被告某隆出国劳务咨询处从原告高某某处收取的10,000元费用属于不当得利,应当返还原告高某某。

其次,机票等交通费损失、餐旅费的损失应当由原告自行承担,且被告也不必支付原告违约金、精神损失费。关于原告损失的交通费、餐旅费被告是否需要支付,应注重判断原告的主观是否存在过错。对此,一些学者也发表了其观点,"'受害人的过失'通常被界定为,受害人没有采取合理的注意或者可以获得的预防措施来保护其身体、财产以及其他权益免受损害,以致遭受了他人的损害或者在遭受他人损害后,进一步导致了损害结果的扩大"。③ 因而,在原告与被告双方对于损失的发生均存在过错的时候,可以适当减轻被告的责任。在本案中,原告高某某在与被告签订合同前,并未审慎地审查被告是否具备境外就业中介资质,即没有要求被告出示相关行政许可等文件,就盲目听从被告指挥,所以原告高某某自身也存在一定过错,由此导致的机票等交通费损失、餐旅费的损失应当由其自行承担,这样的认定符合《就业促进法》的立法目的,又符合对法律责任划分的公平原则。另外,关于违约金,其性质属于从合同,那么从合同的效力应当依附于主合同。且违约行为的发生,也应当以合法有效的合同关系为前提。如果

① 王泽鉴:《债法原理(二)不当得利》,中国政法大学出版社2003年版,第3页。

② 参见史尚宽:《债法总论》,中国政法大学出版社2000年版,第76页。

③ 程啸:《论侵权行为法上的过失相抵制度》,载《清华法学》2005年第1期。

主合同不成立、无效、被撤销,违约金也就失去了存在的依据。在本案中,原告与被告双方之间的合同为无效合同,自然也就不存在违约金。因此,被告不必支付原告违约金。此外,关于精神损失费,依据相关规定,自然人的生命权、健康权、身体权、姓名权、肖像权、名誉权、荣誉权、人格尊严权、人身自由权等人格权利遭受非法侵害时,可以依法请求赔偿精神损害。而在本案中,被告并未对原告的人格权利造成侵害,因此,原告无法请求被告赔偿其精神损失费,即被告不必支付原告精神损失费。

综上所述,被告不应返还原告交通及餐旅费5698元、违约金20,000元、精神损失费10,000元、误工费6000元、复印费120元,而是仅返还代办费10,000元。

七、拓展训练

(一)案例简介

被告澄城县某航人力资源服务有限公司于2018年5月3日成立,经营范围为:职业中介服务;职业信息咨询;海事信息咨询,但未办理行政许可手续。被告澄城县某航人力资源服务有限公司法定代表人韩某某与被告袁某系夫妻关系。2018年5月7日,原告与被告澄城县某航人力资源服务有限公司签订了《委托合同书》,约定原告向被告澄城县某航人力资源服务有限公司缴纳中介费用后,被告澄城县某航人力资源服务有限公司安排原告到国家海事局规定的院校参加船员培训,培训合格后,为原告办理上船所需的《安全技能合格证》《海员服务簿》《海员证》。2018年5月7日、30日,原告分两次给被告澄城县某航人力资源服务有限公司缴纳中介费18,000元,均为被告袁某经手,袁某给原告出具了书面收据。后被告澄城县某航人力资源服务有限公司安排原告到潍坊某水运学校学习如何成为一名水手,原告学习两天后感到不适,便退学回家。后双方在退款问题上发生纠纷,原告遂提起诉讼。

在庭审中,原告表示可以变更诉讼请求,要求被告返还17,000元。庭后被告提供证据材料证明从澄城县途经渭南市送原告等4人去潍坊某水运学校途中,平均每人花费929.5元,原告仅认可每人花费475元。

上述事实,有澄城县劳动就业服务局证明,原告、被告签订的《委托合同书》,被告出具的收据及本院庭审笔录及相关证据在卷佐证,足以认定。

(二)思考问题

原告请求被告返还17,000元的诉讼请求能否得到支持?

第二节 劳动服务法律关系

一、案例选择

曹某某与钟某某服务合同纠纷案

案号:(2017)辽02民终8506号

二、问题提示

如何确认劳动服务法律关系。

三、案例基本情形

上诉人(原审原告):曹某某

被上诉人(原审被告):钟某某

2017年2月12日,曹某某、钟某某双方订立柬埔寨网络华文客服协议书(柬埔寨戈公度假村招聘简章),曹某某委托钟某某为居间委托代理方,为其有偿讲解工作内容及准备材料,双方就曹某某去国外做网络华文客服专员、网络推广专员、网络营销专员项目一事作了约定。其中,在第1条"甲方责任"第2项中约定了工作学历要求为高中及以上。协议订立后,曹某某先后给付钟某某人民币35,000元。钟某某为曹某某办理了到柬埔寨出国劳务所需的护照、签证、机票等各种手续,因曹某某系初中学历,钟某某还为曹某某办理了假的普通中等职业学校毕业证书。2017年2月16日,曹某某自大连飞抵柬埔寨。2017年4月1日,曹某某又从柬埔寨飞回大连。另外,以钟某某为法定代表人的大连某商务信息咨询有限公司于2017年2月23日经登记成立,该公司经营范围系开展信息类咨询服务,没有办理出国劳务的资质。

曹某某向一审法院起诉请求:(1)钟某某赔偿中介服务费35,000元、交通费7996元、工作签证费1200元、落地签证费455元、车费120元,上述各项合计为44,771元。(2)诉讼费由钟某某承担。

一审判决结果:(1)钟某某于本判决生效后10日内返还曹某某中介费24,500元。如果未按本判决指定的期间履行给付金钱义务,应当依照《民事诉讼法》第253条之规定,加倍支付迟延履行期间的债务利息。(2)驳回曹某某的其他诉讼请求。案件受理费460元(原告已预交),由曹某某负担138元,由钟某某负担322元。

上诉人曹某某因与被上诉人钟某某服务合同纠纷一案,不服大连市金州区人民法院(2017)辽0213民初2892号民事判决,向本院提起上诉。

曹某某上诉请求:撤销一审判决并依法改判钟某某承担全部经济损失或发回重审。理由:本案为居间合同纠纷,钟某某在没有注册、授权的情况下,擅自从事外派劳务性质违法;钟某某为其伪造学历存在重大过错;双方协议约定的工作为网络客服,但实际用工时从事的却是博彩业,钟某某存在欺诈行为;钟某某在没有任何外派劳务资质的情况下欺骗其本人,使其遭受了损失,一审法院认定其承担30%的责任属适用法律错误;其从柬埔寨回国,必然发生费用,已提供证据证明,一审法院却未予支持。

钟某某辩称:不同意曹某某的上诉请求,其仅是给曹某某提供就业信息,机票是曹某某购买的,其他费用与其无关,其已向曹某某如实告知,没有欺瞒之处。

四、诉讼争点

(一)曹某某与钟某某之间是否存在劳动服务法律关系?

(二)曹某某向钟某某缴纳的35,000元费用是否应予全额返还?

五、裁判理由及结果

(一)一审裁判理由及结果

1. 一审裁判理由

曹某某、钟某某订立的合同属于服务合同,由钟某某作为中介方向曹某某提供出国劳务的信息,钟某某有权收取信息服务费,但无权收取与出国劳务相关的费用。钟某某在签订合同时,其作为法定代表人的公司尚在设立中。从合同的履行上看,曹某某确实已经出国并参加工作,曹某某虽主张该工作具有招揽赌博客源的性质,但并未提供充分证据予以证明。曹某某主张其交给钟某某的35,000元不含有往返机票等其他诉讼请求费用的花销,亦无充分证据加以证明。通过对双方证据证明力的比较判别,本院认为其主张的往返机票费、工作签证费以及落地签证费包含在其交纳的35,000元之中。至于车费120元,曹某某没有证据证明,本院不予考虑。关于35,000元的退还问题,如上所述,钟某某在曹某某出国劳务整个过程中存在过错。至于曹某某,在明知自己的学历不满足钟某某介绍的工作要求的情形下,仍持用钟某某提供的假的学历证书办理出国劳务,自身也存在过错。综合对比双方的过错,本院认为钟某某应承担70%,曹某某应承担30%,钟某某应返还曹某某24,500元。

2. 一审裁判结果

(1)钟某某于本判决生效后10日内返还曹某某中介费24,500元。如果未按本判决指定的期间履行给付金钱义务,应当依照《民事诉讼法》第253条之规定,加倍支付迟延履行期间的债务利息。(2)驳回曹某某的其他诉讼请求。案件受理费460元(原告已预交),由曹某某负担138元,由钟某某负担322元。

(二)二审裁判理由及结果

1.二审裁判理由

被上诉人系自然人主体,不具备外派劳务资质,但从上诉人及被上诉人庭审陈述意见来看,关于出国工作的待遇、岗位等均系上诉人直接与雇主方进行沟通;从上诉人与被上诉人签订的柬埔寨网络华文客服协议书内容来看,虽然双方在协议中对务工岗位及收入有基本的描述,但也明确了被上诉人责任为"负责将项目的信息发布给乙方(上诉人)并确保信息的真实性"及"有偿讲解乙方(上诉人)具体操作内容,如实将信息发布给乙方(上诉人)得到乙方(上诉人)认知认可并同意办理费用及方式"等,并约定"乙方(上诉人)得到雇主认可后,须与雇主签订用工合同,成为雇主方的员工,一切服务关系都是与雇主之间的,甲方(被上诉人)只负责协调与督促"。由此可知,被上诉人仅承担了向上诉人提供就业信息及有限的沟通协调的作用,并非直接开展外派劳务输出业务,一审法院认定双方当事人之间存在服务合同关系并无不当。故上诉人关于被上诉人在没有注册、授权的情况下,擅自从事外派劳务性质违法的主张无事实和法律依据,本院不予支持。

关于上诉人向被上诉人缴纳的35,000元费用是否应予全额退返这一问题,根据一审、二审庭审陈述,双方当事人对于上诉人在获取工作岗位的过程中存在学历造假的行为均予以认可。虽然上诉人与被上诉人均主张对方实际实施了伪造学历证书的行为且均无证据证明已方主张,但对上诉人而言,其明知自身学历不符合雇主的要求,仍然持伪造的学历证书应聘上岗,自身即具有过错;对被上诉人而言,其作为就业介绍及信息提供方,在明知聘用要求及被上诉人不满足聘用条件的前提下,仍然向上诉人提供了就业信息并从中协调,主观上也存在重大过错。上诉人主张其在境外从事了博彩业工作,其本人为完全民事行为能力人,在就业前应对其即将从事的职业进行充分的了解并保持谨慎的态度,其在就业前已与雇主方进行了直接沟通的前提下仍选择此工作,本身即具有过失。现在上诉人无法继续工作,一审法院按照双方当事人的过错程度认定被上诉人应按70%的比例向上诉人返还中介费24,500元并无不当。

关于上诉人所诉赔偿交通费7996元、工作签证费1200元、落地签证费455元、车费120元一节,上诉人主张其系因学历造假、业务水平不达标而被雇主辞退,但其提供的书面证明无任何印章,无法证明其主张。上诉人既无证据证明离职原因为被辞退,则其主张被上诉人赔偿其回程机票款于法无据,本院不予支持。关于上诉人主张的去程机票、车费、工作签证及落地签费用这一问题,上诉人主张雇主单位将上述费用在其工资中予以扣除,但并未提供证据加以证明,故其该项主张无事实和法律依据,本院不予支持。

2. 二审裁判结果

驳回上诉,维持原判。二审案件受理费460元,由上诉人曹某某负担。本判决为终审判决。

六、评析研判

随着我国人力资源市场的建立和发展,我国劳动力市场中介组织经历了萌芽、初步发展、加速发展和开放竞争四个阶段后逐步发展和壮大起来,在促进就业增长、贯彻国家就业政策等方面发挥着越来越重要的作用。目前,已经形成了以职业介绍所和人才交流中心为主体的基本格局。

本案的争议焦点有两个:(1)曹某某与钟某某之间是否存在劳动服务法律关系?(2)曹某某向钟某某缴纳的35,000元费用是否应予全额返还,曹某某与钟某某之间是否存在劳动服务法律关系?

(一)争点一解析:曹某某与钟某某之间存在劳动服务法律关系

首先,劳动服务法律关系是一种辅助劳动关系。劳动服务法律关系,是指劳动服务主体与劳动者和用人单位之间,在劳动服务过程中,依据相关的劳动法律规范和民事法律规范而形成的权利义务关系。它的双方当事人分别固定为特定的主体,其中,劳务提供方固定为依法取得特定劳动服务资格的社会组织,而劳务接受方固定为劳动者和用人单位。从实质上来讲,劳动服务法律是劳动关系的辅助关系,劳动服务主体通过为劳动者与用人单位提供相应的服务来获取相关利益或实现促进劳动关系发展的目的。例如,目前我们生活中的很多"家政服务机构",就属于上述劳动服务法律关系中的劳务提供方。在我国,"中介制"家政服务模式占据了家政服务市场的主导地位。"'中介制'家政服务模式主要是通过中介形成的家政服务模式,作为中介人的家政服务机构受雇主一方的委托,为其寻找心仪的家庭服务员,或者受家庭服务员一方的委托,为其介绍雇主,并协助双方相互了解并最终达成服务协议的家政服务模式。"①在本案中,曹某某与钟某某双方订立柬埔寨网络华文客服协议书,委托钟某某为其有偿讲解工作内容及准备材料,就曹某某去国外做网络华文客服专员、网络推广专员、网络营销专员项目作出一系列约定。由此可知,曹某某为劳动者的身份;另外,以钟某某为法定代表人的大连某商务信息咨询有限公司,其经营范围系开展信息类咨询服务,则钟某某为劳动服务主体的代表人。由钟某某为曹某某联系国外合适的雇主,同时为曹某某和国外雇主提供服务,但钟某某仅仅是起着介绍或连接曹某某与国外雇主的作用,关于出国工作的

---

① 高雅冰:《家政服务中介的若干法律兼实务问题探讨》,载《莱阳农学院学报》(社会科学版)2006年第3期。

待遇、岗位等均系曹某某直接与雇主方进行沟通。因而,钟某某实质上是起着一种辅助的作用。

其次,曹某某与钟某某之间存在劳动服务法律关系。从曹某某与钟某某签订的柬埔寨网络华文客服协议书的内容看,其明确了钟某某的责任为"负责将项目的信息发布给乙方(曹某某)并确保信息的真实性"及"有偿向乙方(曹某某)讲解具体操作内容,如实将信息发布给乙方(曹某某)得到乙方(曹某某)认知认可并同意办理费用及方式"等,并约定"乙方(曹某某)得到雇主认可后,须与雇主签订用工合同,成为雇主方的员工,一切服务关系都是与雇主之间的,甲方(钟某某)只负责协调与督促"。由此可知,钟某某仅承担了向曹某某提供就业信息及有限的沟通协调的作用,而并非直接开展外派劳务输出业务,所以,由此认定双方当事人之间存在服务合同关系于法有据。因此,认定曹某某与钟某某之间存在劳动服务法律关系。

综上所述,曹某某与钟某某之间存在劳动服务法律关系。

(二)争点二解析:曹某某向钟某某缴纳的35,000元费用无须全额返还

曹某某向钟某某缴纳的35,000元费用无须全额返还,而是由钟某某返还曹某某24,500元。依据《民事诉讼法》第64条的规定:当事人对自己提出的主张,有责任提供证据,即"谁主张,谁举证"的一般规则。若有责任举证的一方当事人,未在规定条件下进行有效的举证,则应当承担对其不利的法律后果,也就是对其的主张不予认可。在本案中,曹某某主张其交给钟某某的35,000元不含有交通费7996元、工作签证费1200元、落地签证费455元、车费120元,但曹某某没有证据证明,则曹某某应当承担不利的法律后果。通过对双方证据证明力的比较后,认定其主张的往返机票费、工作签证费以及落地签证费等包含在35,000元之中,即否定了曹某某的主张。关于35,000元的退还问题,因曹某某系初中学历,钟某某因此为曹某某办理了假的普通中等职业学校毕业证书,所以,钟某某在曹某某出国劳务整个过程中存在过错。对于曹某某,其明知自己的学历不满足钟某某介绍的工作要求,仍然持伪造的学历证书应聘上岗,所以曹某某自身也存在过错。《民法总则》第157条规定:有过错的一方应当赔偿对方由此所受到的损失;各方都有过错的,应当各自承担相应的责任。另外,《侵权责任法》第26条规定:被侵权人对损害的发生也有过错的,可以减轻侵权人的责任。即双方当事人均存在过错时,由法院视具体的过错的程度,来认定双方当事人各自应当承担的责任比例。对此,一些学者也发表了其观点,"'受害人的过失'通常被界定为受害人没有采取合理的注意或者可以获得的预防措施来保护其身体、财产以及其他权益免受损害,以致遭受了他人的损害或者在遭受他人损害后进一步导致了损害结果的扩大"。[①] 故该法院认定

① 程啸:《论侵权行为法上的过失相抵制度》,载《清华法学》2005年第1期。

钟某某承担70%，曹某某承担30%。所以，曹某某向钟某某缴纳的35,000元费用无须全额返还，而是由钟某某返还曹某某24,500元。

综上所述，曹某某向钟某某缴纳的35,000元费用无须全额返还。

七、拓展训练

（一）案例简介

春节后，小王和几个同乡第一次离开农村到城市找工作，刚下火车便被人拉到某职业介绍所。该职介所给他们介绍了送货员的工作，说好每月工资700元。在交了20元登记费和150元的劳务介绍费后，被介绍到一家商场工作。当他们几个人拿着该职介所提供的地址找到该商场时，得到的结果却是商场暂时不需要招工。小王等人回到该职介所让其再找单位，却被告知现在没有合适的工作，先让回去等候。小王等人发觉上了当，于是要求退钱，但该职介所根本不予理睬。小王等人来到当地劳动保障监察大队举报。劳动保障检察人员经调查核实，该职介所未经劳动保障行政部门批准，也未办理工商营业执照，属于非法职业中介。劳动保障行政部门依照法定程序对该职介所作出处理决定，责令其退还求职者费用，停止非法职业中介活动，并处以罚款。

（二）思考问题

请结合案例，分析开办职业介绍所应具备哪些条件？

第六章　劳 动 工 资

第一节　加班延时及其工资支付

一、案例选择

汪某某与临澧县某裕纺织有限公司劳动合同纠纷案

案号:(2019)湘07民终2332号

二、问题提示

如何处理涉及加班延时及其工资支付的纠纷。

三、案例基本情形

上诉人(原审原告):汪某某

被上诉人(原审被告):临澧县某裕纺织有限公司

汪某某自2012年9月5日起在某裕纺织有限公司上班,所属部门为生产部,工号为TY-04-455,岗位为前丙班长,其工资由某裕纺织有限公司通过银行代发。双方劳动合同一年一签。2015年1月16日,汪某某在车间处理3号成卷机棉花时,左手手指不慎被机器绞伤,经常德武警医院诊断为左手示中环指绞扎伤伴复合组织缺损伤。2015年3月21日,常人社工伤认字(2015)5-028号出具工伤决定书认定汪某某受伤为工伤。2015年6月29日,常劳鉴字(2015)407号劳动能力鉴定结论书鉴定汪某某为九级伤残。2017年9月5日,汪某某(乙方)与某裕纺织有限公司(甲方)再次签订期限为1年的书面劳动合同,该合同载明"第1条合同期限及试用期:甲乙双方同意本合同为固定期限合同。合同期自2017年9月5日起到2018年9月4日止。第2条工作内容、地点、时间与工作条件:(1)甲方安排乙方从事普工工作,工作地点为车间。在合同期内,甲方可根据生产经营需要及乙方的工作能力调整乙方工作岗位,乙方应服从甲方的合理安排。(2)乙方工作时间按甲方《考勤管理制度》规定的时间执行。甲方有权根据工作需要对乙方工作时间及调休时间进行调整。第3条劳动报酬:(1)甲乙双方约定实行以下的第①种工时制度:①标准工时制;②计件工时制。执行标准工时制工资不低于1130元/月。(2)加班工资及其他津贴、福利待遇按公司《薪酬管理制度》执行。(3)甲方每月的28日为工资发放日,如遇到公休或法定节假日则顺延到休息后的第一个工作日……第5条劳动合同的解除、变更和终止:(1)经双方协商一致,可解除劳动合同。(2)任何一方解除合同,必须提前30日(试用期内提前3日)通知对方,并按有关规定办理移交手续。(3)本合同的变更,需经双方协商一致,并填写变更合同记录。(4)合同期满,劳动合同即行终止。合同期限届满终止前30日,如确需留用,经双方协商同意,可续订劳动合同"。2018年11月7日,汪某某向某裕纺织有限公司提交了申请离职表,该表上的离职原因明确载明"因家里房屋拆迁补偿一案去办而辞"。2018年12月6日以后,汪某某再未到某裕纺织有限公司上班。2019年1月11日,某裕纺织有限公司(甲方)与汪某某(乙方)签订了一份《解除劳动关系协议》,主要内容为:根据《劳动合同法》及《工伤保险条例》有关规定,乙方于2012年9月5日到甲方工作,劳动关系成立;2015年1月16日,乙方在单位工作时不慎受伤,2016年6月29日经鉴定为九级伤残;现甲乙双方同意解除劳动关系,经协商达成如下协议:(1)一次性伤残补助金由工伤保险基金支付给乙方;(2)一次性就业补助金由甲方支付给乙方;(3)乙方收到甲方一次性就业补助金之日,甲乙双方的劳动关系解除。签订协议当日,某裕纺织有限公司即按约向汪某某支付了一次性伤残就业补助金23,760元。

汪某某提交的银行卡(临澧农村商业银行账户)交易流水显示,自2012年11月30日起至2018年12月4日止,每月都有不固定的工资收入进账,其中:2016年9月的实发工资为3161元、10月的实发工资为3235元,2017年1月的实发工资为3063元、5月的实发工资为3154元。2018年1月1日,某裕纺织有限公司为汪某某在临澧县社会劳动保险处建立了职工个人社保账户,基本养老保险费缴费至2018年11月。

另查明,2016年中秋节(2016年9月15日),某裕纺织有限公司将该假期调休至2016年10月2日,与2016年国庆节一并放假2天。2017年五一劳动节和端午节,某裕纺织有限公司将其与2017年清明节一并调整至2017年4月2日至4日,共计3天。2017年元旦,某裕纺织有限公司未放假,一并调休至2017年春节。2018年1月9日,某裕纺织有限公司向单位职工作出《关于2018年春节放假的通知》,单位三班运转员工从2018年2月10日至20日放假计11天(含年假),长白班(含组长)从2018年2月12日至20日放假计9天(含年假)。2018年4月9日、8月30日、12月7日,汪某某分3次在某裕公司签字领取了"年度加班费与年休假工资"共计4619元。

2018年12月18日,汪某某对某裕纺织有限公司向临澧县劳动人事争议仲裁委员会申请仲裁。仲裁期间,某裕纺织有限公司另向汪某某支付了2018年11月以及12月1日至6日的工资,并提供了汪某某2018年的部分工资表,该表显示其月基本工资为1280元,其中包含有加班工资、全勤奖、早晚班津贴等项目。2019年2月19日,汪某某的仲裁请求被裁决驳回。

汪某某向一审法院起诉请求:(1)判令某裕纺织有限公司支付汪某某2012年9月之后的休息日加班工资35,819元和2016年、2017年、2018年的法定休假日加班工资

6250 元以及应休未休年休假工资 7804 元。(2)某裕纺织有限公司支付汪某某经济补偿金 16,350 元。

一审法院综合当事人的诉、辩主张和一审法院查明的事实,判决:(1)临澧县某裕纺织有限公司于该判决书生效之日起 3 日内支付汪某某法定节假日加班工资 2270 元。(2)驳回汪某某的其他诉讼请求。

一审宣判后,汪某某不服该判决,遂依法提起上诉。

汪某某诉称:(1)某裕纺织有限公司应当支付汪某某经济补偿 16,350 元。双方虽然签订了《解除劳动关系协议》,但只是对解除劳动关系及工伤赔偿事项达成了一致,没有涉及解除劳动合同经济补偿金事项,双方劳动关系解除是因为某裕纺织有限公司没有依法给予汪某某工伤保险待遇而导致。(2)汪某某加班的事实是某裕纺织有限公司认可并认为已经全部支付的事实,应当由某裕纺织有限公司承担举证不能的责任。遂汪某某请求二审法院:(1)撤销原判。(2)判令某裕纺织有限公司支付汪某某 2012 年 9 月之后的周休日加班工资 35,819 元,2016 年、2017 年及 2018 年法定节假日加班工资 6250 元,未休年假加班工资 7804 元。(3)判令某裕纺织有限公司支付汪某某解除劳动合同补偿金 16,350 元。

某裕纺织有限公司答辩称:原判认定事实清楚,适用法律正确,处理恰当。请求驳回上诉,维持原判。

四、诉讼争点

(一)汪某某要求某裕纺织有限公司支付其 2012 年 9 月之后的周休日加班工资,2016 年、2017 年及 2018 年法定节假日加班工资,未休年假加班工资的诉讼请求应否得到支持?

(二)汪某某要求某裕纺织有限公司支付解除劳动合同经济补偿金的诉讼请求应否得到支持?

五、裁判理由及结果

(一)一审裁判理由及结果

1. 一审裁判理由

最高人民法院《关于审理劳动争议案件适用法律若干问题的解释(三)》第 9 条规定:“劳动者主张加班费的,应当就加班事实的存在承担举证责任。但劳动者有证据证明用人单位掌握加班事实存在的证据,用人单位不提供的,由用人单位承担不利后果”,汪某某作为劳动者主张用人单位支付 2012 年 9 月之后的休息日加班工资以及应休未休年休假工资,应当提供证据加以证明。本案中的汪某某提供的关于加班工资的证据为关于 2016 年中秋、国庆节放假通知的照片及关于 2017 年清明节和元旦放假、调休通知的照片，仅能证明某裕纺织有限公司在 2016 年中秋、国庆，2017 年元旦、五一、端午节共计 5 天安排员工加班，根据《劳动法》第 44 条之规定“有下列情形之一的，用人单位应当按照下列标准支付高于劳动者正常工作时间工资的工资报酬：……（三）法定休假日安排劳动者工作的，支付不低于工资的百分之三百的工资报酬”，故对汪某某要求某裕纺织有限公司支付这 5 天的法定节假日加班工资的诉讼请求，该院予以支持。对汪某某要求某裕纺织有限公司支付休息日加班工资和应休未休年休假加班工资的诉讼请求，因汪某某未提交证据予以证实，该院不予支持。关于加班费的计算，根据汪某某提交的银行卡交易流水显示的法定假日所在的当月实发工资标准予以确定其日加班工资基数，即某裕纺织有限公司应当支付汪某某 5 天的法定节假日加班工资 2270 元。

根据《劳动合同法》的有关规定，劳动者因用人单位未及时足额支付劳动报酬或者未依法为劳动者缴纳社会保险费而解除劳动合同的，用人单位应当向劳动者支付经济补偿金。在本案中，汪某某系以“因家里房屋拆迁补偿一案去办而辞”为由主动要求解除劳动合同并与用人单位就主要事项协商一致后履行了所有解除劳动合同中的义务，无论是在解除劳动合同的原因还是实际履行上，均不符合支付经济补偿金的法定条件，故对汪某某要求支付经济补偿金的诉讼请求，该院不予支持。

2. 一审判决结果

（1）临澧县某裕纺织有限公司于该判决书生效之日起 3 日内支付汪某某法定节假日加班工资 2270 元。（2）驳回汪某某的其他诉讼请求。

（二）二审裁判理由及结果

1. 二审裁判理由

根据最高人民法院《关于审理劳动争议案件适用法律若干问题的解释（三）》第 9 条的规定，汪某某作为劳动者主张用人单位支付 2012 年 9 月之后的休息日加班工资以及应休而未休年休假工资，应当提供证据加以证明。在本案中，汪某某未提交证据证实其主张的加班事实存在，也没有提交证据证明某裕公司持有该加班事实存在的证据。汪某某提交的证据仅能证明某裕纺织有限公司在 2016 年中秋、国庆，2017 年元旦、五一、端午节共计 5 天安排员工加班，原判根据汪某某提交的银行卡交易流水显示的法定假日所在的当月实发工资标准予以确定其日加班工资基数，即某裕纺织有限公司应当支付汪某某 5 天的法定节假日加班工资 2270 元并无不当。

根据《劳动合同法》第 38 条、第 46 条的规定，劳动者因用人单位未及时足额支付劳动报酬或者未依法为劳动者缴纳社会保险费等而解除劳动合同的，用人单位应当向劳动者支付经济补偿金。在本案中，汪某某系以“因家里房屋拆迁补偿一案去办而辞”为由，主动要求解除劳动合同并与用人单位就主要事项协商一致后履行了所有解除劳动合同中的义务，不符合上述法律规定的支付经济补偿金的法定条件，故对汪某某要求支付经济补偿金的诉讼请求，本院不予支持。

2. 二审判决结果

驳回上诉，维持原判。

六、评析研判

我国《劳动法》为了保障广大劳动者的合法权益不受侵害，对工作时间的延长、加班工资等涉及劳动者休息权的问题作出了相应的规范，完善了劳动者休息权受到侵害时的法律救济途径。在我国涉及法定工作时间、延时加班等劳动纠纷时，多以加班事实的举证责任、确定延长的工时和计算加班费为争议焦点。因此，在认定法定工作时间或延迟加班争议问题时，应分配好举证责任，从而正确认定延长的工时、规范计算加班费用，维护好劳动者和用人单位双方的合法权益。

本案中的诉讼争议焦点主要有两个：(1)汪某某要求某裕纺织有限公司支付其2012年9月之后的周休日加班工资，2016年、2017年及2018年法定节假日加班工资，未休年假加班工资的诉讼请求应否得到支持？(2)汪某某要求某裕纺织有限公司支付解除劳动合同经济补偿金的诉讼请求应否得到支持？

(一)争点一解析：仅应对汪某某要求某裕纺织有限公司支付法定节假日工资予以支持，对要求某裕纺织有限公司支付周休日工资、未休年休假工资的主张，不应予以支持

首先，汪某某对其所主张的事实应承担举证责任。由于劳动者与用人单位地位的不平等性，民事诉讼法中"谁主张，谁举证"的证明原则在处理劳动纠纷时并不能完全适用，例如，《劳动合同法》第39条规定，"劳动者有下列情形之一的，用人单位可以解除劳动合同：(一)在试用期间被证明不符合录用条件的……"从而将劳动者在试用期间不符合录用条件事实的证明责任分配给用人单位。但这并不意味着所有劳动纠纷的举证责任均由用人单位承担。最高人民法院《关于审理劳动争议案件适用法律若干问题的解释(三)》第9条规定："劳动者主张加班费的，应当就加班事实的存在承担举证责任。但劳动者有证据证明用人单位掌握加班事实存在的证据，用人单位不提供的，由用人单位承担不利后果。"由此可知，对于加班的举证责任仍适用"谁主张，谁举证"的原则，不存在举证责任倒置一说。同时，若劳动者主张加班事实的证据由用人单位掌握的，仍须对这一主张负有举证责任。[①] 在本案中，汪某某认为加班的事实是某裕纺织有

---

① 阳康、毛月：《支付加班工资谁举证？》，载《法治观察》2019年第5期。

限公司认可并认为已经全部支付的事实,应当由某裕纺织有限公司承担举证不能责任的主张不应予以支持。汪某某应对自己所主张的事实承担举证责任,即汪某某应对休息日加班、未休年休假加班以及法定节假日加班的事实进行证明,但汪某某仅证明了某裕纺织有限公司在2016年中秋、国庆节,2017年元旦、五一、端午节共计5天安排其加班。因此,仅应对该5天的法定节假日加班工资的请求予以支持,对未能提供证明的休息日加班工资和未休年休假工资不应予以支持。

其次,某裕纺织有限公司应支付汪某某法定节假日加班工资的数额。根据《劳动法》第44条的规定,“有下列情形之一的,用人单位应当按照下列标准支付高于劳动者正常工作时间工资的工资报酬:(一)安排劳动者延长工作时间的,支付不低于工资的百分之一百五十的工资报酬;(二)休息日安排劳动者工作又不能安排补休的,支付不低于工资的百分之二百的工资报酬;(三)法定休假日安排劳动者工作的,支付不低于工资的百分之三百的工资报酬”。在本案中,汪某某作为劳动者,依法享有法定节假日休息的权利,对用人单位未依法安排其休假的,劳动者有权依法主张用人单位支付法定节假日加班费用。一审、二审法院均支持了汪某某所主张的5天法定节假日加班工资,并依据法定假日所在的当月实发工资标准予以确定其日加班工资基数,最终认定某裕纺织有限公司应当支付汪某某5天的法定节假日加班工资2270元[(3161元/月÷20.83天)×300%+(3235元/月÷20.83天)×300%+(3063元/月÷20.83天)×300%+(3154元/月÷20.83天)×300%+(3154元/月÷20.83天)×300%]。

综上所述,一审、二审法院仅应对汪某某要求某裕纺织有限公司支付法定节假日工资予以支持,对要求某裕纺织有限公司支付周休日工资、未休年休假工资的主张,不应予以支持。

(二)争点二解析:一审、二审法院对汪某某要求某裕纺织有限公司支付解除劳动合同经济补偿金的诉讼请求,不应予以支持

首先,关于用人单位应向劳动者支付经济补偿的情形。《劳动合同法》第46条规定了用人单位支付经济补偿金的具体情形:第一,用人单位提出动议的协商解除。第二,用人单位的非过失性解除(预告解除),包括劳动者患病或者非因工负伤,在规定的医疗期满后不能从事原工作,也不能从事由用人单位另行安排的工作的;劳动者不能胜任工作,经过培训或者调整工作岗位,仍不能胜任工作的;劳动合同订立时所依据的客观情况发生重大变化,致使劳动合同无法履行,经用人单位与劳动者协商,未能就变更劳动合同内容达成协议的。第三,劳动者即时解除劳动合同,包括用人单位未按照劳动合同的约定提供劳动保护或劳动条件的;用人单位未及时足额支付劳动报酬的;用人单位未依法为劳动者缴纳社会保险费的;用人单位的规章制度违反法律、行政法规的规定,损害劳动者权益的;用人单位以欺诈、胁迫的手段或乘人之危,使对方在违背真实意思的情况下订立或变更劳动合同致使劳动合同无效的;法律、行政法规规定劳动者可以解除劳动合同的其他情形。第四,经济性裁员,包括用人单位依照企业破产法规定进行重整的;生产经营发生严重困难的;企业转产、重大技术革新或者经营方式调整,经变更劳动合同后,仍须裁减人员的;其他因劳动合同订立时所依据的客观经济情况发生重大变化,致使劳动合同无法履行的。第五,法律、行政法规规定的其他情形。第六,劳动合同期满终止有条件的支付经济补偿金。第七,劳动合同因用人单位主体资格丧失而终止的。其中,在劳动者即时解除劳动合同、用人单位预告解除劳动合同、用人单位经济性裁员的情形下,用人单位需要支付经济补偿金,学理界与审判实践中均对此取得了共识,没有太大争议。而在用人单位与劳动者协商解除劳动合同的情形下,若劳动者提出动议解除劳动合同时,现有法律将此种情形排除在支付经济补偿金的范围外,对此学理界尚有争议。

其次,汪某某系离职,不属于法定的须支付经济补偿金的情形。在本案中,汪某某主张因某裕纺织有限公司未给予其工伤保险待遇是劳动合同解除的原因。对此,汪某某依据《劳动合同法》第 38 条、第 46 条向某裕纺织有限公司主张经济补偿金。但根据相关证据表明,汪某某在 2018 年 11 月 7 日,已向某裕纺织有限公司提交了申请离职表,该表上的离职原因明确载明“因家里房屋拆迁补偿一案去办而辞”,并且在 2018 年 12 月 6 日以后,汪某某再未到某裕纺织有限公司上班。因此,可认定汪某某系离职,不属于《劳动合同法》第 46 条规定的用人单位需向劳动者支付经济补偿金的法定情形,故一审、二审法院均对汪某某要求某裕纺织有限公司支付经济补偿金的主张不予支持的做法合法合理。

综上所述,一审、二审法院对汪某某要求某裕纺织有限公司支付解除劳动合同经济补偿金的诉讼请求,不应予以支持。

七、拓展训练

(一)案例简介

2007 年 12 月,原告庄某某进入厦门某鹏人造花有限公司上班。2008 年 1 月 1 日,双方又签订了一份劳动合同,该合同约定:原告从事系统开发员岗位工作;合同期限自 2008 年 1 月 1 日起至 2011 年 1 月 1 日止;厦门某鹏人造花有限公司对庄某某实行标准工时工作制度。庄某某依法享有婚假、产假、丧假、带薪年休假等,厦门某鹏人造花有限公司在法定的节假日、休息日期间应当安排庄某某休假。确因工作需要加班的,应依法支付加班费或安排补休。庄某某在法定工作时间或劳动合同约定的工作时间内提供正常劳动,厦门某鹏人造花有限公司应当按照劳动合同约定的工资标准支付劳动者工资。庄某某的奖金及各项津贴、补贴按用人单位依法制定的劳动报酬、分配制度的规定执行。工资标准实行计时工资制,试用期满后的月工资为人民币 1480 元;被告于每月 20 日支付上个月 1 日至 30 日的工资,并应当向原告提供工资清单等内容。2009 年 4 月 15 日庄某某向法院提起诉讼,请求:被告支付拖欠加班费、补交社保费及赔偿金。

(二)思考问题

请评析该案例并判断庄某某的诉讼请求能否得到支持?

第二节　加班劳动工资支付

一、案例选择

陈某某与成都市某和彩印包装有限公司劳动合同纠纷案

案号:(2017)川 01 民终 13341 号

二、问题提示

如何处理超过法定时间的加班加点及其工资的纠纷。

三、案例基本情形

上诉人(原审原告):陈某某

被上诉人(原审被告):成都市某和彩印包装有限公司

陈某某于 2009 年 4 月入职某和彩印包装有限公司(以下简称某和公司),从事制袋工作。2015 年 4 月 2 日,陈某某与某和公司签订为期 3 年的《劳动合同》,约定:月工资 1400 元,工资在下个月 30 个工作日内发放,休息日和法定节假日安排加班的,支付加班费。2016 年 8 月,某和公司准备搬迁至四川省崇州市,因陈某某生活居住于龙泉,不愿随迁。2016 年 10 月 16 日,某和公司与雄州公司签订《职工安排协议》,约定某和公司将包括陈某某在内的 7 名员工安排到雄州公司工作。10 月 24 日,陈某某与某和公司就 9 月、10 月工资进行了结算。2016 年 11 月,陈某某在雄州公司工作 23 天后离职,雄州公司支付了工资,但未为其缴纳社保。2017 年 2 月,陈某某向成都市龙泉驿区劳动人事争议仲裁委员会申请仲裁,要求某和公司支付休息日加班费 137, 922. 4 元、未支付经济补偿金的赔偿金 38, 960 元。仲裁委经开庭审理后于 2017 年 4 月 12 日作出龙劳人仲委案(2017)第 14 号终局仲裁裁决书。陈某某不服仲裁裁决,起诉至法院。

一审另查明:(1)陈某某每月工资包括基础工资、计件工资、绩效工资、全勤、夜班补助、工龄和加班 7 项。陈某某 2015 年 11 月至 2016 年 10 月实领工资总额为 27, 895 元,部分月份工资表中的加班费当事人一致陈述系蚊虫费。(2)陈某某在某和公司工作期间未休过年休假。每月正常休息两日,遇法定节假日某和公司发通知放假。陈某某提交的微电脑考勤卡和某和公司提交的考勤表均显示,陈某某周一至周六工作时间约12小时,周日工作时间约8小时。(3)陈某某2013年11月出勤29天,2014年出勤304天,2015年出勤308天,陈某某在某和公司最后一天工作日期是2016年10月24日,2016年出勤天数为242天。陈某某其余出勤时间由于未提供证据,无法查实。(4)陈某某当庭明确其主张的加班费仅针对休息日。陈某某当庭明确其主张赔偿金的依据是《劳动合同法》第87条。

陈某某向一审法院起诉请求:(1)某和公司支付陈某某赔偿金38,960元。(2)某和公司支付陈某某2009年4月1日至2016年10月26日的加班费137,922元。

一审法院综合当事人的诉、辩主张和一审法院查明的事实,判决:(1)某和公司于判决生效后10日内支付陈某某加班费22,208.34元。(2)驳回陈某某的其他诉讼请求。

一审判决后,陈某某、某和公司均不服该判决,遂依法提起上诉。

陈某某诉称:(1)某和公司存在拖欠劳动报酬,违反《职工带薪年休假条例》的规定,没有按照双方签订的劳动合同第19条及《劳动合同法》第46条的规定支付经济补偿金,亦未按法律规定支付加班工资。陈某某依据《劳动合同法》第87条提出赔偿金的请求于法有据,一审法院对法律适用及事实的认定明显错误。(2)根据《劳动争议调解仲裁法》第6条、最高人民法院《关于审理劳动争议案件适用法律若干问题的解释》第13条的规定,劳动者主张加班工资的,用人单位否认有加班的,劳动者应对加班的事实负举证责任,加班事实一旦成立,关于加班时间的举证责任应转移到用人单位。一审法院在举证责任的分配上,加重了劳动者的举证义务的同时减轻了用人单位的举证责任,存在对法律规定明显相悖的解读和认识。遂请求二审法院:撤销一审判决第二项,改判某和公司支付赔偿金38,960元(2435元/月×8个月×2倍)。

某和公司辩称:(1)赔偿金领取的前提劳动行政部门责令用人单位限期支付报酬,加班费、经济补偿金,逾期不支付的,用人单位支付50%~100%的加付赔偿金。但本案中某和公司不应当支付经济补偿金。(2)某和公司多年来都是采用计件工资,劳动者在所有工资条上都有签字,劳动者工作了这么多年从未提过加班工资。关于加班的举证责任,从劳动者起诉的时间举证责任是在某和公司,但超过了两年的部分,加班事实的举证责任应当是劳动者。

某和公司诉称:陈某某实行的是计件工资,此前从未主张过加班费,现无权主张加班费。遂请求二审法院:撤销一审判决,驳回陈某某全部诉讼请求。

陈某某辩称:《考勤表》《考勤汇总表》《考勤卡》《印刷日生产计划表》《放假通知》

可以证明某和公司2013年、2014年、2015年劳动者的工作时间300天左右，远远超过国家法定工作时间，加班事实客观存在，对加班的举证责任应当由用人单位承担，《考勤汇总表》《考勤卡》均是由用人单位保存。

四、诉讼争点

（一）陈某某主张的加班工资是否超过仲裁时效及计算方法？

（二）某和公司是否应支付陈某某经济赔偿金？

五、裁判理由及结果

（一）一审裁判理由及结果

1. 一审裁判理由

关于陈某某主张的加班费仲裁时效和计算方法：（1）加班费是劳动者延长工作时间所应获得的报酬，属于劳动报酬，应适用《劳动争议调解仲裁法》第27条中关于特殊仲裁时效的规定，故陈某某主张加班费未超过仲裁时效。（2）双方分别提供的证据均证实陈某某在某和公司工作期间存在周末加班情况，且双方分别提供的银行流水和工资表也无某和公司已就相关加班另行支付劳动报酬的情况，故，陈某某主张休息日加班费应予支持。综合考虑陈某某周末工作期间的就餐、如厕等必要休息时间后，一审法院对陈某某周六的工作时间酌定为10小时，周日的工作时间酌定为6小时，共计16小时，周末平均每天8小时。2013年11月共计30天，当月无法定节假日，周末休息日共计9天，陈某某出勤29天，即休息日加班8天[29天－(30天－9天)]；陈某某在2014年出勤304天，扣除法定节假日和周末休息日后，陈某某当年度休息日加班共计54天(304天－250天)；2015年陈某某出勤308天，扣除法定节假日和周末休息日后，陈某某当年度休息日加班共计58天(308天－250天)；2016年陈某某出勤242天，扣除离职前的法定节假日和周末休息日后的正常工作时间为201天(298天－11天－86天)，陈某某2016年休息日加班共计41天(242天－201天)。前述加班时间共计161天。双方在劳动合同中仅约定了基础工资1400元/月，并无加班费计算基数的约定，且陈某某的工资模式为基础工资加计件，因此，月基础工资应视为陈某某在正常工作时间内的工资。按照双方约定的基础工资1400元/月计算加班费低于本地最低标准，因此，应按本地最低标准1500元/月计算加班费。陈某某的加班费日薪计算基数为68.97元(1500元÷21.75天)，陈某某在休息日的加班费应为22,208.34元(68.97元×161天×200%)。

关于陈某某主张赔偿金是否成立。首先，陈某某主张某和公司以不主动辞职就不予发放拖欠的工资相威胁迫使其主动书写辞职报告，未提供相应证据，且即使某和公司不发放拖欠的工资,陈某某也可通过仲裁、诉讼方式实现权利,故陈某某主张被迫主动辞职无事实依据,一审法院不予采信。相反,从陈某某自述不愿随某和公司迁往崇州市新厂区,以及某和公司提供的职工安排协议、工资结算单、2016 年 11 月工资表来看,陈某某在与某和公司订立劳动合同时所依据的客观情况发生重大变化即工厂搬迁,陈某某不愿随迁,致使双方之间的劳动合同无法继续履行,某和公司为不愿随迁的劳动者安排新的用人单位,双方之间更符合协商一致解除劳动合同的情形。陈某某主张某和公司违法解除劳动合同没有事实依据,一审法院不予采信。其次,陈某某以某和公司存在拖欠劳动报酬、未支付经济补偿金等为由主张要求支付赔偿金,也未提供劳动行政部门已责令某和公司限期支付的相关证据。综上所述,陈某某主张赔偿金无事实和法律依据,一审法院不予支持。

2. 一审裁判结果

(1)某和公司于判决生效后 10 日内支付陈某某加班费 22,208.34 元;(2)驳回陈某某的其他诉讼请求。

(二)二审裁判理由及结果

1. 二审裁判理由

关于加班费。(1)仲裁时效问题。《劳动合同法》第 85 条规定:"用人单位有下列情形之一的,由劳动行政部门责令限期支付劳动报酬、加班费或者经济补偿;劳动报酬低于当地最低工资标准的,应当支付其差额部分;逾期不支付的,责令用人单位按应付金额百分之五十以上百分之一百以下的标准向劳动者加付赔偿金:(一)未按照劳动合同的约定或者国家规定及时足额支付劳动者劳动报酬的……(三)安排加班不支付加班费的……"上述规定已经对劳动报酬与加班费从概念上作出了明确的区分,即劳动报酬与加班费并非包含与被包含的关系。综上所述,加班工资引发的劳动争议,其仲裁时效不适用《劳动争议调解仲裁法》第 27 条第 4 款"劳动关系存续期间因拖欠劳动报酬发生争议的,劳动者申请仲裁不受本条第一款规定的仲裁时效期间的限制……"之规定,而应当适用该法第 27 条第 1 款"劳动争议申请仲裁的时效期间为一年。仲裁时效期间从当事人知道或者应当知道其权利被侵害之日起计算"之规定,一审法院对加班费的仲裁时效认定有误,本院依法予以纠正。在本案中,陈某某于 2017 年 2 月提起劳动仲裁申请,故陈某某主张的 2016 年 2 月之前的加班费超过仲裁时效,依法不应予以支持。(2)加班费问题。在本案中,双方均未提供证据证明实行计件工资制的定额任务、计件单价和报酬标准,但 2015 年 1 月至 2016 年 9 月的工资单中有陈某某的签名确认,应视为陈某某与某和公司就定额任务及计件报酬标准形成了合意,且某和公司一直按该标准计发陈某某每月包括基础工资、计件工资、绩效工资、全勤、夜班补助、工龄和加班在内的工资,双方执行的上述标准亦不低于本地最低工资标准。故在陈某某按月对计件工资、加班费等签字认可的基础上,在本案中又主张加班费,本院对此不予支持。

关于经济赔偿金。在本案中,双方均确认陈某某于2016年11月经某和公司介绍到雄州公司工作,而陈某某主张系某和公司逼迫其离职。经本院审查,某和公司未提交证据证明其在与雄州公司签订《职工安排协议》之前征询过陈某某就双方劳动关系是否继续履行的意愿,而出具介绍信要求陈某某至雄州公司工作,事实上导致其与陈某某的劳动合同解除,属于某和公司违法解除劳动合同。依据《劳动合同法》第87条之规定,结合陈某某离职前月平均工资及入职年限,某和公司应当支付陈某某赔偿金17,434.35元(27,895元÷12月×7.5个月)。

2. 二审裁判结果

(1)撤销成都市龙泉驿区人民法院作出的(2017)川0112民初2324号民事判决第一项;(2)成都市某和彩印包装有限公司于判决生效后10日内支付陈某某赔偿金17,434.35元;(3)驳回陈某某的其他诉讼请求。

六、评析研判

"加班,是经济发展、公司企业繁荣背后的必然产物,是资本在追逐更大剩余价值过程中最常见的表现方式,在世界范围内都广泛存在。"①而加班工资更是成为劳动者在劳动纠纷中重要诉求,因此,关于加班工资的性质、仲裁时效、举证责任等问题的认定,直接关系劳动者的劳动报酬权能否得到实现,关系劳动者自身价值的实现,甚至关系国家和社会的长治久安。

本案中的诉讼争议焦点有两个:(1)陈某某主张的加班工资是否超过仲裁时效及计算方法?(2)某和公司是否应支付陈某某经济赔偿金?

(一)争点一解析:一审法院对陈某某加班工资仲裁时效及计算方法的判定合法

关于陈某某主张的加班工资是否超过仲裁时效这一争议点,一审、二审法院对此存在不同的看法。解决该争议点的关键在于明确加班工资是否属于劳动报酬的范畴,从而确定应适用《劳动争议调解仲裁法》第27条第1款或第4款。

首先,加班工资属于劳动报酬。在我国《劳动法》中并没有明确使用"加班"一词,而是使用延长工作时间的表述,故加班工资即延长工作时间的工资。那么,"工资报酬"与"劳动报酬"是否属于同一概念呢?在学界对此有两种观点:第一种观点认为,工资报酬即劳动报酬。"工资是指基于劳动关系,用人单位根据劳动者提供的劳动数量和质量,按照法律规定或劳动合同约定,以货币形式直接支付给劳动者的劳动报酬。"②也

---

① 王天乐:《从加班工资看劳动报酬权之实现》,吉林大学法学院2012年硕士学位论文,第21页。

② 贾俊玲主编:《劳动法学》,中央广播电视大学出版社2003年版,第124页。

就是说,此种观点认为工资报酬的内涵与劳动报酬的内涵是完全重合的。第二种观点认为,工资报酬属于劳动报酬的一部分。该种观点将劳动报酬分为两个部分:“即基于民事合同所从事的各种服务性劳动所获得的报酬和基于职业劳动所获得的报酬,其中基于职业劳动所获得的报酬为工资。”①从上述两种观点可以看出,无论是认为工资报酬与劳动报酬内涵重合,还是认为工资报酬是劳动报酬的重要组成部分,均不排斥工资报酬属于劳动报酬。笔者认同第二种观点,即工资报酬属于劳动报酬的一部分,并且可将劳动报酬分为广义的劳动报酬和狭义的劳动报酬。广义上的劳动报酬除工资报酬外,还包括除工资外的货币、物质或是福利等奖励形式;狭义上的劳动报酬指的是通常意义上以货币作为表现形式的工资。另外,根据国家统计局《关于工资总额组成的规定》第4条的规定:“工资总额由下列六个部分组成:(一)计时工资;(二)计件工资;(三)奖金;(四)津贴和补贴;(五)加班加点工资;(六)特殊情况下工资”的规定可知,加班工资属于工资报酬的范畴。因此,对于加班工资是否属于劳动报酬这一争议,我们可以作出以下推导:加班工资即延长工作时间的工资,本质上是工资报酬,而工资报酬属于狭义的劳动报酬的范畴,故,加班工资属于劳动报酬。

其次,陈某某要求支付加班工资的主张,不受1年仲裁时效的限制。《劳动争议调解仲裁法》第27条第4款规定:“一般劳动争议适用一年的仲裁时效,劳动关系存续期间因拖欠劳动报酬发生争议的,不受一年仲裁时效的限制,但劳动关系终止的,应当自劳动关系终止之日起1年内提出。”如前所述,加班工资属于劳动报酬的范畴,因此,陈某某在劳动关系终止后1年内主张的加班费,应适用《劳动争议调解仲裁法》第27条第4款的规定,不受1年普通仲裁时效的限制。在本案中,二审法院仅根据《劳动合同法》第85条的规定认定加班工资不属于劳动报酬的做法存在瑕疵,二审法院未全面综合考虑劳动报酬与工资报酬的内涵,致使将两概念混淆。且二审法院认定陈某某加班费的主张适用普通仲裁时效的做法也不符合劳动法对劳动者倾斜保护的原则。因此,笔者认为,一审法院将加班工资认定为劳动报酬,且适用《劳动争议调解仲裁法》第27条第4款的规定更为合理。

最后,关于陈某某主张的加班工资的计算方法。最高人民法院《关于审理劳动争议案件适用法律若干问题的解释(三)》第9条规定:“劳动者主张加班费的,应当就加班事实承担举证责任,但劳动者有证据证明用人单位掌握加班事实存在的证据,用人单位不提供的,由用人单位承担不利后果。”因此,陈某某应对加班事实承担举证责任。根据陈某某所提供的证据,一审法院对陈某某主张的休息日加班费予以支持。一审法院根据陈某某提供的出勤天数(2013年11月出勤29天,2014年出勤304天,2015年出勤

① 冯彦君:《劳动法学》,吉林大学出版社1999年版,第163页。

308 天,2016 年出勤天数为 242 天),酌情认定的周六、周日加班时间(周六工作时间 10 小时、周日工作时间 6 小时)以及本地月工资最低标准 1500 元/月,得出陈某某 2013 年 11 月至 2016 年 10 月 24 日休息日加班天数为 161 天,陈某某的加班费日薪计算基数为 68.97 元(1500 元 ÷ 21.75 天)。另外,《劳动法》第 44 条规定:"有下列情形之一的,用人单位应当按照下列标准支付高于劳动者正常工作时间工资的工资报酬:(一)安排劳动者延长工作时间的,支付不低于工资的百分之一百五十的工资报酬;(二)休息日安排劳动者工作又不能安排补休的,支付不低于工资的百分之二百的工资报酬;(三)法定休假日安排劳动者工作的,支付不低于工资的百分之三百的工资报酬。"可知,对安排劳动者法定休息日加班又不能补休的,应当支付不低于工资的 200% 的工资报酬。因此,一审法院对陈某某主张休息日加班工资的计算方法(68.97 元 × 161 天 × 200% = 22,208.34 元)符合相关法律规定。

综上所述,陈某某主张加班工资未过仲裁时效,一审法院对陈某某加班工资仲裁时效及计算方法的判定合法。

(二)争点二解析:某和公司应当支付陈某某经济赔偿金

首先,某和公司应承担未逼迫陈某某离职的举证责任。最高人民法院《关于民事诉讼证据规定》第 6 条规定:"在劳动争议纠纷案件中,因用人单位作出开除、除名、辞退、解除劳动合同、减少劳动报酬、计算劳动者工作年限等决定而发生劳动争议的,由用人单位负举证责任。"在本案中,陈某某主张某和公司与其解除劳动合同是由于某和公司逼迫其离职,而非其主动辞职。根据 2001 年最高人民法院《关于民事诉讼证据的若干规定》第 6 条的规定,应由某和公司承担其未逼迫陈某某离职的举证责任。而在本案中,某和公司未能提供相关证据证明其在与雄州公司签订《职工安排协议》之前征询过陈某某就双方劳动关系是否继续履行的意愿,而是直接出具介绍信要求陈某某至雄州公司工作,事实上导致其与陈某某的劳动合同解除。即某和公司不能证明其与陈某某属于协商解除劳动合同,而非逼迫陈某某离职,因此,某和公司应承担举证不能的不利后果。一审法院在审理过程中未能厘清当事人双方的举证责任,二审法院对此予以纠正,认定应由某和公司应承担未逼迫陈某某离职的举证责任的做法更为合理。

其次,某和公司属于违法解除劳动合同,因此应承担经济赔偿责任。如上所述,应当认定某和公司系违法解除劳动合同。《劳动合同法》第 87 条规定:"违反解除或者终止劳动合同的法律责任用人单位违反本法规定解除或者终止劳动合同的,应当依照本法第四十七条规定的经济补偿标准的二倍向劳动者支付赔偿金。"因此,某和公司因其违法解除劳动合同应当陈某某支付经济赔偿金 17,434.35 元(27,895 元 ÷ 12 月 × 7.5 个月)。

综上所述,某和公司系违法解除劳动合同,应向陈某某支付经济赔偿金。

七、拓展训练

(一)案例简介

周某为南京市某实业有限公司(以下简称公司)职工,劳动合同期限自2010年1月1起至2015年3月31日止。合同约定,周某在公司的生产线岗位从事操作工工作,工作时间采用倒班跟班运转制,具体安排为两天早中班、两天夜班、两天休息,以此循环。早中班工作时间为7点至22点,夜班工作时间为22点至翌日7点。劳动报酬实行基本工资和绩效工资相结合的分配办法,基本工资为岗位工资,绩效工资按照周某的业绩和公司制定的相关规定考核确定,但合同条款的“岗位工资”一栏中为空白。2012年2月,周某向南京市某区劳动保障监察部门投诉公司一直未向其支付加班工资,未果。2012年7月19日,周某向南京市某区劳动仲裁委申请仲裁,请求判令公司向其支付2010年1月至2012年7月的加班工资。劳动仲裁委2012年7月30日作出裁决,不予支持周某的仲裁请求。周某不服,诉至南京市某区法院。在法庭审理中,周某变更诉讼请求,仅主张2010年1月至2011年12月的加班工资。

(二)思考问题

请评析该案例并判断周某的诉讼请求能否得到支持?

第三节 劳动合同解除中的工资支付

一、案例选择

乐山连云某家建材有限责任公司与叶某某劳动纠纷案

案号:(2018)川11民终501号

二、问题提示

如何认定法定工作时间劳动争议问题。

三、案例基本情形

上诉人(原审原告):叶某某

上诉人(原审被告):乐山连云某家建材有限责任公司

2007年12月至2017年4月,原告分别与乐山市中心城区连云某家建材超市(以下简称某家超市)、被告乐山连云某家建材有限责任公司(以下简称某家建材公司)建立劳动关系。劳动合同签订情况为:原告与某家超市于2007年12月15日签订《劳动合同》,合同期限为2007年12月6日至2010年2月28日,工种为销售;2013年4月9日,原告与某家超市签订《劳动合同》,合同期限为2010年3月15日至2015年4月9日,工种为销售;2017年3月17日,原告与被告某家建材公司签订《劳动合同》,合同期限为2017年1月1日至2020年12月31日,工种为销售。2017年4月17日,原告向被告提交《辞职报告》,内容为:本人因个人原因,不能继续工作,故辞职。

庭审中,原告、被告双方均确认:(1)原告、被告双方劳动关系于2017年4月17日解除。(2)被告未支付原告辞职前6天(2017年4月12日至2017年4月17日)工资款。

另查明:原告2016年4月至2017年4月的工资收入情况为:2016年4月2687元、2016年5月2737元、2016年6月2683元、2016年7月2633元、2016年8月1859元、2016年9月2887元、2016年10月2687元、2016年11月2879元、2016年12月2879元、2017年1月2879元、2017年2月2707元、2017年3月3030元、2017年4月12日工资收入2954元。以上工资款均由李某某的妻子叶某吟以转账方式按月转入原告在中国建设银行股份有限公司乐山嘉定中路支行6227×××××××××××××××号账户。

又查明:某家建材超市成立于2000年3月29日,于2016年4月6日注销,经营者为李某某,经营场所为乐山市市中区白燕路×××号。某家建材有限责任公司成立于2016年3月9日,现状态为成立,法定代表人为李某某。

再查明:2017年4月24日,乐山市市中区劳动人事争议仲裁委员会受理本次劳动争议,并于2017年6月6日作出乐中劳人仲案(2017)28号《仲裁裁决书》,原告对裁决书不服,于2017年6月8日就本次劳动争议向一审法院起诉,请求如前所述。

一审宣判后,双方均不服四川省乐山市市中区人民法院(2017)川1102民初2841号民事判决,遂向二审法院提起上诉。

某家建材公司的上诉称:某家建材公司与叶某某实际建立用工关系的时间是2017年1月1日,但原审法院认为由于某家超市注销了,某家建材公司就当然地成了叶某某新的用工主体,缺乏事实依据和法律依据;同时,原判决对于叶某某的工资计算标准认定错误,应按被上诉人每月的基本工资计算。遂请求:(1)请求撤销四川省乐山市市中区人民法院(2017)川1102民初2841号民事判决。(2)公司与叶某某建立劳动关系2017年1月1日,不存在没有补签实际用工的情形。2017年3月17日签订,明确2017年1月1日至2020年12月31日。(3)支付二倍工资超过了诉讼时效。(4)即使按一审判决推论,一审判决双倍工资计算有误,应按2350元/月计算。

叶某某上诉称:(1)请求撤销四川省乐山市市中区人民法院(2017)川1102民初2841号民事判决。(2)请求改判:第一,某家建材有限责任公司支付叶某某经济补偿金

33,250元。第二,乐山连云某家建材有限责任公司支付叶某某辞职前的6天工资965.51元。第三,乐山连云某家建材公司应支付叶某某2016年4月17日至2017年3月16日未与叶某某订立书面劳动合同的二倍工资,即11个月38,500元。虽然某家超市注销了,但是单位的经营模式和叶某某工作岗位并没有发生变化。工资收入的前提就是建立劳动关系,如果是雇佣关系,则是劳务费用。如果不是这次打官司,我们也不知道某家超市是多久被注销的。某家建材公司应支付叶某某二倍工资,工资发放的记录是银行转款清单。第四,某家建材公司应支付2007年12月6日至2017年4月17日的加班工资112,197元。加班的事实:早上8点半,下午6点下班,超过了法定每天8小时上班时间。(加班工资为45.25元:3500元/月÷21.75天÷8小时×150%×1.5小时;9年半共加班21.75天×12月×9.5年=2479.50天×45.25元/天)。第五,某家建材公司应支付失业保险损失19,872元(18月×1380元×80%)。因为失业保险金的问题,非叶某某本人的原因。因为公司并不为叶某某购买社会保险,且为了迎接检查,公司还要求员工出具自愿由个人购买保险的承诺书。

四、诉讼争点

(一)某家建材公司是否应支付叶某某经济补偿金?

(二)未订立劳动合同的11个月的二倍工资是否该支付?

(三)叶某某在工作中的加班工资是否该支付?

五、裁判理由及结果

(一)裁判理由及结果

1.一审裁判理由

第一,经济补偿金:经审理查明,原告系自行辞职并与被告解除劳动关系。庭审中,原告主张因被告未依法为其缴纳各项社会保险,被迫向被告提出辞职申请,被告应向其支付经济补偿金。本院认为,劳动者以其他理由辞职后,又以用人单位存在《劳动合同法》第38条情形迫使其辞职要求用人单位支付经济补偿金的,本院不予支持。

第二,原告辞职前6天(2017年4月12日至17日)工资款:本案审理中,原告、被告双方均确认此期间工资款未付,本院依法对原告该主张予以支持。原告离职前一年的工资收入为124元/天[2016年4月至2017年3月:(2687元+2737元+2683元+2633元+1859元+2887元+2687元+2879元+2879元+2879元+2707元+3030元)÷12月÷21.75天],本院依法确认被告应支付原告2017年4月12日至17日工资款496元[124元/天×4天(法定工作日)]。

第三,2016年4月17日至2017年3月16日,原告、被告未签订书面劳动合同的二倍工资差额:2016 年 4 月 7 日至 2017 年 3 月 16 日,原告、被告双方未签订书面劳动合同。依据《劳动合同法》第 82 条、《劳动合同法实施条例》第 6 条第 2 款的规定,本院依法确认被告应向原告支付 2016 年 5 月 8 日至 2017 年 3 月 16 日二倍工资差额。2016 年 5 月至 2017 年 3 月,原告工资收入为 124 元/天[(2016 年 5 月至 2017 年 3 月:2737 元 + 2683 元 + 2633 元 + 1859 元 + 2887 元 + 2687 元 + 2879 元 + 2879 元 + 2879 元 + 2707 元 + 3030 元) ÷ 11 月 ÷ 21.75 天],故本院依法确认被告应向原告支付 2016 年 5 月 8 日至 2017 年 3 月 16 日二倍工资差额 27,689 元[2016 年 6 月至 2017 年 2 月:(2683 元 + 2633 元 + 1859 元 + 2887 元 + 2687 元 + 2879 元 + 2879 元 + 2879 元 + 2707 元) + 17 天(2016 年 5 月法定工作日) × 124 元/天 + 12 天(2017 年 3 月法定工作日) × 124 元/天]。

第四,2007 年 12 月 6 日至 2017 年 4 月 17 日的加班工资。最高人民法院《关于审理劳动争议案件适用法律若干问题的解释(三)》第 9 条规定:"劳动者主张加班费的,应当就加班事实的存在承担举证责任……"一审法院认为,2007 年 12 月至 2016 年 3 月,原告未与被告某家建材公司建立劳动关系,且原告就 2016 年 4 月至 2017 年 4 月加班费的主张未向本院提交证据予以证明,故本院对以上主张不予支持。

2. 一审裁判结果

(1)某家建材公司于本判决生效后 15 日内支付叶某某 2017 年 4 月 12 日至 17 日工资款 496 元。(2)某家建材公司于本判决生效后 15 日内支付叶某某 2016 年 5 月 8 日至 2017 年 3 月 16 日未签订书面劳动合同二倍工资差额 27,689 元。(3)驳回叶某某其他诉讼请求。

(二)二审裁判理由及结果

1. 二审裁判理由

双方当事人在二审中没有提交新证据。二审查明的事实与原审查明的事实一致。二审对原审查明事实予以确认。

二审法院根据双方当事人的诉辩查明:(1)双方解除劳动合同的原因:2017 年 4 月 17 日,叶某某向某家建材公司提交《辞职报告》,内容为:"本人因个人原因,不能继续工作,故辞职。"庭审中,叶某某未举证证明辞职不是其个人真实意思表示,故本院依法确认因叶某某自行辞职,双方于 2017 年 4 月 17 日解除劳动关系。那么,本案不符合支付经济补偿金的法律规定情形。本院不予支持叶某某要求支付经济补偿金的上诉请求。(2)2016 年 4 月 7 日至 2017 年 3 月 16 日双方未签订书面劳动合同。依据《劳动合同法》第 82 条、《劳动合同法实施条例》第 6 条第 2 款的规定,某家建材公司应向叶某某支付 2016 年 5 月 8 日至 2017 年 3 月 16 日二倍工资差额 27,689 元。劳动者请求用人单位支付未订立书面劳动合同二倍工资差额的,仲裁时效期间应依照《劳动争议调解仲裁法》第 27 条第 1 款、第 2 款、第 3 款的规定确定,从未订立书面劳动合同满一月的次日起计算一年。上述仲裁时效期间应按月计算,从劳动者主张权利之日起向前倒推一年,对超过一年的二倍工资差额不予支持。那么,本案没过仲裁时效。(3)二审开庭中,叶某某的委托代理人提出叶某某每天的工作时间是9个半小时,上午8点半上班至下午6点,已经超过了法定工作时间有加班事实。某家建材公司辩称,门市是4个人上班,其中还有午饭时间,叶某某工作时间没有超过8小时。本院审查认为叶某某加班事实不予认定。

2. 二审裁判结果

驳回上诉,维持原判。

六、评析研判

休息权是劳动者的一项法定权利,是劳动权中衍生出来的子权利。《宪法》第43条规定:"中华人民共和国劳动者有休息的权利。国家发展劳动者休息和休养的设施,规定职工的工作时间和休假制度。"马克思曾说:"自由时间,可以支配时间,就是财富。"① 因此,我国《劳动法》第四章专章对劳动者工作时间和休息休假进行专门的保护,旨在保障劳动者的休息权,保障劳动者的身心健康,维护劳动者的劳动权益,反对任何单位以任何方式剥夺劳动者的法定工作权利和休息权利。在我国,劳动者每日工作时间不超过8小时、平均每周工作时间不超过40小时的工时制度。国务院《关于职工工作时间的规定》第6条规定:任何单位和个人不得擅自延长职工工作时间。因特殊情况和紧急任务确需延长工作时间的,按照国家有关规定执行。

本案中的诉讼争议焦点主要有三个:(1)某家建材公司是否应支付叶某某经济补偿金?(2)未订立劳动合同的11个月的二倍工资是否该支付?(3)叶某某在工作中的加班工资是否该支付?

(一)争点一解析:某家建材公司不应支付叶某某经济补偿金

首先,原告叶某某辞职行为属于自行辞职并与被告解除劳动关系。《劳动合同法》第38条的规定:"用人单位有下列情形之一的,劳动者可以解除劳动合同:(一)未按照劳动合同约定提供劳动保护或者劳动条件的;(二)未及时足额支付劳动报酬的;(三)未依法为劳动者缴纳社会保险费的;(四)用人单位的规章制度违反法律、法规的规定,损害劳动者权益的;(五)因本法第二十六条第一款规定的情形致使劳动合同无效的;(六)法律、行政法规规定劳动者可以解除劳动合同的其他情形。"在本案中,叶某某称某家建材公司未依法为其缴纳各项社会保险,被迫向被告提出辞职申请,被告应向其支付经济补偿金。但根据相关证据表明,叶某某于2017年4月17日向被告提交的

---

① 《马克思恩格斯全集》(第276卷第3册),人民出版社1974年版,第25页。

《辞职报告》中称:本人因个人原因,不能继续工作,故辞职。另外,一审法院认为劳动者以其他理由辞职后,又以用人单位存在《劳动合同法》第38条情形迫使其辞职要求用人单位支付经济补偿金的,违反了诚信原则,不应予以支持。因此,一审、二审法院均认定叶某某的辞职行为为自行辞职,与被告解除劳动关系的做法合法合理,体现了一审、二审法院对劳动法公平正义原则和民法中诚信原则的坚持和维护。

其次,原告叶某某自行辞职后主张经济赔偿金的行为缺乏法律依据。《劳动合同法》第46条规定:“有下列情形之一的,用人单位应当向劳动者支付经济补偿:(一)劳动者依照本法第三十八条规定解除劳动合同的;(二)用人单位依照本法第三十六条规定向劳动者提出解除劳动合同并与劳动者协商一致解除劳动合同的;(三)用人单位依照本法第四十条规定解除劳动合同的;(四)用人单位依照本法第四十一条第一款规定解除劳动合同的;(五)除用人单位维持或者提高劳动合同约定条件续订劳动合同,劳动者不同意续订的情形外,依照本法第四十四条第一项规定终止固定期限劳动合同的;(六)依照本法第四十四条第四项、第五项规定终止劳动合同的;(七)法律、行政法规规定的其他情形。”在本案中,原告叶某某因个人原因主动与被告提出辞职,且被告某家建材公司并无过错,不属于上述第46条规定的用人单位应当向劳动者支付经济补偿的法定情形,因此,原告叶某某的主张缺乏法律依据。虽然在学理上有观点认为,为了最大限度地保护劳动者的合法权益,劳动合同的解除不应当区分提出的主体,即不论是用人单位还的劳动者主动提出,用人单位都应当支付经济补偿金。[①] 但笔者认为,在有法律明文规定且劳动合同双方在自愿的情况下,劳动者主动提出并与用人单位协商一致解除合同的,且用人单位并无过错的,用人单位不应支付经济补偿金。这不仅是《劳动合同法》的明确规定,也符合民事主体意思自治的原则。因此,一审、二审法院均认定叶某某主张支付经济补偿金缺乏法律依据,故而不予支持的做法合法合理。

综上所述,原告叶某某属于自行辞职并与被告解除劳动关系,故被告不应向其支付经济补偿金。

(二)争点二解析:被告某家建材公司应当支付原告叶某某未订立劳动合同的11个月的二倍工资

首先,某家建材公司存在未与劳动者签订劳动合同的违法事由。我国《劳动合同法》第10条规定:“建立劳动关系,应当订立书面劳动合同。已建立劳动关系,未同时订立书面劳动合同的,应当自用工之日起一个月内订立书面劳动合同。用人单位与劳动者在用工前订立劳动合同的,劳动关系自用工之日起建立。”书面劳动合同是劳动者与

---

① 参见唐连荣:《关于〈劳动合同法(草案)〉的几点思考》,载《广西政法管理干部学院学报》2006年第3期。

用人单位确立劳动关系,明确双方权利和义务的协议,更是劳动者与用人单位发生纠纷时保护自身合法权益的重要凭证,签订书面劳动合同是我国法律赋予劳动者的重要权利,也是用人单位的法定义务。因此,为了促使用人单位签订书面劳动合同规范劳动关系,保护劳动者,早在2013年《劳动合同法》修订之前,2008年实施的《劳动合同法》就在"法律责任"一章中规定了因未签订书面劳动合同致二倍工资支付制度,这在我国劳动立法中是第一次出现,并且在国外立法中并未有过先例。①

其次,我国关于未签订劳动合同的二倍工资的法律依据。《劳动合同法》对未履行签订劳动合同义务的行为用《劳动合同法》第82条二倍工资罚则来规范,即"用人单位自用工之日起超过一个月不满一年未与劳动者订立书面劳动合同的,应当向劳动者每月支付二倍的工资。用人单位违反本法规定不与劳动者订立无固定期限劳动合同的,自应当订立无固定期限劳动合同之日起向劳动者每月支付二倍的工资。"由该法条可知,劳动关系存续期间,如果用人单位没有与劳动者订立书面劳动合同,可分为三个阶段:②第一阶段是从用工之日起到用工满一个月的当天,是给与用人单位主动与劳动者签订劳动合同的宽限期,该阶段用人单位不需要向劳动者支付二倍工资;第二阶段是自用工之日起满一个月的第二天至满一年的前一天未与劳动者订立书面劳动合同,用人单位应主动与劳动者签订书面劳动合同并须支付给劳动者二倍工资;第三阶段是用工之日起已满一年的当天至用人单位与劳动者订立书面劳动合同的前一天,该阶段用人单位只能与劳动者订立无固定期限劳动合同,但是对于该阶段比较有争议的就是用人单位是否仍然应继续向劳动者支付未签订书面劳动合同的二倍工资。在本案中,某家建材公司,逃避法律责任,于2016年4月7日至2017年3月16日未与原告签订书面劳动合同,属于未签订劳动合同的第二个阶段,因此,根据《劳动合同法》第82条的规定,某家建材公司应当支付未与叶某某签订劳动合同的11个月的二倍工资。

综上所述,某家建材公司应当支付未与叶某某签订劳动合同的11个月的二倍工资。

(三)争点三解析:原告叶某某在工作中的加班工资不应被支付

首先,原告叶某某应当承担存在加班事实的举证责任。《劳动法》第36条规定:"国家实行劳动者每日工作时间不超过八小时、平均每周工作时间不超过四十四小时的工时制度。"对于超过法定工作时间的加班加点,劳动者可以主张用人单位支付加班费用。但对存在加班事实的举证责任,最高人民法院《关于审理劳动争议案件适用法律若

---

① 参见刘创造:《劳动合同法双倍工资制度研究》,西南政法大学经济法学院2013年硕士学位论文,第23页。

② 参见王起:《未签订劳动合同二倍工资罚则的适用研究》,载《职工法律天地》2017年第18期。

干问题的解释(三)》第 9 条的规定为“劳动者主张加班费的,应当就加班事实的存在承担举证责任。但劳动者有证据证明用人单位掌握加班事实存在的证据,用人单位不提供的,由用人单位承担不利后果”。在本案中,叶某某未提供证据证明某家建材公司掌握其加班事实的证据,因而,叶某某应承担其所主张的每天的工作时间是 9 个半小时,上午 8 点半上班至下午 6 点,已经超过了法定工作时间存在加班事实的举证责任。

其次,原告叶某某应当承担存在加班事实举证不能的后果。如上所述,根据最高人民法院《关于审理劳动争议案件适用法律若干问题的解释(三)》第 9 条的规定,劳动者主张加班费的,应当就加班事实的存在承担举证责任,即叶某某应当就自己的工作时间超过法定工作时间存在加班的事实承担举证责任。但在本案中,叶某某并未证明其存在加班事实,且某家建材有限责任公司辩称门市是 4 个人上班,其中还有午饭时间,叶某某工作时间没有超过 8 小时,故叶某某应承担未能举证存在加班事实的不利后果。一审、二审法院对叶某某该项主张不予支持的做法合法合理。

综上所述,原告叶某某主张的工作中的加班工资不应被支持。

七、拓展训练

(一)案例简介

孙某某于 2015 年 2 月入职深圳市某金融服务有限公司葫芦岛分公司,担任销售经理职务。双方于 2015 年 2 月 5 日签订劳动合同,合同期限为 2015 年 2 月 5 日起至 2018 年 2 月 4 日止。双方在合同中对工作时间约定为:“甲方(深圳市某金融服务有限公司葫芦岛分公司)对员工采用每天 8 小时,每周 40 小时的法定工作时间。”但在日常工作中,深圳市某金融服务有限公司葫芦岛分公司要求孙某某每周休息一天。2017 年 10 月起深圳市某金融服务有限公司葫芦岛分公司以葫芦岛市场困难、店面流失等理由对单位员工进行劝退,并对孙某某的工作单位门店进行解绑,致使孙某某无法正常工作。孙某某向一审法院依法提起诉讼,请求一审法院判令:(1)深圳市某金融有限公司葫芦岛分公司给予本人离职赔偿金 50,000.00 元。(2)请求赔偿加班费用 46,200.00 元。

(二)思考问题

请评析该案例并判断孙某某的诉讼请求能否得到支持?

第七章　劳动安全卫生制度

第一节　职业病及其赔偿责任

一、案例选择

罗某某等诉大连某船舶工业工程公司船营厂职业病损害纠纷案

案号:(2018)粤01民终1560号

二、问题提示

如何认定职业病及其赔偿责任。

三、案例基本情形

上诉人(原审原告):罗某某

被上诉人(原审被告):大连某船舶工业工程公司船营厂

原告罗某某于2010年入职被告(大连某船舶工业工程公司船营厂)处,任职电焊工,工作地点在原审第三人注册地,最后一期劳动合同期限为2015年12月31日至2020年12月31日。2010年8月始,被告在庄河市社保中心为上诉人参加社会保险。2015年3月24日,原告经广州市职业病防治院诊断为电焊工尘肺贰期。2015年6月3日,庄河市劳动人事和社会保障局作出《工伤认定》,认定原告为工伤。2015年11月16日,大连市劳动能力鉴定委员会出具《因工伤残程度初次鉴定结论通知单》,评定原告为伤残四级。2015年12月9日,庄河市医疗保险中心按原告工资2719.75元为标准核定原告工伤待遇:一次性伤残补助金57,114.75元(原告已于2016年6月25日领取)、伤残津贴2039.81元/月,从2015年12月7日开始核发。原告在被告处工作期间,被告有组织原告进行安全、环境教育,有向原告发放劳动防护用品、安排原告进行职业健康体检或检查。

原告因职业病在2014年6月27日至2015年2月9日到广州市第十二人民医院门诊,共花费医疗费检查费合计13,914.33元。2015年9月9日,原告到大连市大连港医院门诊,花费医疗费300元。2015年2月,原告到广州市职业病防治院作职业病诊断,支付职业病诊断费1500元。原告将上述医疗费和鉴定费票据交给了被告,由被告向大连市医疗保障中心申请报销。2015年12月8日,大连市医疗保障中心出具《大连市城镇单位职工因伤(亡)医疗费报销单》,载明:门诊单据金额13,999.33元,鉴定、交通、住宿金额为零,核减金额3976.83元,结算医疗费合计10,022.50元。被告收到大连市医疗保障中心转账的上述结算医疗费 10,022.50 元后,分 3 次全额支付给了原告。诉讼中,被告称因原告没有提供鉴定费的正式发票,大连市医疗保障中心因此没有报销该笔费用 1500 元。原告称,广州市职业病防治院出具的《广州市非税收入缴款通知书》即是缴费发票。

2015 年 9 月 7 日至 12 日,原告到大连市大连港医院作身体检查,10 月 9 日至 14 日作工伤认定。原告提供的火车票、订票、住宿费、出租车等票据显示:原告两次从广州市前往大连市均是乘坐火车来回,共花费火车票费用合计 2424 元(单程车票 606 元 ×4)、订火车票手续费 10 元(5 元/次 ×2);原告在大连市期间花费住宿费用 870 元;乘坐出租车花费 41.71 元,合计 3345.71 元。被告不认可原告花费的上述费用。

原告提交的居民户口本显示:原告父亲罗某珍。原告据此主张其需要扶养父母及抚养儿子,被扶养人生活费合计 308,505.08 元(父亲扶养年限 14 年、母亲扶养年限 20 年、儿子抚养年限 13 个月,按照 2015 年广东省城镇居民平均可支配收入的标准计算)。

罗某某一审时提出诉讼请求:(1)判令被告向上诉人赔偿残疾赔偿金 486,600.8 元、精神损害抚慰金 100,000 元、营养费 10,000 元、医疗费 14,223.33 元、鉴定费 1500 元、交通费与住宿费 3345.7 元、被抚养人生活费 308,505.08 元。上述金额合计 924,174.91 元,扣除被上诉人已支付 10,022.48 元及一次性伤残补助金 57,114.75 元,共计 857,037.68 元。(2)本案诉讼费用由被上诉人负担。

一审法院综合当事人的诉、辩主张和一审法院查明的事实,判决:(1)被上诉人大连某船舶工业工程公司船营厂自判决发生法律效力之日起 7 日内,向上诉人罗某某赔偿医疗费 3976.83 元、交通费 2475.71 元、住宿费 870 元、鉴定费 1500 元及精神损害抚慰金 60,000 元。(2)驳回上诉人罗某某的其余诉讼请求。

一审宣判后,罗某某不服该判决,遂依法提起上诉。

罗某某诉称:(1)残疾赔偿金、被抚养人生活费与工伤保险待遇中一次性伤残补助金、伤残津贴等性质不同,且赔偿金额相差巨大。根据损害填平原则,罗某某有权获得差额部分赔偿。一审判决认定大连某船舶工业工程公司船营厂不需要向罗某某赔偿上述差额赔偿属适用法律错误,应予以纠正。《职业病防治法》第 58 条规定:"职业病病人除依法享有工伤社会保险外,依照有关民事法律,尚有获得赔偿权利的,有权向用人单位提出赔偿要求。"《广东省高级人民法院关于审理劳动争议案件若干问题的指导意见》第 28 条规定:"劳动者被诊断患有职业病的,除依法享有工伤社会保险外,还可依照《中华人民共和国民法通则》第一百一十九条的规定向用人单位请求损害赔偿,但该损害赔偿应扣除劳动者因职业病享有的工伤社会保险利益。"据此,罗某某有权获得民事赔偿扣除工伤待遇后的差额赔偿部分。(2)上诉人罗某某因工致残,有权请求大连某船舶工业工程公司船营厂赔偿医疗费、营养费以及精神损害抚慰金。一审判决对上诉人主张的营养费不予支持、对医疗费、精神损害抚慰金赔偿金额认定过低,应当予以纠正、调整。故一审判决错误,应予纠正。

遂罗某某提出上诉请求:(1)撤销一审判决,改判:被上诉人大连某船舶工业工程公司船营厂向上诉人赔偿残疾赔偿金486,600.8元、精神损害抚慰金100,000元、营养费10,000元、医疗费14,223.33元、被抚养人生活费308,505.08元。上述金额扣除被上诉人已支付10,022.48元及一次性伤残补助金57,114.75元,共计852,191.98元(注:维持一审判决第1项中关于交通费、住宿费以及鉴定费的判决内容)。(2)本案一审、二审的案件受理费由被上诉人大连某船舶工业工程公司船营厂承担。

四、诉讼争点

(一)罗某某的请求是否超过诉讼时效?

(二)罗某某获得工伤保险待遇后是否享有向被上诉人提起民事赔偿的权利?

(三)被上诉人是否应承担民事赔偿责任?

五、裁判理由及结果

(一)一审裁判理由及结果

1. 一审裁判理由

(1)一审根据《民法通则》第136第1项的规定,身体受到伤害要求赔偿的诉讼时效期间为一年。本案中,原告虽然在2015年3月24日被诊断为电焊工尘肺贰期,但在2015年11月16日才评定为伤残四级,即原告在2015年11月16日才知悉其身体损害为伤残四级,故本案的诉讼时效应从2015年11月16日评定伤残等级时起算,原告于2016年11月14日向原审法院提起诉讼,没有超过法律规定的诉讼时效期间。(2)依照2002年5月1日实施并于2011年12月31日经全国人大常委会修正的《职业病防治法》第59条的规定,职业病病人除依法享有工伤保险外,依照有关民事法律,尚有获得赔偿权利的,有权向用人单位提出赔偿要求。根据上述法律规定,原告在被告处工作期间被诊断患职业病,其在获得工伤保险待遇的情况下,仍有权提起诉讼主张有关民事赔偿。(3)《劳动法》第52条、第53条、第54条、第55条规定,用人单位必须建立、健全劳动卫生制度,严格执行国家劳动安全卫生规程和标准,对劳动者进行劳动安全卫生教育,减少职业危害。在本案中,被告劳动保护制度、职业健康检查制度不够完善,在履行劳动保护义务方面存在不足,被告未尽法定的义务,具有过错,与原告所患职业病并构成工伤的结果具有因果关系,依照《侵权责任法》第6条的规定,被告应承担民事赔偿责任。

2. 一审裁判结果

(1)被上诉人大连某船舶工业工程公司船营厂自判决发生法律效力之日起7日内，向上诉人罗某某赔偿医疗费3976.83元、交通费2475.71元、住宿费870元、鉴定费1500元及精神损害抚慰金60,000元。(2)驳回上诉人罗某某的其余诉讼请求。

(二)二审裁判理由及结果

1. 二审裁判理由

上诉人(原审原告)虽上诉称被上诉人(原审被告)大连某船舶工业工程公司船营厂应向其赔偿残疾赔偿金、精神损害抚慰金、营养费、医疗费、被抚养人生活费，经扣除被上诉人已支付10,022.48元及一次性伤残补助金57,114.75元，共计852,191.98元，但在本院审理期间，上诉人未有新的事实与理由予以佐证自己的主张，故本院认可原审法院对事实的分析认定，即对上诉人的上诉请求，不予支持。原审法院根据双方当事人的诉辩、提交的证据对本案事实进行了认定，并在此基础上依法作出原审判决，合法合理，且理由阐述充分，本院予以确认。

2. 二审裁判结果

驳回上诉，维持原判。

六、评析研判

作为劳动者的重要权利之一，劳动卫生基准制度，是指国家为了保护劳动者在劳动过程中的身体健康，防止有毒有害物质的危害和职业危害的发生而制定的各种基准的总称。其目的是保护劳动者身体健康。《劳动法》对劳动卫生基准制度主要规定了以下7个方面：(1)防止粉尘危害的法律规定；(2)防止职业中毒的法律规定；(3)防止噪声和强光刺激的法律规定；(4)防暑降温和防冻取暖的法律规定；(5)工作场所通风照明的法律规定；(6)个人防护用品和保健的法律规定；(7)职业病防治及处理的法律规定。其中，我国的劳动卫生工作的重点是预防职业病的发生。《职业病防治法》所称的职业病，是指企业、事业单位和个体经济组织等用人单位的劳动者在执业活动中，因接触粉尘、放射性物质和其他有毒、有害因素而引起的疾病对职业病的预防、控制和消除。[①] 无论是我国劳动法还是职业病防治法，都对劳动者的权益进行了倾斜保护，即用人单位是主要的义务主体，而劳动者有权享有职业卫生保护的权利。

本案中的诉讼争议焦点主要有三个：(1)罗某某的诉讼请求是否超过诉讼时效？(2)罗某某获得工伤保险待遇后是否享有向被上诉人提起民事赔偿的权利？(3)被上

---

① 全国人民代表大会常务委员会法制工作委员会：《中华人民共和国职业病防治法》(最新修正版)，法律出版社2012年版，第47页。

诉人是否应承担民事赔偿责任？

（一）争点一解析：罗某某的诉讼请求未超过诉讼时效

首先，关于罗某某诉讼请求的诉讼时效起算时间。《民法通则》第136条第1款规定："身体受到伤害要求赔偿的，诉讼时效期为一年"；①第137条规定："诉讼时效期间从知道或者应当知道权利被侵害时起计算。但是，从权利被侵害之日起超过二十年的，人民法院不予保护。有特殊情况的，人民法院可以延长诉讼时效期间。"同时，我国相关法律规定：职业病的诉讼时效从鉴定机构出具鉴定结论时起算，工伤及工亡的诉讼时效从劳动保障行政部门出具工伤认定时起算，构成伤残的诉讼时效从伤残等级鉴定结论后起算。由此可知，在本案中，罗某某诉讼请求的诉讼时效起算时间存在三种法律依据，但根据特殊法由于一般法的规则，罗某某诉讼请求的诉讼时效起算时间应从职业病鉴定机构出具鉴定结论时起算或从劳动保障行政部门出具工伤认定时起算。

其次，由上所述，原告罗某某的请求是否超过诉讼时效的问题存在两种情况：一是若按照职业病的诉讼时效起算时间，则罗某某的请求的诉讼时效应从职业病鉴定机构出具鉴定结论时起算，即从2015年3月24日，原告经广州市职业病防治院诊断为电焊工尘肺贰期时起算，那么，原告于2016年11月14日向原审法院提起诉讼，超过了法律规定的诉讼时效期间；二是若按照工伤的诉讼时效起算时间，则罗某某的请求的诉讼时效应从劳动保障行政部门出具工伤认定时起算，即从2015年11月16日，大连市劳动能力鉴定委员会出具《因工伤残程度初次鉴定结论通知单》，评定原告为伤残四级时起算，那么，原告于2016年11月14日向原审法院提起诉讼，没有超过法律规定的诉讼时效期间。

最后，应认定罗某某的请求未超过诉讼时效更为合理。第一，原告的诉讼请求是基于工伤认定结果即伤残四级而提出的，所以，其诉讼时效应当从原告知道或应当知道其身体损害等级为伤残四级时起算；第二，一审法院选择未过诉讼时效的工伤诉讼时效起算时间而未选择超过诉讼时效的职业病诉讼时效起算时间，也符合劳动法的公平正义原则和倾斜保护原则，维护了劳动者的合法权益。

综上所述，罗某某的诉讼请求未超过诉讼时效。

（二）争点二解析：罗某某获得工伤保险待遇后，享有向大连某船舶工业工程公司船营厂提起民事赔偿的权利

首先，罗某某获得工伤保险待遇后向大连某船舶工业工程公司船营厂提起民事赔

---

① 《民法总则》第188条规定："向人民法院请求保护民事权利的诉讼时效期间为三年。法律另有规定的，依照其规定。诉讼时效期间自权利人知道或者应当知道权利受到损害以及义务人之日起计算。法律另有规定的，依照其规定。但是自权利受到损害之日起超过二十年的，人民法院不予保护；有特殊情况的，人民法院可以根据权利人的申请决定延长。"

偿具有法律依据。一般而言,工伤保险的主要目的是分散用人单位的风险,用人单位为劳动者缴纳工伤保险费后,劳动者只能享受工伤保险待遇,而不能向用人单位提起民事赔偿,法定的事故保险在特定范围内排除私法上的人身损害责任。① 但是,职业病工伤虽属于工伤的一种,却与工伤事故却有着本质的区别,所以对劳动者的救济制度上也存在差异。《职业病防治法》第 58 条规定:“职业病病人除依法享有工伤保险外,依照有关民事法律,尚有获得赔偿的权利的,有权向用人单位提出赔偿要求。”也就是说,劳动者患职业病虽然享受工伤保险待遇,但不应当因此而免除用人单位的民事赔偿义务。因此,在本案中,罗某某因被诊断为职业病(电焊工尘肺贰期),所以在其获得工伤保险待遇后,仍有权向被告提出民事赔偿。

其次,罗某某属于“尚有获得赔偿的权利”的情形。“对于职业病病人的民事赔偿问题,不仅涉及《侵权责任法》,《劳动法》与《社会保险法》等也有紧密联系,在这一问题的处理上不能机械地适用《侵权责任法》,《侵权责任法》最终的落脚点应该是‘促进社会和谐稳定’。”②因此,职业病病人在享受工伤保险待遇后,对“尚有获得赔偿的权利”应当对工伤保险待遇是否能够弥补劳动者的损失以及工伤保险待遇与人身损害赔偿之间是否存在差额等因素进行综合考虑。在本案中,原告罗某某因被告未完全履行用人单位应为劳动者提供劳动卫生安全义务,具有导致原告在工作期间患职业病(电焊工尘肺贰期)的事实。同时,工伤保险待遇未能完全弥补罗某某因患有职业病所花费的医疗费、交通费、住宿费等相关费用,且相差较大。因此,一审、二审法院均认定罗某某在获得工伤保险待遇后,尚有获得赔偿的权利,故支持罗某某主张民事赔偿的请求的做法合法合理。

综上所述,罗某某在依法享有工伤保险待遇后,仍有权向被告主张相关民事赔偿。

(三)争点三解析:大连某船舶工业工程公司船营厂应承担民事赔偿责任

如前所述,在职业病病人在享受工伤保险待遇后,用人单位是否仍须对职业病病人承担民事赔偿责任的问题,主要应考虑两点:一是用人单位的过错;二是工伤保险待遇与人身损害赔偿之间的差额。

首先,是用人单位的过错。“在职业病民事赔偿问题上,是否考虑用人单位的过错对于职业病病人的权益保护具有重要影响。”③目前,我国法律尚未明确用人单位对职业病病人承担民事赔偿责任时的规则原则。对此,我国学术界存在两种观点:一是认为应当适用一般过错责任原则,即职工在用人单位存在故意或过失的情况下,如未按照法

---

① 参见[德]雷蒙德·瓦尔特曼:《德国劳动法》,沈建峰译,法律出版社 2014 年版,第 207 页。
② 张平华:《作为〈侵权责任法〉立法目的的“促进社会和谐稳定”》,载《政法论丛》2016 年第 2 期。
③ 袁玥、陈宪民:《美国船员保护司法实践的新发展评述》,载《中国海商法研究》2015 年第 4 期。

定标准提供职业卫生防护设施和用具等，得以向用人单位主张侵权损害赔偿责任；①二是认为应当适用过错推定原则，即认为如果用人单位不能证明其在职工患职业病的问题上不存在过错，则用人单位就应该承担责任。笔者认为，在职业病民事赔偿案件中，考虑用人单位的过错是不合理的，一方面，职业病的发生是由于劳动者长期处于有毒有害的工作环境下，劳动者要证明用人单位存在过错是比较困难的；另一方面，如果用人单位提供的工作场所符合国家的标准，但仍导致劳动者职业病的发生，此时归责原则考虑过错的话，劳动者将无法获得民事赔偿，这样剥夺劳动者获得民事赔偿的权利是不公平的。另外，从我国具体的司法实践中来看，为了实现对职业病劳动者的特殊保护，在归责原则上一般适用无过错原则。

其次，是工伤保险待遇与人身损害赔偿之间的差额。《职业病防治法》第 58 条规定了“先工伤，后民事”的赔偿制度，即若存在工伤保险不能完全弥补职业病病人损失的，职业病病人可向用人单位提出民事赔偿要求，以保障职业病病人得到充分的赔偿。同时，我国一些地方法院已明确支持此种观点，例如，《广东省高级人民法院关于审理劳动争议案件若干问题的指导意见》第 28 条规定：“劳动者被诊断为职业病的，除依法享有工伤社会保险外，还可依照《民法通则》第一百一十九条的规定向用人单位请求损害赔偿，但该损害赔偿应扣除劳动者因职业病享有的工伤社会保险利益。”

最后，综合考虑上述因素，应认定大连某船舶工业工程公司船营厂承担民事赔偿责任。本案为劳动卫生纠纷引发的人身损害责任赔偿，按照法律规定适用无过错责任原则，被侵权一方对损害事实、损害结果、二者之间的因果联系负有举证责任。在本案中，原告、被告就损害事实、损害结果并无异议，而《劳动法》第 52 条规定：“用人单位必须建立、健全劳动安全卫生制度，严格执行国家劳动安全卫生规程和标准，对劳动者进行劳动安全卫生教育，防止劳动过程中的事故，减少职业危害。”在一审法院认定的事实中，被告虽然有对原告进行相应安全卫生教育、放劳动防护用品、安排上诉人进行职业健康体检查，但由于其劳动保护制度、职业健康检查制度不够完善，在履行劳动保护义务方面存在不足，遂与原告所患职业病并构成工伤的结果具有因果关系。并且，从上诉人和被上诉人在一审、二审所提供的证据来看，上诉人享受的工伤保险待遇并不能完全弥补其所受损害，即所受工伤保险待遇与人身损害赔偿之间的差额。因此，一审、二审法院根据《职业病防治法》第 58 条和《侵权责任法》第 6 条的规定以及侵权无过错原则的构成要件，最后判定被上诉人应承担民事赔偿的做法合理合法。

综上所述，大连某船舶工业工程公司船营厂应承担民事赔偿责任。

---

① 参见黄乐平、叶明欣：《职业病法律制度研究》，法律出版社 2014 年版，第 268 页。

七、拓展训练

(一)案例简介

曹某某于2007年复员转业,被分配到抚顺某矿业集团某天矿,2015年被调到页岩炼油厂工作,双方签订了有固定期限的劳动合同。2016年4月起至8月止,曹某某以所在干馏车间存在环境污染,引起原告身体不适为由拒绝上岗工作。其间曹某某与车间领导和单位领导曾多次电话沟通调岗事宜,单位相关领导电话告知曹某某如不按规定履行请假手续将解除劳动合同,但曹某某仍没有返岗工作。2016年8月19日,抚顺某矿业集团以公告的形式向曹某某送达了解除劳动合同通知。曹某某向法院提供了双方签订的劳动合同、《员工考勤管理办法》、考勤记工单、电话录音记录、页岩炼油厂常设议事代表会议签到簿、员工惩处审批表、解除劳动合同通知(公告)、抚顺市劳动人事争议仲裁委员会裁决书等在案为凭。请求法院判决:抚顺某矿业集团与曹某某解除劳动合同、将曹某某开除行为违法,并依据《劳动合同法》判决给予曹某某相应的赔偿。

(二)思考问题

请评析该案例并判断曹某某的诉讼请求能否得到支持?

第二节　劳动安全事故以及工伤认定

一、案例选择

祥云县某龙煤矿与高某工伤保险待遇纠纷案

案号:(2017)云29民终140号

二、问题提示

如何认定劳动安全事故及工伤保险待遇。

三、案例基本情形

上诉人(原审原告):祥云县某龙煤矿

被上诉人(原审被告):高某

原告祥云县某龙煤矿(以下简称某龙煤矿)某龙煤矿系投资人段某某设立,经营范围为煤炭开采、销售,系个人独资企业。2014年3月,被告高某到某龙煤矿上班,负责井下安全管理。2014年9月18日,某龙煤矿为高某办理了工伤保险登记并缴纳工伤保险费。2015 年 2 月 2 日 9 时许，高某在某龙煤矿井口矿仓轨道抬矿车过程中不慎被矿车砸伤。2015 年 2 月 2 日至 14 日，高某在祥云县人民医院住院治疗 12 天，伤情诊断为：(1)右侧后交叉韧带断裂；(2)右膝前交叉韧带损伤；(3)右膝外侧半月板前角损伤；(4)右胫骨平台骨折；(5)右侧内外侧副韧带损伤；(6)右侧腓骨头骨折；(7)右膝部软组织挫擦伤。住院期间，高某由其配偶护理，某龙煤矿为高某支付了医疗费，并支付高某人民币 6000 元。2015 年 3 月 6 日，大理州人力资源和社会保障局作出(2015)90 号《认定工伤决定书》，认定高某为工伤。2015 年 12 月 30 日，大理州劳动能力鉴定委员会作出大劳鉴(2015)247 号《劳动能力初次鉴定结论书》，鉴定结论：高某伤残等级八级伤残，属部分丧失劳动能力；医疗依赖、护理依赖达不到。2016 年 7 月 25 日，高某向祥云县劳动人事争议仲裁委员会申请工伤保险待遇仲裁，仲裁请求为：(1)解除高某与某龙煤矿的劳动关系。(2)某龙煤矿支付高某各项工伤保险待遇合计人民币 377, 880 元(含住院伙食补助费人民币 1200 元、营养费人民币 360 元、交通及住宿费人民币 600 元、鉴定费人民币 300 元、停工留薪期工资人民币 54, 000 元、护理费人民币 1200 元、一次性伤残补助金人民币 49, 500 元、一次性医疗补助金人民币 27, 072 元、一次性伤残就业补助金人民币 81, 216 元、一次性伤残赔偿金人民币 162, 432 元)。2016 年 9 月 7 日，仲裁委作出祥劳人仲案字(2016)第 38 号裁决书，裁决：(1)确认高某与某龙煤矿的劳动关系于 2016 年 7 月 28 日解除。(2)某龙煤矿于裁决生效之日起 10 日内支付高某工伤保险待遇人民币 237, 942. 36 元(含停工留薪期工资人民币 23, 730 元、护理费人民币 1125. 36 元、一次性伤残就业补助金人民币 81, 216 元、一次性伤残赔偿金人民币 137, 871 元，合计人民币 243, 942. 36 元，并扣减某龙煤矿已支付的人民币 6000 元)。

2016 年 9 月 23 日，某龙煤矿不服裁决，遂向一审法院提起诉讼，以该煤矿不应支付一次性伤残赔偿金人民币 137, 871 元为由，请求：确认某龙煤矿应支付高某的工伤保险待遇为 100, 071. 36 元(含停工留薪期工资人民币 23, 730 元、护理费人民币 1125. 36 元、一次性伤残就业补助金人民币 81, 216 元，合计人民币 106, 071. 36 元，并扣减某龙煤矿已支付的人民币 6000 元)。

一审法院综合当事人的诉、辩主张和一审法院查明的事实，判决：(1)原告某龙煤矿与被告高某的劳动关系于 2016 年 7 月 28 日解除。(2)原告某龙煤矿于判决生效后 10 日内支付被告高某工伤保险待遇人民币 237, 942. 36 元(含停工留薪期工资人民币 23, 730 元、护理费人民币 1125. 36 元、一次性伤残就业补助金人民币 81, 216 元、一次性伤残赔偿金人民币 137, 871 元，合计人民币 243, 942. 36 元，并扣减某龙煤矿已支付的人民币 6000 元)。

一审宣判后，某龙煤矿不服该判决，遂依法提起上诉。

上诉人某龙煤矿诉称：(1)一审判决认定事实错误，本案不属于煤矿安全生产事故。在本案中,高某在煤矿井口矿仓轨道抬车过程中被矿车砸伤,并非因煤矿生产设备或安全生产条件不符合国家规定及上诉人违反其他煤矿安全生产制度所致。另外,根据《生产安全事故报告和调查处理条例》第5条以及《云南省安全生产条例》第38条的规定,生产安全事故应由县级以上人民政府调查确认。一审判决认定本案属于生产安全事故缺乏事实依据,且属司法权代替行政权。(2)一审判决适用法律错误。适用《云南省煤矿安全事故伤亡赔偿暂行规定》的前提是发生了安全事故,即煤矿企业违反相关安全生产法律法规导致的生产安全事故。本案仅属于普通工伤事故,某龙煤矿不存在违反法律法规导致高某受伤的事实,且高某未提交证据证实发生了煤矿生产安全事故。《云南省煤矿安全事故伤亡赔偿暂行规定》第7条明确了一次性伤残赔偿金支付的程序条件为事故确认、工伤认定、劳动能力鉴定。本案事故未经人民政府确认为煤炭安全生产事故,因此,不能适用《云南省煤矿安全事故伤亡赔偿暂行规定》,某龙煤矿不应支付高某煤炭安全生产事故一次性伤残赔偿金人民币137,871元。遂请求二审法院:撤销一审判决,改判某龙煤矿赔偿被上诉人高某工伤保险待遇合计人民币100,071.36元(含停工留薪期工资人民币23,730元、护理费人民币1125.36元、一次性伤残就业补助金人民币81,216元,并扣减已支付的人民币6000元)。

被上诉人高某辩称:2015年2月2日上午,高某和工友在推矿车时,因矿车脱轨,造成高某受伤,高某受伤属于煤矿生产安全事故。发生煤矿生产安全事故后,某龙煤矿瞒报,存在错误。本案事故虽未经相关行政主管部门确认为煤矿安全事故,但高某系在煤矿作业时受伤,某龙煤矿应当支付一次性伤残赔偿金。遂请求二审法院:驳回上诉,维持原判。

四、诉讼争点

(一)被告高某所受伤害是否属于煤矿安全事故?

(二)某龙煤矿是否应支付高某一次性伤残赔偿金?

五、裁判理由及结果

(一)一审裁判理由及结果

1.一审裁判理由

被告高某在为原告某龙煤矿工作中受到事故伤害,被大理州人力资源和社会保障局认定为工伤,经大理州劳动能力鉴定委员会鉴定为八级伤残,部分丧失劳动能力,故高某依法享受工伤保险待遇。某龙煤矿为高某办理了工伤保险,应按《工伤保险条例》及《云南省实施〈工伤保险条例〉办法》的相关规定,承担用人单位支付的工伤保险待遇费用。某龙煤矿、高某对双方劳动关系于2016年7月28日解除以及某龙煤矿需支付高某工伤保险待遇费用人民币 100,071.36 元(含停工留薪期工资人民币 23,730 元、护理费人民币 1125.36 元、一次性伤残就业补助金人民币 81,216 元,合计人民币 106,071.36 元,并扣减某龙煤矿已支付的人民币 6000 元)均无异议,本院予以确认。

高某在某龙煤矿矿仓轨道抬矿车过程中被矿车砸伤,属于煤矿生产安全事故。《云南省煤矿安全事故伤亡赔偿暂行规定》第 3 条第 2 款规定,发生煤矿安全事故后,事故伤亡人员或者其家属除按照《工伤保险条例》及本省有关规定享受工伤保险待遇外,还有权按照本规定要求煤矿企业支付一次性赔偿金;第 6 条规定,煤矿企业对事故伤亡人员或者其家属支付的一次性赔偿金分为一次性伤残赔偿金和工亡赔偿金,一次性伤残赔偿金标准为:以煤矿安全事故发生地所在州(市)上年度职工年平均工资为赔偿基数。八级伤残为赔偿基数的 3 倍。因此,高某有权按上述规定请求某龙煤矿按大理州 2014 年度职工年平均工资人民币 45,957 元为赔偿基数,支付一次性伤残赔偿金人民币 137,871 元(45,957 元×3)。

2. 一审裁判结果

(1)原告祥云县某龙煤矿与被告高某的劳动关系于 2016 年 7 月 28 日解除。(2)原告祥云县某龙煤矿于判决生效后 10 日内支付被告高某工伤保险待遇人民币 237,942.36 元(含停工留薪期工资人民币 23,730 元、护理费人民币 1125.36 元、一次性伤残就业补助金人民币 81,216 元、一次性伤残赔偿金人民币 137,871 元,合计人民币 243,942.36 元,并扣减某龙煤矿已支付的人民币 6000 元)。

(二)二审裁判理由及结果

1. 二审裁判理由

根据《安全生产法》及《生产安全事故报告和调查处理条例》的相关规定,是否属于煤矿安全事故应根据事故造成人员伤亡或经济损失情况由相应级别的人民政府和安监部门成立调查组作出认定。所以,认定煤矿安全事故是人民政府相关行政主管部门的行政职权。高某所受工伤事故未经相应级别人民政府的调查组作出是否属于煤矿安全事故的认定,高某亦无证据证实其受伤事故属于煤矿安全事故,故上诉人某龙煤矿主张本案不能按煤矿安全事故赔偿,有事实及法律依据,本院予以支持。一审法院判决某龙煤矿支付高某煤矿安全事故受害人应享有的一次性伤残赔偿金不当,二审予以纠正。

2. 二审裁判结果

(1)维持云南省祥云县人民法院(2016)云 2923 民初 1037 号民事判决第 1 项,即原告某龙煤矿与被告高某的劳动关系于 2016 年 7 月 28 日解除。(2)撤销云南省祥云县人民法院(2016)云 2923 民初 1037 号民事判决第 2 项,即原告某龙煤矿于判决生效后 10 日内支付被告高某工伤保险待遇人民币 237,942.36 元(含停工留薪期工资人民币 23,730 元、护理费人民币 1125.36 元、一次性伤残就业补助金人民币 81,216 元、一次性伤残赔偿金人民币137,871元,合计人民币243,942.36元,并扣减某龙煤矿已支付的人民币6000元)。(3)改判云南省祥云县人民法院(2016)云2923民初1037号民事判决第2项为上诉人某龙煤矿于本判决生效后10日内支付被上诉人高某工伤保险待遇人民币100,071.36元(含停工留薪期工资人民币23,730元、护理费人民币1125.36元、一次性伤残就业补助金人民币81,216元,合计人民币106,071.36元,并扣减某龙煤矿已支付的人民币6000元)。

六、评析研判

在我国,劳动法将保障劳动者生产安全作为一项重要宗旨,而生产安全的首要目标就是安全生产,生产安全强调的是一种目标和理念,安全生产则是落实生产安全的重要途径。在《中国大百科全书》一书中将安全生产定义为:"旨在保障劳动者在生产过程中的安全的一项方针,也是企业管理必须遵循的一项原则。这一方针和原则,要求最大限度地减少劳动者的工伤和职业病,保障劳动者在生产过程中的生命安全和身体健康。"①我国法律对劳动者生产安全的保障,体现了国家维护劳动者生命和财产安全,防止和减少生产安全事故的决心,从而保持劳动资源的可持续发展,促进经济建设发展。② 另外,除《劳动法》将劳动安全作为一项重要宗旨外,我国《安全生产法》更是明确了"安全第一,预防为主"的方针并赋予了劳动者享有工伤保险和获得伤亡赔偿金的权利,以期最大限度地保障劳动者的健康及相关权益。

本案中的诉讼争议焦点主要有两个:(1)被告高某所受伤害是否属于煤矿安全事故?(2)某龙煤矿是否应支付高某一次性伤残赔偿金?本案中的两个争议焦点密切相关,其中被告高某所受伤害是否为煤矿安全事故是本案的核心和关键,是认定某龙煤矿是否应支付高某一次性伤残赔偿金的基础。

(一)争点一解析:被告高某所受伤害在法律层面上应当认定为煤矿安全事故

对该问题的认定是本案的关键,一审法院与二审法院对生产安全事故的认定主体产生了分歧。

首先,关于生产安全事故的认定主体。"在我国由行政机关作为生产安全事故的认定主体体现了外部行政法律关系即行政管理法律关系是典型的行政法律关系,是指基于相关法律而形成的行政主体与行政相对人之间的管理与被管理关系。"③我国工伤行政认定中的行政管理法律关系主体主要由工伤行政认定的行政主体、劳动者、用人单位

---

① 中国大百科全书编辑部:《中国大百科全书·经济学》,中国大百科全书出版社1988年版,第1页。

② 参见曾琥主编:《〈中华人民共和国安全生产法〉释义与适用》,吉林人民出版社2009年版,第2页。

③ 杨海坤、章志远:《行政法律关系基本理论问题探析》,载《河南省政法管理干部学院学报》2004年第1期。

三方所构成。其中,工伤行政认定的行政主体享有国家对于工伤行政认定的行政权力,能依法对行政相对人实施有关工伤行政认定的管理,作出影响行政相对人权益的行政行为,在行政管理法律关系中处于主导地位。同时,《安全生产法》和《生产安全事故报告和调查处理条例》第 24 条、第 25 条规定:“事故调查组组长由负责事故调查的人民政府指定。事故调查组组长主持事故调查组的工作。事故调查组履行下列职责:(一)查明事故发生的经过、原因、人员伤亡情况及直接经济损失;(二)认定事故的性质和事故责任;(三)提出对事故责任者的处理建议;(四)总结事故教训,提出防范和整改措施;(五)提交事故调查报告。”即认定事故的性质是有相应级别的人民政府和安监部门成立事故调查组作出认定,是行政权力而非司法权力。在本案中,一审法院根据相关法律法规直接认定被告高某所受伤害为煤矿安全事故的做法是不正确的,是超越其权限的无效行为。因此,二审法院对此进行了纠正,因被告人高某所受工伤事故未经相应级别人民政府的调查组作出是否属于煤矿安全事故的认定,且高某亦无证据证实其受伤事故属于煤矿安全事故,故认为上诉人某龙煤矿主张的不能按煤矿安全事故赔偿,具有法律依据。同时,当高某所受伤害经相应级别人民政府的调查组作出属于煤矿安全事故或高某有证据证明其所受伤害为煤矿安全事故时,仍有权另行主张一次性伤残赔偿金。在本案中,二审法院厘清了行政职权和司法职权的职责范围,避免了以司法权力代替行政权力的错误做法。同时,依照法律法规,在劳动者取得相应级别人民政府的调查组作出属于煤矿安全事故的认定时,仍可另行主张一次性伤残赔偿金,体现了我国法律对劳动者合法权益的保护。

其次,在法律层面上对高某所受伤害应如何认定。虽然生产安全事故的认定是行政职权,但对生产安全事故的内涵和认定仍需要从司法的角度进行解读,关键要确定何为煤矿安全事故。《煤矿生产安全事故报告和调查处理规定》第 2 条规定:“本规定所称煤矿生产安全事故(以下简称事故),是指各类煤矿(包括与煤炭生产直接相关的煤矿地面生产系统、附属场所)发生的生产安全事故。”在本案中,高某在某龙煤矿矿仓轨道抬矿车过程中,因矿车脱轨而被矿车砸伤,属于与煤炭生产直接相关的煤矿地面生产系统、附属场所发生的生产安全事故。另外,某龙煤矿以该厂并非因安全生产设备或安全生产条件不符合国家规定,因而发生的伤亡事故或造成其他后果为抗辩理由,主张高某所受伤害并非生产安全事故,笔者认为该抗辩理由不能成立。因为《安全生产法》第 18 条规定:“生产经营单位的主要负责人对本单位安全生产工作负有下列职责:(一)建立、健全本单位安全生产责任制;(二)组织制定本单位安全生产规章制度和操作规程;(三)组织制定并实施本单位安全生产教育和培训计划;(四)保证本单位安全生产投入的有效实施;(五)督促、检查本单位的安全生产工作,及时消除生产安全事故隐患;(六)组织制定并实施本单位的生产安全事故应急救援预案;(七)及时、如实报告生产安全事故。”由此可知，用人单位不仅负有提供安全生产设备和安全生产条件的义务，也负有及时消除生产安全事故隐患的法定义务，从而保障劳动者的生产安全权利。故某龙煤矿以已履行相关生产安全义务为由，主张高某为普通工伤而非煤矿生产事故的抗辩理由不能成立。

综上所述，笔者认为，从法律层面上，高某所受伤害应认定为煤矿安全事故。

（二）争点二解析：在认定高某所受伤害为煤炭安全事故时，某龙煤矿应支付高某一次性伤残赔偿金

《云南省煤矿安全事故伤亡赔偿暂行规定》第7条第1款规定：“伤残赔偿金在事故确认和工伤认定、劳动能力鉴定后15日内，由煤矿企业一次性支付。”此条款说明伤残赔偿金的前置条件是生产安全事故的确认。

如前所述，高某所受伤害是否为煤矿安全事故应当经相应级别人民政府的调查组作出，因此在对本案的处理上存在两种情况。

第一，当相应级别人民政府的调查组认定高某所受伤害并非煤矿安全事故时。因根据《云南省煤矿安全事故伤亡赔偿暂行规定》第7条第1款的规定，高某所受伤害非煤矿安全事故，那么其主张一次性伤残赔偿金缺乏法律依据，则法院不能支持其主张。但《工伤保险条例》第30条规定：“职工因工作遭受事故伤害或者患职业病进行治疗，享受工伤医疗待遇。”即高某在工作过程中被矿车砸伤虽未被认定为煤矿安全事故，但仍可因所遭事故伤害而享受工伤保险待遇，因此，根据《工伤保险条例》的规定，高某工伤保险待遇中的住院伙食补助费、交通费、住宿费、一次性伤残补助金、一次性工伤医疗补助金、鉴定费等费用，应从工伤保险基金支付。

第二，当相应级别人民政府的调查组认定高某所受伤害为煤矿安全事故时。《安全生产法》第53条的规定：“因生产安全事故受到损害的从业人员，除依法享有工伤保险外，依照有关民事法律尚有获得赔偿的权利的，有权向本单位提出赔偿要求。”《云南省煤矿安全事故伤亡赔偿暂行规定》第3条规定：“煤矿企业必须依法参加工伤保险，及时为其从业人员缴纳工伤保险费。发生煤矿安全事故后，事故伤亡人员或者其家属除按照《工伤保险条例》及本省有关规定享受工伤保险待遇外，还有权按照本规定要求煤矿企业支付一次性赔偿金。”因此，在本案中，如高某所受伤害为煤矿安全事故，那么在享有工伤保险待遇外，仍有权向某龙煤矿主张一次性伤残赔偿金（包括伤残赔偿金和工亡赔偿金）。

综上所述，只有当相应级别人民政府的调查组认定高某所受伤害为煤矿安全事故时，某龙煤矿才应当支付高某一次性伤残赔偿金。

七、拓展训练

（一）案例简介

2003 年 2 月 10 日，杨某某入职某森北京分公司，担任电梯调试员，后任质量安全项目经理，双方签订了劳动合同。2007 年 7 月 13 日，杨某某因工受伤。2008 年 5 月 7 日，朝阳区社保局认定杨某某构成工伤并发给杨某某工伤证，认定部位或职业病名称为“左足外伤第一楔骨裂，诱发潜在疾病加重。全身瘫痪，呼吸衰竭，肺部感染”。2013 年 5 月开始，朝阳社保中心直接向杨某某支付伤残津贴、生活护理费、工伤辅助器具费，不再通过某森北京分公司支付上述费用。商业保险及社会保险（医疗及工伤保险）报销了杨某某 2007 年 7 月 13 日至 2015 年 12 月 31 日的部分医疗费用、2010 年 1 月 1 日至 2016 年 4 月 25 日的护理费用共 187,391.48 元。双方劳动关系至今未解除或终止，某森北京分公司仍代扣代缴杨某某个人应缴纳的养老保险、医疗保险、住房公积金。某森北京分公司在杨某某的救治过程中，通过关爱基金及慰问、捐款等形式，给予其 700,607 元的经济援助。杨某某向一审法院起诉请求：要求某森北京分公司支付其：（1）2007 年 7 月 13 日因工受伤至 2015 年 12 月 31 日社会保险及其他商业保险未予报销的医疗费用 1,230,793.42 元（含呼吸机、咳痰机等辅助器具费及维修费）；（2）2010 年 1 月 1 日至 2016 年 4 月 25 日的社会保险未予报销的护理费 453,408.52 元[640,800 元 - 187,391.48 元（社保已支付）]；（3）2009 年 12 月 1 日至 2016 年 4 月 30 日生活津贴 438,900 元（5700 元/月 ×77 个月）；（4）2016 年 5 月 1 日至 7 月 11 日生活津贴 13,652 元（5700 元/月 ×2 个月 +2112 元）。

（二）思考问题

请评析该案例并判断杨某某的诉讼请求能否得到支持？

第三节 劳动保护与劳动条件的履行

一、案例选择

于某某与扬州市江都区某航运有限公司劳动合同纠纷案

案号：（2019）鄂民终 793 号

二、问题提示

如何认定用人单位未按照劳动合同约定提供劳动保护或者劳动条件的，劳动者可以解除劳动合同。

三、案例基本情形

上诉人(原审原告):于某某

被上诉人(原审被告):扬州市江都区某航运有限公司

于某某与扬州市江都区某航运有限公司(以下简称江都某航运公司)之间有长期劳动关系。2010 年 6 月 1 日,双方签署全日制劳动合同书,约定:该合同无固定期限,自 2010 年 6 月 1 日起至法定终止情形出现止;根据江都某航运公司安排,于某某同意从事船员工作;实行综合计算工时工作制;工资分配形式为计时工资,但并未填写工资标准,发薪日为每月 15 日前;江都某航运公司应提供符合国家规定的劳动安全卫生条件和必要的劳动防护用品,建立健全劳动安全卫生制度及标准;双方在共同遵守国家相关法律、法规的基础上,应严格执行企业内部各项规章制度;双方解除或者终止劳动合同应当依照《劳动合同法》和国家及江苏省的相关规定执行。双方在合同中还就社会保险、职业危害防护、违约责任等事项进行了约定。江都市人力资源和社会保障局在该合同上加盖了鉴证章。

2014 年 12 月 20 日,江都某航运公司董事会与工会、部分职工代表联席会议研究通过《劳动用工及员工工资待遇的管理规定》。该规定第 11 条规定:"船队员工病事假,由船队长批准,时间超过 15 天或主要岗位人员影响船队运行的,报运务部批准。员工不经批准擅离岗位的,按旷工处理";第 13 条规定:"船队员工工资实行'百元营收,工资含量'为主,辅以基本工资、岗位津贴、其他补贴的分配办法,公司每年可经股东大会决定,对工资含量比例、基本工资、岗位津贴及其他补贴发放标准进行调整";第 25 条规定:"劳动合同不到期,公司与劳动者双方协商一致,可以解除合同,但不得单方解除合同。员工主动提出解除劳动合同,应提前 30 天书面通知公司,公司在此期间应作出同意或不同意的决定。若公司同意解除的,员工不支付违约金,公司不支付补偿费用;若公司不同意解除的,员工单方面解除合同,公司不支付补偿费用,员工应付违约金和培训费用。"上述规定经公示后,从 2015 年 1 月 1 日起执行。

2016 年 7 月至 2017 年 8 月,于某某在被告江都某航运公司所属"江航 29 号"船拖带的 13 船队工作。该船队主要在运河内从事原油运输,平均每月航行 10 天至 15 天。赵某在该船队任轮机长兼队长,负责船队日常管理并编制考勤表。于某某在该船队任轮机长兼会计,负责根据考勤情况编制工资表并对外办理一些费用的结算事宜。2017 年 6 月 13 日,船队在运河邵伯船闸附近时,于某某因与赵某发生矛盾,拒绝开航过闸,后经公司领导到场做工作,船队才开航,但耽误了码头作业计划。2017 年 7 月 30 日,船队停靠在淮安时,于某某因与赵某发生争执,动手将赵某打伤。2017 年 8 月 1 日,在淮安市公安局清江浦分局浦楼派出所的主持下，于某某与赵某达成调解协议，约定由于某某向赵某赔礼道歉，并赔付检查费、治疗费合计4000元。当日，于某某向公司借支4000元用于赔偿赵某，并同意借款从工资里扣。2017年8月3日，于某某离船休息。2017年8月9日，船队工作人员打电话通知于某某上船，但其以已向公司口头请假为由未再回船队工作。2017年8月18日，于某某及其配偶在公司办公室再次与人发生争执，并将公司财务人员杭某某打伤。2017年8月24日，于某某向江都某航运公司邮寄一份告知函称："贵公司违反约定未及时足额支付工资，请公司在收到告知函后2日内发放到位，否则承担一切不利法律后果。"2017年8月30日，于某某与江洋运输公司签署全日制劳动合同书，约定自2017年9月1日起至2020年8月31日止，于某某根据江洋运输公司安排从事机务管理工作。

根据于某某提交的2017年度船队工资发放表及银行流水，船队船员工资数额并不固定，一般于当月月底进行统计，隔一到两个月后发放，滚动支付之下，于某某平均每月都有工资到账，且到账金额不低于当地2017年最低工资标准。赵某出庭作证时称：船员工资根据运费结算情况发放，一般按月发，有时候运费到账不及时会晚一点发，但公司到年底一定会结清。

江都某航运公司在于某某发送告知函前已经向其足额支付2017年1月至5月的工资，2017年9月14日又向其足额支付了当年6月工资。此外，该公司按时为于某某缴纳社保至2017年9月。江都某航运公司认为，于某某占用船队备用金4715元未还，加上借支的4000元，已经超过其2017年7月、8月的工资总额，故未再向其发放工资。扬州市江都区劳动人事争议仲裁委员会于2017年9月15日受理于某某与江都某航运公司关于加班工资、经济补偿争议一案，并于2017年10月23日开庭审理。2017年12月28日，该委应于某某申请决定终结审理该案，并告知双方当事人可自收到决定书之日起15日内向扬州市江都区人民法院提起诉讼。

于某某不服2018年1月11日向一审法院提起诉讼，起诉请求：(1)解除双方的劳动关系(2017年8月底)。(2)判令江都某航运公司支付于某某经济补偿金62,500元。(3)判令江都某航运公司支付于某某加班工资3万元。(4)本案诉讼费用由江都某航运公司承担。于某某除在前述庭审中出示的证据、陈述的事实外，还向一审法院补充提交了一组照片及视频，认为"江航29号"船堆放有多个液化气瓶，存在明显安全隐患。

一审判决结果：(1)确认于某某与江都某航运公司于2010年6月1日签订的劳动合同已于2017年9月30日解除。(2)驳回于某某其他诉讼请求。

于某某上诉请求：撤销一审判决，依法改判并由江都某航运公司承担一审、二审诉讼费用。

上诉事实和理由：(1)江都某航运公司未提供劳动安全条件，"江航29号"船堆放了多个液化气瓶，存在明显安全隐患。船员在航运过程中居住在船上，将具有危险性的液化气存放在船上，不能因为没有发生事故就认定劳动环境不存在安全隐患。相关主管单位的安全检查材料由江都某航运公司保管，于某某不可能持有相关证据。液化气的具有危险性是常识，一审法院认定错误，应当支持于某某主张经济补偿金的请求。(2)于某某于2017年8月24日向江都某航运公司发函，要求其在2日内足额发放工资，但江都某航运公司9月14日才发放当年6月的工资，未支付7月、8月的工资，违反了法律规定，于某某有权主张经济补偿金。(3)于某某在工作期间居住在船上，即便停航也不能随意下船回家。江都某航运公司提供的考勤表是涉案船舶航运的时间，不能证明实际工作时间。于某某作为劳动者，无法取得相关证据，不能因为于某某没有提供证据，就对其主张加班费的主张不予支持。

江都某航运公司答辩称，液化气是船员生活的必需品，也是清洁能源，没有法律禁止携带并作为厨房能源使用。涉案船舶安全条件符合规定，也经由相关管理机构检查并通过。江都某航运公司是专业从事原油运输的企业，船员出航时白天正常工作，夜间停航休息。船员按劳分配，不存在单独计算加班工资的情况，相关情况有航行日志和轮机日志为证，符合法律规定。于某某旷工并在其他单位就职后单方解除劳动合同，违反合同约定，无权主张经济补偿金。于某某离职时，尚欠江都某航运公司人民币8715元，而江都某航运公司依据本行业的性质，在统计工作业绩后发放工资的行为，符合工会、部分职工代表联席会议研究通过的《劳动用工及员工工资待遇的管理规定》。

四、诉讼争点

(一)于某某是否有权以江都某航运公司未按照劳动合同约定提供劳动保护或者劳动条件为由，主张解除劳动合同？

(二)江都某航运公司是否及时、足额发放了工资？

(三)江都某航运公司是否应当向于某某支付加班费？

五、裁判理由及结果

(一)一审裁判理由及结果

1. 一审裁判理由

本案系船员劳动合同纠纷。于某某与江都某航运公司于2010年6月1日签订的劳动合同，系双方真实意思表示，并经劳动保障行政部门鉴证，该合同合法有效，对双方均具有约束力。江都某航运公司《劳动用工及员工工资待遇的管理规定》经民主程序制定，不违反国家法律、行政法规及政策规定，并已向劳动者公示，根据最高人民法院《关于审理劳动争议案件适用法律若干问题的解释》第19条的规定，可以作为审理本案的依据。

第一,关于于某某能否单方解除劳动合同并主张经济补偿。于某某认为江都某航运公司未提供劳动安全条件、未及时足额发放工资,依照《劳动合同法》第 38 条的规定,其有权单方解除劳动合同,并要求江都某航运公司支付经济补偿。关于江都某航运公司是否提供了劳动安全条件。于某某认为"江航 29 号"船堆放了多个液化气瓶,存在明显安全隐患。

从于某某提交的照片和视频上看,船上堆放的液化气瓶是用来满足船队生活用气,因此堆放的区域与船舶燃油及所装载的货物之间均有一定距离,该船事实上也没有发生液化气泄漏、燃爆等事故。此外,海事管理机构按照有关规定对船舶进行的安全检查,其中包括对劳工条件的检查,但未有证据显示相关主管单位在安全检查中指出液化气瓶不符合有关规范要求。因此,于某某关于江都某航运公司未提供劳动安全条件的主张不能成立。关于江都某航运公司是否及时足额发放工资。双方在劳动合同中约定工资分配形式为计时工资,发薪日为每月 15 日前,但合同中并未填写工资标准。《劳动法》第 47 条规定:"用人单位根据本单位的生产经营特点和经济效益,依法自主确定本单位的工资分配方式和工资水平。"江都某航运公司在《劳动用工及员工工资待遇的管理规定》中将定酬方式确定为"船队员工工资实行'百元营收,工资含量'为主,辅以基本工资、岗位津贴、其他补贴的分配办法",符合上述法律规定。所谓"百元营收,工资含量",是指按照每百元营运收入中工资所占比重来确定船员工资,因此,船员工资是与船队营运收入挂钩的。结合于某某提交的工资发放表、银行流水以及赵某的证言可以看出,船队船员工资于当月底进行统计,由于运费到账需要一定时间,故不能确保工资在每月 15 日前发放,而是一般在统计结束一到两个月后发放,但在滚动支付之下于某某平均每月都有工资到账,且到账金额不低于当地最低工资标准。以上情形是由江都某航运公司的经营状况和定酬方式所决定的,该公司并不存在克扣和无故拖欠船员工资的故意,账期也在合理范围之内。于某某在江都某航运公司处工作的时间较长,同时作为船队会计负责工资表的制作,应当对工资的统计和发放情况十分清楚,但其并未对上述定酬方式提出异议,在本案中也没有提出工资主张,故不应认定江都某航运公司存在《劳动合同法》第 38 条所规定的"未及时足额支付劳动报酬"的情形。

综合以上分析,于某某未能证明江都某航运公司具有《劳动合同法》第 38 条规定的情形,故不能依照该条规定解除与江都某航运公司之间的劳动合同,并进而依照《劳动合同法》第 46 条的规定要求江都某航运公司支付经济补偿。经济补偿,是国家要求用人单位承担的一种社会责任,即用人单位在劳动合同解除或终止时,支付给劳动者一定经济补助用于帮助劳动者在失业阶段维持基本生活,不至于生活水平急剧下降。在本案中,于某某于 2017 年 8 月初尚在江都某航运公司所属船队工作,8 月底即与江洋运输公司签订了全日制劳动合同,在此期间,江都某航运公司仍然为其缴纳了社保。如果在于某某主动跳槽、没有失业的情况下,仍然要求江都某航运公司支付经济补偿,则与经济补偿的性质相悖,因此,一审法院对于某某关于经济补偿的主张不予支持。

依照《劳动合同法》第 37 条的规定,于某某可以提前 30 日以书面形式通知江都某航运公司解除合同。于某某认为其于 2017 年 8 月 24 日向江都某航运公司邮寄的告知函即为解除合同的书面通知。虽然该告知函的内容中没有明确表达出解除合同的意思,但基于于某某自 2017 年 8 月 3 日离船后未再回到船队工作,于 2017 年 8 月 30 日与江洋运输公司签订劳动合同,于 2017 年 9 月 15 日向扬州市江都区劳动人事争议仲裁委员会提出仲裁申请,江都某航运公司为其缴纳社保至 2017 年 9 月等事实,可以看出双方至 2017 年 9 月均已无继续履行劳动合同的意愿,考虑于某某应当遵守 30 日的解除预告期,一审法院认为,江都某航运公司答辩所称的劳动合同解除时间较为合理,一审法院确认双方的劳动合同已于 2017 年 9 月 30 日解除。

第二,关于江都某航运公司应否向于某某支付加班工资。于某某认为,其平时吃住都在船上,即便船舶停航也不能随便下船回家,因此长期处于加班状态,江都某航运公司应当向其支付加班工资 3 万元。

原劳动部《关于企业实行不定时工作制和综合计算工时工作制的审批办法》第 5 条规定,水运行业中因工作性质特殊,需连续作业的职工,可以实行综合计算工时工作制。由于运输船员的工资计算、工作时间、休息休假等与普通工种存在显著不同,实践中有大量航运企业对运输船员实行以年为周期的综合计算工时工作制,实行轮班工作、集中公休方式。船员在船工作期间遇到休息日、法定节假日应正常工作,离船后集中休息。综合计算周期内,平均日工作时间与平均周工作时间应与法定标准工作时间基本相同。应休公休期一般按在船工作 5 天休息 2 天,再考虑法定节假日因素累计计算。此外,船员还享有在船舶上每工作 2 个月不少于 5 日的年休假。

本案双方在劳动合同中约定的也是实行综合计算工时工作制,且江都市人力资源和社会保障局在该合同上加盖了鉴证章,该合同并未对加班时间和加班工资作出单独约定。根据江都某航运公司提交的考勤表,以及双方和证人赵某在庭审中的陈述,涉案船队有于某某和赵某 2 名轮机长,每月航行时间为 10 天至 15 天,于某某的实际公休期已经超过应休公休期加年休假时间。根据最高人民法院《关于审理劳动争议案件适用法律若干问题的解释(三)》第 9 条的规定,劳动者主张加班费的,应当就加班事实的存在承担举证责任。于某某未能就其主张的加班事实提交证据,且未说明加班工资的计算标准和方法,一审法院对其该项主张不予支持。

2. 一审裁判结果

(1)确认于某某与江都某航运公司于 2010 年 6 月 1 日签订的劳动合同已于 2017

年 9 月 30 日解除。(2)驳回于某某其他诉讼请求。

(二)二审裁判理由及结果

1.二审裁判理由

二审期间于某某提交了一张过闸费专用票据,拟证明其垫付了相关费用,江都某航运公司没有清偿。江都某航运公司质证认为,对该证据的真实性予以认可,但该证据为备查联,不符合相关报销条件,无法实现于某某的证明目的。二审法院认为,该证据载明缴费人为江都某航运公司,缴费方式为银行转账,在于某某没有提供相关银行转账凭证的前提下,仅凭该证据无法证明于某某垫付了相关费用。

第一,于某某是否有权以江都某航运公司未按照劳动合同约定提供劳动保护或者劳动条件为由,主张解除劳动合同。《劳动合同法》第 38 条第 1 项规定,用人单位未按照劳动合同约定提供劳动保护或者劳动条件的,劳动者可以解除劳动合同。在本案中,依据于某某提供的照片和图片,确有液化气瓶堆放以满足船员生活需要。气瓶堆放的区域与涉案船舶的载货区域之间有一定的距离,没有证据证明相关海事管理机构对适用液化气瓶作为生活燃料的行为作出规范。依据国家质量技术监督局颁发的《气瓶安全监察规程》第 79 条对使用气瓶作出的明确规定,于某某提供的证据不能证明江都某航运公司对液化气瓶的使用违反规定并造成安全隐患。因此,考虑船舶航行时间、船员人数,船队为满足生活需要存放多个液化气瓶,并不属于用人单位未按照劳动合同约定提供劳动条件劳动者可以解除劳动合同之法定情形。

第二,江都某航运公司是否及时、足额发放工资。《劳动法》第 47 条规定:“用人单位根据本单位的生产经营特点和经济效益,依法自主确定本单位的工资分配方式和工资水平。”在本案中,江都某航运公司作为航运企业,统计船员的工作量和运费到账均需要一定时间。在于某某与江都某航运公司履行涉案劳动合同的过程中,也一直采用滚动支付的方式,在合理的期限内支付工资。涉案纠纷发生前,于某某并未对上述工资结算、发放方式提出异议。江都某航运公司在于某某 2017 年 8 月 24 日发函索要工资以前,已经足额支付了 2017 年 1 月至 5 月的工资,并于 2017 年 9 月 14 日足额支付 2017 年 6 月的工资,不存在克扣和无故拖欠船员工资的故意。于某某于 2017 年 7 月 30 日打伤同事后,在淮安市公安局清江浦分局浦楼派出所的主持下达成调解协议,向江都某航运公司借支 4000 元进行赔偿,并同意借款从工资里扣。与此同时,于某某在本案中并未提出索要工资的主张,在 2017 年 8 月 3 日离船后即与江洋运输公司签署了劳动合同,又以江都某航运公司未按期支付工资为由,主张经济补偿金的观点缺乏事实或法律依据,不能得到支持。

第三,江都某航运公司是否应当向于某某支付加班费。原劳动部《关于企业实行不定时工作制和综合计算工时工作制的审批办法》第 5 条第 1 项规定,企业对交通、铁路、邮电、水运、航空、渔业等行业中因工作性质特殊,需连续作业的职工,可实行综合计算工时工作制,即分别以周、月、季、年等为周期,综合计算工作时间,但其平均日工作时间和平均周工作时间应与法定标准工作时间基本相同。在本案中,江都某航运公司为航运企业,于某某为船员,实行综合计算工时工作制并无不当。最高人民法院《关于审理劳动争议案件适用法律若干问题的解释(三)》第9条的规定:"劳动者主张加班费的,应当就加班事实的存在承担举证责任。但劳动者有证据证明用人单位掌握加班事实存在的证据,用人单位不提供的,由用人单位承担不利后果。"在本案中,于某某以工作期间居住在船上、不能回家为由,主张加班事实存在。然而,船员的在船时间并不完全都是工作时间,离船后也可以集中休息,不能因为其在船工作的性质,就推定必然存在加班的事实。根据江都某航运公司提交的考勤表和航行日志,于某某实际公休期已经超过其应休公休期与年休假时间之和。因此,于某某不仅没有举证证明加班事实的存在,也没有证明江都某航运公司掌握加班事实存在的证据,无权主张加班工资。

2. 二审裁判结果

(1)驳回上诉,维持原判。(2)二审案件受理费10元,由于某某承担。(3)本判决为终审判决。

六、评析研判

"劳动安全,又称职业安全,是劳动者享有的在职业劳动中人身安全获得保障、免受职业伤害的权利。"①"职业安全权是劳动权体系中的重要子权利,体现了劳动法所调整的劳动关系的本质属性和要求。"②

本案中的诉讼争议焦点主要有三点:(1)于某某是否有权以江都某航运公司未按照劳动合同约定提供劳动保护或者劳动条件为由,主张解除劳动合同?(2)江都某航运公司是否及时、足额发放了工资?(3)江都某航运公司是否应当向于某某支付加班费?

(一)争点一解析:于某某无权以江都某航运公司未按照劳动合同约定提供劳动保护或者劳动条件为由,主张解除劳动合同

首先,劳动者有权以用人单位未按照劳动合同约定提供劳动保护或者劳动条件为由,主张解除劳动合同。用人单位应当按照合同约定提供劳动保护或劳动条件是我国法律保护劳动者职业安全权的体现。对于职业安全权,学界对该项权利的表述略有差异。常凯认为,职业安全权,又称劳动安全卫生权,是指"劳动者在劳动过程中,为保证

---

① 王致兵:《我国劳动安全问题及对策》,载《辽宁科技大学学报》2009年第1期。

② 郭捷:《论劳动者职业安全权及其法律保护》,载《法学家》2007年第2期。

自己的生命和身心健康，获得的工作场所的职业安全和卫生保护的权利”。[①] 林嘉将职业安全权称为“劳动保护权”，即“劳动者享有的、在劳动过程中获得安全和健康保护的权利，是保护劳动者生命健康权的重要措施”。[②] 无论表述如何，我国目前已经建立了较为完整的职业安全保障法律体系，明确了劳动者单方面解除劳动合同的条件。《劳动合同法》第38条规定：“用人单位有下列情形之一的，劳动者可以解除劳动合同：(一)未按照劳动合同约定提供劳动保护或者劳动条件的；(二)未及时足额支付劳动报酬的；(三)未依法为劳动者缴纳社会保险费的；(四)用人单位的规章制度违反法律、法规的规定，损害劳动者权益的；(五)因本法第二十六条第一款规定的情形致使劳动合同无效的；(六)法律、行政法规规定劳动者可以解除劳动合同的其他情形。”

其次，于某某没有充分证据证明江都某航运公司未按照劳动合同约定提供劳动保护或者劳动条件。劳动者有权以用人单位未按照劳动合同约定提供劳动保护或者劳动条件为由主张解除劳动合同，但需要有充分的证据证明。在本案中，涉案船舶上堆放的液化气瓶是用来满足船员生活需要的，与船舶燃油及货物之间均间隔一定距离，而且涉案船舶安全条件符合规定，也经由相关管理机构检查并通过。于某某未有证据显示相关主管单位在安全检查中指出液化气瓶不符合有关规范要求。

因此，于某某仅以液化气瓶存在安全隐患为由主张江都某航运公司未提供劳动保护或者劳动条件缺乏事实或法律依据，无权解除合同，故法院不予支持。

(二)争点二解析：江都某航运公司已及时、足额发放工资

江都船运公司的工资发放方式有其特殊性。工资，是劳动者因参加劳动获得的由用人单位定期支付一定数额的货币。《全民所有制工业企业转换经营机制条例》第19条规定：“企业享有工资、奖金分配权”；《劳动法》第47条规定：“用人单位根据本单位的生产经营特点和经济效益，依法自主确定本单位的工资分配方式和工资水平。”在本案中，江都某航运公司有权选择本适合本企业的工资分配方式，其在《劳动用工及员工工资待遇的管理规定》中将定酬方式确定为“船队员工工资实行‘百元营收，工资含量’为主，辅以基本工资、岗位津贴、其他补贴的分配办法”，符合上述法律规定。作为航运企业，船员工作量的统计和运费到账均需要一定时间，导致工资的发放一直采用滚动支付的方式，而且于某某在涉案纠纷发生以前，并未对江都某航运公司的工资结算、发放方式提出异议。因此，法院认定江都某航运公司及时、足额发放工资是正确的。

(三)争点三解析：江都某航运公司无须向于某某支付加班费

首先，于某某的在船时间不都是工作时间。根据《交通部关于部属企业职工工作时

---

① 常凯：《劳权论——当代中国劳动关系的法律调整研究》，中国劳动社会保障出版社2004年版，第193页。

② 林嘉：《论劳动权的法律保障》，载《团结》2006年第6期。

间实施办法》的相关规定海员可以实行综合计算工时工作制，综合计算工时工作制采取集中工作、集中休息、轮休轮调等方式。由于船运行业的特殊性，对于远洋渔船来说，船员的在船时间并不固定，原劳动部《关于企业实行不定时工作制和综合计算工时工作制的审批办法》第5条第1款规定："企业对交通、铁路、邮电、水运、航空、渔业等行业中因工作性质特殊，需连续作业的职工，可实行综合计算工时工作制，即分别以周、月、季、年等为周期，综合计算工作时间，但其平均日工作时间和平均周工作时间应与法定标准工作时间基本相同。船员的应休公休期一般按在船工作5天休息2天，再考虑法定节假日因素累计计算，并且船员还享有在船舶上每工作2个月不少于5日的年休假。"由此可知，我国法律允许航运公司在确保员工得到足够休息基础上，灵活安排工作时间。在本案中，涉案船队有于某某和赵某两名轮机长，根据江都某航运公司提交的考勤表和航行日志，于某某的实际公休期已经超过应休公休期加年休假时间。最高人民法院《关于审理劳动争议案件适用法律若干问题的解释(三)》第9条的规定："劳动者主张加班费的，应当就加班事实的存在承担举证责任。但劳动者有证据证明用人单位掌握加班事实存在的证据，用人单位不提供的，由用人单位承担不利后果。"

其次，关于如何定义加班费。有学者认为，"加班费是劳动者在法律规定的工作时间以外，继续向用人单位提供劳动的对价，是用人单位对劳动者牺牲休息时间从事工作的补偿"。① 在本案中，于某某作为船员，在船时间包含了休息时间，不能因为无法下船回家便认定为加班。

因此，于某某主张加班费缺乏事实依据，法院的判决合法合理。

七、拓展训练

(一)案例简介

2004年2月至2009年8月，原告马某在被告都兰某龙公司从事井下风钻采矿工作。马某系以被告都兰某龙公司名义招收，工资是经被告都兰某龙公司审核后发放，施工中生产安全由被告都兰某龙公司负责。2016年2月3日，原告在青海省疾病预防控制中心职业病防治院确诊为职业性矽肺叁期。2017年2月26日经青海省海西州人民医院司法鉴定所司法鉴定，原告马某系职业性矽肺叁期构成叁级伤残；2018年5月21日经青海昆仑司法鉴定中心司法鉴定，原告马某因损伤所致的护理期为30～60日、营养期为30～60日。

查明，原告马某系居民家庭户口，有关损害赔偿费用应当根据城镇居民的相关标准计算。

---

① 潘晓宇：《综合工时工作制　加班费如何计算》，载《中国人力资源社会保障》2019年第8期。

马某向一审法院提出诉讼请求:(1)判令被告赔偿原告医疗费、交通费及其他各项损失共计13,643.80元。(2)判令被告赔偿原告残疾赔偿金311,984元(19,499×20×80%)。(3)请求人民法院委托司法鉴定机构对原告护理费、营养费进行鉴定并据此确定被告赔偿数额。(4)判令被告赔偿原告精神抚慰金30,000元。(5)判令本案诉讼费用由被告承担。

一审判决结果:被告都兰县某龙有限责任公司赔偿原告马某护理费10,170元,营养费3600元,医疗费、交通费13,643.8元,残疾赔偿金392,676.8元,精神损害抚慰金21,000元,鉴定费1048.54元,共计442,139.14元(限判决生效后5日内一次性给付原告)。案件受理费2326元,由被告都兰县某龙有限责任公司负担。

都兰某龙公司上诉请求:(1)撤销都兰县人民法院作出的(2018)青2822民初145号民事判决书,发回重审,并责令一审法院不予受理。(2)一审、二审诉讼费用由被上诉人承担。

事实与理由:(1)一审法院程序违法。二审法院审理认为:"本案海西州中级人民法院已经审理终结,并作出(2016)青28民终442号民事裁定书。裁定应适用《工伤保险条例》的规定进行诉讼且驳回被上诉人的起诉。"本案被上诉人因矽肺病而起诉至法院,最高人民法院《审理人身损害赔偿案件适用法律若干问题的解释》第12条之规定,应当按照《工伤保险条例》之规定的程序处理。(2)一审法院适用法律错误。本案被上诉人因矽肺病而起诉至法院,那么应当按照最高人民法院《审理人身损害赔偿案件适用法律若干问题的解释》第12条之规定,应当按照《工伤保险条例》之规定处理。而一审法院以侵权责任法作为法律依据作出判决,系适用法律错误。

马某请求法院依法驳回上诉,维持一审判决,辩称:(1)(2016)青民终442号民事裁定书,裁定撤销都兰县人民法院作出的一审民事判决书,驳回答辩人的起诉。海西州中级人民法院并没有驳回答辩人的诉讼请求。答辩人并没有丧失实体权利和诉讼权利,故此仍然可以依法起诉。(2)一审法院认定事实正确,适用法律准确,所作判决正确,请求二审法院依法维持原判。答辩人与被答辩人诉争的法律关系存在劳动法律关系与侵权法律关系的竞合,在此情况下,权利人有权选择某一种法律关系而向人民法院提起诉讼。(3)答辩人可以选择向被答辩人主张存在实际的劳动法律关系,或者依照《侵权责任法》规定而径行主张存在侵权法律关系。在答辩人选择依据《侵权责任法》而径行向被答辩人主张权利的情况下,自当适用《侵权责任法》的法律规定。

(二)思考问题

被告都兰某龙公司是否应当赔偿原告马某护理费、营养费、医疗费、交通费、残疾赔偿金、精神损害抚慰金、鉴定费?

第八章　职 业 培 训

第一节 职业培训与专业技术培训界定

一、案例选择

某市人民医院与黄某某职业培训纠纷案

案号:(2018)浙08民终441号

二、问题提示

如何区分职业培训与专业技术培训。

三、案例基本情形

上诉人(原审被告):某市人民医院

被上诉人(原审原告):黄某某

2011年10月8日,浙江省卫生厅、浙江省发展和改革委员会等五部门联合制定出台浙卫发(2011)214号文件《浙江省住院医师规范化培训实施办法(试行)》,就住院医师规范化培训对象为拟从事临床工作的临床、口腔、中医等医学专业本科及以上学历毕业生;本科毕业生参加住院医师规范化培训时间为3年等内容作了规定。2011年10月24日,由浙江省毕业后医学教育委员会出台的浙毕教办(2011)1号文件确定,某市人民医院成为浙江省住院医师规范化临床培训基地。2012年10月30日,黄某某进入某市人民医院工作,从事医生岗位。双方签订了《浙江省事业单位聘用合同书》,合同期限至2017年10月29日止。2012年12月19日,双方签订《住院医师规范化培训协议书》1份,约定:培训专业为内科;培训年限为3年;培训基地名称为某市人民医院住院医师规范化培训;黄某某培训结束后应接受在某市人民医院工作相应年限(组织调动除外);工作年限未满的,乙方需按如下比例返还培训期间的相关费用(包括工资、奖金、福利、培训费、住宿费等);乙方培训1年期及以上者需在甲方工作满10年;如工作未满5年的,费用全部返还甲方;工作5年及以上每满1年减少20%等内容。后黄某某在某市人民医院参加住院医师规范化培训,并于2015年8月结束。2017年8月,黄某某向某市人民医院提出辞职申请,某市人民医院未同意。

2017年11月,黄某某向江山市劳动人事争议仲裁委员会提起仲裁,仲裁委裁决确认双方解除人事聘用关系。11月22日,某市人民医院向仲裁委提起仲裁,请求黄某某退回某市人民医院在培训期间为其支付的除基本工资及社会保险中单位应承担部分外的一切费用,共计195,647.32元。2018年1月4日,仲裁委作出江劳人仲案字(2017)第230号仲裁裁决,驳回某市人民医院的仲裁请求。某市人民医院不服,诉至法院。

某市人民医院向一审法院起诉请求:(1)黄某某返还某市人民医院为其支付的2012年11月至2015年8月规范化培训费用195,647.32元。(2)本案诉讼费用由黄某某承担。

一审判决结果:(1)驳回某市人民医院的诉讼请求。(2)案件受理费10元,减半收取5元,由某市人民医院负担。

一审宣判后,某市人民医院不服该判决,遂依法提起上诉。

某市人民医院诉称:(1)原审判决认定事实不清。第一,一方面,原审判决认定住院医师规范化培训不应认定为岗前培训,属于《劳动合同法》规定的"专业技术培训";另一方面,又认定某市人民医院提交的收入清单中列明的各项福利待遇195,647.32元非专项培训费用,前后矛盾,认定事实不清。第二,《浙江省住院医师规范化培训实施办法(试行)》[以下简称《住院医师规培办法(试行)》]第22条规定,培训对象的工资福利待遇和生活补贴等属于培训经费的组成部分。上诉人某市人民医院与被上诉人黄某某签订了为期3年的《住院医师规范化培训协议书》,该协议书系上诉人某市人民医院与被上诉人黄某某之间的真实意思表示且未违反《劳动合同法》等法律法规的强制性规定,双方均应切实遵守。被上诉人黄某某未遵守服务期约定履行义务,应当承担返还培训期间的全部费用,包括工资、奖金、福利、培训费、住宿费等合计195,647.32元。即便被上诉人黄某某的工资收入清单中没有列明培训费,原审判决认定收入清单中列明的各项费用系被上诉人黄某某的工资等福利待遇也是错误的。被上诉人黄某某在培训期间完成的并非工作任务,而是被上诉人黄某某为提升自身执业技能取得执业资格的学习任务。上诉人按照《住院医师规范化培训协议书》约定支付给被上诉人黄某某的各项经济待遇195,647.32元,没有包含发放给被上诉人黄某某的基础性工资和社会保险费用当中单位承担的部分,是被上诉人黄某某在培训期间的培训费用,而非其创造效益取得的工资、奖金等各项福利待遇。(2)原审判决适用法律错误。第一,上诉人某市人民医院与被上诉人黄某某之间的争议是人事争议,而非简单的劳动纠纷。关于住院医师的培训等特殊事项,浙江省有明确的《住院医师规培办法(试行)》规定,其第22条规定,培训经费主要用于培训费用、培训对象的工资福利待遇和生活补贴等。因此,本案不能简单地以有凭证的培训费用才能认定专项培训费用的组成部分,培训对象的相关工资及福利待遇亦属培训经费。第二,原审判决未认定上诉人某市人民医院和被上诉人黄某某签订的《住院医师规范化培训协议书》无效,则该协议书第2条第3项所规定的"工作年限未满的,乙方需按如下比例返还培训期间的相关费用(包括工资、奖金、福利、培训费、住宿费等)"就应该得到执行。江山市人民法院同案不同判,也印证了本案判决的错误。

被上诉人黄某某答辩称：上诉人某市人民医院既没有提供专项培训费，也没有为黄某某支付过有凭证的培训费，并且黄某某培训前后的工作状态并无差别，所以本案所涉培训不符合专业技术培训的特性，属于职业培训或岗前培训。黄某某的辞职，不构成约定服务期和赔偿培训费的法律构成要件。黄某某3年19万余元的工资收入是合法的工资收入，与《劳动合同法》第22条所述的培训费没有任何关系。某市人民医院和黄某某签订的培训协议适用法律错误，签订过程不合规，内容违反法律规定，应该是无效合同。请求驳回上诉人某市人民医院的上诉请求。

四、诉讼争点

(一)住院医师规范化培训是否属于专业技术培训？

(二)某市人民医院主张黄某某返还的195,647.32元是否属于培训费用？

五、裁判理由及结果

(一)一审裁判理由及结果

1.一审裁判理由

一是住院医师规范化培训是否属于专业技术培训的问题。首先，《住院医师规培办法(试行)》的规定：培训目的是使住院医师成为具有良好的职业道德、扎实的医学理论知识和临床技能，能独立处理本专科常见疾病、多发病的合格临床医师。培训对象在培训基地带教老师指导下，按照培训大纲和培训标准细则的要求，接受公共科目、临床实践技能和专业理论知识等培训。临床实践技能以临床带教培训为主，公共科目和专业理论以自学为主。由此可见，住院医师规范化培训以培养临床能力为主，核心在于临床实践技能的培训，应属于旨在提升职业技能的培训。其次，根据《执业医师法》的规定，参加了执业医师资格考试，并经医师注册取得执业证书即可从事医师执业活动。又从《住院医师规培办法》规定的“对于达到执业(助理)医师报名条件的培训对象，培训基地应组织其参加执业医师资格考试。《住院医师规范化培训合格证书》作为申报中级专业技术资格的必备条件”来看，黄某某在住院医师规范化培训期间即可以参加执业医师资格考试，取得执业证书并从事医师执业活动，而住院医师规范化培训是申报职称，促进个人职业发展的有利条件，并非其从事医生职业的必经程序。因此，住院医师规范化培训不应被认定为岗前培训，某市人民医院主张住院医师规范化培训属于《劳动合同法》中规定的“专业技术培训”于法有据，予以支持。二是某市人民医院主张黄某某返还的195,647.32元是否属于“专项培训费用”。《劳动合同法实施条例》第16条规定：“劳动合同法第二十二条第二款规定的培训费用，包括用人单位为了对劳动者进行专业技术培训而支付的有凭证的培训费用、培训期间的差旅费用以及因培训产生的用于该劳动者的其他直接费用。"某市人民医院向法院提交了黄某某 2012 年 11 月至 2015 年工资奖金等收入清单一份,证明某市人民医院主张返还规范化培训费用 195,647.32 元的构成。黄某某对该清单中的金额无异议,但认为黄某某在某市人民医院培训的同时也提供了劳动,清单中款项应为黄某某的劳动所得,且款项的名称分别为"基础性绩效工资""奖励性绩效工资""福利费",并没有培训费用。法院认为,根据双方签订的《浙江省事业单位聘用合同书》的约定,黄某某在某市人民医院从事医生岗位工作,按照岗位职责要求履行义务,完成工作任务,某市人民医院应依据国家和省有关事业单位工资政策及本单位岗位内部分配办法按月向黄某某支付工资、奖金及各种津贴、补贴,并按规定调整工资标准。黄某某在某市人民医院进行住院医师规范化培训期间,按照某市人民医院要求完成了相应岗位的工作任务,为某市人民医院提供劳动,创造效益,某市人民医院应按聘用合同约定支付工资、奖金等各项福利待遇。另外,《劳动合同法》第 22 条第 2 款的规定:"劳动者违反服务期约定的,应当按照约定向用人单位支付违约金。违约金的数额不得超过用人单位提供的培训费用",某市人民医院现主张收入清单中列明的各项福利待遇 195,647.32 元为专项培训费用并要求黄某某予以返还缺乏事实与法律依据,不予支持。

2. 一审裁判结果

(1)驳回某市人民医院的诉讼请求。(2)案件受理费 10 元,减半收取 5 元,由某市人民医院负担。

(二)二审裁判理由及结果

1. 二审裁判理由

根据《劳动合同法》第 22 条第 1 款、第 2 款的规定,用人单位为劳动者提供专项培训费用,对其进行专业技术培训的,可以与该劳动者订立协议,约定服务期;劳动者违反服务期约定的,应当按照约定向用人单位支付违约金,违约金的数额不得超过用人单位提供的培训费用,用人单位要求劳动者支付的违约金不得超过服务期尚未履行部分所应分摊的培训费用。在本案中,双方当事人签订《住院医师规范化培训协议书》,约定被上诉人的培训期为 3 年,服务期为 10 年,服务期未满的,被上诉人须按比例返还培训期间的相关费用(包括工资、奖金、福利、培训费、住宿费等)。被上诉人于 2012 年 10 月 30 日入职,2017 年 12 月离职,服务期未满。上诉人要求被上诉人返还规范化培训费用 195,647.32 元,应当依照《劳动合同法实施条例》第 16 条之规定,提供上诉人为被上诉人进行专业技术培训而支付的培训费用、培训期间的差旅费用及因培训产生的其他直接费用的凭证。上诉人在一审、二审中未提交上述费用的有效凭证。从上诉人诉请返还的金额看,该金额是上诉人在规范化培训期间发放给被上诉人的工资福利待遇(除基本工资及社会保险中单位负担部分)，与《劳动合同法》第 22 条、《劳动合同法实施条例》第 16 条规定的专项培训费用显然不一致，范围上亦无重合之处。上诉人又以《住院医师规培办法(试行)》第 22 条规定的"培训所需经费主要用于培训费用、培训对象的工资福利待遇或生活补贴等"，认为培训对象的工资福利待遇和生活补贴等属于培训经费。本院认为，该条规定的培训所需经费与《劳动合同法》第 22 条规定的专项培训费用存在明显区别，从条文文义看，培训所需经费包含培训费用、培训对象的工资福利待遇和生活补贴等，培训所需经费和培训费用是一种包含与被包含的关系，而且该条文将培训费用和培训对象的工资福利待遇等并列，明显是旨在将培训费用与工资福利待遇等费用区别开来。被上诉人在规范化培训期间，并非仅接受培训，在培训的同时也在为上诉人提供劳动，完成相应的工作任务，上诉人应当为被上诉人发放工资福利待遇，工资福利待遇不应等同于培训费用或包含于培训费用之中。上诉人将发放给被上诉人的工资福利待遇算入培训费用，要求被上诉人予以返还，于法无据，亦与情理不符，本院不予支持。

2. 二审裁判结果

上诉人某市人民医院的上诉请求不能成立，本院不予支持。依据《民事诉讼法》第 170 条第 1 款第 1 项之规定，判决如下：驳回上诉，维持原判。二审案件受理费 10 元，由上诉人某市人民医院负担。

六、评析研判

本案中的诉讼争议焦点主要有两个：(1)住院医师规范化培训是否属于专业技术培训？(2)某市人民医院主张黄某某返还的 195,647.32 元是否属于培训费用？

(一)争点一解析：住院医师规范化培训属于专业技术培训

首先，需要从法律角度对职业培训和专业技术培训作出区分。职业培训与专业技术培训是两个相对应的概念。《劳动法》第八章专门对职业培训作出规定，《劳动法》第 67 条规定："各级人民政府应当把发展职业培训纳入社会经济发展的规划，鼓励和支持有条件的企业、事业组织、社会团体和个人进行各种形式的职业培训。"第 68 条规定："用人单位应当建立职业培训制度，按照国家规定提取和使用职业培训经费，根据本单位实际，有计划地对劳动者进行职业培训。"而专项培训，是指企业为了提高生产效率、满足特殊岗位的需要，对员工进行的专业操作技能及专业知识的培训。①

其次，有学者对职业培训和专业技术培训作出了详细比较。该学者认为，根据审判实践，在认定某项培训是职业培训还是专业技术培训时，通常可以从以下几个方面考

---

① 参见郭天卓：《释疑专项技术培训》，载《中国人力资源社会保障》2014 年第 4 期。

虑:一是培训的内容和目的。职业培训的内容一般以劳动者从事日常工作所需要的知识、技能为主,有时也涉及一些辅助性知识的学习,主要目的是提高劳动者的日常劳动效率和劳动质量。专业技术培训的内容则较为专业,一般都有很强的针对性,例如,单位成套引进设备后,需要培训专门的人员负责该设备的操作和维护;单位根据自身业务需要选送劳动者到相关机构进修,以获得相应的资质证书或从业资格;单位为拓展某项业务,选送劳动者进行有针对性的学习和训练,以掌握从事该新业务所必需的技能等等。① 上述培训的内容一般是劳动者事前并未具备的知识或技能,或者劳动者虽然具有相应基础,但并未深入掌握以及尚无法熟练运用的特殊知识和技能,培训的目的是使劳动者能胜任更高层次或更加专业的工作。二是培训的对象。职业培训的范围一般没有特殊限制,可能包括单位的全体劳动者或者从事某一工种的全体劳动者,是普及型的培训。专业技术培训的对象是个别的劳动者,而且通常都是用人单位经过严格挑选后确定的人员,是专业型和个体型的培训。三是培训的形式。职业培训一般无须专门脱产进行,通常是利用工作的空余时间进行集中授课、集中训练,或者边工作边接受训练,占用正常工作时间较少。专业技术培训由于培训的内容比较专业和复杂,通常要劳动者脱产进行学习和进修,培训的时间较长。四是培训的费用。职业培训的费用应由用人单位纳入日常的职工教育经费中支出,具体分摊到每一职工的金额一般都不会太高。专业技术培训所需要支付的培训费用通常较高,且用人单位可能还需要为此另外付出交通费、食宿费、培训津贴等附加的费用,上述培训费和开支需要用人单位纳入专项培训费用和预算进行开支。

综上所述,职业培训一般是劳动者从事本职工作前的必经程序,不具备专业性和针对性。在本案中,黄某某参加的住院医师规范化培训应属于专业技术培训,理由有两点:一是黄某某在完成住院医师规范化培训后即可参加执业医师资格考试,取得执业证书并从事医师执业活动,证明该培训具有专业性;二是住院医师规范化培训仅有利于申报职称和促进个人职业发展,并非从事医生职业的必经程序,证明该培训具有针对性。因此,住院医师规范化培训属于专业技术培训而非职业培训。

(二)争点二解析:某市人民医院主张黄某某返还的195,647.32元属于培训费用

首先,某市人民医院可以要求黄某某返还培训费用。《劳动合同法》第22条规定:"用人单位为劳动者提供专项培训费用,对其进行专业技术培训的,可以与该劳动者订立协议,约定服务期。劳动者违反服务期约定的,应当按照约定向用人单位支付违约金。违约金的数额不得超过用人单位提供的培训费用。用人单位要求劳动者支付的违约金不得超过服务期尚未履行部分所应分摊的培训费用。用人单位与劳动者约定服务

① 参见张南日:《如何区分职业培训和专项技术培训》,载《中国职工教育》2014年第1期。

期的，不影响按照正常的工资调整机制提高劳动者在服务期期间的劳动报酬。”某市人民医院与黄某某签订了《住院医师规范化培训协议》，根据该协议规定，某市人民医院可以要求黄某某支付违约金，但违约金的数额不得超过用人单位提供的培训费用。

其次，关于如何确定培训费用的具体范围。《劳动合同法实施条例》第 16 条规定："劳动合同法第二十二条第二款规定的培训费用，包括用人单位为了对劳动者进行专业技术培训而支付的有凭证的培训费用、培训期间的差旅费用以及因培训产生的用于该劳动者的其他直接费用。”由此可知，培训费用是专用于培训的直接费用。在本案中，《住院医师规培办法（试行）》第 22 条规定：培训所需经费主要用于培训费用、培训对象的工资福利待遇或生活补贴等。该规定表明，住院医师规范化培训所需经费范围不仅包含培训的直接费用，还包含培训对象的工资福利待遇或生活补贴等。黄某某称某市人民医院既没有提供专项培训费，也没有为黄某某支付过有凭证的培训费，某市人民医院并未出示证据证明其提供过专项培训费，且黄某某培训期间仍正常工作，195，647. 32 元应当认定为黄某某在某市人民医院工作期间的劳动所得即工资福利待遇。故某市人民医院主张黄某某返还的 195，647. 3 元与法律规定的培训费用范围不一致。

最后，关于培训期间发放的工资、奖金，是否属于培训费用应具体判断。从《劳动合同法实施条例》第 16 条的规定来进行分析，其他费用强调因培训产生的直接费用，基本工资属于劳动者按法律规定应得报酬，因此，不应计入培训费用中，“而绩效工资、奖金、福利等，则需要判断是否因培训而发生，确因劳动者接受培训取得相应成绩而给予的则用人单位请求返还这部分费用应当予以支持”。[1] 故法院判决某市人民医院的主张缺乏事实与法律依据是正确的。

七、拓展训练

（一）案例简介

被告吴某某于 2015 年 7 月 6 日进入原告浙江某健身服务有限公司工作，从事教练岗位。双方签订有劳动合同，被告为原告缴纳了社会保险。原告的工资组成为“基本工资 + 业绩提成 + 课时提成”。

2018 年 1 月至 6 月，原告向被告发放工资情况如下：2018 年 1 月原告核算应发工资 3434. 62 元，其中课时提成 2070 元，实发工资 2394. 74 元，原告确认应补发 324. 76 元；2018 年 2 月原告核算应发工资 1499. 23 元，其中课时提成 0 元，实发 784. 13 元，原告确认应按 2010 元/月的最低工资标准补发 1225. 87 元；2018 年 3 月原告核算应发 2946. 92 元，其中课时提成 1620 元，实发 1931. 82 元；2018 年 4 月原告核算应发 4492. 31 元，其中

---

① 郭天卓：《释疑专项技术培训》，载《中国人力资源社会保障》2014 年第 4 期。

课时提成2070元,实发3768.89元;2018年5月原告核算应发9680.20元,其中课时提成6593元,原告确认暂扣实发工资为8104.52元;2018年6月原告核算应发工资为2474.92元,其中课时提成1148元,原告确认暂扣实发工资1737.62元。

除原告上述陈述的实发工资及原告认可需要补发的工资,2018年1月、2月、3月、6月原告分别扣罚业绩未达标款300元;2018年3月、4月原告分别在工资中扣减教练培训费300元;2018年5月原告在工资中扣减会员退款应扣提成756元。

如按照2018年3月1日后的新方案计算被告的课时提成,被告课时提成情况如下:2018年3月6002元、2018年4月7286.40元、2018年5月8282.40元、2018年6月651元。

2018年6月26日,被告向宁波市海曙区劳动人事争议仲裁委员会提起仲裁,要求原告支付2018年1月至6月16日的工资差额27,753.53元,并解除劳动支付经济补偿金28,876.92元。因在仲裁庭审中,原告、被告均确认劳动关系尚未解除,故宁波市海曙区劳动人事争议仲裁委员会于2018年9月25日作出仲裁裁决,裁令原告向被告支付2018年1月至6月16日的工资差额26,675.32元。

原告浙江某健身服务有限公司向一审法院提出诉讼请求:判决原告无须支付被告2018年1月至6月16日工资差额26,675.32元。

事实和理由:(1)仲裁裁决要求原告支付2018年1月至6月16日工资差额的计算方法是错误的。第一,被告2018年3月至6月16日的课时提成含会员在2018年3月1日之前购买的私教课,应按旧方案予以计算课时提成[按上课节数×课时费价(所对应的教练等级)计算课时费];2018年3月1日之后购买的私教课,应按新方案予以计算课时提成[按照售卖课程总金额×百分比(所对应的教练等级)计算课时费]。第二,私教工资由(基本工资+绩效考核+售卖课程所对应教练等级的业绩提成+所对应教练等级的课时提成)组成,会在2018年3月1日只购买的私教课应按照旧方案计算课时提成。(2)裁决要求原告支付2018年1月至6月16日工资组成中的扣款没有依据。第一,私教业绩未完成最低标准5000元,须承担300元扣款,被告对此是知晓的,因为2015年11月与2017年4月工资发放明细都有这笔扣款。第二,自2018年3月6日起为了提升教练各项技能,公司开设私教类培训,所有私教必须参加,每次培训须缴纳300元培训费,被告对此是知晓的。第三,一名会员因长期在外地,无法进行锻炼,因此向公司申请退款,退款金额为7560元,被告需承担退款金额10%,因为会员购买私教课时,公司已全额支付业绩提成和课时提成。被告对上述3笔退款表示不知情或未收到相关通知不知晓公司规定,是完全不合理的,公司在职教练五六百人,公司通过办公室OA系统及钉钉APP下发各类通知等,从未收到其他教练反映未收到的情况,且被告在工资发放之时,从未对上述扣款提出异议,应视为知情。综上所述,原告诉至法院请求依法解决。

被告吴某某答辩称：关于课时提成问题，被告未收到过原告提交的教练课时及对应课时提成方案，故无法确认其真实性，被告仅被告知自2018年3月1日起的课时提成按新标准计算，故原告主张按旧方案计算，缺乏证据。关于3项扣款，未达业绩的扣款违反劳动法相关规定，且被告对此不知情；培训扣款，违法劳动合同法相关规定，且被告对此不知情；会员退款扣款，被告对原告陈述的相关规定不知情，且未告知被告。综上所述，请求法院按照劳动仲裁的裁决内容，判令原告向被告支付工资差额26,675.32元。

（二）思考问题

浙江某健身服务有限公司是否有权扣减吴某某的培训费用？

第二节　劳动者培训费用赔偿

一、案例选择

聂某与乌鲁木齐某文化传媒有限公司因劳动争议纠纷案

案号：(2019)新01民终4162号

二、问题提示

劳动者未履行完约定的服务期，是否应当赔偿用人单位培训费用？如应赔偿，具体数额如何计算？

三、案例基本情形

上诉人（原审被告）：聂某

被上诉人（原审原告）：乌鲁木齐某文化传媒有限公司

乌鲁木齐某文化传媒有限公司（以下简称某文化传媒公司）与聂某于2017年11月15日签订劳动合同，双方约定合同期限自2017年11月20日至2020年11月19日，聂某的工作岗位为亲子游泳老师，试用期3个月，试用期工资2500元，月工资构成为底薪、课时费、提成及绩效。双方在劳动合同第9.3条约定，聂某若违反公司劳动纪律或内部章程，某文化传媒公司有权要求聂某赔偿其损失。双方在第11.5条约定，合同期内聂某有权辞职并终止合同，因此给某文化传媒公司造成经济损失的，某文化传媒公司有权要求聂某赔偿。聂某工作期间双方签订了以下培训协议：(1)2018年5月17日补签培训期限为 2017 年 11 月 22 日至 12 月 2 日的《某宝贝培训协议》，培训地点为某文化传媒公司总部(位于广东省珠海市)，培训开支预计如下：培训费 34,302 元，培训期间的食宿、交通、通信费用 5114 元，共计 39,416 元。某文化传媒公司提交开票日期为 2019 年 3 月 21 日的增值税电子发票打印件，证明为某某泡泡宝贝公司支出培训费 34,302 元，及订单截屏打印件一张，证明 2019 年 3 月 28 日向某某泡泡宝贝公司补交 1396 元培训费。某文化传媒公司庭审中未出示支出 5114 元食宿、交通、通信费用的证据。(2)2018 年 5 月 17 日补签培训期限为 2018 年 2 月 27 日至 4 月 28 日的《某宝贝培训协议》，培训地点分别位于乌鲁木齐市和博乐市，培训开支预计如下：培训费用 2700 元，培训期间的食宿、交通、通信等费用 1080 元，救生员资格证报名费 1765 元，练习游泳场地费 848 元，博乐市机票费用 526 元，共计 6919 元。某文化传媒公司提交开票日期为 2018 年 4 月 28 日、5 月 3 日及 2019 年 3 月 21 日的增值税电子发票打印件 4 张，显示某文化传媒公司支出聂某从乌鲁木齐市往返博乐市的机票款 526 元，向新疆游泳和救生协会支出培训费 1715 元。2018 年 5 月 3 日，聂某培训结束后在某文化传媒公司财务处报销交通、住宿及餐费共计 1080 元。(3)2018 年 5 月 17 日补签培训期限为 2018 年 5 月 5 日至 13 日的《某宝贝培训协议》，培训地点为沃特宝贝珠江新城店，此次培训无培训费用支出，培训开支预计如下：住宿 2413 元、餐补 535.5 元、通信等费用 3103.5 元，机票费用 2110 元，共计 5213.5 元。某文化传媒公司提交开票日期为 2018 年 5 月 13 日、2019 年 3 月 21 日增值税电子发票打印件 3 张，显示某文化传媒公司支出 2018 年 5 月 4 日及 13 日聂某及另一员工从乌鲁木齐市往返广州机票款 4220 元(聂某 2110 元)，及在广州新粤酒店产生的住宿费 4240 元。(4)2018 年 5 月 17 日签订培训期限为 2018 年 5 月 19 日至 5 月 20 日的《某宝贝培训协议》，培训地点西安。培训开支预计如下：托业考试报名费 608 元、资料费 168 元，食宿、交通、通信费用 310 元，机票费 1532 元，合计 2618 元。某文化传媒公司提交开票日期为 2018 年 6 月 25 日、2019 年 3 月 21 日的增值税电子发票打印件 2 张，显示某文化传媒公司支出聂某西安至乌鲁木齐机票款 770 元，及支出考试服务费 608 元。2018 年 4 月 9 日聂某在某文化传媒公司财务报销托业考试报名费 608 元，材料费 169.8 元，打车费 42.5 元。某文化传媒公司还提供了新疆某发公司出具的 1000 元泳票及乌鲁木齐经济技术开发区建设总公司出具的 796 元泳票发票，用于证明聂某在培训时支出以上费用。双方在以上 4 份培训协议第 4 条均约定，上述开支，一经甲方(某文化传媒公司)支出即为最终费用，对双方均具有约束力。乙方(聂某)同意自培训后返回甲方之日起，其应为甲方服务 36 个月。如乙方因任何原因(除不可抗力外)，未能如约为甲方工作，应按下表赔偿甲方：服务不足 6 个月，赔偿 100% 的培训开支；服务 6 个月以上但不足 18 个月，赔偿 75% 的培训开支；服务 18 个月以上但不足 27 个月，赔偿 50% 的培训开支；服务 27 个月以上但不足 36 个月，赔偿 25% 的培训开支。

庭审中某文化传媒公司要求第 1 次、第 2 次培训费按 75% 赔偿，第 3 次、第 4 次培训按 100% 赔偿，故赔偿金额变更为 46,019.3 元。聂某工作期间从事水下教学工作，聂某正常提供劳动至 2018 年 10 月 16 日，10 月 17 日聂某因生病请假至 10 月 31 日。其间某文化传媒公司领导通过钉钉工作群系统多次询问聂某病情，至 10 月 31 日某文化传媒公司通过公司钉钉工作群向聂某发送信息询问"你这边休息怎么样，明天应该可以过来上班吧"，11 月 1 日继续发信息"想问下是还要休息一段时间还是怎样，不知道你是怎么考虑的"，11 月 5 日继续发信息"是还要休息一段时间还是怎样，不知道你怎么考虑的，收到麻烦给我个回复"。其间某文化传媒公司同时向聂某发送手机短信："身体好些了吗？因为已经过了请假时间段，不知道你对工作怎么考虑？做好决定请尽快告知我一声""聂某老师，电话一直未接通，你休息怎样了，目前假期已到结束时间，假期结束要立即回公司上班，现在已经超过 4 日了，你这边是怎么考虑的？请收到信息希望能尽快给我回复，请理解下我的工作"。2018 年 11 月 7 日某文化传媒公司向聂某邮寄辞退通知书公函，通知聂某未按规定程序请假，擅自不上班，按旷工处理……已超过原定休息时限 7 日之久，在此期间，公司多次与其联系未果，其多次推辞不愿沟通，不作明确答复，你的行为已构成自动离职，请你接到本辞退通知书后 3 日内到公司人事部门办理离职手续。某文化传媒公司认可应支付聂某销售提成款共计 3876 元，并提供聂某工资明细，某文化传媒公司提供的工资明细显示聂某每月工资构成为"基本工资 + 全勤奖 200 元 + 绩效 + 课时费 + 提成"。其中课时费、提成及绩效每月金额不固定。某文化传媒公司提出以上提成已分别在 4 月、8 月及 9 月工资中支付共计 3488.76 元（1938 元、1326.18元、223.71 元），剩余 387.25 元系聂某应退还的销售退款，故未发放。聂某提供的有提成发放的 3 张工资单显示发放过 750 元、1326.84 元、673.71 元 3 笔提成共计 2750.55 元。某文化传媒公司因赔偿培训费申请仲裁，聂某应诉后反诉要求某文化传媒公司支付欠付提成款及解除劳动合同经济补偿金。2019 年 3 月 6 日乌鲁木齐经济技术开发区（头屯河区）劳动人事争议仲裁委员会作出乌经（头）劳人仲字（2019）第 102 - 3 号仲裁裁决书，裁决：（1）驳回某文化传媒公司所有申诉请求。（2）某文化传媒公司应补发聂某销售全款提成 610.96 元。（3）驳回聂某的其他反诉申请。某文化传媒公司不服该仲裁裁决，向一审法院起诉请求：（1）赔偿培训费用 54,166.5 元，当庭变更诉讼标的金额为 46,019.3 元。（2）不予支付销售全款提成 610.96 元。

一审判决结果：（1）某文化传媒公司支付聂某销售提成款 610.96 元。（2）聂某赔偿某文化传媒公司各项培训费用 33,280.9 元［（34,302 元 + 3321 元）× 75% +（4230 元 + 1590.3 元）× 87%］。

一审宣判后，聂某不服该判决，遂依法提起上诉。

上诉人聂某提出上诉请求：撤销一审判决第 2 项，改判其不支付某文化传媒公司培训费。事实及理由:聂某参加的培训,实际是单位内部岗位培训或内部工作交流,不属于劳动合同法律规定的专业技术培训,不应适用关于约定服务期和支付违约金的相关规定。另外,一审法院判决其自动离职有误。某文化传媒公司存在未履行提供劳动保护的义务,根据法律规定,作为劳动者,其可以解除劳动合同,并不应承担向某文化传媒公司赔偿培训费的后果。请求二审法院支持其上诉请求。

某文化传媒公司辩称,不同意聂某的上诉请求。聂某在公司工作期间,参加了教师授课技能、英语技能等专业培训,由公司支付了4次培训费用,聂某与公司签订了相应的4份培训协议。另外,聂某在请假期满后,经我公司再三催促发函后,仍不到岗继续工作,属于自动离职,应当按照双方培训协议的约定,返还我公司为其支付的培训费用。请求二审法院驳回聂某的上诉请求。

四、诉讼争点

(一)聂某是否应当赔偿某文化传媒公司相应的培训费用?

(二)如应当赔偿,具体数额应如何计算?

五、裁判理由及结果

(一)一审裁判理由及结果

1. 一审裁判理由

《劳动合同法》第90条规定:“劳动者违反本法规定解除劳动合同,或者违反劳动合同中约定的保密义务或竞业限制,给用人单位造成损失的,应当承担赔偿责任。”在本案中,某文化传媒公司、聂某签订的劳动合同中约定了劳动者因违反单位劳动纪律或辞职给单位造成损失应当进行赔偿。同时,双方在签订《某宝贝培训协议》中也明确约定了双方的权利义务、服务期限,该协议的签订系双方在自愿协商基础上签订,双方关于违约后赔偿用人单位培训开支的内容并不违反法律强制性规定,合法有效,对双方具有法律约束力。庭审中,某文化传媒公司出示的短信信息可以印证聂某病假届满未履行请假手续至2018年11月7日仍未到岗的事实,2018年11月7日某文化传媒公司以聂某旷工7天构成自动离职为由解除双方劳动合同关系,聂某在仲裁时提起反诉,仲裁裁决认定了聂某自动离职的事实,某文化传媒公司因此依据双方签订的劳动合同及《某宝贝培训协议》要求聂某赔偿培训开支费用合法有据,予以支持。经查,双方在签订《某宝贝培训协议》时约定的费用支出均为预计费用,双方约定实际开支经某文化传媒公司支出即为最终费用,因此,聂某虽参加了以上4次培训学习,但产生的费用不应按合同中的预计费用为准,而是应以某文化传媒公司的实际支出费用为准。经查明,对于第一次培训产生的费用某文化传媒公司仅提供支出34,302元培训费的发票,其他费用支出某文化传媒公司未举证。第二次培训，某文化传媒公司支出交通、住宿及餐费1080元、机票526元客观真实，某文化传媒公司向新疆游泳和救生协会支出的培训费1715元亦与培训协议内容相符合。第三次培训某文化传媒公司支出2110元机票费用客观真实，某文化传媒公司提供的4240元酒店住宿发票与此次培训地点相符，但应按2人标准减半计算。第四次培训某文化传媒公司支出机票费770元及820.3元报名费、材料费及交通费客观真实。某文化传媒公司提交的补交1396元培训款截屏打印件无法核实其真实性，某文化传媒公司提交泳票发票无法证明系聂某培训支出，对以上证据的有效性不予确认。综上所述，某文化传媒公司第1次培训支出培训费34,302元，第2次培训支出培训费、交通费及餐费3321元，第3次培训支出交通费及住宿费4230元，第4次培训支出报名费及交通费1590.3元，予以确认。根据双方在《某宝贝培训协议》中约定，某文化传媒公司按聂某实际服务期间要求赔偿第1次与第2次培训开支费用的75%，符合双方合同约定，予以支持。关于第3次与第4次培训费用的赔偿，经查，第3次培训结束时间为2018年5月13日，第4次培训结束时间为2018年5月20日，至双方劳动关系解除时聂某已至少为某文化传媒公司提供了5个月劳动，故某文化传媒公司按少于6个月服务期赔偿100%费用有失公平，本案中一审法院按实际提供劳动服务期比例确定赔偿比例为87%（5个月÷36个月）。综上所述，聂某应赔偿某文化传媒公司培训费及因培训支出的交通费、住宿费共计33,280.9元。关于提成款，一审法院认为，聂某的工资构成为基本工资、课时费、提成及绩效，某文化传媒公司提供的工资发放明细系其单方形成，不能有效证明3876元提成款中的1983元已在工资中发放的事实，聂某认可的工资条中仅显示发放了2750.55元提成，同时某文化传媒公司也未举证证明聂某存在387.25元应退还销售款的事实，故对某文化传媒公司不同意支付聂某销售提成610.96元的诉讼请求不予以支持。庭审中聂某认可仲裁裁决支付剩余提成款610.96元，予以确认。

2. 一审裁判结果

（1）某文化传媒公司支付聂某销售提成款610.96元。（2）聂某赔偿某文化传媒公司各项培训费用33,280.9元[（34,302元+3321元）×75%+（4230元+1590.3元）×87%]。

（二）二审裁判理由及结果

1. 二审裁判理由

《劳动合同法》第22条规定："用人单位为劳动者提供专项培训费用，对其进行专业技术培训的，可以与该劳动者订立协议，约定服务期。劳动者违反服务期约定的，应当按照约定向用人单位支付违约金。违约金的数额不得超过用人单位提供的培训费用。用人单位要求劳动者支付的违约金不得超过服务期尚未履行部分所应分摊的培训费用。用人单位与劳动者约定服务期的,不影响按照正常的工资调整机制提高劳动者在服务期期间的劳动报酬。”在本案中,作为亲子游泳教师,某文化传媒公司为聂某提供了专业技能培训,支付了培训费用,双方签订有培训协议,且培训协议均未违反法律、法规的规定。作为劳动者,聂某违反服务期约定自动离职,应当按照约定赔偿某文化传媒公司支付的培训费用。一审法院按照双方培训协议的约定,以聂某实际为某文化传媒公司提供劳动的服务期比例,分别确定聂某应赔偿某文化传媒公司培训费及因培训支出的交通费、住宿费数额,并无不妥,本院予以维持。聂某作为完全民事行为能力人,具有一定的文化水平,其应当对自己在4份培训协议上签名的行为所导致的法律后果有足够的认识和预见,聂某在与某文化传媒公司签订协议后,未遵循诚实信用原则,未按约定履行义务,应当承担赔偿某文化传媒公司培训费及相关费用的责任,对于聂某认为某文化传媒公司对其进行的不是专项培训,其不应赔偿某文化传媒公司培训费用的上诉理由,无事实及法律依据,本院不予采信。

2. 二审裁判结果

(1)驳回上诉,维持原判。(2)二审案件受理费10元,由聂某负担(已付)。(3)本判决为终审判决。

六、评析研判

查看近几年的裁判文书,关于专业技术培训协议的纠纷数量呈增长趋势。最为普遍的就是劳动关系解除时用人单位要求劳动者返还培训费用、赔偿服务期违约金所出现的劳动纠纷。在司法实践中,有法官对专业技术培训作出了界定:专业技术培训是相对职业培训、上岗培训、夜校培训而言的,包括专业知识和职业技能。专业技术培训,是指企业为了提高生产效率,满足特殊岗位的需要,对员工进行的专业操作技能及专业知识的培训。[①]

本案中的诉讼争议焦点主要有两个:(1)聂某是否应当赔偿某文化传媒公司相应的培训费用?(2)如应当赔偿,具体数额应如何计算?

(一)争点一解析:聂某应当赔偿某文化传媒公司相应的培训费用

首先,聂某所接受的培训属于专业技术培训。在判断是否为专业技术培训时,可综合考量下列因素:“(1)劳动者的自认。劳动者是培训过程的亲历者、专业技术的掌握者,其事先或事后对培训内容的专业技术性所作的确认,应优先得到认可。(2)培训的形式和期限。培训可以是课堂或视频教学,也可是现场观摩、操作,或师徒式学习。培训可由本公司或关联公司的人员进行,也可由其他公司或培训机构进行。较长期限的

---

① 参见辽宁省本溪市中级人民法院(2019)辽05民终1145号民事判决书。

脱产、半脱产学习，更为接近专业技术培训。(3)培训的费用和对象。有专门培训费用的支出、支出的培训费用数额较大、针对少数人员展开的培训，更宜认定为专业技术培训。(4)培训后的情况。若劳动者接受培训后不久得到职务的晋升或报酬的提高等，则更可能是专业技术培训。"①

由此可知，专业技术培训可以由本公司进行，故聂某主张的"我参加的培训，实际是位内部岗位培训或内部工作交流，不属于劳动合同法律规定的专业技术培训……"不成立。聂某在劳动关系存续期间，共接受了4次某文化传媒公司的培训，此4次培训均为提高聂某教师授课技能、英语技能等的培训，应当属于专业技术培训。

其次，某文化传媒公司可以与聂某约定服务期。《劳动合同法》第22条第1款规定："用人单位为劳动者提供专项培训费用，对其进行专业技术培训的，可以与该劳动者订立协议，约定服务期。"在本案中，某文化传媒公司为聂某提供了4次专业技术培训并支付了相关费用，因此，某文化传媒公司可以与聂某签订培训协议，约定服务期。

最后，聂某未按约定履行服务期，应当赔偿某文化传媒公司相应的培训费用。根据《劳动合同法》第22条第2款、第3款中"劳动者违反服务期约定的，应当按照约定向用人单位支付违约金。违约金的数额不得超过用人单位提供的培训费用。用人单位要求劳动者支付的违约金不得超过服务期尚未履行部分所应分摊的培训费用。用人单位与劳动者约定服务期的，不影响按照正常的工资调整机制提高劳动者在服务期期间的劳动报酬"的规定以及原劳动部《关于贯彻执行〈劳动法〉若干问题的意见》[劳部发(1995)309号]的有关规定，用人单位用于劳动者职业技能培训费用的支付和劳动者违约时培训费的赔偿可以在劳动合同中约定，但约定劳动者违约时负担的培训费和赔偿金的标准不得违反原劳动部《违反〈劳动法〉有关劳动合同规定的赔偿办法》[劳部发(1995)223号]②等有关规定。在本案中，双方签订的培训协议符合双方合意，且未违反法律、法规的规定，应认定为合法有效，聂某自2018年10月31日假期结束后至劳动关系解除时一直未上班，《培训协议》中约定的服务期未履行完毕，应当按照约定赔偿某文化传媒公司相应的培训费用。

综上所述，聂某应当赔偿某文化传媒公司相应的培训费用，法院判决并无不妥。

---

① 程小勇、孟高飞：《劳动合同服务期制度的适用》，载《人民司法(应用)》2014年第17期。

② 《违反〈劳动法〉有关劳动合同规定的赔偿办法》第4条规定："劳动者违反规定或劳动合同的约定解除劳动合同，对用人单位造成损失的，劳动者应赔偿用人单位下列损失：(一)用人单位招收录用其所支付的费用；(二)用人单位为其支付的培训费用，双方另有约定的按约定办理；(三)对生产、经营和工作造成的直接经济损失；(四)劳动合同约定的其他赔偿费用。"

(二)争点二解析:聂某赔偿的具体数额应为33,280.9元

首先,聂某赔偿的培训费用应当是某文化传媒公司有凭证的直接费用。《劳动合同法实施条例》第16条规定:“劳动合同法第二十二条第二款规定的培训费用,包括用人单位为了对劳动者进行专业技术培训而支付的有凭证的培训费用、培训期间的差旅费用以及因培训产生的用于该劳动者的其他直接费用。”在本案中,双方签订的《培训协议》中规定的培训开支均为预计数额,不应当作为计算标准,而是应当按照某文化传媒公司提供的用于聂某的实际费用来计算。第一次培训产生费用为34,302元,第二次培训产生费用为3321元(交通、住宿及餐费1080元,机票526元,培训费1715元),第三次培训产生费用为4230元[机票2110元、酒店2120元(已按2人标准减半)],第四次培训费用为1590.3元(机票费770元,报名费、材料费及交通费820.3元)。

其次,聂某赔偿的培训费用不得超过服务期尚未履行部分所应分摊的培训费用。《劳动合同法》第22条第2款规定:“劳动者违反服务期约定的,应当按照约定向用人单位支付违约金。违约金的数额不得超过用人单位提供的培训费用。用人单位要求劳动者支付的违约金不得超过服务期尚未履行部分所应分摊的培训费用。”在本案中,双方在4份培训协议第4条均约定:乙方(聂某)同意自培训后返回甲方之日起,其应为甲方服务36个月。如乙方因任何原因(除不可抗力外),未能如约为甲方工作,应按下表赔偿甲方:服务不足6个月,赔偿100%的培训开支;服务6个月以上但不足18个月,赔偿75%的培训开支;服务18个月以上但不足27个月,赔偿50%的培训开支;服务27个月以上但不足36个月,赔偿25%的培训开支。某文化传媒公司与聂某于2017年11月15日签订劳动合同,第一次培训时间为2017年11月22日至12月2日,第二次培训时间为2018年2月27日至4月28日,第三次培训时间为2018年5月5日至13日,第四次培训时间为2018年5月19日至5月20日,2018年11月7日某文化传媒公司向聂某邮寄辞退通知书公函。第一次与第二次培训结束至劳动关系解除前,聂某已为某文化传媒公司服务超过6个月,某文化传媒公司按聂某实际服务期间要求赔偿第一次与第二次培训开支费用的75%,符合双方合同约定,应当予以支持。第三次与第四次培训结束至双方劳动关系解除时聂某已至少为某文化传媒公司提供了5个月劳动,根据我国《劳动合同法》的规定,聂某赔偿的培训费用数额不得超过未履行的31个月服务期应分摊的培训费用,即应当按照87%(5个月÷36个月)的标准来计算,《培训协议》约定的“服务不足6个月,赔偿100%的培训开支”。

综上所述,聂某应当赔偿某文化传媒有限公司各项培训费用33,280.9元。[(34,302元+3321元)×75%+(4230元+1590.3元)×87%],一审法院的判决是正确的。

七、拓展训练

(一)案例简介

章某于2018年3月14日到某火培训中心工作,受聘为销售管理和校长工作,其在入职登记表中载明曾担任过教育培训机构的主管、副校长工作。2018年3月22日,双方签订《员工培训协议》,约定某火培训中心安排章某到北京接受中高层管理培训,为期4天,培训费用共计10,000元,包括学费、交通费、住宿费、伙食费,培训合格后的服务期限为2年。该协议第6.2条规定:如乙方章某在服务期内解除劳动关系,应向甲方某火培训中心支付违约金(培训费用总额÷协议服务期天数×服务期剩余天数)。协议签订后,章某与另3人参加了培训。某火培训中心为此次培训支出交通费788.50元、住宿费447.25元、伙食费411元、培训费15,753.75元,共计17,400.50元。2018年4月8日,双方再次签订《员工培训协议》,约定章某到上海参加销售培训,协议内容与上一次基本相同。章某亦参加了培训。某火培训中心为此次培训支出交通费588元、住宿费550元、伙食费160元,共计1298元。2018年9月22日,章某因个人原因辞职。

章某向一审法院提出诉讼请求:(1)判令不支付某火培训中心违约金10,368.90元;(2)诉讼费用由某火培训中心承担。

一审法院判决章某于判决生效之日起10日内一次性给付连云港市海州区某火少儿英语培训中心10,368.90元。案件受理费10元(已预交),由章某负担。

章某上诉请求:撤销一审判决并依法改判上诉人不承担责任,诉讼费用由被上诉人承担。事实与理由:上诉人参加的是岗前培训,并非专项培训。且该次培训约定的培训费用10,000元,包括培训学费5000元,其他费用5000元,实际上参加北京培训一共有4人,没有证据证明被上诉人为上诉人缴纳的培训学费为5000元,以及其他实际发生的费用数额是否和上诉人有关。

某火培训中心辩称,一审法院认定事实清楚、证据确实充分,一审判决已经阐明专项培训的法律意义,并根据相关法律规定对上诉人与被上诉人之间的劳动争议作出了判决,请求驳回上诉,维持原判。

二审法院审理期间,双方均未提供新证据。

(二)思考问题

章某是否应该支付违约金?如应该支付,违约金的数额如何计算?

第三节　劳动者培训费用返还

一、案例选择

刘某某与绍兴某医院培训费用争议纠纷案

案号:(2019)浙06民终4318号

二、问题提示

返还用人单位支付的培训费用时,劳动者在培训期间获得的工资、奖金、福利是否需要返还?

三、案例基本情形

上诉人(原审被告):刘某某

被上诉人(原审原告):绍兴某医院

原告绍兴某医院与被告刘某某于2016年7月16日签订《事业单位聘用合同书》一份,约定被告在原告处工作,合同期限自2016年7月16日起至2021年7月15日止。2017年9月至2018年3月,原告安排被告外出进修。2018年3月28日,原告(甲方)与被告(乙方)补签《绍兴某医院外出进修人员培养合同》一份,约定:乙方外出进修期间享受甲方在编职工的工资和福利待遇,奖金或效益工资按当时甲方规定的标准发给,医疗费按甲方在编职工的同等待遇享受;乙方外出进修的进修费用由甲方支付,住宿费和交通费用由甲方按有关规定支付;进修期间乙方不得以任何理由中断进修或提出调动、辞职。乙方以任何形式离开医院都必须赔偿甲方在进修期间花费在乙方身上的一切经济损失并赔偿违约金2万元;乙方在进修学习结束后,必须为医院工作服务满5年以上,若中途调出、辞职、自动离职等则应赔偿甲方花费在乙方身上的培养费(包括进修期间的工资、奖金、福利、进修费及其他费用)及违约金2万元。未满5年调离者,每少1年则须赔偿培养费和违约金的1/5。2018年6月13日,被告向原告提交辞职申请,载明"由于个人原因,离家较远、父母年迈、二子年幼,确实照顾困难,现申请辞职"。2018年7月27日,绍兴某医院医共体总院出具《关于同意刘某某同志辞职申请的报告》,同意与被告终止合同。

另查明,被告原告在2017年9月至2018年5月向被告发放如下款项:2017年9月份工资2503.17元(含2017年7月效益工资)、百日无投诉奖400元、2017年10月工资

900.98 元(含 2017 年 8 月效益工资)、2017 年 11 月工资 3538.54 元、补发 2016 年 7 月至 2017 年 7 月工资 2760 元、书报费及晋升补贴 180 元、高温费 400 元、2017 年 12 月工资 3987.04 元、2018 年 1 月工资 1744.29 元、2018 年 2 月工资 796.99 元、2017 年度医疗安全奖 500 元、2017 年度年终奖、13 个月工资及 13 个月绩效工资合计 26,737.8 元、2018 年 3 月工资 939.99 元、2018 年 4 月工资 3173.99 元(含 2018 年第一季度考核奖)、加班费 250 元、2018 年 5 月工资 23,209.83 元(含 2018 年第一季度考核奖、被告进修期间效益工资)。

原告于 2019 年 4 月 22 日向绍兴市越城区劳动人事争议仲裁委员会提起劳动仲裁申请,该委未予受理,原告遂诉至该院,绍兴某医院向一审法院起诉请求:(1)裁决被告向原告支付因被告辞职而产生的违约金(培养费)人民币 263,346 元。(2)本案诉讼费用由被告承担。

一审判决结果:(1)刘某某应于判决生效之日起 30 日内向原告绍兴某医院支付培养费用 19,097.09 元。(2)驳回原告绍兴某医院的其他诉讼请求。

上诉人刘某某不服一审判决,提起上诉,请求:撤销一审判决,改判驳回被上诉人诉讼请求。

上诉事实和理由:(1)该案一案三立。绍兴某医院未提供合适岗位导致上诉人辞职,未支付任何培训费用却要求上诉人赔偿,并扣押证书。劳动仲裁将案件分立成 3 件,历时一年多未结。(2)一审判决将工资奖金福利归入培训费用,适用法律不当,上诉人现提交新证据。上诉人培训期间未报销任何进修相关发票,证据可以证明除工资奖金外无任何进修收入。根据《劳动合同法实施条例》第 16 条的规定,上诉人无须赔偿。(3)一审对进修时长认定错误。一审将 2017 年 9 月至 2018 年 5 月正常工资奖金福利均纳入进修期间的赔偿范围,事实认定错误。(4)进修培养合同之赔偿条款与法律相违背。进修培养合同违约金条款违背《劳动合同法》等法律,也违背双方签订的聘用合同书,属无效条款。

绍兴某医院答辩称,一审认定事实清楚,适用法律正确,程序合法,应予以维持。

四、诉讼争点

(一)刘某某是否应当赔偿绍兴某医院培训费用?

(二)刘某某是否应当返还进修期间获得的工资、奖金、福利?

五、裁判理由及结果

(一)一审裁判理由及结果

1. 一审裁判理由

原告绍兴某医院与被告刘某某签订《绍兴某医院外出进修人员培养合同》,该合同约定,被告在进修学习结束后,必须为原告服务满 5 年以上,若中途自动离职则应赔偿原告花费在被告身上的培养费用,包括进修期间的工资、奖金、福利、进修费及其他费用,未满 5 年,每少服务 1 年须赔偿培养费的 1/5。上述合同系原告、被告双方真实意思表示,对双方均有约束力,但根据《劳动合同法》第 22 条的规定,用人单位为劳动者提供专项培训费用,对其进行专业技术培训的,可以与该劳动者订立协议,约定服务期。劳动者违反服务期约定的,应当按照约定向用人单位支付违约金。违约金的数额不得超过用人单位提供的培训费用。用人单位要求劳动者支付的违约金不得超过服务期尚未履行部分所应分摊的培训费用。用人单位与劳动者约定服务期的,不影响按照正常的工资调整机制提高劳动者在服务期期间的劳动报酬,故原告、被告上述合同中约定被告因离职而赔偿给原告的费用,应当以原告"提供的培训费用"为限。虽然原告、被告合同约定的费用包括工资、奖金、福利、进修费及其他费用,但被告外出进修期间双方的劳动人事关系一直存续,原告应当按照法律规定向被告支付基本工资,并为被告缴纳社会保险、住房公积金等费用,上述费用系法律规定原告作为用人单位应履行的法定义务,并不因被告进行专业技术培训可以免除,故原告、被告上述合同中涉及该部分费用的约定因违反法律禁止性规定而属无效,该院认为该部分款项应当在被告赔偿原告培养费中予以扣除。被告在外出进行专业培训期间,未在原告处实际工作,按"提供劳动"与"获取报酬"的基本原理,除上述基本工资、社会保险费、住房公积金等法律规定的原告作为用人单位必须予以支付的费用以外的其他报酬,属于因培训产生的用于被告的其他直接费用,属于培训费用范畴,原告主张按上述合同约定赔偿的诉讼请求,符合双方合同约定及法律规定,该院予以支持。根据查明事实,该院确定原告于 2017 年 9 月至 2018 年 5 月向被告发放各类款项共计 90,429.65 元,该款中已扣除公积金、保险金、工会费、医保、失业金、职业年金、个人税等,其中百日无投诉奖 400 元、补发 2016 年 7 月至 2017 年 7 月工资 2760 元、书报费及晋升补贴 180 元、高温冷饮费 400 元、加班费 250 元,合计 3990 元,虽在被告进修期间发放,但其性质不属于被告进修期间发生的费用,应当予以扣除。2017 年度医疗安全奖、年终奖、13 个月工资、13 个月绩效工资合计 27,237.8 元,根据被告进修时间,该院确定其中 18,158.53 元不属于被告进修期间产生,应当予以扣除。在剩余款项中,如前所述,还应扣除原告发放给被告的岗位工资、薪级工资、非进修期间产生的季度考核奖、效益工资、工资及各项补贴共计 49,184.03 元。综上所述,原告支付给被告的款项中 19,097.09 元符合原告、被告合同约定的进修期间的培养费且符合法律规定,被告应当予以退还,对原告主张的合理部分,该院予以支持。关于原告主张被告退还的人才补贴,因款项系由绍兴市柯桥区卫生和计划生育局 2016 年激励扶持名医名院培育资金列支并通过原告向被告发放,非由原告支出,且在原告、被告上述合同中未作约定,故原告要求被告返还该款项依据不足,该院不予支持。

2. 一审裁判结果

(1)刘某某应于判决生效之日起30日内向原告绍兴某医院支付培养费用19,097.09元。(2)驳回原告绍兴某医院的其他诉讼请求。本案案件受理费10元,由原告绍兴某医院负担9元,由被告刘某某负担1元,应由被告负担部分,于判决生效之日起7日内向该院履行。

(二)二审裁判理由及结果

1. 二审裁判理由

《劳动合同法》第22条规定,用人单位为劳动者提供专项培训费用,对其进行专业技术培训的,可以与该劳动者订立协议,约定服务期。劳动者违反服务期约定的,应当按照约定向用人单位支付违约金。违约金的数额不得超过用人单位提供的培训费用。《劳动合同法实施条例》第16条规定:"劳动合同法第二十二条第二款规定的培训费用,包括用人单位为了对劳动者进行专业技术培训而支付的有凭证的培训费用、培训期间的差旅费用以及因培训产生的用于该劳动者的其他直接费用。"本案双方签订的《绍兴某医院外出进修人员培养合同》约定,刘某某在进修学习结束后,必须为绍兴某医院服务满5年以上,若中途自动离职则应赔偿绍兴某医院花费的培养费用。但刘某某在进修期间,与绍兴某医院的劳动关系一直存续,绍兴某医院应按照法律的相关规定,向刘某某支付其进修期间的基本工资,为其缴纳社会保险费、住房公积金等费用。刘某某在进修期间,并未在绍兴某医院处实际工作,按"提供劳动"与"获取报酬"的基本原理,除上述基本工资、社会保险费、住房公积金等法律规定绍兴某医院作为用人单位必须予以支付的费用以外,绍兴某医院无须向刘某某支付其他劳动报酬,即除上述项目以外,绍兴某医院所支付的其他报酬,属于《劳动合同法实施条例》第16条规定的因培训产生的用于该劳动者的其他直接费用,应属于培训费用的范畴。被上诉人于2018年4月、5月发放的工资中包含2018年第一季度考核奖及进修期间效益工资,一审法院据此认定并计算应当由刘某某赔偿的培训费用,并无不当,刘某某的上诉理由不能成立。

2. 二审裁判结果

(1)驳回上诉,维持原判。(2)二审案件受理费10元,由上诉人刘某某负担。(3)本判决为终审判决。

六、评析研判

专业技术培训,是《劳动合同法》确立的一个新法律术语,与入职培训、岗前培训、在职培训等概念是不同的。在实践中,有很多用人单位会与劳动者在专业技术培训协议中约定,如劳动者违反服务期约定须返还培训期间的工资、奖金、福利,这其实是侵犯劳动者权益的表现。

本案中的诉讼争议焦点主要有两个：(1)刘某某是否应当赔偿绍兴某医院培训费用？(2)刘某某是否应当返还进修期间获得的工资、奖金、福利？

(一)争点一解析：刘某某应当赔偿绍兴某医院培训费用

首先，绍兴某医院安排刘某某外出进修属于专业技术培训。有学者将“专业技术培训”定义为“对特定专业对劳动者的特殊技能要求所进行的专门培训，而不包括面向一般劳动者的通用性知识和技能的培训，如岗位适用性培训、上岗和转岗培训、劳动安全卫生培训。进修是用人单位为了提高职工业务水平而提供的学习培训”。[①] 在本案中，绍兴某医院安排刘某某到上海整形外科进修，双方在《绍兴某医院外出进修人员培养合同》中约定了培养费用和服务期，可以认定该进修为专业技术培训。

其次，刘某某未按约定履行服务期。双方在《绍兴某医院外出进修人员培养合同》中约定：“乙方在进修学习结束后，必须为医院工作服务满 5 年以上……”2018 年 3 月刘某某进修结束，2018 年 6 月 13 日向绍兴某医院提交辞职申请，未履行完毕约定的 5 年服务期。

《劳动合同法》第 22 条规定：“用人单位为劳动者提供专项培训费用，对其进行专业技术培训的，可以与该劳动者订立协议，约定服务期。劳动者违反服务期约定的，应当按照约定向用人单位支付违约金。违约金的数额不得超过用人单位提供的培训费用。用人单位要求劳动者支付的违约金不得超过服务期尚未履行部分所应分摊的培训费用。用人单位与劳动者约定服务期的，不影响按照正常的工资调整机制提高劳动者在服务期期间的劳动报酬。”因此，刘某某应当赔偿绍兴某医院培训费用。

(二)争点二解析：刘某某无须返还进修期间获得的工资、奖金、福利

《劳动合同法实施条例》第 16 条规定：“劳动合同法第二十二条第二款规定的培训费用，包括用人单位为了对劳动者进行专业技术培训而支付的有凭证的培训费用、培训期间的差旅费用以及因培训产生的用于该劳动者的其他直接费用。”刘某某只需要返还绍兴某医院提供的培训费用。

首先，工资、奖金不需要返还。有人提出，“专业技术培训”不同于用人单位按照《劳动法》第 68 条有义务提供的职业培训，“专业技术培训的形式也可以是脱产的、半脱产的、不脱产的”。[②] 在本案中，第一，虽然刘某某在外出进行专业培训期间，未在绍兴某医院实际工作，但是符合专业技术培训的特点。再根据《劳动法》第 50 条“工资应当以货币形式按月支付给劳动者本人。不得克扣或者无故拖欠劳动者的工资”的规定，绍兴某医院应当支付刘某某在培训期间的工资，并不因刘某某进行专业技术培训可以

---

① 王全兴：《劳动合同法条文精解》，中国法制出版社 2007 年版，第 77 页。

② 杨景宇、信春鹰主编：《中华人民共和国劳动合同法解读》，中国法制出版社 2007 年版，第 66 页。

免除。第二,本案涉及的奖金是刘某某非培训期间应得的年终奖金、季度考核奖金,并非接受培训取得相应成绩而给予的,不必返还。

其次,福利不需要返还。"除人们普遍认为本条规定意味着劳动者在培训期间的工资不应算入培训费用组成范围外,劳动者在培训期间的社会保险、福利待遇、住房公积金等项目亦应被排除在外,原因在于,这些待遇与工资一样,都是劳动者基于劳动关系所获得的正常报偿,与用人单位提供的出资培训之间不存在对价关系。"①在本案中,进修期间刘某某与绍兴某医院之间的劳动关系一直存续,福利并不属于"因培训产生的因培训产生的用于该劳动者的其他直接费用"。

因此,虽然刘某某与绍兴某医院在《绍兴某医院外出进修人员培养合同》中约定:"……若中途调出、辞职、自动离职等则应赔偿甲方花费在乙方身上的培养费(包括进修期间的工资、奖金、福利、进修费及其他费用)及违约金2万元……"但该项约定违反了法律禁止性规定,应认定为无效,故刘某某无须返还绍兴某医院支付的进修期间的工资、奖金、福利,法院的判决是正确的。

七、拓展训练

(一)案例简介

2010年8月被告张某至原告京铁某公司从事实习机车司机工作,2011年1月1日双方签订《劳动合同书》,约定固定期限(5年)的劳动合同,电力机车岗位,合同期限从2011年1月1日至2015年12月31日。2016年1月1日,原告与被告续签固定期限劳动合同,约定合同期限从2016年1月1日至2018年12月31日。2010年8月25日,原告为被告办理合资地方铁路学习司机证,2014年12月2日,被告张某取得中华人民共和国铁路机车车辆驾驶证。2017年1月23日,被告张某向原告提出辞职申请。京铁某公司向一审法院起诉请求:(1)依法判决被告张某支付原告违约金9万元;(2)本案诉讼费由被告承担。

一审法院判决被告张某于判决生效之日起10日内赔偿原告京铁某公司违约金9万元。

张某上诉请求:(1)撤销原判,改判上诉人不赔偿被上诉人违约金9万元;(2)本案一审、二审诉讼费用均由被上诉人承担。事实与理由:(1)京铁某公司无法证明其为上诉人提供了专业技术培训,更无法证明培训费用的数额。双方就服务期的相关约定违反法律规定,无权要求上诉人支付违约金。(2)双方签订两次劳动合同,2011年1月1日《劳动合同书》及其附件《劳动合同书约定的内容》,京铁某公司就其所谓的培训,为

① 许建宇:《论服务期的认定》,载《中国劳动》2014年第6期。

上诉人设定了服务期违约金约定。该约定没有约定服务期限,且约定的违约金数额系固定数值,没有按照服务期分摊培训费用,因此在服务期约定不明的情况下,京铁某公司不应向上诉人主张违约赔偿。2016 年 1 月 1 日《劳动合同书》及其附件《劳动合同书约定的内容》,京铁某公司在没有为上诉人进行培训的情况下,再次约定服务期,显然与劳动法的规定相悖。两次约定服务期均违反法律规定。(3)依据《解除劳动合同证明》与《被申请人的辞职申请》表明,京铁某公司与上诉人双方已于 2017 年 2 月 9 日就解除劳动关系达成一致,上诉人无须支付任何形式的违约金。

京铁某公司辩称,原判认定事实清楚,适用法律正确,应当驳回上诉,维持原判。被上诉人为上诉人学习电力机车驾驶提供了大量的专业技术培训及实际操作(包括资金和设备),双方劳动合同合法有效,约定服务期于法有据。

二审期间,双方当事人均未向本院提交新证据。当事人对一审查明事实均无异议,二审法院对一审查明的事实予以确认。

(二)思考问题

张某是否应当支付给京铁某公司违约金 9 万元?

第九章　工伤保险

第一节　第三人侵权的工伤保险待遇

一、案例选择

何某某等与咸阳市秦都区某街道办事处工伤保险待遇纠纷案

案号:(2015)陕民提字第00009号

二、问题提示

因第三人侵权所构工伤中,工伤保险赔付、商业保险赔付、第三人民事责任赔付是否构成重复赔付?

三、案例基本情形

申诉人(一审原告、二审上诉人):何某某

申诉人(一审原告、二审上诉人):何某娟

申诉人(一审原告、二审上诉人):何某玲

申诉人(一审原告、二审上诉人):何某

被申诉人(一审被告、二审被上诉人):咸阳市秦都区某街道办事处

何某某之妻陈某某从2010年7月在咸阳市秦都区某街道办事处(以下简称某街道办)从事环卫工作。2010年10月21日,陈某某在其负责的路段清扫道路时,被一面包车撞后死亡。咸阳市人力资源和社会保障局于2011年5月19日作出了咸人社工伤认字(2011)243号关于认定陈某某工亡的决定书。某街道办曾为陈某某购买了人身意外保险80,000元,陈某某死后,其近亲属领取了人身意外保险金80,000元。陈某某近亲属还从交通事故方获得了赔偿金106,000元。其母何某侠于2012年农历9月10日去世。

2012年11月19日,一审原告何某某、何某娟、何某玲、何某、何某侠将某街道办起诉至咸阳市秦都区人民法院称,陈某某工作期间因交通事故死亡,其系陈某某的近亲属,陈某某的用人单位某街道办应给予其工伤待遇。请求:(1)某街道办支付丧葬补助费19,521.5元。(2)按月支付陈某某母亲何某侠生活费585.645元。(3)支付一次性工亡补助金436,200元。(4)承担验尸等其他支出3560元。

一审被告某街道办答辩称:(1)工亡补助金按照2009年标准计算应为95,740元,丧葬补助费应为11,967元。(2)陈某某生前未与其母何某侠共同生活,原告主张何某

侠生活费无依据。(3)原告已获得交通事故赔偿金和人身意外保险金共186,000元,不应再重复赔偿。

一审判决结果:某街道办支付何某某、何某娟、何某玲、何某、何某侠269,721.5元。

何某某等人和某街道办均不服上述判决,提出上诉。何某某等人认为:(1)某街道办应按月支付何某侠生活费585.645元。(2)《工伤保险条例》中并未规定工伤职工在获得商业保险赔付和第三人民事赔偿后,应从工伤保险中扣除。故请求撤销原判,支持其一审请求。

某街道办答辩称:(1)陈某某生前未对何某侠提供主要生活来源,一审对何某侠的扶养费未予支持正确。(2)因第三人侵权造成的工亡,第三人民事赔偿部分应当在工伤保险待遇中予以扣除,一审对此适用法律正确。某街道办上诉称,陈某某死亡时间是2010年10月21日,故应适用2003年《工伤保险条例》进行判决。请求撤销原判,驳回何某某等人的诉讼请求。

何某某等答辩称,陈某某工亡的认定时间是2011年,一审适用2011年1月1日实施的《工伤保险条例》正确。

二审判决结果:维持原判,驳回上诉。

陈某某家属对二审判决结果仍然不服,向检察机关提起申诉。2014年11月陕西省检察院向陕西省高级人民法院就此事提起抗诉。

陕西省人民检察院抗诉认为,原审适用法律错误。(1)原判从工伤保险待遇中扣除第三人人身损害赔偿款106,000元,违反了最高人民法院的相关规定。最高人民法院《关于审理人身损害赔偿案件适用法律若干问题的解释》以及[最高法(2006)行他字第12号文]《关于因第三人造成工伤的职工或其近亲属在获得民事赔偿后是否还可以获得工伤保险补偿问题的请示报告》的答复均规定,因第三人造成工伤的职工或其近亲属,从第三人处获得民事赔偿后,可以向工伤保险机构申请工伤待遇补偿。(2)原判从工伤保险待遇中扣除人身意外险理赔款80,000元无法律依据。工伤保险与商业保险性质不同,两者引发的责任也是独立的。在没有特别约定的情况下,陈某某的人身意外险理赔款应当由其法定继承人受益,不应作为减轻用人单位责任部分予以扣除。

再审过程中,何某某等人称:(1)根据最高人民法院《关于审理人身损害赔偿案件适用法律若干问题的解释》的规定和精神,第三人侵权造成工伤的,第三人侵权责任与用人单位工伤保险待遇互不矛盾,受害人可以同时获得民事赔偿和工伤保险待遇补偿。(2)根据保险法的规定,陈某某的人身意外险应当由其法定继承人受益,不应作为减轻用人单位责任部分予以扣除。综上所述,一审、二审判决从工伤赔偿金中扣除第三人赔偿款和意外伤害险赔偿金共186,000元错误,请求依法改判某街道办予以全额支付。被申诉人某街道办答辩称,法院从工伤认定到赔偿,已给予申诉人充分的利益,一审、二审判决正确,请求驳回何某某等人的再审请求。

四、诉讼争点

(一)工伤职工在获得商业保险赔付和第三人民事赔偿的款项,是否应当从工伤保险中扣除?

(二)某街道办是否应该支付何某侠生活费?

(三)赔偿数额的计算依据是什么?

五、裁判理由及结果

(一)一审裁判理由及结果

1. 一审裁判理由

一审法院认为,因第三人侵权造成的工伤,劳动者或其近亲属除可以获得民事赔偿外,还可以获得工伤保险补偿,此二者在法律上并行不悖。故根据国务院《工伤保险条例》的规定,原告要求支付丧葬费19,521.5元,符合法律规定,属于应支付项目。

原告申请供养亲属何某侠抚恤金待遇,但未向法庭提交被供养人所在街道办事处、乡镇人民政府出具的被供养人经济状况证明,亦未提交民政部门出具的被供养人为孤寡老人的证明,对原告申请支付被供养人何某侠生活费,本院不予支持。

对于死者陈某某工亡赔偿标准,因咸阳市中级人民法院(2012)咸行终字第00027号行政判决书作出维持工伤认定决定书的时间为2012年8月13日,为《工伤保险条例》修改以后,应适应修改后的《工伤保险条例》计算工亡补助金,对被告的答辩意见本院不予采纳。对原告要求支付工亡补助金436,200元,符合法律规定,属于应支付项目。原告要求被告承担验尸、抬尸、停尸、消毒等费用3560元,因该项费用包含在丧葬费范围内,原告诉请无法律根据,本院不予支持。因第三人造成工伤的,从第三人处获得的民事赔偿金额低于工伤保险待遇标准的,应由被告某街道办补足差额,原告已经从交通事故方获得赔偿106,000元并获得80,000元保险金赔偿。

2. 一审裁判结果

(1)被告某街道办在本判决生效后10日内支付原告何某某、何某娟、何某玲、何某、何某侠269,721.5元。(2)驳回原告其他诉讼请求。如被告未按本判决指定的期间履行给付义务,应当按照《民事诉讼法》第253条之规定,加倍支付迟延履行期间的债务利息。(3)案件受理费10元,由被告某街道办承担。

(二)二审裁判理由及结果

1. 二审裁判理由

第一,就上诉人何某某等主张原审判决将其从第三人处获得的民事赔偿及人身意外保险金扣除错误一节,因第三人造成工伤的职工或其近亲属,从第三人处获得的民事赔偿金额低于工伤保险待遇标准的,其差额由工伤保险基金补足。本案中某街道办未给陈某某缴纳工伤保险,故其应当承担陈某某的工伤保险待遇,对民事赔偿金额低于工伤保险待遇标准的差额部分其应予承担,故原审判决将上诉人何某某等已经获得的民事赔偿及人身意外保险金予以扣除正确,上诉人何某某等该项上诉理由不能成立,其上诉请求本院不予支持。

第二,何某侠于本案原审立案受理时已经去世,上诉人何某某等以何某侠名义起诉显系违反法律规定,故本院对涉及何某侠抚恤金待遇的诉请不作论处。

第三,修订后的《工伤保险条例》于 2011 年 1 月 1 日实施,该条例第 67 条规定了在条例施行前已受到事故伤害或者患职业病的职工尚未完成工伤认定的,按照该条例的规定执行。陈某某于 2010 年 10 月 21 日因交通事故死亡,咸阳市人力资源和社会保障局于 2011 年 5 月 19 日作出咸人社工伤认字(2011)243 号《关于认定陈某某工亡的决定通知书》,故陈某某的工伤保险待遇应当适用 2011 年 1 月 1 日起施行的修订后的《工伤保险条例》,上诉人某街道办的上诉理由不能成立,其上诉请求本院不予支持。上诉人何某某等上诉主张的验尸、抬尸、停尸、消毒等费用,已经包含在丧葬费内,其再行主张于法无据,故该项上诉请求本院不予支持。综上所述,上诉人何某某、何某娟、何某玲、何某及上诉人某街道办的上诉理由均不能成立,其上诉请求本院均不予支持。原审判决认定事实清楚,适用法律正确,应当予以维持。

2. 二审裁判结果

驳回上诉,维持原判。二审案件受理费共计 20 元,由上诉人何某某、何某娟、何某玲、何某承担 10 元,由上诉人某街道办承担 10 元。

(三)再审裁判理由及结果

1. 再审裁判理由

本案争议的焦点,是申诉人何某某等 4 人应获得的工伤赔偿款中是否应将其已获得的第三人赔偿款和商业保险赔偿金予以扣除。

关于第三人支付的赔偿款是否应从工伤赔偿款中扣除的问题。本案工伤保险赔偿是依据《工伤保险条例》的规定,由用人单位在没有参加工伤保险时承担全部工伤保险待遇的赔偿义务。受害人主张工伤保险待遇和第三人侵权赔偿,均有充分的法律依据,两种权利并行不悖。最高人民法院《关于审理人身损害赔偿案件适用法律若干问题的解释》第 12 条规定:“依法应当参加工伤保险统筹的用人单位的劳动者,因工伤事故遭受人身损害,劳动者或者其近亲属向人民法院起诉请求用人单位承担民事责任的,告知其按《工伤保险条例》的规定处理。因用人单位以外的第三人侵权造成劳动者人身损害,赔偿权利人请求第三人承担民事赔偿责任的,人民法院应予支持。”该规定第 1 款明确了劳动者和用人单位之间工伤保险待遇纠纷的救济途径;第2款确定了劳动者或其近亲属向第三人提起损害赔偿的权利。最高人民法院《关于审理工伤保险行政案件若干问题的规定》第8条第3款亦规定:"职工因第三人的原因导致工伤,社会保险经办机构以职工或者其近亲属已经对第三人提起民事诉讼为由,拒绝支付工伤保险待遇的,人民法院不予支持,但第三人已经支付医疗费用除外。"据此,本案一审、二审判决在何某某等人应得的工伤赔偿款中将第三人赔偿款106,000元予以扣除,依据不足。关于商业保险赔偿金是否应从工伤赔偿款中扣除的问题。人身意外伤害险是非强制性保险,具有自愿性,其商业性决定了给付赔偿款的无条件性。而工伤保险待遇是职工应享受的权利,是用人单位的义务,因此,人身意外伤害险不能取代工伤保险,二者不存在替代或包容关系。对受害人而言,其基于不同法律关系,主张保险赔偿与工伤赔偿均应得到支持。本案一审、二审判决在申诉人应得的工伤赔偿款中将其已获得的商业保险赔偿金予以扣除,没有法律依据。

综上所述,一审、二审判决认定事实清楚,但适用法律错误,应予纠正。何某某等人的申诉理由成立,其再审请求应予支持。

2. 再审裁判结果

(1)撤销咸阳市中级人民法院(2013)咸民终字第00841号民事判决和咸阳市秦都区人民法院(2013)咸秦民初字第00262号民事判决。(2)某街道办于本判决生效后10日内向何某某、何某娟、何某玲、何某支付丧葬费19,521.5元,一次性工亡补助金436,200元,两项共计455,721.5元。(3)驳回何某某、何某娟、何某玲、何某其余诉讼请求。(4)一审、二审案件受理费共计20元,由某街道办负担。本判决为终审判决。

六、评析研判

工伤保险,是指劳动者在工作中或者在规定的特殊情况下,遭受意外伤害或患有职业病导致暂时或永久丧失劳动能力以及死亡时,给予劳动者及其遗属必要经济补偿的一种社会保险制度。工伤保险实行的是无过错责任,也即无论工伤事故的责任归结于用人单位还是劳动者个人或是第三方侵权,用人单位均应承担保险责任,且对于工伤保险的缴纳是由用人单位负担全部费用。第三人侵权是导致工伤事故的重要原因之一,这就衍生出了在第三人侵权导致的工伤事故中,受伤职工一方面可以就侵权责任法向第三人主张侵权责任赔偿,另一方面又可以就社会保险法、工伤保险条例等向用人单位申请工伤保险待遇。如果购买了商业意外保险还可以就商业保险合同得到相应赔付。这三种赔付就一个工伤事故是否可以共同享有?还是构成重复赔付,仅由工伤保险进行补差?用人单位为职工购买了商业保险是否可以取代工伤保险,抵扣工伤保险待遇赔付?

本案中的诉讼争点主要有三个:(1)工伤职工获得的商业保险赔付和第三人民事赔偿的款项,是否应当从工伤保险中扣除?(2)某街道办是否应该支付何某侠生活费?(3)赔偿数额的计算依据?

(一)争点一解析:工伤职工获得的商业保险赔付和第三人民事赔偿的款项,不应当从工伤保险中扣除

本案中的第一个争议,是工伤职工获得的商业保险赔付和第三人民事赔偿的款项,是否应当从工伤保险中扣除。

首先,根据《工伤保险条例》第14条第1款将"在工作时间和工作场所内,因工作原因受到事故伤害的"情况认定为工伤的法律规定,本案当事人陈某某作为环卫工人在清扫路段时发生交通事故导致死亡,且不存在该条例第16条规定的不得认定工伤或者视同工伤的情形。该事故应当被认定为工伤事故获得工伤赔付是毫无争议的。

其次,根据《工伤保险条例》第62条第2款规定:"依照本条例规定应当参加工伤保险而未参加工伤保险的用人单位职工发生工伤的,由该用人单位按照本条例规定的工伤保险待遇项目和标准支付费用。"且综合《社会保险法》的相关法律规定和《工伤保险条例》第2条中对工伤保险负担主体和权力主体的规定,用工单位为形成正常劳动关系的职工缴纳工伤保险是法律的强制性规定。某街道办作为用人单位有为当事人陈某某缴纳工伤保险的法定义务,而在本案中,某街道办并未给陈某某办理工伤保险,则陈某某的工伤保险待遇损失自然应由某街道办负担。正因为为职工缴纳工伤保险是用人单位的强制性义务,不得以任何形式进行规避或替代,所以商业意外保险不能代替工伤保险的存在。某街道办要求用商业意外保险赔付额抵扣其需要负担的工伤保险待遇赔付额是于法无据的。"在工伤事故领域,商业意外保险和工伤保险是两个相互独立存在的赔付系统。不同于工伤保险的强制性,商业意外险具有自愿性与营利性,保险方与被保险方通过平等交换的合同条件形成契约关系。所以商业意外险的法律基础是一般的民事合同关系,而工伤保险的法律基础是国家管理职能的实现,当企业收支不平衡时,由国家财政给予补贴,在劳动者权益保障性上更具有优势。"①如果用人单位只为职工购买人身意外保险而不依法参加工伤保险,实际上是侵害了职工的合法劳动保障权利。这种做法虽然可能为企业降低了一定的缴费成本,但对用人单位本身来讲也是有法律风险的,一旦被查处,不仅需要被责令补缴,还可能面临行政处罚,一旦发生工伤事故,更是要自掏腰包赔偿职员的工伤待遇损失。某种意义上来讲,某街道办为陈某某购置的商业保险可以视为某街道办为陈某某提供的一种福利待遇,而不能免除其支付工伤保险待遇的法定义务。所以两种赔付既有不同性质的法律基础,法律及司法解释也并

---

① 龚报:《工伤保险待遇与商业保险待遇可同时主张》,载《工友》2018年第1期。

不禁止工伤职工及其遗属获得双重赔偿，一审、二审法院将商业保险金在工伤保险待遇赔付中予以抵扣是没有法律依据的，再审对此的纠正是合理的。

最后，在第三人导致的工伤事故中，第三人的民事赔偿与工伤保险两种赔偿请求权的竞合应当如何处理。最高人民法院民事审判第一庭编写的《民事审判指导与参考》中指出："社会保险作为一种社会性风险分担机制，是社会保障制度的核心，而侵权责任是行为人因自己侵害他人权益所应承担的责任，两者在立法目的、价值取向、保护范围、适用条件等方面均有明显不同，原则上不存在冲突。"①工伤保险目的是将用人单位的安全生产经营风险转嫁由全体投保人承担，及时保护劳动者权利，赔偿范围限于物质损失。侵权责任属于司法范畴，目的在于填补损害，以全面赔偿为原则。所以从理论上来看，基于两种赔偿的性质差异，不可相互混同或替代，工伤职工自然可以同时就两种赔偿渠道进行索赔。从法规层面上看，最高人民法院《关于审理工伤保险行政案件若干问题的规定》第 8 条第 1 款规定："职工因第三人的原因受到伤害，社会保险行政部门以职工或者其近亲属已经对第三人提起民事诉讼或者获得民事赔偿为由，作出不予受理工伤认定申请或者不予认定工伤决定的，人民法院不予支持"；第 3 款规定："职工因第三人的原因导致工伤，社会保险经办机构以职工或者其近亲属已经对第三人提起民事诉讼为由，拒绝支付工伤保险待遇的，人民法院不予支持，但第三人已经支付的医疗费用除外"，由此可见，法条层面也不禁止受工伤的职工同时获得民事赔偿和工伤保险待遇赔偿。就实践层面而言，工伤职工在与第三侵权人的民事诉讼中经常会因为侵权人的赔偿能力的不足，遭遇执行难问题，同时还存在因为举证不能而导致的无法得到民事赔偿的风险。如果要求工伤保险和第三人侵权赔付进行就高补差的程序，则实操性差，还不利于工伤职工及时得到工伤保险的补偿，违背了对劳动者的倾斜保护。所以再审判决对工伤职工获得工伤保险待遇和第三人民事赔偿二倍的支持，是合理有据的，且更利于保护劳动者合法权益，规制用人单位的行为，平衡劳动者、用工方和社会之间的利益。

综上所述，在第三人侵权导致的工伤保险赔付案件中，受害方允许同时获得侵权方、商业保险、工伤保险三方的赔付款项，故本案中工亡职工陈某某的家属获得的商业保险赔付和第三人民事赔偿的款项不应当从工伤保险中扣除。

（二）争点二解析：某街道办不应该支付何某侠生活费

本案的第二个争议，是某街道办是否应该支付工亡职工陈某某亲属何某侠的生活费。

首先，《工伤保险条例》规定：职工因工死亡供养亲属抚恤金按照职工本人工资的

---

① 最高人民法院民事审判第一庭编：《民事审判指导与参考》（总第 77 辑），人民法院出版社 2019 年版，第 86 页。

一定比例发给由因工死亡职工生前提供主要生活来源、无劳动能力的亲属。标准为,配偶每月40%,其他亲属每人每月30%,孤寡老人或者孤儿每人每月在上述标准的基础上增加10%。核定的各供养亲属的抚恤金之和不应高于因工死亡职工生前的工资。供养亲属的具体范围由国务院劳动保障行政部门规定。该条规定把工伤保险赔付项目中的亲属抚恤金的对象作了严格限定。而本案一审中,没有证据支撑工亡职工为其母何某侠提供主要生活来源,故一审驳回该诉求是合理合法的。

其次,本案二审开庭前,何某侠已经过世,亲属抚恤金请求权已无权益承接对象,权利消灭,上诉方的该项主张无法律依据。

综上所述,某街道办不需要支付何某侠生活费。

(三)争点三解析:本案的工伤赔偿范围仅支持合理的丧葬费和一次性工亡补偿金

本案的第三个争议,即本案的工伤赔偿范围问题。

首先,本案当事人陈某某于2010年10月21日因交通事故死亡,咸阳市人力资源和社会保障局于2011年5月19日作出咸人社工伤认字(2011)243号《关于认定陈某某工亡的决定通知书》,故陈某某的工伤保险待遇应当适用2011年1月1日起施行的修订后的《工伤保险条例》,某街道办诉称的以2009年的工伤赔付标准核算是错误的。

其次,一审原告既主张了丧葬补助费19,521.5元,又要求被告承担验尸、抬尸、停尸、消毒等费用3560元,构成了重复赔付要求。丧葬补助费,指工亡职工的亲属对死亡的受害人进行安葬所产生的丧葬费用的支出,语义和实质上皆包括了原告所诉称的其他支出。

综上所述,本案的工伤赔偿范围仅支持合理的丧葬费和一次性工亡补偿金,一审原告方主张的验尸消毒等其他费用不予支持。

七、拓展训练

(一)案例简介

2015年6月,某中学校长黄某某乘坐同事魏某某驾驶的车辆同去开会。途中车辆侧翻,黄某某经抢救无效死亡。交警部门认定魏某某负事故全部责任。之后,死者黄某某之妻吴某某、之女黄某与魏某某自愿达成赔偿协议,由魏某某一次性支付吴某某、黄某各种费用共计人民币10万元。2015年7月,有关部门认定黄某某为工伤。2015年10月,吴某某、黄某二人到恩阳区社保局提出核定并支付工伤待遇请求,恩阳区社保局以应先起诉第三人魏某某交通事故赔偿为由不予核定支付。现原告吴某某、黄某诉至法院要求判令被告作出依法核定并支付黄某某工伤保险待遇的具体行政行为。

四川省巴中市恩阳区人民法院判决被告恩阳区社保局在本判决发生法律效力之日起30日内核定支付原告吴某某、黄某应享有的工伤保险待遇。

区社保局不服一审判决，上诉至巴中市中级人民法院。

(二)思考问题

黄某遭遇第三人侵权导致的工伤事故，在获得第三人侵权赔偿后，是否可以获得工伤保险待遇的全额赔付，还是补差赔付？

第二节 不予认定工伤情形

一、案例选择

薛某某诉某省人力资源和社会保障厅、某省人民政府工伤认定纠纷案

案号：(2018)最高法行申10944号

二、问题提示

如何界定视同工伤认定中的“工作岗位”和“工作时间”？

三、案例基本情形

再审申请人：薛某某

再审被申请人：某省人力资源和社会保障厅、某省人民政府

再审申请人薛某某因诉被申请人某省人力资源和社会保障厅(以下简称某省人社厅)、某省人民政府(以下简称某省政府)不予工伤认定一案，不服某省高级人民法院(2018)甘行终55号行政判决，向最高人民法院申请再审。薛某某申请再审称，二审判决认定事实证据不足，适用法律错误。理由如下：(1)井某是在工作时间内、在工作岗位上突发疾病在48小时之内经抢救无效死亡，符合《工伤保险条例》第15条第1款第1项的规定，属于视同工伤的情形。第一，井某2015年8月9日的工作任务是乘车返回板桥作业区，其乘车行为属于在工作岗位上，但二审法院认定“井某在8月9日乘车从家中返回板桥作业区不属于在工作岗位”属事实认定错误。第二，井某的工作区域和生活区域相距约400公里，因此中国某某气股份有限公司长庆油田分公司第十二采油厂(以下简称第十二采油厂)将职工往返日计入考勤作为上班时间，合情合理，并形成惯例。这说明井某的工作岗位有两种：一是在作业区的工作岗位；二是在往返途中的工作岗位。乘车行为就是井某8月9日在执行工作任务。二审法院既然认定井某突发疾病死亡是在工作时间内，那么当然有工作任务，有工作任务就有工作岗位。(2)工作时间和工作岗位二者不能分割认定，应当根据单位规定的上班时间和上班地点结合起来认

定。第一,《工伤保险条例》的目的在于保障“因工作遭受事故伤害或者患职业病的职工获得医疗救治和经济补偿”。井某8月9日是为了第十二采油厂的利益返回作业区,是本职工作,其权利更应当受到保护,认定为工伤完全符合倾斜保护职工权利的立法目的。第二,《工伤保险条例》第14条第1项、第2项、第3项认定工伤的法定条件是“工作时间和工作场所”,而第15条认定视同工伤的法定条件是“工作时间和工作岗位”。相对“工作场所”而言,“工作岗位”强调更多的不是工作的处所和位置,而是履行岗位职责、工作任务。井某乘车返回工作区域就是为了完成当天工作任务,应当属于第15条规定的“工作时间和工作岗位”。第三,在井某发病和死亡是否发生在工作时间、工作岗位上缺乏相关证据证明、难以确定或证据不足的情况下,根据工伤认定倾向性保护职工合法权益的原则,应当作出有利于职工的肯定性事实推定,而非否定性的事实认定。(3)井某在某省××村工作区域的工作岗位是外协员,日常工作职责是负责协调第十二采油厂与当地群众之间的联系。其已向第十二采油厂提交李某某的证人证言,证明井某于8月9日上午在医院同李某某进行电话联系,沟通外协遗留问题。该事实说明井某履行了日常工作职责和任务,井某在医院的此行为也应属于工作岗位的合理延伸,二审法院对其上诉时提出的上述事实未作认定。

薛某某上诉请求:(1)撤销某省高级人民法院(2018)甘行终55号行政判决。(2)依法改判撤销某省政府2017年6月15日作出的甘政复字(2017)32号《行政复议决定书》,并责令某省人社厅依法重新作出工伤认定决定。

第十二采油厂答辩称,2015年8月7日,井某未到达其工作单位板桥作业区,8月8日早晨8时也未按照规定在工作单位上班,且其未向单位办理过请假手续。自井某去世的当日距其离开板桥作业区共10天时间,这期间井某没有去过工作单位。单位职工上班和轮休实行“22+8”制度,即上班的22天为工作时间,轮休的8天与工作无关,井某去世的当日不属于“上班的22天”,且在井某轮休期间,其工作事宜由单位其他人员处理。井某的工作职责是外协岗,工作的地域范围限于庆阳市合水县板桥作业区,而其生病、去世的地点发生在西安市,不属于“工作岗位”。由于井某不符合认定工伤的情形,所以单位没有提出认定工伤的申请。请求驳回薛某某的再审申请。

四、诉讼争点

(一)井某的死亡是否应当认定为工伤?

(二)乘车途中是否等同于在工作岗位?

五、裁判理由及结果

（一）二审裁判理由及结果

1. 二审裁判理由

根据各方当事人诉辩情况，本案的审查焦点有两个：一是井某死亡是否属于《工伤保险条例》第15条第1项规定的"突发疾病"，视同工伤情形；二是被诉行政复议决定是否合法。

《工伤保险条例》第15条规定的是"视同工伤情形"，与第14条规定的应当"认定工伤情形"不同。"视同工伤情形"是应当"认定工伤情形"的补充规定，它本身并不属于因工作原因导致的伤害，而是基于社会公共利益或者公平正义的原则，对职工的一种倾斜性保护，给予职工以工伤保险待遇，对视同工伤应当严格按照法律规定执行，对工作时间和工作岗位不宜再作扩大解释。《工伤保险条例》第15条第1项规定："在工作时间和工作岗位，突发疾病死亡或者在48小时之内经抢救无效死亡的，视同工伤。"该条规定的是突发疾病死亡或者在48小时之内经抢救无效死亡视同工伤的情形，视同工伤不强调职工死亡的原因是工作原因，只要职工在工作时间和工作岗位突发疾病死亡或者在48小时之内经抢救无效死亡的，都应当视同工伤，但是必须同时具备两个条件：即在工作时间和在工作岗位上。这两个条件，缺一不可。在本案中，井某在2015年8月9日从家中返回单位上班途中，突感腹痛，前往高陵县长庆油田职工医院救治，于当日18时40分经抢救无效死亡。井某的死亡符合在48小时内经抢救无效死亡，但是否同时符合在工作时间和工作岗位是本案审查的核心要件。（1）关于工作时间的问题。这里的"工作时间"，是指法律规定或者单位要求职工工作的时间。根据本案查明事实，井某的轮休假时间为2015年8月1日至8日，其于8月9日乘车从居住地西安市高陵县前往工作地庆阳市合水县板桥作业区。根据第十二采油厂人事科2016年5月31日出具的《说明》，8月9日属于井某的上班时间。据此，可以认定井某在工作时间，突发疾病在48小时之内经抢救无效死亡的情形。（2）关于工作岗位的问题，也即上诉人主张8月9日井某返回板桥作业区，其乘车返回作业区属于在工作岗位的上诉理由是否成立的问题。"工作岗位"，是指职工日常所在的工作岗位和本单位领导指派其从事工作的岗位。在本案中，井某的工作岗位在合水县第十二采油厂板桥作业区内，其工作职责是协调处理采油厂与当地群众之间的关系，保证采油厂正常的生产秩序。为此，本院认为，井某在返回板桥作业区的车辆上突发疾病，并不是其日常工作的岗位，不能视为在工作岗位上的延伸。故井某在8月9日乘车返回板桥作业区不属于在工作岗位。基于以上分析，井某8月9日乘车从家中返回庆阳市合水县第十二采油厂板桥作业区，在返回途中，突发疾病，前往西安市高陵县长庆油田职工医院救治，于当日18时40分经抢救无效死亡，虽然可以认定在工作时间，突发疾病在48小时之内经抢救无效死亡情形，但是不符合在工作岗位上的法定要件，被上诉人省人社厅作出不予认定工伤决定的结果正确。

关于被诉行政复议决定是否合法的问题。最高人民法院《关于适用〈中华人民共和国行政诉讼法〉的解释》第135条第1款规定："复议机关决定维持原行政行为的，人民法院应当在审查原行政行为合法性的同时，一并审查复议决定的合法性。"在本案中，被上诉人省政府在受理了上诉人提出的复议申请后，依据《行政复议法》第22条、第23条的规定，向各方当事人送达了《行政复议答复通知书》，并通知了井某的用人单位原审第三人第十二采油厂参加了复议，组织召开了听证会，充分保障了各方的复议权。被上诉人省政府作为复议机关在审查工伤认定决定时，为了充分保障职工伤亡是否构成工伤，进行全面审查，也即不仅审查是否符合《工伤保险条例》第14条应当认定工伤的情形，还审查是否符合该条例第15条规定的视同工伤情形，只有这两个条款都不符合，才能作出不予认定工伤决定。省政府据此履行了全面审查职责，为此，被诉行政复议决定适用《工伤保险条例》第14条第6项和第15条第1款第1项的规定，认定省人社厅作出的被诉不予认定工伤决定适用法律和结果正确，并无不当。

2. 二审裁判结果

被上诉人省人社厅作出的被诉不予认定工伤决定结果正确，适用法律准确。被上诉人省政府作出的行政复议决定程序合法，结果正确。原审判决认定事实清楚，适用法律及判决结果正确。驳回上诉，维持原判。

（二）再审裁判理由及结果

1. 再审裁判理由

再审法院认为，井某因在上班途中突发疾病死亡，而非受到"非本人主要责任的交通事故或者城市轨道交通、客运轮渡、火车事故伤害"，故井某的死亡不符合《工伤保险条例》第14条的规定。该条例第15条规定："职工有下列情形之一的，视同工伤：（一）在工作时间和工作岗位，突发疾病死亡或者在48小时之内经抢救无效死亡的；（二）在抢险救灾等维护国家利益、公共利益活动中受到伤害的；（三）职工原在军队服役，因战、因公负伤致残，已取得革命伤残军人证，到用人单位后旧伤复发的。职工有前款第（一）项、第（二）项情形的，按照本条例的有关规定享受工伤保险待遇；职工有前款第（三）项情形的，按照本条例的有关规定享受除一次性伤残补助金以外的工伤保险待遇。"该条文规定的"视同工伤"的三种情形，是对第14条"应当认定工伤情形"的补充规定，视同工伤不要求必须是工作原因导致的伤害，而是基于社会公共利益或者公平正义的原则，对职工的一种倾斜性保护，给予职工以工伤保险待遇。对视同工伤应当严格按照法律规定执行，对"工作时间"和"工作岗位"不宜再作扩大解释。对因突发疾病死亡视为工伤的认定,必须同时具备工作时间、工作岗位和在48小时之内抢救无效死亡3个条件,缺一不可。

关于乘车途中是否等同于在工作岗位的问题。"工作岗位"通常理解为职工日常履行工作职责所在的岗位或受本单位领导指派其从事工作的岗位。由于"视同工伤情形"的认定是对"应当认定工伤情形"的扩充,因此,对"工作岗位"只能从立法本意出发,按照普通人的一般理解进行判断,而不宜再作延伸、扩充解释。井某生前的工作职责是协调处理采油厂与当地群众之间的关系,保证采油厂正常的生产秩序。其工作岗位应在合水县第十二采油厂板桥作业区内或者在合水县的相关工作区域内。在岗的前提是到岗,井某在8月9日既未到达采油厂岗位,也未到达合水县其负责外联工作的区域之内的岗位。而薛某某将上班乘车途中等同于工作岗位的理由属于对《工伤保险条例》第15条第1款第1项"工作岗位"的扩大解释,没有事实依据,本院不予采纳。因井某不属于在工作岗位上突发疾病死亡,不符合《工伤保险条例》第15条第1款第1项规定的情形。因此,某省人社厅作出的某人社厅工伤不认字(2017)04号《不予认定工伤决定书》和某省政府作出的某政复字(2017)32号《行政复议决定书》并无不当。二审判决维持一审驳回诉讼请求的判决,亦无不当。

2. 再审裁判结果

薛某某的再审申请不符合《行政诉讼法》第91条规定的情形。依照最高人民法院《关于适用〈中华人民共和国行政诉讼法〉的解释》第116条第2款之规定,驳回薛某某的再审申请。

六、评析研判

本案是关于工伤认定中视同工伤认定情形的典型案例,由最高人民法院进行再审裁判。原告薛某某与第十二采油厂之间的争议主要体现在工伤认定方面:原告主张井某乘车途中死亡是发生在工作时间内,工作岗位上,应当认定为工伤,而第十二采油厂则认为,井某死亡时的时间地点均不符合工伤认定的相关规定。本案所引申出的核心问题就是如何界定视同工伤认定中的"工作岗位"和"工作时间"?

结合本案案情,诉讼争点主要有两个:(1)乘车途中是否等同于在工作岗位、工作时间?(2)井某的死亡是否应当认定为工伤,或作"视同工伤"认定?

(一)争点一解析:乘车途中不能等同于工伤认定中对"工作岗位、工作时间"的认定范围

本案的第一个争议焦点,为乘车途中是否等同于在工作岗位的问题。

首先,工伤认定需要围绕"因工"核心因素进行考量。《工伤保险条例》中第14条和第15条中有对发生工伤的地点的不同表达,第14条工伤认定中表述为"工作场所";

第15条视同工伤中表述为“工作岗位”。薛某某上诉认为由于井某的工作内容是协调采油厂与群众的关系，使其履职区域宽泛，故井某突发疾病当下的乘车途中也应界定在“工作岗位”的范围内。固然随着现代经济的发展，工作模式的多元化，限于固定地点的工作形态早已不能代表当下。但结合《工伤保险条例》的立法目的与工伤认定的一般标准来看，设置工伤保险是为了保障因工作遭受事故伤害或者患职业病的劳动者获得救济；工伤认定一般标准为工作原因、工作时间和工作地点的“三工因素”。“综上，‘因工’成为工伤认定的核心要素。即使是在劳动者处于履职区域较为宽泛，或者履职时并无固定地点的情况下，认定工作岗位须从‘工作原因’出发，并结合劳动者的工作性质、工作职责、工作需要和工作纪律等方面进行综合考量。”①

其次，结合实践情况来看，应认定为“工作时间、工作岗位”的情形主要有：“(1)完成法律规定、劳动合同约定或者用人单位规定、临时指定工作的；(2)劳动者在从事与工作有关的预备性、收尾性工作的；(3)工作中因满足吃饭或工间休息等人体正常生理、生活需要的；(4)因工外出期间；(5)加班加点的；(6)劳动者参加用人单位举办的体育赛事、聚餐、文娱活动的。”②就本案而言，薛某某把经井某乘车返回板桥作业区的行为认为是工作任务显然是对“工作任务”内涵的不当理解，该乘车行为并非因公外出也非单位指派或安排，仅可以认定为工作前的预备性准备性行为。且井某在车上并没有从事与他自身工作内容相关的活动也不符合随时待命处于工作状态的属性。井某在正常的工作时间内并未处于“工作岗位”或待在合理的工作范围内，也未执行工作任务，自然不符合“因工”的核心要素，也就不能认定井某是在工作岗位上突发疾病死亡。

综上所述，井某案件中的乘车途中不符合工伤认定中对工作岗位、工作时间的内涵要求。

(二)争点二解析：井某在乘车途中突发疾病死亡不符合工伤认定或视同工伤认定的情形规定

对争点一的分析论证了井某并非在工作岗位上突发疾病，那井某在非工作岗位的乘车途中突发疾病死亡是否符合工伤认定的情形。

《工伤保险条例》第14条规定：“职工有下列情形之一的，应当认定为工伤：(一)在工作时间和工作场所内，因工作原因受到事故伤害的；(二)工作时间前后在工作场所内，从事与工作有关的预备性或者收尾性工作受到事故伤害的；(三)在工作时间和工作场所内，因履行工作职责受到暴力等意外伤害的；(四)患职业病的；(五)因工外出期

---

① 景象：《“视同工伤”的工作岗位认定》，载《中国劳动》2016年第15期。

② 易淑强：《探讨突发疾病死亡视同工伤条款适用中工作岗位和时间差的认定》，载《法制与经济》2017年第11期。

间,由于工作原因受到伤害或者发生事故下落不明的;(六)在上下班途中,受到非本人主要责任的交通事故或者城市轨道交通、客运轮渡、火车事故伤害的;(七)法律、行政法规规定应当认定为工伤的其他情形。"因为井某是在上班途中因非职业病因素的其他疾病原因致死且没有受到工作以外的事故伤害,所以井某的死亡不符合《工伤保险条例》第14条的规定。

对井某死亡是否属于工伤的认定,可以参考《工伤保险条例》第15条"视同工伤"的规定,"职工有下列情形之一的,视同工伤:(一)在工作时间和工作岗位,突发疾病死亡或者在48小时之内经抢救无效死亡的;(二)在抢险救灾等维护国家利益、公共利益活动中受到伤害的;(三)职工原在军队服役,因战、因公负伤致残,已取得革命伤残军人证,到用人单位后旧伤复发的。职工有前款第(一)项、第(二)项情形的,按照本条例的有关规定享受工伤保险待遇;职工有前款第(三)项情形的,按照本条例的有关规定享受除一次性伤残补助金以外的工伤保险待遇"。视同工伤是对职工的补充性保护,在执行《工伤保险条例》第15条规定时就要严格依照法律规定,不能再作扩大解释。在该项条款的规定下,井某的死亡情形又不能完全符合对因突发疾病死亡视为工伤的"工作岗位"认定条件,则不能被视同为工伤情形。

就理论层面而言,本案中井某的死亡情形更贴近于《工伤保险条例》中"突发疾病视同工伤"的规定情形。"该条款的存在是劳动法领域中典型的倾斜保护劳动者权益的内容,究其实质,所规定的并非真正意义上的工伤,而是为应对复杂现实条件和贯彻立法目的而作出的特殊制度设计。"①正因为这种特殊性,使条款本身有一定的模糊性,把具体的确定的定位交给法官自由裁量,也就使司法实践中对该情形出现一些同案不同判的结果。各个司法部门基于自身的倾向对该条款内涵作出不同的解释和适用,因此确定统一的工伤认定原则在这种背景下是尤为重要的。视同工伤的存在已经放弃了普通工伤认定中所需的"工作原因"的必要条件,而为了尊重法律本身的确定性,和回归保护应工作受伤害职工的立法初衷,就应该严格遵守"与工作相关"的司法认定标准。同时也是从现实的社会利益平衡出发,在对劳动者的一定倾斜保护的基础上,不苛责用人单位承担不必要的损失,避免造成劳资关系紧张,影响经济秩序。

七、拓展训练

(一)案例简介

代某某系张某某之妻,张某某生前是某某铁路局石家庄工务段职工,从事汽车司机工作。2014年4月27日,因在单位值班时身体不适,于18点30分左右向办公室主任

---

① 黄帝行:《突发疾病死亡视同工伤认定的争议与完善》,载《山东公会论坛》2020年第1期。

请假，到家后吃了止疼药感觉好些，就上床休息，代某某做好晚饭后因张某某已经睡着就没有叫醒他吃饭和去医院检查。次日早晨6点左右，代某某做完早饭后，发觉丈夫还没起床，仔细查看发现丈夫没反应，赶紧拨打急救中心“120”电话，6点40分左右，“120”急救车赶到，医护人员检查后，告知张某某已经死亡。2014年5月29日，代某某就张某某死亡一事，向省人社厅提起工伤认定申请。省人社厅受理后，于2014年8月8日作出被诉不予认定工伤决定书，并送达给代某某。代某某不服，向河北省人民政府申请行政复议。河北省人民政府于2014年11月24日作出冀政复决(2014)43号行政复议决定，维持了省人社厅作出的不予认定工伤决定书。

代某某对该决定不服，向法院提起诉讼。一审、二审法院皆维持了省人社厅作出的不予认定工伤决定。

代某某申请再审称：一审、二审判决认定主要事实不清。张某某的突发疾病发生在工作时间和工作岗位，其病情恶化导致死亡与其2014年4月27日在工作期间、工作岗位上突发疾病存在连续性和因果关系。一审、二审开庭审理过程中，被申请人承认作出工伤认定的结论是基于申请人提供的书面材料，对于张某某的具体工作状况、段长司机工作的特殊性、事发当时是否加班，在单位身体不适的具体表现情况等并没有进行调查核实，被申请人仅根据书面材料面认定的事实不可能全面客观。一审、二审法院及被申请人对于《工伤保险条例》第15条第1款的理解有误，适用法律的前提错误，得出的结论必然错误。被申请人作出的不予认定工伤决定有悖于劳动法律规范的立法宗旨，且与《河北省工伤案例分析会议纪要》[冀劳社办(2006)137号文]相矛盾。请求撤销二审判决，责令被申请人重新作出工伤认定决定书，并承担一审、二审诉讼费用。

(二)思考问题

本案中的事故情形是否符合工伤认定标准？

第十章　养老保险

第一节　养老保险待遇损失赔偿

一、案例选择

某实验学校与王某某养老保险待遇纠纷案

案号:(2019)苏12民终1413号

二、问题提示

用人单位向员工发放的社保补贴是否可以取代养老保险?在养老保险待遇损失赔偿案中,员工已经取得的社保补贴是否应该归还?

三、案例基本情形

上诉人(原审被告):某实验学校

被上诉人(原审原告):王某某

一审原告王某某于1984年9月经应聘到某兴幼儿园工作,1991年11月20日取得幼儿园教师专业合格证书。2010年5月,泰州市海陵区人民政府凤凰路街道办事处作出泰凤办(2010)28号《关于印发凤凰街道规范幼儿园教育工作方案的通知》,认定包括某兴幼儿园等5所村办幼儿园未经登记注册,对某兴幼儿园等无证幼儿园将立即取缔,5名村幼儿园教师实行"双向选择"到其他正规幼儿园从事教师工作。2010年9月,王某某到某实验学校附属幼儿园工作,直至2017年3月。2017年3月22日,某实验学校为王某某缴纳了基本医疗保险、大病统筹,合计38,318.94元,王某某自行缴纳了10,000元。从2011年年初开始,王某某从某实验学校每半年领取部分社保补贴,且在领取单上签字确认,截至2017年7月共领取54,025.24元。2017年11月1日,泰州市社会保险管理中心出具证明一份,载明:兹有王某某未在江苏省泰州市海陵区参加企业职工养老保险。未在泰州市海陵区享受城镇职工基本养老保险待遇。经向泰州市人力资源和社会保障局查询王某某能否补办社会保险手续证明,该局工作人员口头答复:根据王某某的情况,不能补办社会保险手续,无法享受保险待遇。

随后,王某某为与某实验学校劳动争议案,向泰州市劳动人事争议仲裁委员会申请仲裁,泰州市劳动人事争议仲裁委员会于2017年12月4日作出泰劳人仲不字(2017)13号不予受理通知书,认为王某某的申请不符合劳动人事争议仲裁委员会受理的情形。王某某不服,诉至法院。

王某某向一审法院起诉请求：判令某实验学校向王某某以当地最低社保缴费基数为缴费基准，按照33年缴费年限发放养老金，赔偿养老保险待遇损失，并随本地政府公布的调整数据作相应变化。

诉讼过程中，王某某申请证人窦某、王某1、王某2、肖某出庭作证，证明王某某在某实验学校的工作年限达到33年，因事业布局的调整，2002年梅兴小学虽然撤并，但是某兴幼儿园仍然在原办公点进行办学，直接接受某实验学校的统一管理、培训，每年教师节某实验学校均给与王某某慰问福利，某实验学校及相关教育行政部门没有取缔某兴幼儿园办学点，王某某一直在某兴幼儿园工作任教。某实验学校质证认为，原某中心小学（某实验学校）与各村小学（包括梅兴小学）都属于原塘湾政府下设的镇教办负责管理，相互之间为独立法人单位，没有紧密的行政隶属关系，最多只有业务上的指导关系，故对证人所述“某兴小学隶属于某中心小学，属于上下级关系”无事实依据；原某中心小学对非义务教育范畴的，且与本校无关的幼儿园没有法定管理权限，更没有从属关系，无权决定其教师人员的任聘，故对证人所述“某兴幼儿园属于某中心学校管理及王某某经某中心小学同意后，聘任至某兴幼儿园”无事实依据；合法的塘湾中心幼儿园不可能领导非法的某兴幼儿园，更不可能决定非法的某兴幼儿园教师的招聘工作。2010年在被某实验学校聘用之前，王某某与塘湾中心幼儿园没有任何劳资关系；某兴小学的撤并由教育行政部门决定，某中心小学对梅兴小学的撤并无法定管理权限，梅兴小学的撤并属于塘湾政府的行政行为，与某实验学校无关，更谈不上由某实验学校统一安排。退一步讲，小学撤并与幼儿园撤并亦无关联。故证人所述“某兴小学撤并由某小学统一安排”无事实依据；教师工资标准由国家统一制定，某中心小学无权限制定工资标准，故证人所述“某兴幼儿园教师的工资标准由某中心小学统一制定”无事实依据。

一审判决结果：(1)某实验学校于判决生效后10日内支付王某某一次性养老保险待遇损失33,466.02元。(2)驳回王某某的其他诉讼请求。(3)案件受理费用10元，由某实验学校负责。

2019年5月，泰州市某实验学校不服泰州医药高新技术产业开发区人民法院作出的一审判决，向泰州市中级人民法院提起上诉，要求撤销一审判决并依法改判。

上诉事实与理由：王某某于2010年9月进入某实验学校附属幼儿园工作，2017年3月达到50周岁退休年龄，在此期间双方形成劳动关系。在劳动关系存续期间，根据王某某的要求，某实验学校将社会保险费（包含养老保险）以保险补助的形式每半年发放给王某某，王某某一直未提出异议，且每领取一笔都会在费用报销表上签字确认，在此期间，王某某从某实验学校处领取的保险补助费用合计54,025.24元。虽然某实验学校提供的报销表上标注的是保险或者保险补助，未明确是养老补贴，但结合双方提供的其他证据以及日常社会保险缴纳的数额，可以认定王某某领取的保险补助中包含了养老补贴。例如,2011 年 1 月的报销表中“保险 6 个月 3162.9 元”,是以用人单位应当承担的社会保险费用 527.15 元(其中基本养老保险 348.26 元、失业保险 15.83 元、基本医疗保险 134.56 元、大病医疗补助 7.92 元、工伤保险 7.92 元、生育保险 12.66 元,合计 527.15 元),乘以 6 个月得出的,且王某某于 2010 年 9 月才进入某实验学校工作,某实验学校却发给其 6 个月的保险补贴,已经多支付了 2 个月的社保补贴。其他月份报销单保险补助的数额也与同期用人单位应当承担的社会保险费用基本一致,可以相互印证王某某领取的保险补助中包含了养老补贴。因此,王某某领取的养老补贴以及多领取的 2 个月的社保补贴应当抵扣其主张的养老保险待遇损失,其他部分应当返还。此外,某实验学校于 2017 年 3 月 22 日为王某某缴纳的基本医疗统筹、大病统筹 38,318.94 元,其中应由王某某负担的 3672 元其从未给付某实验学校,该费用亦应用于抵扣王某某主张的养老保险待遇损失,超出部分应当返还。

被上诉人王某某辩称:首先,依照法律规定,用人单位为职工办理社会保险登记并缴纳社会保险费是其法定义务;其次,某实验学校并未提供证据证明双方当事人之间达成以社保补助代替缴纳社会保险费的协议,所谓“以保险补助的形式每半年发给王某某”是某实验学校单方面实施的违法行为;最后,某实验学校已经为王某某缴纳了劳动关系存续期间的基本医疗保险、大病医疗保险,但并未缴纳养老保险费,也没有证据证明双方约定以社保补贴取代养老保险。综上所述,请求驳回上诉,维持原判。

二审期间,当事人围绕上诉请求依法提交了证据。二审院组织当事人进行了质证。某实验学校提交了下列证据:(1)该校员工李某某的社会保险缴纳明细一份,拟证明同期用人单位应当承担的社会保险(含养老保险、失业保险、基本医疗保险、大病医疗补助、工伤保险、生育保险)的具体数额。(2)某实验学校自行制作的《报销表保险补贴数额说明》,该说明中对王某某所领取社保补贴款项的项目组成、分项金额予以明确。王某某质证后表示对证据 1 真实性、合法性无异议,但与本案无关。关于证据 2,该说明是某实验学校单方制作的,对说明中王某某领取的补贴总额予以认可,但该社保补贴中不包含养老保险。

另查明,一审中,王某某主张某实验学校支付给其的社保补助仅包含医疗保险及大病补助。

二审诉讼过程中,某实验学校表示王某某在其处领取社会保险补贴共计 54,025.24 元,现仅主张其中 30,000 元为养老保险补贴,要求王某某予以返还并在本案中抵扣王某某主张的养老保险待遇损失。

四、诉讼争点

(一)王某某是否可以向某实验学校主张一次性养老保险待遇损失及双方形成劳

动关系的时间认定？

（二）某实验学校是否已经支付王某某养老保险补贴费用，该费用应否在本案中予以抵扣？

五、裁判理由及结果

（一）一审裁判理由及结果

1. 一审裁判理由

本案的第一个争议点，即王某某是否可以向某实验学校主张一次性养老保险待遇损失及双方形成劳动关系的时间认定。王某某在某实验学校处工作，双方形成劳动关系，王某某在劳动关系存续期间提供了正常劳动，用人单位应依法为其缴纳基本养老保险。关于双方形成劳动关系时间认定如下。王某某主张其于1984年9月应聘至某兴小学幼儿园工作，2010年村幼园合并到某实验学校处，在某实验学校附属幼儿园任教，其工作时间应连续计算。某实验学校主张王某某2010年9月进入某实验学校附属幼儿园工作，由于双方均未提供有效证据证明，一审法院结合相关证据以及当事人陈述，认定王某某于2010年9月进入某实验学校附属幼儿园工作，双方形成劳动关系。根据社会保险法的规定，用人单位为职工办理社会保险登记并缴纳社会保险费是其法定义务。劳动者超过法定退休年龄请求用人单位赔偿养老保险待遇损失，且经社会保险经办机构审核确实不能补缴或者继续缴纳养老保险费的，自该用人单位依法应当为劳动者办理社会保险之日起，如果劳动者在用人单位连续工作未满15年，用人单位应按照每满一年发给相当于当地上一年度职工月平均工资标准一个月的金额，并一次性支付劳动者养老保险待遇赔偿。故某实验学校应当自2010年9月开始为王某某办理社会保险，至王某某达到50周岁退休年龄即2017年3月时已满6年，鉴于王某某起诉时已过法定退休年龄，已不能补缴社会保险费，王某某主张由某实验学校一次性支付养老保险待遇损失，符合法律规定，一审法院予以支持。泰州市上一年度职工平均工资为5577.67元，某实验学校应支付王某某一次性养老保险待遇损失为33,466.02元（5577.67元×6个月）。

本案的争议之二，即某实验学校是否已经支付王某某养老保险补贴费用，该费用应否返还。一审中某实验学校辩称王某某在某实验学校处已领取社保补贴54,025.24元，已经超出了王某某养老保险待遇损失，应予返还，对于该抗辩意见，因某实验学校未提供证据证明该王某某领取的是养老保险补贴，故本案不予理涉。

2. 一审裁判结果

（1）某实验学校于判决生效后10日内支付王某某一次性养老保险待遇损失33,466.02元。（2）驳回王某某的其他诉讼请求。案件受理费10元，由某实验学校负担。

（二）二审裁判理由及结果

1. 二审裁判裁判理由

二审法院结合已查明的案件事实和上诉人的请求，认为二审的主要争议在于上诉人某实验学校是否几经支付了被上诉人王某某养老保险补贴费用，该费用应否在本案中予以抵扣。故对该点争议进行了具体分析。

首先，自2011年1月起至2017年7月止，某实验学校共计向王某某支付保险补助费用54,025.24元，对此项事实双方当事人均无异议，本院予以确认。其次，某实验学校主张其支付的保险补助中包含养老保险、失业保险、基本医疗保险、大病医疗补助、工伤保险、生育保险等费用，提供了李某某的社会保险缴纳明细予以佐证，并就保险补助的项目组成、计算基数、分项金额作出了明确说明。在此基础上，经本院询问，王某某虽主张保险补助中仅包含工伤、失业、生育3项费用，但未能作出合理解释，且其明确表示“当时学校让我签字拿钱，但没有具体讲拿的是什么钱，我也没有问”，据此，某实验学校上诉主张社保补助中包含养老保险补贴，本院予以采信。最后，因某实验学校已经将相关养老保险费用以社保补助的形式支付给王某某，现王某某以某实验学校未为其缴纳养老保养待遇为由主张某实验学校赔偿损失，某实验学校据此主张王某某返还已经支付的养老补贴，并与王某某主张的养老保险待遇损失相互抵销，于法有据。经本院核算，某实验学校向王某某支付的养老保险补贴已经超出30,000元，故某实验学校要求王某某返还向其支付的养老保险补贴30,000元，并在本案中予以抵扣的上诉请求成立，本院予以支持。

2. 二审裁判结果

（1）维持泰州医药高新技术产业开发区人民法院（2018）苏1291民初67号民事判决第2项。（2）变更泰州医药高新技术产业开发区人民法院（2018）苏1291民初67号民事判决第1项为泰州市某实验学校于本判决生效后10日内支付王某某一次性养老保险待遇损失3466.02元。如未按本判决确定的期间履行给付金钱义务，应按照《民事诉讼法》第253条之规定加倍支付迟延履行期间的债务利息。（3）一审案件受理费10元，二审案件受理费10元，均由泰州市某实验学校负担。

六、评析研判

“养老保险待遇，是国家和社会根据一定的法律法规，为解决劳动者在达到国家规定的解除劳动义务的劳动年龄界限，或因年老丧失劳动能力而退出劳动岗位后的基本生活而建立的一种社会保障制度。”①用人单位为职工缴纳养老保险是其法定义务,属于法律强制性规定,任何单位和个人不得以任何形式免除该义务。本案中反映的就是用人单位给职工私发社保补贴,想要以此来代替缴纳社会保险的法定义务,导致员工退休后没办法享受社会养老保险待遇的现象。

本案中的诉讼争议焦点主要有两个:(1)某实验学校是否应该对王某某的养老保险待遇损失进行赔偿?(2)某实验学校支付给王某某的社保补贴中是否含有养老金补贴,且这个补贴是否应该在养老保险待遇损失中予以抵扣?

(一)争点一解析:某实验学校应该对王某某的养老保险待遇损失进行赔偿

本案的第一争议焦点,即某实验学校是否应该对王某某的养老保险损失进行赔偿。

首先,某实验学校在王某某退休后无法享受养老保险待遇一事上存在过错,未尽到应尽义务,才需要对其养老保险待遇损失进行赔偿。《劳动法》第3条规定,劳动者拥有享受社会保险和福利的权利;第72条规定,用人单位和劳动者必须依法参加社会保险,缴纳社会保险费。《社会保险法》第4条规定,个人依法享受社会保险待遇,有权监督本单位为其缴费的情况;第10条规定,职工应当参加基本养老保险,由用人单位和职工共同缴纳基本养老保险费。上述法律规定均说明了用人单位一旦与劳动者建立了正常的劳动关系,用人单位就必须依法为其按时足额缴纳社会保险。用人单位为员工缴纳养老保险是法律中的效力性强制性规定,不得以任何形式规避其缴纳义务。王某某于2011年9月入职某实验学校,并在2017年3月达到退休年龄离开某实验学校。故王某某与某实验学校自2011年9月形成劳动关系,某实验学校自2011年9月起就应当履行为王某某依法缴纳养老保险的义务。且王某某的养老保险待遇损失计算起点时间也应是该事实认定的用工开始时间,即2011年9月。

其次,根据最高人民法院《关于审理劳动争议案件适用法律若干问题的解释(三)》第1条的规定:劳动者要求用人单位赔偿养老保险待遇损失,需要满足三个条件:一是用人单位未为劳动者办理社会保险手续;二是社会保险经办机构不能补办;三是不能补办导致劳动者无法享受养老保险待遇而遭受损失。② 而本案中王某某的情况均满足上述条件,且有社保局答复证明无法补缴养老保险费用,使其养老保险损失已经明确,故有权要求某实验学校赔偿其养老保险待遇损失。一审、二审法院也正是根据上述依据支持了王某某的赔偿请求。“该解释的出台,也是将此类现有制度设计下行政救济不能的社会保险争议纳入传统劳动争议纠纷解决机制中去,为面临此种问题的劳动者提供

---

① 徐波主编:《劳动和社会保障法学》,厦门大学出版社2012年版,第68页。

② 王建军、谢蕊娜、张长海:《未缴纳社会保险劳动者的损失赔偿》,载《人民司法(案例)》2017年第29期。

了一种现实的救济途径,同时也在一定程度上增加了劳动者的维权成本。"[①]这种设计是否有利于公法属性下的社会保险制度的长期发展有待探讨。

综上所述,本案中王某某的养老保险待遇损失应当由某实验学校负责,并提供经济赔偿。

(二)争点二解析:某实验学校支付给王某某的社保补贴款项中包含私发的养老金补贴,且该补贴应该在养老保险待遇损失中予以抵扣

本案的第二个争议焦点,即某实验学校支付给王某某的社保补贴款项中是否包含养老金补贴,且该补贴是否应该在养老保险待遇损失中予以抵扣。

首先,判断某实验学校支付给王某某的社保补贴款项中是否包含养老金补贴。在一审过程中,当事人双方均未对社保补贴款项构成是否包含养老金补贴作出有力证明,故一审法院对该诉请不予理涉,是符合情理的。二审过程中,某实验学校再次主张其支付的保险补助中包含养老保险、失业保险、基本医疗保险、大病医疗补助、工伤保险、生育保险等费用,并提供了同校同期职工李某某的社会保险缴纳明细予以佐证,并就保险补助的项目组成、计算基数、分项金额作出了明确说明,足以从事实上证明某实验学校确实已经向王某某发放了养老金补贴;而王某某虽主张保险补助中仅包含工伤、失业、生育3项费用,但未能作出合理解释,不足以反驳此证据。根据证明规则,我们可以对某实验学校主张的社保补贴中包含养老金补贴一事采信,二审法院对此认定无误。

其次,在认定某实验学校已经以现金形式向王某某发放了养老金补贴这一事实基础上,判断该补贴款项是否可以抵扣王某某的养老保险待遇损失。其一,社会保险的强制性决定了劳动关系双方不得自行确定是否自行参加社会保险或者选择保险项目。所以关于某实验学校每半年向王某某发放的保险补助性质,无论是某实验学校认为的"双方当事人之间达成以社保补助代替缴纳社会保险费的协议",还是王某某认为的是某实验学校单方面的违法行为,均是违反《社会保险法》规定的强制性义务的行为,应视其无效。在补贴行为无效这一点上可以达成共识。其二,在已经履行的补贴是否能够扣减养老保险待遇损失的问题上,实践中有不同的观点。一种观点认为不能抵扣,如果法院允许用人单位已经给付的养老保险补助抵扣当事人养老保险待遇损失赔偿费,将在法律效果和社会效果上产生错误的导向作用,导致用人单位效仿利用合同约定免除其法定的劳动保障责任,损害社会保险统筹的公共利益。只有依法惩罚用人单位的违法行为,才能达到规范用人单位依法参加社会保险,推动《社会保险法》等劳动法律的贯

① 刘文华、白宁:《社会保险法治化政策研究专题 社会保险争议法律救济制度与实践》,载《中国劳动》2018年第8期。

彻落实。[1] 另一种观点认为可以抵扣,该观点是基于公平合理的角度来进行利益权衡的。虽然劳动法中贯穿着对劳动者的倾斜性保护原则,但同样不能忽视了诚实信用原则在劳动争议审判活动中发挥的作用,出于诚实信用原则,劳动者应当返还已获得的养老金补贴费用,这一效果可以由抵扣形式达成。就本案而言,笔者认可第二种观点,缴纳养老保险是用人单位和劳动者双方的法定义务,双方违反强制性规定都应承担相应的法律后果。既然某实验学校就王某某的养老保险待遇损失全面承担责任,王某某也应当就返还已获得的养老金补贴承担返还责任,这是合情合理且符合诚实信用原则的。同时用私发养老金补贴代替缴纳养老保险行为的无效性,也使王某某得到的补贴费用形成"不当得利",根据《民法总则》等相应法律规定,也应当返还某实验学校。所以二审准许补贴费用抵扣养老保险损失也是合理有据的。劳动争议的解决需要在对劳动者倾斜保护的基础上,同样重视诚信公平才能合理地进行利益分配,以实现更好的社会效果。

综上所述,根据诚实信用原则,某实验学校支付给王某某的社保补贴款项可以在其养老保险待遇损失中予以抵扣。

七、拓展训练

(一)案例简介

蔡某某于2011年2月28日到某县储备粮管理公司处从事门卫工作,每天负责为某县储备粮管理公司某所进出车辆开关门。双方签订了为期两年的《劳动协议书》,期限从2011年2月28日起至2013年2月28日止。《劳动协议书》期限届满后,蔡某某仍然在某县储备粮管理公司处工作至2017年8月10日,蔡某某在某县储备粮管理公司处工作期间,某县储备粮管理公司按月向蔡某某支付劳动报酬,2011年至2013年的工资为600元/月,2014年1月至4月工资为700元/月,2014年5月至12月的工资为830元/月,2015年至2016年8月工资均为830元/月。另外,蔡某某完成某县储备粮管理公司交办的机械通风、修理等任务,完成后某县储备粮管理公司会另行支付相应加班费用。蔡某某在某县储备粮管理公司处工作期间,某县储备粮管理公司没有为蔡某某向社会保险经办机构缴纳社会保险。某县储备粮管理公司于2011年至2017年每年分别向蔡某某支付3000元、3000元、3500元、4000元、4000元、4000元、4000元,款项均注明:养老保险费,由蔡某某本人或他人代理在养老保险费花名册上签名,以现金的方式领取。2018年5月23日,蔡某某向某县劳动人事争议仲裁委员会申请劳动仲裁,请求裁决:某县储备粮管理公司向蔡某某赔偿2011年2月28日至2017年8月9日双方存

---

① 参见李迎春:《公司未缴社保导致养老保险待遇损失怎么赔》,载《工友》2018年第4期。

在劳动关系期间,某县储备粮管理公司不给蔡某某办理社会基本养老保险手续的经济损失10,903.30元。2018年7月17日,某县劳动人事争议仲裁委员会作出上劳人仲字(2018)第10号仲裁裁决:对蔡某某的仲裁请求不予支持。蔡某某不服仲裁裁决,于2018年7月19日向一审提起诉讼,提出前述诉讼请求。一审法院支持了蔡某某的全部诉请。

某县储备粮管理公司不服一审判决,遂提起上诉。请求二审法院依法判决撤销一审判决,并改判上诉人不承担赔偿被上诉人养老金损失的责任。

上诉人某县储备粮管理公司认为,一审判决遗漏了上诉人某县储备粮管理公司和被上诉人蔡某某在《劳动合同协议书》第5条"社会保险"条款中约定的上诉人支付被上诉人养老保险费1500元/年的事实。另外,被上诉人依《劳动协议书》领取合同约定的养老保险金后,又以上诉人没有给其办理社会养老保险手续为由诉请重复给付,违反诚实信用原则,人民法院不应当支持其诉讼请求。

二审中,上诉人某县储备粮管理公司和被上诉人蔡某某均未提交新证据。

(二)思考问题

某县储备粮管理公司是否应当赔偿蔡某某的养老金损失,劳动协议书中约定以用人单位直接发放养老金款项代替缴纳养老保险是否有效?

第二节 养老保险费用垫付追偿

一、案例选择

闫某某与霸州市某镇人民政府养老保险费用损失纠纷案

案号:(2019)冀1081民初7956号

二、问题提示

职工自行补缴垫付的养老保险费用中单位应缴部分是否可以向单位追偿?

三、案例基本情形

原告:闫某某

被告:霸州市某镇人民政府

原告闫某某于1988年5月入职霸县(后改为霸州市)老堤乡计生办工作,1992年3月12日与霸州市老堤乡人民政府签订《劳动合同协议书》,转为合同制工人。1992年5

月 8 日，霸州市劳动人事局作出《关于接续工龄的批复》，主要内容为“计生委，你们报来《闫某某同志接续工龄的请示》收悉。根据……经研究同意该同志从 1988 年 5 月至 1992 年 3 月在老堤计生办工作的时间与 1992 年 3 月转为合同制的时间合并计算为连续工龄，但其参加革命工作时间仍从 1992 年 3 月算起”。1996 年老堤乡并入霸州，原告继续在霸州计生办工作。

1999 年中共霸州委员会、霸州人民政府作出(1999)43 号《关于“双清”工作的具体实施方案》文件时，于 1999 年 12 月将原告清退。2012 年 6 月 4 日霸州市某镇人民政府会议决定包括原告在内的在职、离岗及调离人员在霸州工作期间单位拖欠的养老保险，待职工达到退休年龄以后，应由单位缴纳的部分，由镇政府一次性缴清。

现原告已到退休年龄，因欠缴养老保险费用不能办理退休手续，原告于 2019 年 10 月 9 日自行缴纳欠缴的养老保险费用 50, 544 元(欠缴期间:1988 年 5 月 1 日至 1999 年 3 月 31 日)，其中个人应交部分为 11, 644 元，单位应缴部分为 38, 880 元。原告于 2019 年 12 月 11 日就被告所欠养老保险费用申请仲裁，霸州市劳动人事争议调解仲裁委员会以申请人的仲裁请求不属于劳动人事争议处理范围和超仲裁时效为由，于当日作出霸劳人调仲不字(2019)143 号不予受理通知书，原告遂提起诉讼。

原告向闫某某向霸州市人民法院提出诉讼请求:(1)依法判令被告支付原告在办理退休时补缴的养老保险费(补缴所属时期:1988 年 5 月 1 日至 1999 年 3 月 31 日)中被告按比例应当承担的部分 38, 880 元;(2)诉讼费由被告承担。

被告辩称:(1)本案不属于法院受案范围，按照相关规定(庭下提交书面法律条文)，原告应向养老保险相应的行政机关主张权利，对相应机关作出的决定不服的，可以提起行政诉讼，故本案不应直接提起民事诉讼，请求法院依法驳回原告诉讼请求。(2)原告起诉已过诉讼时效，其已丧失胜诉权。因为原告主张的补交养老保险的时间最晚是 1999 年 3 月，现在起诉已经超过 20 年。

原告就被告的答辩意见补充:原告是在 1999 年 12 月离岗的，至原告起诉时并未超过 20 年;而且就养老保险问题，某镇政府在 2012 年 6 月 4 日有《领导议事纪要》，议定原告等人在霸州工作期间单位拖欠的养老保险，待职工达到退休年龄后，应由单位缴纳的部分，由镇政府一次缴清;原告是在 2019 年 10 月 9 日办理退休时补缴的养老保险，原告起诉未超过诉讼时效。

原告向法庭提供如下证据:(1)原告身份证复印件一份。证明原告身份信息。(2)原告于 2019 年 10 月 9 日缴纳机关事业单位基本养老保险费(1988 年 5 月 1 日至 1999 年 3 月 31 日)的完税证明一份，金额 50, 544 元。证明原告于 2019 年 10 月 9 日自行补交 1988 年 5 月 1 日至 1999 年 3 月 31 日的养老保险费 50, 544 元。(3)2019 年 10 月 10 日机关事业单位社会保险基金征集通知单一份。证明原告补交的 50, 544 元养老保险费其中单位应交部分为38,880元。(4)2019年12月11日霸州市劳动人事争议调解仲裁委员会不予受理通知单一份。证明原告就养老保险费问题已申请仲裁,仲裁委以仲裁请求不属于劳动人事争议处理范围和超仲裁时效为由决定不予受理。(5)1992年3月12日劳动合同制工人审批表一份(附劳动合同协议书)。证明原告于1992年3月12日与霸州市老堤乡人民政府签订了劳动合同。(6)1992年5月8日霸州市劳动人事局针对原告关于续接工龄的批复一份,批复中写明原告从1988年5月至1992年3月在老堤乡计生办工作,1992年3月转为合同制,合并计算连续工龄。证明原告1988年5月开始在老堤乡计生办参加工作。(7)1992年5月10日针对原告的定级审批表一份,1994年10月针对原告的中共霸州市老堤乡委员会盖章的机关事业单位工人调整工资审批表一份,1996年6月针对原告的中共霸州市某镇委员会机关事业单位工人调整工资审批表一份。1996年全省合乡并镇,老堤乡并入霸州。证明原告为被告单位工作人员。(8)2012年6月4日霸州市某镇人民政府领导议事纪要一份,会议决定了包括原告在内的在职、离岗及调离人员在霸州工作期间单位拖欠的养老保险,待职工达到退休年龄以后,应由单位缴纳的部分,由某镇政府一次性缴清。证明原告诉求的合理性。

被告质证:(1)对证据1、证据2无异议。(2)对证据3真实性无异议,但是对其证明目的有异议,被告认为1988年5月至1991年12月的单位应缴部分的养老保险费21,120元不应由被告缴纳。(3)对证据4真实性无异议,但是仲裁委不属于缴纳养老保险纠纷的受理的行政部门,应该由劳动局养老保险所处理该纠纷。(4)对证据5真实性无异议,但是对证明目的有异议,该证据证实原告签订劳动合同时间是自1992年3月12日,故其补缴养老保险应从1992年3月12日起。(5)对证据6真实性无异议,但是对其证明目的有异议,该批复中明确其参加工作时间仍从1992年3月算起,所以被告认为补缴养老保险应从1992年3月算起。(6)对证据7无异议。(7)对证据8真实性无异议,但是对其证明目的有异议,这个会议纪要只是被告内部的一个议事纪要,并未向原告作出承诺。

原告就被告的质证意见补充:证据6续接工龄的批复中已经明确其自1988年5月至1992年3月在老堤乡计生办工作,其只要在此工作被告就有义务为其缴纳养老保险。证据8议事纪要虽然不是对其作出的承诺,但议事纪要里明确提到其的名字,实际上就是对其作出的承诺。而且议事纪要里写明的工作期间单位拖欠的养老保险,而不是续接工龄批复中提到的“参加革命工作”期间。所以其认为1988年5月至1991年12月的单位应缴部分的养老保险应由被告缴纳,原告已经垫付,被告应支付原告。

四、诉讼争点

(一)本案是否属于法院受理范围,且是否在诉讼时效内?

（二）霸州市某镇政府是否应向闫某某支付在办理退休时补缴的养老保险费中其按比例应当承担的部分38,880元？

五、裁判理由及结果

（一）一审裁判理由

本案的第一个诉讼争议点，即本案诉请是否属于法院受理范围及诉讼时效问题。诉讼中，被告主张本案不属于法院的受案范围，且原告起诉已过诉讼时效。对此，本院认为，因被告欠缴养老保险费用，原告为办理退休自行垫付缴纳了养老保险费用，现因其垫付养老保险费用起诉来院，应予受案审理；原告垫付养老保险费用的时间为2019年10月，并未超过诉讼时效。

《劳动法》第72条规定："社会保险基金按照保险类型确定资金来源，逐步实行社会统筹。用人单位和劳动者必须依法参加社会保险、缴纳社会保险费。"原告闫某某于1988年5月在霸县人民政府参加工作，后于1992年3月与霸州市老堤乡人民政府签订劳动合同，并将工龄接续到1988年5月，原告于1999年12月被清退，视为劳动关系的终止。1988年5月至1999年12月，原告、被告之间形成劳动关系，双方均应依法参加社会保险，缴纳社会保险费，现原告已缴纳了1988年5月到1999年3月全部养老保险费50,544元，其中38,880元应由被告缴纳，故对原告要求被告支付养老保险费38,880元的诉讼请求，本院予以支持。

（二）一审裁判结果

（1）被告霸州市某镇人民政府于本判决生效之日起7日内给付原告闫某某补缴的1988年5月1日至1999年3月31日的养老保险费50,544元中，被告按比例应当承担的部分38,880元。（2）案件受理费10元，由被告承担。

六、评析研判

在我国社会保险法律体系下，劳动合同期间用人单位和劳动者双方均有按时足额缴纳一定比例养老保险费用的法定义务。然而现实中存在很大比例用人单位因各种原因不缴、欠缴保险费用的不良现象，导致劳动者在办理退休手续时发现自己无法享受既定的养老保险待遇，想要解决问题则需要通过耗时较长、维权成本较高的劳动争议仲裁或司法途径且结果难定。此时劳动者为了尽快补全自己退休领取养老金的手续，往往会选择自行垫付需要补缴的全部保险费用，包括应由用人单位承担的部分。在这种情况下，劳动者是否可以向用人单位追偿自行垫付的养老保险费用，又该以何种途径进行追偿？

本案中的诉讼争议焦点主要有两个：（1）本案是否属于法院受理范围，且是否在诉讼时效内？(2)霸州市某镇人民政府是否应向闫某某支付在办理退休时补缴的养老保险费中其按比例应当承担的部分38,880元？

(一)争点一解析:本案属于法院受理范围,且未超过诉讼时效

针对本案的第一个诉讼争议点,即本案诉请是否属于法院受理范围内,且是否在诉讼时效内。这直接关系本案是否应由法院进行实体处理,闫某某的追偿行为能否通过司法途径进行救济。笔者认为本案表面上来看是因保险费用争议产生的劳动纠纷,实质上是一场不当得利返还之诉,该诉请合理合法,应当受到法院保护。

首先,针对本案被告辩称的"本案不属于法院受案范围,按照相关规定,原告应向养老保险相应的行政机关主张权利,对相应机关作出的决定不服的,可以提起行政诉讼,故本案不应直接提起民事诉讼,请求法院依法驳回原告诉讼请求"进行分析。本章节在养老保险缴费年限不足产生的保险待遇纠纷一案中讨论过社会保险的劳动争议受案范围,提到社会保险因其涉及用人单位、劳动者、行政机构三方主体呈现公法属性而不同于一般的劳动争议。且核心法律关系由行政机关主导,法院受案处理存在多重现实困难,故一般不纳入劳动争议受案范围,而是交由社保征缴、劳保监察等行政机关通过行政手段进行催缴或惩戒。当然也存在例外,最高人民法院《关于审理劳动争议案件适用法律若干问题的解释(三)》第1条规定:"劳动者以用人单位未为其办理社会保险。且社会保险经办机构不能补办导致其无法享受社会保险待遇为由,要求用人单位赔偿损失而发生争议的,人民法院应予受理。"该司法解释的发布使此类社会保险争议可以被纳入劳动争议受案范围中去,但有没有办理社会保险登记、明确不能补办导致待遇损失两大严格限制条件。本案显然不属于该条司法解释所规定的情形。故本案被告方的申辩存在合理性。

笔者也认为,根据现有法律判断,本案不属于劳动争议受案情形,但不等同于本案不属于法院受案范围内,不可以获得司法救济。本案的纠纷虽是因为用人单位欠缴养老保险费用引起的,但原告方的诉讼请求不是要求对方补缴也不是求偿养老保险待遇损失,对缴费基数和标准也不存在争议。原告方通过自行垫付的自我救济行为补足了养老保险费用,办完了退休手续,使本案的劳动争议标的已然消失。且劳动者垫付补足了保险费用之后,行政征收机构也无须再向用人单位进行追缴,行政救济手段无法实现,原告方不要求补缴补办和待遇损失同样也排除了这段法律关系中行政机关的参与。所以笔者判断本案的实质,是单纯的劳动者与用人单位之间的债的纠纷,仍属于法院受案范围内。

其次,本案中原告请求返还自己垫付的单位应缴部分的养老保险费用,实质上是要求用人单位返还不当得利。不当得利,是指没有法律上的依据,一方取得利益而使他方遭受损失。不当得利事实发生后,双方形成权利义务关系,受益方应当返还不当得利给

受损方。在本案中,办理退休所需补缴的养老保险费用需要被告单位和原告闫某某按比例共同承担,而原告方被迫垫付了被告单位所需支付的费用,并非自愿赠与或放弃权益。被告单位因费用承担转嫁到了原告身上而获益,而原告方因多缴而利益受损,且足额缴纳养老保险费用是双方的法定义务,这种转嫁情形是没有法律依据的,故本案的法律关系符合请求返还不当得利之诉,属于法院受理范围内,法院应将其作为普通民事案件进行实体处理。

最后,针对本案是否超过诉讼时效问题。基于笔者上述观点认定本案为不当得利返还之诉,则本案原告所享有的就是债的请求权。债权请求权在法律保护上的诉讼时效,《民法总则》第188条规定:“向人民法院请求保护民事权利的诉讼时效期间为三年。法律另有规定的,依照其规定。自权利人知道或应当知道其民事权利被侵害之日起算。”因此,本案的诉讼时效为3年,且应当从原告办理退休补缴养老保险,并为用人单位垫付时起算,即2019年10月9日。一审法院对诉讼时效的判断是合法合理的。

综上所述,本案要求返还垫付的养老保险费用,属于不当得利返还之诉,属于法院民事受案范围内,且未超过诉讼时效。

(二)争点二解析:霸州市某镇人民政府应当向闫某某支付在办理退休时补缴的养老保险费中其按比例应当承担的部分38,880元

针对本案的第二个争议焦点,霸州市某镇人民政府是否应向闫某某支付在办理退休时补缴的养老保险费中其按比例应当承担的部分38,880元?

首先,根据对争点一的分析,笔者判断,原告闫某某此举定性为要求某镇人民政府返还不当得利的诉请,所述事实符合不当得利的构成要件。

其次,根据不当得利的举证责任分配,由主张积极实施方承担举证责任,即原告方应对不当得利的己方受损、他方受益及二者之间存在因果关系进行举证。在本案诉讼过程中,原告闫某某提供了于2019年10月9日缴纳机关事业单位基本养老保险费(1988年5月1日至1999年3月31日)的完税证明一份,金额50,544元,证明原告于2019年10月9日自行补缴1988年5月1日至1999年3月31日的养老保险费50,544元。2019年10月10日机关事业单位社会保险基金征集通知单一份,证明原告补缴的50,544元养老保险费中单位应缴部分为38,880元。此外,还有劳动合同、人事局批复文件等证明某镇人民政府具有承担原告闫某某1988年5月到1999年3月养老保险费用单位部分缴纳的法定义务。以上证明材料形成了完整的证据链,证明被告某镇人民政府和原告闫某某之间存在不当得利事实,被告方实际不当取得的利益为38,880元,应当返还原告闫某某。

综上所述,霸州市某镇人民政府应当向闫某某支付在办理退休时补缴的养老保险费中其按比例应当承担的部分,即38,880元。

七、拓展训练

(一)案例简介

李某与山东钢铁集团淄博某钢有限公司(以下简称某钢公司)存在劳动合同关系,并于2018年6月26日解除劳动合同。2016年7月至2018年5月,某钢公司为李某缴纳“五险一金”共计110,410.48元。现某钢公司主张李某在此期间并未上班存在“吃空饷”情形,所获收益110,410.48元并无事实及法律依据,构成不当得利,故诉至一审法院,请求支持其诉讼请求。

一审法院认为,我国社会保险法、住房公积金管理条例等相关法律法规明确规定了单位为职工缴纳相关社会保险及住房公积金等责任和义务。在劳动合同履行期间,某钢公司自愿为李某缴纳“五险一金”系基于履行相关法律规定的责任和义务,具有法律依据。因此,本案原告要求被告李某返还原告为其缴纳的“五险一金”的诉讼请求于法无据,不予支持。

某钢公司不服一审判决,提起上诉。某钢公司上诉请求:(1)依法撤销淄博市张店区人民法院(2019)鲁0303民初5295号民事判决书,改判支持上诉人的诉讼请求;(2)本案一审、二审诉讼费用均由被上诉人承担。事实和理由:(1)一审法院仅根据《社会保险法》等规定的单位应当为职工缴纳相关社会保险及住房公积金等责任,而直接认定上诉人自愿为被上诉人缴纳“五险一金”具有法律依据的认定是错误的。根据我国《人力资源社会保障部中央组织部中央编办财政部关于建立机关事业单位防治“吃空饷”问题长效机制的指导意见》[人社部规(2016)6号]及其他相关政策文件的规定,“机关事业单位‘吃空饷’问题主要是指:在机关事业单位挂名并未实际到岗上班,但从机关事业单位领取工资、津贴补贴的……”一审审理过程中也明确查明,2016年7月至2018年5月,被上诉人虽与上诉人存在劳动关系但并未实际到岗上班,其行为完全属于是我国现严厉打击的“吃空饷”行为。上诉人积极响应国家开展的“吃空饷”问题集中治理工作,追缴为被上诉人代缴的“五险一金”110,410.48元的行为完全符合我国法律政策,应当予以支持。(2)上诉人曾多次通知被上诉人到岗上班,并从第一次通知开始即依照法律规定依法启动与被上诉人解除劳动合同的程序,但因上诉人为国有控股公司,依法解除与签订无固定期限劳动合同职工的劳动关系的程序繁杂,需要一定的时间完成,同时鉴于政府社保缴纳的要求,在完成解除劳动合同前,无法将违反合同的员工从缴费名册减员,按要求公司只能给在册员工全部缴纳才符合社保部门的要求。事实上在公司依法办理与被上诉人解除劳动合同关系前,就存在被上诉人严重违反劳动合同法的事实,在确定被上诉人违反劳动合同法及公司管理规定后,此前从被上诉人不提供劳动时,上诉人就不应承担为其缴纳社保的义务。综上所述,一审判决认定事实错误,请求二审法院查清事实,依法改判,维护上诉人合法权益。

李某辩称,一审判决认定事实清楚,适用法律准确,程序合法,上诉人的上诉请求无事实和法律依据,请求依法驳回。

二审期间,双方均未提交新的证据。

(二)思考问题

单位是否能以员工"吃空饷"为由免除己方为员工缴纳养老保险的义务?某钢公司是否能以不当得利为由,要求李某退回已经为其缴纳的"吃空饷"时期的社会保险费用?

第三节　养老保险缴费年限与待遇损失赔偿

一、案例选择

某水饺餐饮集团有限公司诉汤某某等养老保险待遇纠纷案

案号:(2017)苏04民终1839号

二、问题提示

用人单位未依法缴纳社保,劳动者达到退休年龄后未享受退休待遇的,是否有权获得养老保险待遇损失赔偿及赔偿标准?

三、案例基本情形

上诉人(原审被告):某水饺餐饮集团有限公司

被上诉人(原审原告):汤某某

汤某某是某水饺餐饮集团有限公司(以下简称某水饺公司)的服务操作工,与该公司分别于2008年1月15日、2009年1月1日、2012年1月1日签订了3份劳动合同,其中,前两份合同系1年固定期限合同,最后一份合同是无固定期限合同。汤某某在2015年9月已达到退休年龄后未享受职工基本养老保险待遇,且在某水饺公司工作至2016年10月。2016年12月14日,汤某某因不能享受养老保险待遇问题申请仲裁,仲裁委以汤某某已过退休年龄为由不予受理。汤某某遂诉至法院处理。

一审另查明,2015年度金坛地区在岗职工月平均工资为4647元。

一审判决结果:(1)某水饺公司于判决生效之日起15日内赔偿汤某某养老保险待遇损失32,529元。(2)驳回汤某某的其他诉讼请求。

某水饺公司不服常州市金坛区人民法院(2016)苏0482民初7226号民事判决,向二审法院提出上诉。某水饺公司上诉请求:撤销原判,依法改判驳回汤某某的诉讼请求。事实与理由:(1)本案不属于劳动争议受案范围。一审判决适用的最高人民法院《关于审理劳动争议案件适用法律若干问题的解释(三)》第1条并未把所有的社会保险争议均纳入人民法院受案范围,社会保险补缴争议不属于人民法院受案范围,劳动者以用人单位未为其办理社会保险手续为由要求用人单位补办社会保险手续,或者用人单位已经为劳动者办理了社会保险手续,因缴费年限引发的争议,不属于劳动争议。某水饺公司在2014年3月至2015年9月一直为汤某某缴纳社保,包括养老保险在内。因汤某某在2015年9月已达法定退休年龄,无须再为其缴纳养老保险。(2)一审判决对养老保险待遇损失的计算不恰当。一审判决对养老保险待遇损失的计算所依据的是江苏省高级人民法院和省劳动厅(2011)14号《关于审理劳动人事争议案件的指导意见(二)》第20条之规定,该条所适用的前提是用人单位从未为劳动者办理养老保险的情况,而某水饺公司已经为汤某某办理了养老保险,显然不能将该条规定作为本案判决依据。(3)对于汤某某未缴费期间的养老保险待遇损失,某水饺公司无过错。2008年汤某某进入某水饺公司工作时已年届43周岁,按照当时的规定,汤某某到法定退休年龄时累计缴费时间已不足15年,而且相关法律法规尚不完善,某水饺公司这类企业尚未纳入养老保险征缴范围。直到《社会保险法》实施后,2012年《江苏省社会保险费征缴条例》第二次修订,某水饺公司这类企业才被正式纳入社保征缴范围。即便某水饺公司自2008年开始为汤某某缴纳养老保险,至2015年汤某某达到法定退休年龄时,其仍无法享受养老保险待遇、按月领取养老金,其只能从社保基金一次性获取此前属于其个人缴费的部分,而2008年至2014年某水饺公司并未扣除其个人缴费部分,因此汤某某并无损失。对于汤某某此前不缴纳养老保险及未缴纳期间的养老保险待遇损失,某水饺公司不存在过错。

汤某某辩称,一审判决认定事实清楚,适用法律正确,请求维持原判。

二审中,某水饺公司提交如下证据:(1)常州市社会保险参保缴费证明一份,用以证明某水饺公司已经为汤某某缴纳了从2014年3月至2015年9月的企业基本养老保险。(2)劳动合同书3份、通知书1份、聘用协议书1份、钟点工用工协议书1份,用以证明双方劳动关系从2008年1月15日开始至2015年9月28日结束,因达到退休年龄后汤某某要求继续工作,所以双方又签订钟点工用工协议和聘用协议。(3)劳动合同制职工解除终止合同证明一份,用以证明是汤某某本人提出解除用工协议,而非因双方发生争议以后而解除合同。

汤某某质证称,对常州市社会保险参保缴费证明、劳动合同书、通知书、聘用协议书、钟点工用工协议书均无异议;对劳动合同制职工解除终止合同证明的真实性没有异议,但是汤某某已于2015年9月27日达到法定退休年龄,该证据与本案无关联性。

某水饺公司对一审查明的汤某某在某水饺公司工作至2016年3月提出异议,认为汤某某实际工作到2016年10月,直到提起劳动仲裁才结束。汤某某对此予以认可。双方当事人对一审查明的其他事实未提出异议,二审法院予以确认。根据上述举证质证意见,二审认定,汤某某自2008年1月1日起与某水饺公司发生劳动关系直至2015年9月27日达到退休年龄。某水饺公司在2014年3月至2015年9月持续为汤某某缴纳企业基本养老保险共计19个月。对此,汤某某认为实际上其从2007年5月就到某水饺公司工作,当时没有签订劳动合同,上诉人承诺从2008年开始签订劳动合同,因此还是应该按7年计算未缴纳养老保险的期间。某水饺公司对汤某某从2007开始工作不予认可。

四、诉讼争点

(一)本案是否属于劳动争议受案范围?

(二)某水饺公司是否应该赔偿汤某某的养老保险待遇损失及损失计算标准?

五、裁判理由及结果

(一)一审裁判理由及结果

1.一审裁判理由

用人单位应当按照相关法律、法规及有关劳动保险政策为劳动者缴纳各项保险。根据相关法律规定,劳动者超过法定退休年龄请求用人单位赔偿养老保险待遇损失,且经社会保险经办机构审核确实不能补缴或者继续缴纳养老保险费的,自该用人单位依法应当为劳动者办理社会保险之日起,如果劳动者在用人单位连续工作未满15年,用人单位应按照每满一年发给相当于一个月当地上一年度职工月平均工资标准一次性支付劳动者养老保险待遇赔偿。在本案中,汤某某于2008年1月至某水饺公司处工作,2015年9月28日达到法定退休年龄某水饺公司未为汤某某交纳养老保险,致汤某某达到退休年龄后不能享受职工退休后的养老保险待遇,汤某某主张相关损失应予支持。汤某某计算养老保险待遇损失的期间为自2008年1月至2015年9月,按7年计算,故汤某某的养老保险待遇损失为32,529元(4647元/月×7个月)。

2.一审裁判结果

(1)某水饺公司于判决生效之日起15日内赔偿汤某某养老保险待遇损失32,529元。(2)驳回汤某某的其他诉讼请求。如果未按判决指定的期间履行给付金钱义务,应当依照《民事诉讼法》第253条之规定,加倍支付迟延履行期间的债务利息。(3)案件受理费减半收取5元,由某水饺公司负担。

（二）二审裁判理由及结果

1. 二审裁判理由

第一，关于本案是否属于人民法院受案范围的问题。最高人民法院《关于审理劳动争议案件适用法律若干问题的解释（三）》第1条规定："劳动者以用人单位未为其办理社会保险手续，且社会保险经办机构不能补办导致其无法享受社会保险待遇为由，要求用人单位赔偿损失而发生争议的，人民法院应予受理。"在本案中，汤某某与某水饺公司的劳动关系自2008年1月起至2015年9月止，而某水饺公司仅为其办理了自2014年3月至2015年9月的社会保险手续，现汤某某达到法定退休年龄后未享受基本养老保险待遇，根据上述规定，汤某某主张某水饺公司赔偿损失的纠纷人民法院应予受理。

第二，关于一审判决对汤某某养老保险待遇的损失计算是否正确的问题。根据相关规定，劳动者超过法定退休年龄请求用人单位赔偿养老保险待遇损失，且经社会保险经办机构审核确实不能补缴或者继续缴纳养老保险费的，自该用人单位依法应当为劳动者办理社会保险之日起，如果劳动者在用人单位连续工作未满15年，用人单位应按照每满一年发给相当于一个月当地上一年度职工月平均工资标准一次性支付劳动者养老保险待遇赔偿。汤某某二审主张其自2007年5月起在某水饺公司工作，但未能提交证据予以证明，本院对此不予采信。因此，某水饺公司应当自2008年1月起至2015年9月止为汤某某办理社会保险手续，而实际上某水饺公司仅为其办理了2014年3月至2015年9月的社会保险手续，现汤某某达到法定退休年龄后未享受基本养老保险待遇，其有权主张自2008年1月至2014年2月的养老保险待遇损失，故汤某某的养老保险待遇损失为27,882元（4647元/月×6个月）。

综上所述，一审判决认定事实有误，本院依法予以纠正。

2. 二审裁判结果

（1）撤销常州市金坛区人民法院（2016）苏0482民初7226号民事判决。（2）某水饺公司于本判决生效之日起15日内赔偿汤某某养老保险待遇损失27,882元。（3）驳回汤某某的其他诉讼请求。如果未按本判决指定的期间履行给付金钱义务，应当依照《民事诉讼法》第253条之规定，加倍支付迟延履行期间的债务利息。一审案件受理费5元，二审案件受理费10元，均由某水饺餐饮集团有限公司负担。

六、评析研判

法律明文规定，用人单位未为劳动者办理养老保险，且不能通过行政手段进行补办而产生的养老保险待遇损失，劳动者可以寻求司法救济。而现实中的情况更为复杂，本案呈现的是用人单位未及时足额为所属职工缴纳养老保险，职工退休后因缴费年限不足15年无法享受养老保险待遇，要求用人单位赔偿养老保险待遇损失的情形。未缴不能缴，可以诉请法院救济损失；那已缴却没缴够是否属于法院受理劳动争议的范围，又如何弥补待遇损失呢？

本案的诉讼争点主要主要有两个：(1)本案是否属于劳动争议受案范围？(2)某水饺公司是否应该赔偿汤某某的养老保险待遇损失及损失计算标准？

(一)争点一解析：汤某某对养老保险待遇损失的诉请纠纷不属于劳动争议民事受案范围

本案的第一个争议焦点，为本案是否属于劳动争议受案范围。

该案的一审、二审均以最高人民法院《关于审理劳动争议案件适用法律若干问题的解释(三)》第1条“劳动者以用人单位未为其办理社会保险手续，且社会保险经办机构不能补办导致其无法享受社会保险待遇为由，要求用人单位赔偿损失而发生争议的，人民法院应予受理”的规定为裁判依据，认定该案属于劳动争议范围。

笔者持相反观点，认为本案中汤某某对某水饺公司的养老保险待遇损失诉讼请求不属于劳动争议受案范围。虽然在《劳动争议仲裁调解法》第2条第4款的笼统规定中，社会保险争议在劳动争议受案范围内。但基于我国在社会保险制度领域的不断变革发展，社会保险问题在实践中的复杂性，所涉及法律关系主体的特殊性等，在区分具体类别的社会保险纠纷问题上仍存在不同的法律规定和司法操作。“如根据《劳动法》第100条，《社会保险法》第63条第1款、第83条第2款、第84条及《社会保险费征缴暂行条例》第13条的规定，缴费单位未按规定缴纳和代扣代缴社会保险费的，由劳动保险行政部门或者税务机关责令限期缴纳，社会保险的征缴应属于行政机关的行政职责，司法权不应对社会保险的征缴进行处理。”①这也导致了在现实中对该类案件的处理方式极具争议，多有“同案不同判”的情况存在。与该案同时期同受理法院的(2017)苏04民终495号——“黄某某与江苏某钢集团鑫瑞特钢有限公司劳动争议纠纷上诉案”，同样是因为用人单位少缴养老保险导致缴费年限不足，劳动者诉请保险待遇损失，常州市中级人民法院作出了完全不同的判决，认定此案是因欠缴社会保险费发生的争议，不属于劳动者与用人单位之间的民事纠纷，不符合最高人民法院《关于审理劳动争议案件适用法律若干问题的解释(三)》第1条的规定，不属于人民法院受理的劳动争议受案范围，驳回起诉。②

首先，笔者认为并非所有的社会保险都可以不加区别地纳入人民法院的民事受案范围内，本案应定义为少缴和缴费年限不足导致的养老保险待遇争议，不应纳入人民法院受案范围内。养老保险争议涉及的法律关系主体主要有用人单位、劳动者和社保行

① 黄振东：《社会保险争议受理范围刍议》，载《法律适用》2013年第6期。

② 参见(2017)苏04民终495号判决文书。

政机关三方主体,故在养老保险争议中既存在用人单位和劳动者之间的劳动民事关系,又存在社保行政机关与其他二者之间的劳动行政管理关系。在同时具有公私法规制的情况下,自然不适合一律纳入人民法院的民事受案范围当中去,而应对其类别进行梳理后,该行政管理的行政管,该司法救济的法院管。

其次,按内容划分,社会保险劳动争议主要有社会保险缴纳争议、社会保险支付争议、社会保险待遇争议三大类。“其中社会保险缴纳争议和社会保险支付争议从权力性质而言均属于单向行政关系,且考虑所涉内容的专业性、计算过程的复杂性、极易受政策影响性和执行的便利化,交由劳动行政部门进行处理受案效果会更好。而社会保险待遇争议原则上属于民事争议。”①社会保险待遇支付义务从社保行政机关转移给用人单位后,该争议的当事人仅剩下用人单位和劳动者,形成以社会保险待遇损失赔偿为内容的民事关系。这也是该案例中一审、二审法院对本案进行民事受案处理的理论支点。但本案产生的事实基础并非纯粹的社会保险待遇争议。在实践中,劳动者养老保险待遇损失的产生不仅有用人单位没有办理社会保险登记或没有缴纳社会保险费用问题,还存在少缴、晚缴、未足额缴纳社会保险费用等情况,使社会保险待遇争议与社会保险缴纳争议在该类案件背景下相互交织。所以在对待劳动者养老保险待遇损失案件时,不能因劳动者诉求是养老保险待遇损失就将其一概视为是劳动保险待遇争议,而有必要进行进一步区分。劳动者在社会保险待遇损失发生后,仅因用人单位未及时足额为其缴纳养老保险费用无法享受应有的社保待遇时,如果在社保行政机关的工作下可以通过补办和补缴使劳动者重新享受养老保险待遇,那么即使劳动者要求用人单位赔偿养老保险待遇损失,也应当视作是社会保险缴纳争议,由行政机关进行处理,因为此时的养老保险待遇支付义务尚未发生转移,劳动行政机关仍在当事法律关系当中。本案符合该种情况。本案中汤某某无法在达到退休年龄的当下享受养老保险待遇,是因为缴费年限不足 15 年,而非某水饺公司未给其缴纳养老保险。且根据相关法律规定:2011 年 7 月 1 日及以后申报参加城镇企业职工基本养老保险并缴纳基本养老保险费的人员,当其达到法定退休年龄时,缴费年限不足 15 年的,可以延长缴费至满 15 年时办理退休手续,并从批准退休之月起发给基本养老金。若不愿延长缴费则可一次性取出个人账户储存额。也可按规定申请将城镇企业职工基本养老保险转入城乡居民基本养老保险。不愿延长缴费的,可一次性取出个人账户储存额。所以本案中汤某某的养老保险待遇可以通过行政手段重新获得,故即使汤某某诉求的是养老保险待遇损失赔偿,养老保险保险支付义务仍在劳动行政机关,此时劳动者仅是国家规定的享有期待权利的受益人,而非征缴关系中的实际权利主体,劳动者和用人单位之间并不因此形成债的

① 张琪:《社会保险劳动争议的受案范围》,载《人民司法(应用)》2016 年第 4 期。

关系,故劳动者对用人单位没有民事上的债权请求权。本案不属于民事法院的劳动争议审理范围。

在法律规定的适用方面,笔者认为,本案的一审、二审法院是对最高人民法院《关于审理劳动争议案件适用法律若干问题的解释(三)》第1条规定作了扩大理解。最高人民法院法官曾在《最高人民法院劳动争议司法解释(三)的理解与适用》中提出,“用人单位、劳动者和社保机构就欠费等发生争议,是征收和缴纳之间的纠纷,属于行政管理的范畴,带有社会管理的性质,不是单一的用人单位和劳动者之间的社保争议。因此对那些已经由用人单位办理了社保手续,但因用人单位欠缴或因缴费年限、缴费基数发生的争议,应有社保管理部门处理,不应纳入人民法院受案范围”。①

综上所述,笔者观点与该案审理法院不一致,认为该案案由不属于法院审理范围,审理法院不应对此进行实体处理。

(二)争点二解析:某水饺公司不应该赔偿汤某某的养老保险待遇损失

本案的第二个争议焦点,为某水饺公司是否应该赔偿汤某某的养老保险待遇损失及损失计算标准。

一审、二审法院均认为某水饺公司应当赔偿汤某某的养老保险待遇损失。在认定损失数额方面,依据的是江苏省高级人民法院和省劳动厅(2011)14号《关于审理劳动人事争议案件的指导意见(二)》中第20条的规定:“劳动者超过法定退休年龄请求用人单位赔偿养老保险待遇损失,且经社会保险经办机构审核确实不能补缴或者继续缴纳养老保险费的,自该用人单位依法应当为劳动者办理社会保险之日起,如果劳动者在用人单位连续工作未满十五年,用人单位应按照每满一年发给相当于一个月当地上一年度职工月平均工资标准一次性支付劳动者养老保险待遇赔偿。如果劳动者在用人单位连续工作满十五年,用人单位应按统筹地区社会保险经办机构核定的,以当地最低社会保险缴费基数为缴费基准,并按其应当缴费年限确定养老金数额,按月支付劳动者养老保险待遇,并随当地企业退休人员养老金水平调整而调整。”一审、二审的损失计算标准是一致的,最终认定待遇损失金额的差异,主要是因为一审、二审对计算的终点时间认定观点不一。

基于笔者对第一争议焦点的论证是该案不属于人民法院受案范围,不认可汤某某对某水饺公司的债权请求权,故对该点也就没有讨论的必要了。但基于某水饺公司对汤某某在2008年1月至2014年2月的养老保险费用存在应缴义务和未缴责任,应向社保管理部门进行补缴,补足且承担一定的行政责任。对于汤某某缴纳年限不足15年的

① 最高人民法院民事审判第一庭编著:《最高人民法院劳动争议司法解释(三)的理解与适用》,人民法院出版社2010年版,第30页。

后续延长缴费或转移为居民养老保险等操作,某水饺公司有提供辅助工作的义务。

七、拓展训练

(一)案例简介

孙某某于1987年9月进入原常州某电机厂(系某电站辅机公司前身)工作,某电站辅机公司为孙某某缴纳了2000年4月起至2009年10月的基本养老保险、医疗保险、工伤保险、失业保险和生育保险。2006年11月7日,孙某某上班途中发生交通事故,2006年12月28日,孙某某被认定为工伤。2008年3月22日,孙某某经常州市劳动能力鉴定委员会鉴定构成九级伤残。2009年9月14日,孙某某向常州市劳动争议仲裁委员会申请仲裁,请求某电站辅机公司为其补交社会保险;支付孙某某1999年3月至2006年11月的延时加班费15,1248元及营养费2238元;支付孙某某2007年8月至2009年6月在配件库管理费计18,948.6元;终止劳动合同,按市政府规定的工厂搬迁标准给予补偿59,400元;支付孙某某工伤待遇38,261元。某电站辅机公司收到孙某某的仲裁申请书副本后,于2009年10月13日向电站辅机公司发出《通知》,《通知》载明:根据孙某某仲裁申请中提出与某电站辅机公司终止合同的请求,某电站辅机公司要求孙某某收到通知之日两日内到政治人事处办理终止劳动关系手续,终止劳动关系补偿金事宜服从仲裁委裁决。10月15日,孙某某、某电站辅机公司终止劳动合同,某电站辅机公司出具了《常州市劳动合同制职工解除/终止合同证明》,解除、终止合同的原因为"本人提出解除、终止劳动合同"。10月23日,电站辅机公司在劳动保障部门办理了终止、解除劳动合同退工单。2010年9月28日,孙某某与常州市职业介绍服务中心签订《常州市劳动保障事务代理协议书》,约定孙某某委托该中心代缴社会保险费,但孙某某因个人原因未按时向该中心缴费,导致该协议并未实际履行。后孙某某就与某电站辅机公司之间的纠纷数次提起劳动仲裁及民事诉讼。就本案争议,孙某某于2017年7月21日申请劳动仲裁,仲裁委以不属于劳动仲裁处理范围为由作出武劳人仲不字(2017)第55号不予受理案件通知书。随后,孙某某向一审法院起诉请求:(1)要求某电站辅机公司赔偿孙某某养老保险待遇损失,自2015年8月12日孙某某满60周岁之日起,按其已在某电站辅机公司连续工作满22年核定养老保险金数额,按月支付养老金待遇,并随常州地区企业退休人员养老金水平调整而调整。(2)诉讼费用由电站辅机公司承担。

(二)思考问题

分析案例并判断某电站辅机公司是否应当向孙某某支付养老保险待遇损失?

第十一章　医疗保险

第一节　劳动者异地就医医疗保险赔偿

一、案例选择

李某与西安某精密仪器有限公司劳动合同纠纷案

案号:(2016)苏01民终6472号

二、问题提示

公司是否应当支付劳动者无法享受异地医疗保险的赔偿金?

三、案例基本情形

上诉人(原审原告):李某

被上诉人(原审被告):西安某精密仪器有限公司

李某于2014年9月27日与西安某精密仪器有限公司(以下简称某精密仪器公司)签订固定期限劳动合同,自2014年10月8日起至2015年10月7日止,共12个月。试用期自2014年10月8日起至2015年1月7日止,共3个月。合同约定工作内容为真空泵售后相关工作,工作地点为南京,试用期工资为4150元。双方当事人在合同到期后未就劳动合同的续签达成一致意见。李某向南京市劳动人事争议仲裁委员会(以下简称仲裁委)申请仲裁,要求某精密仪器公司支付无法享受异地医疗保险赔偿金2000元;支付隐瞒有毒有害工种信息造成其身体伤害的赔偿金1000元;支付代理人赴西安协商劳动争议事宜的交通、住宿等费用500元;支付律师代理费5000元。仲裁委对李某的仲裁请求不予受理。

李某对仲裁裁决不服,诉至一审审法院,要求:(1)某精密仪器公司支付其无法享受异地医疗保险赔偿金4379元。(2)支付隐瞒有毒有害工种信息造成原告身体伤害的赔偿金100,000元。(3)支付代理人赴西安协商劳动争议事宜的交通、住宿等费用3000元。(4)支付因报销医疗保险往返上海的交通等费用500元。(5)支付律师代理费5000元。

原告李某诉称,原告在等待宁劳人仲案(2016)157号裁决等待过程中突发痛风,产生医疗相关等费用。原告在被告处工作期间,被告从未给原告发放工作证、派驻南京工作证明等纸质证明。因无证明,致原告无法在上海异地医疗费报销。原告在劳动合同期内,在赴上海出差期间事先被告没有对原告作任何安全培训及发放给原告任何防护工具的情况下安排原告去工作车间拆泵。在拆泵(来源苏州三星)过程中,吸入刺激性白烟气味。在某某熊猫工作时,经常深夜头痛,耳鸣等不适感。

在一审审理中,李某向法庭提交医疗费票据、CT 片,李某认为因某精密仪器公司是在上海替李某缴纳社保,李某的医疗费在上海可以报销,但是需要单位出具证明,因某精密仪器公司一直未给李某出具证明,造成了李某的损失。某精密仪器公司认为李某从未向公司提出要求出具证明。

一审判决结果:驳回原告李某的全部诉讼请求。

一审宣判后,李某不服该判决,遂依法提起上诉。

李某诉称:原审法院认定事实错误。(1)李某与某精密仪器公司之间的劳动合同履行地在南京,劳动合同第 6 条明确约定工作地点在南京,而不是上海。李某的工作内容不是真空泵售后,实际是真空泵拆卸、组装及销售安装。某精密仪器公司没有按照法律规定缴纳社会保险(含医疗保险)防治危害及做好预防工作,且在终止劳动关系时没有给李某作职业病检查。某精密仪器公司不续订劳动合同没有在劳动合同到期前一个月通知,解除劳动合同违法。(2)《86 年电子工业部提前退休工种的通知》中明确规定制板工和光刻工属于有毒有害工种,李某在上述岗位工作,某精密仪器公司应具有危害预防责任,应当在劳动者离职时为其进行体检,并报销相应医疗费,还应承担生活保障责任。(3)因某精密仪器公司未依法缴纳医疗保险,导致李某无法享受医疗保险待遇,某精密仪器公司应赔偿李某医疗费损失。根据《社会保险法》第 23 条、最高人民法院《关于审理劳动争议案件适用法律若干问题的解释(三)》第 1 条的规定,某精密仪器公司没有按照法律规定办理医疗保险,导致李某无法享受到医疗保险待遇,应赔偿李某医疗费损失。(4)某精密仪器公司违法解除劳动合同,不依法出具解除劳动合同手续,也未给李某报销医疗费,属于故意制造矛盾、扩大损失,迫使李某维权,因此李某的维权损失应由某精密仪器公司承担。综上所述,原审判决认定事实错误,请求二审法院撤销原判,依法改判支持李某原审的诉讼请求。

被上诉人某精密仪器公司辩称:(1)关于社保问题。某精密仪器公司按照李某的要求在上海为其缴纳了社会保险(包括医疗保险)。李某认为在南京就医不能报销的原因系某精密仪器公司没有出具李某在南京工作的证明,但某精密仪器公司从未收到李某要求某精密仪器公司为其出具此类证明。(2)关于是否存在有毒有害工种造成李某人身伤害的问题。某精密仪器公司作真空泵的售后维修,不属于有害有毒工种,所以不存在隐瞒有毒有害工种的说法,也不会因有毒有害工种给李某造成伤害,李某应当举证证明其工种是有毒有害的,且因工作原因造成了身体的伤害。(3)关于交通费、住宿费、往返上海报销医疗保险的交通费、律师代理费问题。李某的上述请求没有法律依据,也与某精密仪器公司没有关联,故某精密仪器公司没有责任承担上述费用。(4)因为某精密仪器公司不存在有毒有害工种，没有法律要求某精密仪器公司需要在李某离职前为其安排作身体检查。综上所述，原审判决认定事实清楚，适用法律正确，请求二审法院维持原判，驳回上诉人李某的上诉请求。

此外，某精密仪器公司为证明已为李某缴纳了基本医疗保险，出具了其与深圳市某亚人力资源有限公司签订的人事事务代理协议书中，证实已由第三方代缴医疗保险。李某方对此回应，认为该协议上没有李某本人的签名，不能证明李某同意第三方代缴社会保险。

四、诉讼争点

（一）某精密仪器公司是否应支付李某无法享受异地医疗保险的赔偿金4379元？

（二）某精密仪器公司是否应支付隐瞒有毒有害工种信息造成李某身体伤害的赔偿金100,000元？

（三）某精密仪器公司是否应支付李某代理人赴西安协商劳动争议事宜的交通和住宿等费用3000元、因报销医疗保险往返上海的交通等费用500元、律师代理费5000元？

五、裁判理由及结果

（一）一审裁判理由及结果

1. 一审裁判理由

本院认为，当事人对自己的主张，有责任提供证据证明。本案中原告未提交上海市社保机构的证明，因被告某精密仪器公司未出具原告李某在医保地以外工作的证明，致其不能在上海社保机构报销相关医疗费用，且原告李某也未提交证据证实其曾向被告某精密仪器公司要求出具相关异地报销医疗费用的证明，因此本院对原告李某主张的无法享受异地医疗保险赔偿金4379元的主张不予支持。原告认为，被告某精密仪器公司隐瞒有毒有害工种信息，给其造成身体伤害，要求赔偿金，因原告李某未举证证实其从事的工作经国家劳动行政部门认定为有毒有害工作，原告李某亦未举证证实其实际的损害结果，本院对其赔偿金的诉请，不予支持。至于原告主张的支付代理人赴西安协商劳动争议事宜的交通、住宿等费用3000元，支付因报销医疗保险往返上海的交通等费用500元及支付律师代理费5000元，其主张赔偿无法律依据，本院对其这部分主张，不予支持。

2. 一审裁判结果

驳回原告李某的全部诉讼请求。

（二）二审裁判理由及结果

1. 二审裁判理由

本案第一个争议焦点，即某精密仪器公司是否应支付李某无法享受异地医疗保险赔偿金4379元。本院认为，当事人对自己提出的诉讼请求所依据的事实或者反驳对方诉讼请求所依据的事实有责任提供证据加以证明。没有证据或者证据不足以证明当事人的事实主张的，由负有举证责任的当事人承担不利后果。李某于2014年10月8日入职某精密仪器公司，某精密仪器公司已为李某缴纳社会保险。李某主张因某精密仪器公司未给其出具证明致使李某在南京就医产生的医疗费用不能报销，要求某精密仪器公司支付相应的赔偿金，但李某未提交证据证明系某精密仪器公司的原因致使其不能报销相关医疗费用，原审法院据此对李某的该项主张不予支持，符合法律规定，本院予以维持。

本案第二个争议焦点，即某精密仪器公司是否应支付隐瞒有毒有害工种信息造成李某身体伤害的赔偿金100,000元。本院认为，李某提供的照片系在上海某精密真空设备有限公司工作的员工照片，不能证明李某在某精密仪器公司工作期间也必然穿着该工作服，该证据不足以证明李某从事的岗位系有毒有害作业，故对其该项主张，本院不予采信。且李某未提供证据证明其经常头痛、易感冒、足痛、鼻塞、嗅觉减退等症状与其在某精密仪器公司的工作存在因果关系，亦未提供证据证明其实际损害的发生，李某要求某精密仪器公司支付其赔偿金，缺乏事实与法律依据，本院不予支持。

关于第三个争议焦点，即某精密仪器公司是否应支付李某代理人赴西安协商劳动争议事宜的交通和住宿等费用3000元、因报销医疗保险往返上海的交通等费用500元及律师代理费5000元。本院认为，李某的该项主张，不符合法律规定，本院不予支持。

2. 二审裁判结果

上诉人李某的上诉理由不能成立，对其上诉请求，本院不予支持。原审判决认定事实清楚，适用法律正确。依照《民事诉讼法》第170条第1款第1项之规定，驳回上诉，维持原判。

六、评析研判

随着我国经济社会发展，劳动人群的流动性大大加强，加上优质医疗资源的相对集中分布，也使诸多劳动者的异地就医需求越发明显。然而现有的职工基本医疗保险系统下的报销模式是相对封闭的，并以行政区划为界进行统筹管理。虽然在异地就医结算方面的尝试不断，但模式尚不成熟，程序复杂烦琐、受限颇多。这也导致了社保挂靠，第三方代缴等缺乏明确法律规则保障的服务出现，而劳动者为了异地报销便利，轻信此类服务，也给自己带来了不小的风险。

本案中的诉讼争点主要有三个:(1)某精密仪器公司是否应支付李某无法享受异地医疗保险的赔偿金?(2)某精密仪器公司是否应支付隐瞒有毒有害工种信息造成李某身体伤害的赔偿金?(3)某精密仪器公司是否应支付李某代理人赴西安协商劳动争议事宜的交通和住宿、因报销医疗保险往返上海的交通及律师代理费等费用?

(一)争点一解析:李某无法证明是公司原因致其无法异地报销医疗费用,故赔偿不应得到支持

本案第一个争议焦点,为某精密仪器公司是否应支付李某无法享受异地医疗保险赔偿金。一审法院认为:原告未提交上海市社保机构的证明,因被告某精密仪器公司未出具原告李某在医保地以外工作的证明,致其不能在上海社保机构报销相关医疗费用,且原告李某也未提交证据证实其曾向被告某精密仪器公司要求出具相关异地报销医疗费用的证明,因此一审法院对李某主张的无法享受异地医疗保险赔偿金的主张不予支持。

《民事诉讼法》第64条规定:"当事人对自己提出的主张,有责任提供证据。"本案中李某属于异地医疗保险赔付,其医疗保险一直在上海缴纳而其进行医疗行为却不在上海,因此,李某若想要让法院支持自己的诉讼请求,就必须出示相关的证明:(1)原告未提交上海市社保机构的证明。(2)因被告某精密仪器公司未出具原告李某在医保地以外工作的证明,致其不能在上海社保机构报销相关医疗费用的证明。(3)原告李某曾向被告某精密仪器公司要求出具相关异地报销医疗费用的证明。本案一审中李某无法提供其曾经向被告某精密仪器公司要求出具相关异地报销医疗费用的证明,因此李某无法证明系某精密仪器公司的原因致使其不能报销相关医疗费用。因此,一审法院不予支持其诉讼请求的判决符合法律要求,二审法院依据相关法律对本案的一审判决作出维持原判的判决也是合情合理的。

(二)争点二解析:李某的工作不属于法律明文规定的有毒有害工种,且缺少证据支撑身体伤害与岗位性质的关联,故不支持公司赔付

本案的第二个争议焦点,为某精密仪器公司是否应支付隐瞒有毒有害工种信息造成李某身体伤害的赔偿金。《劳动法》第54条规定:"用人单位必须为劳动者提供符合国家规定的劳动安全卫生条件和必要的劳动防护用品,对从事有职业危害作业的劳动者应当定期进行健康检查。"用人单位某精密仪器公司没有对李某进行定期的健康检查,李某也可以让某精密仪器公司支付隐瞒有毒有害工种信息造成伤害的赔偿金,但这一切都要首先建立在李某从事的工种是有毒有害的工种的前提下,《特种作业人员安全技术培训考核管理办法》第3条规定:"本办法所称特种作业,是指容易发生人员伤亡事故,对操作者本人、他人及周围设施的安全有重大危害的作业。特种作业包括:(一)电工作业;(二)金属焊接切割作业;(三)起重机械(含电梯)作业;(四)企业内机动车辆

驾驶;(五)登高架设作业;(六)锅炉作业(含水质化验);(七)压力容器操作;(八)制冷作业;(九)爆破作业;(十)矿山通风作业(含瓦斯检验);(十一)矿山排水作业(含尾矿坝作业);(十二)由省、自治区、直辖市安全生产综合管理部门或国务院行业主管部门提出,并经国家经济贸易委员会批准的其他作业。”从上诉法律规定来看,李某从事的工作难以被归为有毒有害工种,并且李某一方也没有对该一问题进行进一步的有效证明。此外,李某还要对人身伤害和在某精密仪器公司工作内容的关联性进行证明。例如,第一,是否真实存在人身伤害;第二,如果真实存在人身伤害,是什么原因造成的什么样的人身伤害。而李某对第二个问题,即导致自己人身危害的原因和某精密仪器公司是否具有关联证明不足,无法形成有利于原告的结论,因此一审法院驳回了原告请求。在此基础上二审法院经审理后维持原判的判决是符合法律要求的。

(三)争点三解析:李某为报销医保和解决劳动争议所支付的辅助费用赔付诉请没有法律依据

本案的第三个争议焦点,为某精密仪器公司是否应支付李某代理人赴西安协商劳动争议事宜的交通和住宿、因报销医疗保险往返上海的交通及律师代理费等费用。这属于争议性较弱的一项。对于原告提出的以上各项费用的请求,我国《民法总则》《民事诉讼法》等相关法律均未对此有过规定,此请求并没有法律依据,不符合法律规定,因此一审法院不予支持,二审法院维持原判的判定合情合理。

(四)争点延展:第三方代缴社会医疗保险费用的风险

除了二审中主要回应的三个案件争议点,深究原告李某起诉缘由,还可以看到一个问题:第三方代缴医疗保险的风险。李某的医疗费不能报销的全部问题根本上来自第三方代缴社会保险费,以及异地就医直接结算的手续不完备。第三方代缴违反了《社会保险法》第 23 条第 1 款的规定。因为只有用人单位才能具有为职工缴纳社会保险的资格。非用人单位没有这个社会保险缴费的主体资格。由于第三方代缴机构与参保职工之间没有实质用工,依据《劳动合同法》第 7 条之规定,双方完全不存在劳动关系,第三方代缴机构就不是基本医疗保险费的合法缴费主体。另外,具有合法劳动关系的用人单位承担的社保费法定缴费责任不能免除,也没有法律规定可以将义务转移至第三方代缴机构。第三方代缴行为的不合法性容易判断,但实践中这种缴费方式却不是个例且长期存在。

“由于我国社会保险统筹机制不完善,并且社会保险缴费属地化管理,用人单位跨地区缴费是不行的,除了在异地设有分公司这样具有用工主体资格的分支机构才行。”①这样就导致了实践中没有分支机构的异地用人单位委托本地人力资源公司代为

① 肖静、包学雄:《刍议“社保挂靠”治理》,载《山东工商学院学报》2017 年第 1 期。

缴纳。而职工也觉得这种方式比较方便,比如,挂靠本地第三方机构参保后,医保卡可以在本地使用。否则在就必须在用人单位所在的外地参保,生病就医得到外地才能享受医疗保险待遇,或者完善异地就医手续才行。因此,在不发生矛盾纠纷时,这种第三方代为缴费被用人单位与职工接受,确实因其有一定的便利性而具有存在基础。但作为劳动者方不能只看到第三方代缴带来的异地就医的便利性,更应该充分重视其中潜在的法律风险,在使用时提前了解异地就医直接结算的各项手续,用人单位对此也应有提醒和协助的责任,来规避无法报销的损失。出于对劳动者的倾斜保护,如若用人单位一方面利用第三方代缴方式转移责任,违背法律强制性规定,另一方面又未对员工尽到提醒协助义务,理应承担一定的法律后果,来平衡劳动者的损失。

七、拓展训练

(一)案例简介

芦某某系第三人某钢铁集团有限责任公司的退休职工,退休后随子女在北京居住。2018 年 1 月 19 日因病在北京治疗。后就治疗费用问题,芦某某向被告某市社会保险事业管理局申请报销 11,054.66 元。被告某市社会保险事业管理局认为,芦某某的基本医疗保险实际缴费时间为 50 个月,不符合《某市人民政府关于印发某市城镇职工基本医疗保险市级统筹实施细则》(以下简称《实施细则》)第 24 条、第 26 条的规定等,因此不能享受正常退休人员应享受的基本医疗保险待遇等。芦某某不服,于 2018 年 5 月 23 日向被告某市人力资源和社会保障局申请复议。2018 年 7 月 10 日,被告某市人力资源和社会保障局作出某人社复决(2018)第 03 号行政复议决定书,认为第三人在 2001 年至 2014 年 3 月实行医疗保险封闭运行机制。2014 年 4 月起开始为其职工在市社保局办理城镇职工医疗参保手续,芦某某系参保人员之一,截至 2018 年 6 月底,参保期间共计 50 个月。根据《社会保险法》第 27 条之规定,参加职工基本医疗保险的个人,达到法定退休年龄时累计缴费达到国家规定年限的,退休后不再缴纳基本医疗保险费,按照国家规定享受基本医疗保险待遇;未达到国家规定年限的,可以缴费至国家规定年限。根据《实施细则》第 24 条第 1 款、第 3 款之规定,参保人员最低缴纳职工医保的年限(含视同缴费年限)为男满 30 年、女满 25 年,其中最低实际缴费年限为 15 年。达到法定退休年龄时,因故不能办理退休手续的人员,可继续按照在职职工身份缴纳职工医保费,也可转为城镇居民基本医保。根据《实施细则》第 26 条第 1 款第 1 项之规定,该细则实施前已参保的退休人员,未达到职工医保最低缴费年限的,应一次性补足所差年限的职工医保费。有单位的,由单位按本人上年度基本养老金的 6.5% 一次性补缴。因此,第三人为芦某某在某市社会保险事业管理局处实际参保期间只有 50 个月,未为原告一次性补缴,未满最低缴费年限,芦某某医保信息显示在职,并不异常。办理职工医疗保险退休异地居住人员备案手续的前提是缴纳职工医保已达退休条件，目前芦某某仍为医保在职。根据《实施细则》第 9 条、第 25 条之规定，对芦某某主张补办职工医疗保险退休异地居住人员备案手续的主张不予支持。被告认为，异地就医医疗费报销需要满足已办理职工医疗保险退休异地居住人员备案手续或到外地出差、探亲、旅游期间，患病需急诊抢救等条件之一，认为提交的证据不满足上述条件。根据《实施细则》第 46 条第 5 款、第 7 款以及《某市市级城镇职工医疗保险长期慢性病、急诊抢救病种目录》之规定，对芦某某要求报销异地住院费用的请求不予支持等。根据《社会保险法》第 16 条第 1 款、第 23 条第 1 款、第 27 条、第 60 条第 1 款，《实施细则》第 9 条、第 11 条第 2 款、第 24 条第 1 款及第 3 款、第 25 条、第 26 条第 1 款第 1 项、第 46 条第 5 款、第 7 款，《某市市级城镇职工医疗保险长期慢性病、抢救病种目录》，《行政复议法》第 28 条第 1 款第 1 项之规定，维持被告某市社会保险事业管理局不予报销芦某某异地就医报销医疗费用等的行为。再查明，第三人自 2014 年 4 月起在社会保险征收机构为芦某某缴纳基本医疗保险费用。

(二)思考问题

某市社会保险事业管理局是否应当为芦某某办理异地医保备案和报销异地住院费用？

第二节　医疗保险待遇损失

一、案例选择

陈某某、天津市某保安服务总公司东丽分公司保安服务合同纠纷案

案号：(2018)津 02 民终 7196 号

二、问题提示

如何认定公司对职工医疗保险费用的缴纳？

三、案例基本情形

上诉人(原审原告)：陈某某

上诉人(原审被告)：天津市某保安服务总公司东丽分公司

原告陈某某于 2016 年 4 月 7 日入职被告天津市某保安服务总公司东丽分公司(以下简称东丽分公司)，双方曾签订两次劳动合同，第二次签订的劳动合同期限为 2017 年

4 月 7 日至 2018 年 4 月 6 日。被告东丽分公司未为原告陈某某缴纳社会保险。劳动合同存续期间原告陈某某月工资 3100 元。2018 年 2 月 16 日，陈某某在工作中身体不适，至某医院住院治疗至 2018 年 2 月 26 日，花费住院医疗费 102,944.5 元，其中自费项目 51,625.62 元，增付项目 4182.73 元，城乡居民医保统筹支付 25,649.88 元，城乡大病支付 2834.5 元。2018 年 6 月 4 日，某医院出具诊断证明，建议陈某某出院后休息两周。2018 年 3 月 15 日，陈某某以主张医药费、病假工资等为由申诉至天津市东丽区劳动人事争议仲裁委员会，该委员会于 2018 年 5 月 21 日作出津东丽劳人仲裁字（2017）第 193 - 1 号仲裁裁决书，裁决东丽分公司支付陈某某医疗费 12,970.85 元和住院期间的病假工资 1026.21 元，驳回陈某某的其他申诉请求。

现陈某某不服，于 2018 年 6 月 1 日向一审法院提起诉讼，请求：（1）请求人民法院依法撤销津东丽劳人仲裁字（2017）第 193 - 1 号仲裁裁决书。（2）请求人民法院判决东丽分公司赔偿陈某某医疗费 74,460.12 元、2018 年 2 月 16 日至今病假工资、加班费 50,000 元。（3）诉讼费用由东丽分公司承担。庭审中，陈某某撤回第 1 项诉讼请求，明确其主张病假工资的期间为 2018 年 2 月 27 日至 5 月 16 日。事实和理由：陈某某与东丽分公司发生劳动争议，天津市东丽区劳动人事争议仲裁委员会作出津东丽劳人仲裁字（2017）第 193 - 1 号仲裁裁决，现对仲裁裁决不服，诉至一审法院。

一审判决结果：（1）被告东丽分公司于本判决生效后 10 日内支付原告陈某某病假工资 1780.24 元、医疗费损失 12,970.85 元，共计 14,751.09 元。（2）驳回原告陈某某的其他诉讼请求。

一审宣判后，陈某某与东丽分公司均不服该判决，遂依法提起上诉。

陈某某诉称一审法院认定事实及适用法律错误：（1）陈某某于 2018 年 2 月 16 日在工作中因身体不适住院治疗，其间花费医疗费 102,944.5 元，且无法报销，因此东丽分公司应当将陈某某支付的医疗费全额报销，一审法院只支持 1 万余元的医疗费，不足以弥补陈某某损失。（2）陈某某病假期间，已经向东丽分公司申请病假，且已经批准，应当支付 3 个月病假工资，一审法院只判决支持 1780.24 元病假工资不妥，应支持陈某某的上诉请求。遂请求二审法院：（1）撤销一审判决，将本案发回重审，或依法改判支持陈某某一审的全部诉讼请求，即判令：东丽分公司赔偿陈某某医疗费 74,460.12 元、2018 年 2 月 16 日至今病假工资、加班费 50,000 元（2018 年 2 月 16 日至 5 月 16 日病假工资 9300 元、加班费 40,700 元）。（2）本案诉讼费由东丽分公司承担。

东丽分公司辩称：陈某某出院后未向东丽分公司提交病假条，东丽分公司只认可陈某某住院期间的病假工资，对于超出住院期间的工资不同意支付，遂请求二审法院：（1）维持一审判决第 1 项中东丽分公司支付陈某某医疗费损失 12,970.85 元的判决内容，撤销该项判决其他内容，即不同意支付陈某某病假工资 1780.24 元，或将本案发回重审。(2)本案诉讼费由陈某某承担。

四、诉讼争点

(一)东丽分公司是否应该承担陈某某病假工资,数额又该如何确定?

(二)陈某某主张的加班费是否应该得到法院的支持?

(三)原审原告陈某某要求原审被告东丽分公司支付医疗费 74,460.12 元是否成立?

五、裁判理由及结果

(一)一审裁判理由及结果

1. 一审裁判理由

解决劳动争议,应当根据合法、公正、及时处理的原则,依法维护劳动争议当事人的合法权益。

首先,在病假工资问题上,现双方对于仲裁裁决的住院期间的病假工资均无异议,故一审法院照准。关于陈某某出院后是否享受病假待遇,陈某某虽然未能提供证据证实其已向单位履行病假手续,但其患病、住院治疗的事实确实存在,且 2018 年 6 月 4 日的诊断证明中显示出院后建议休息两周,故陈某某在 2018 年 2 月 27 日至 3 月 12 日仍应享受病假待遇。本院按照本市同期最低工资 80% 核算该期间的病假工资为 754.03 元,东丽分公司应予支付。陈某某超出本院核算数额和期间的主张没有事实和法律依据,一审法院不予支持。

其次,陈某某在一审诉求中主张了加班费,但该项主张应未经仲裁前置程序,故在一审法院中不予审理。

最后,针对陈某某要求东丽分公司承担医疗费 74,460.12 元的问题,本院认为,东丽分公司未为陈某某缴纳医疗保险,导致陈某某不能享受城镇职工医疗保险待遇,理应承担相应的赔偿责任。但鉴于陈某某本人已经核报城乡居民医疗保险,故东丽分公司应当赔偿两种医疗保险待遇之间的差额。经本院核算,仲裁裁决的医疗费损失差额在合法范围内,东丽分公司应予支付。陈某某超过该数额的主张没有事实和法律依据,一审法院不予支持。

2. 一审裁判结果

(1)被告东丽分公司于本判决生效后 10 日内支付原告陈某某病假工资 1780.24 元、医疗费损失 12,970.85 元,共计 14,751.09 元。(2)驳回原告陈某某的其他诉讼请求。

（二）二审裁判理由及结果

1. 二审裁判理由

二审法院认为，陈某某与东丽分公司签订了书面劳动合同，双方形成劳动合同关系，现双方发生劳动争议，应受劳动法律法规所调整。

第一，关于陈某某病假工资数额如何确定问题。依据原劳动部《关于贯彻执行〈中华人民共和国劳动法〉若干问题的意见》第59条的规定，职工患病或非因工负伤治疗期间，在规定的医疗期间内由企业按有关规定支付其病假工资或疾病救济费，病假工资或疾病救济费可以低于当地最低工资标准支付，但不能低于最低工资标准的80%。2018年2月16日，陈某某在工作中因身体不适，到医院住院治疗至2018年2月26日。陈某某2018年6月4日的诊断证明中显示，出院后医院建议其休息两周，一审判决认定陈某某在住院期间及2018年2月27日至3月12日享受病假待遇及计算的病假工资数额1780.24元并无不当，陈某某主张2018年3月13日至5月16日的病假工资，因陈某某未提供该期间的医院诊断证明，亦未提供充分证据证明其履行了请病假手续，故陈某某关于此部分病假工资的上诉请求缺乏事实与法律依据，本院不予支持。

第二，关于陈某某主张的加班费问题。因陈某某该项主张未经仲裁前置程序，故在二审中不予审理。二审中，东丽分公司表示同意一审判决，二审法院照准。

第三，关于陈某某要求东丽分公司支付医疗费74,460.12元能否成立问题。陈某某住院治疗期间共计花费医疗费102,944.5元，其中自费项目51,625.62元，增付项目4182.73元，城乡居民医保统筹支付25,649.88元，城乡大病支付2834.5元，陈某某个人实际支付74,460.12元。东丽分公司未依法为陈某某缴纳医疗保险费，导致陈某某不能享受城镇职工医疗保险待遇而遭受损失，因城乡居民医保统筹已经为陈某某支付医疗费25,649.88元，故东丽分公司应赔偿陈某某城镇职工医疗保险待遇与城乡居民医保待遇的差额部分。一审法院根据两种医疗保险待遇的承担医疗费比例、起付点的不同核算两种医疗保险待遇的差额部分12,970.85元并无不当。陈某某要求高于12,970.85元的部分，无事实与法律依据，二审法院院不予支持。

2. 二审裁判结果

上诉人上诉理由不成立，上诉请求不予支持；一审就本案争议所作实体处理并无不当，应予维持。依照《民事诉讼法》第169条第1款、第170条第1款第1项之规定，驳回上诉，维持原判。

六、评析研判

用人单位为职工依法缴纳医疗保险来保障职工的医疗权益是其基本义务。因企业未给职工缴纳医疗保险而导致职工无法报销医疗费所产生的医保待遇损失，理应由企业承担相应的赔偿责任。那么,在职工的医疗费用已由职工基本医疗保险以外的城乡居民医疗保险承担了一部分的情况下,职工的医保待遇损失应当如何确定?本案就是针对这一核心问题展开的。

本案中的诉讼争点主要有三个:(1)东丽分公司是否应该承担陈某某病假工资,数额又该如何确定?(2)关于陈某某主张的加班费是否应该得到法院的支持?(3)陈某某要求东丽分公司支付医疗费74,460.12元能否成立?

(一)争点一解析:东丽分公司应该承担陈某某的病假工资

本案的第一个争议焦点,为东丽分公司是否应该承担陈某某病假工资。

首先,陈某某与东丽分公司签订了书面劳动合同,双方形成劳动合同关系,现双方发生劳动争议,应受劳动法律法规所调整。原劳动部发布的《企业职工患病或非因工负伤医疗期规定》第2条规定:“医疗期是指企业职工因患病或非因工负伤停止工作治病休息不得解除劳动合同的时限”;第3条规定:“企业职工因患病或非因工负伤,需要停止工作医疗时,根据本人实际参加工作年限和在本单位工作年限,给予三个月到二十四个月的医疗期:(一)实际工作年限十年以下的,在本单位工作年限五年以下的为三个月;五年以上的为六个月。(二)实际工作年限十年以上的,在本单位工作年限五年以下的为六个月;五年以上十年以下的为九个月;十年以上十五年以下的为十二个月;十五年以上二十年以下的为十八个月;二十年以上的为二十四个月”;第5条规定:“企业职工在医疗期内,其病假工资、疾病救济费和医疗待遇按照有关规定执行。”在本案中,陈某某有权利进行病假休息,东丽分公司应该承担陈某某的病假工资,法院理应支持陈某某的病假工资请求。

其次,关于陈某某病假工资数额如何确定,先要确定陈某某的病假期间。针对具体病假期间的认定需要当事方提供医疗事实和请假行为的举证。医疗事实的证明有医疗机构出具的病历、诊断证明、病休证明等均可,原则上应加盖医疗机构的印章。而对于请假行为的举证,通常由职工举证,存在一定的事实难度。司法实践中通常采用“合理信任”的标准来判定职工请假行为的真实性。在本案中,2018年2月16日,陈某某在工作中因身体不适,到医院住院治疗至2018年2月26日。加之陈某某的医院诊断证明中显示出院后建议休息两周,可以明确陈某某住院期间及2018年2月27日至3月12日应享受病假待遇且由企业支付病假工资。故一审、二审法院均认定该时间段内的病假待遇。然而针对陈某某主张2018年3月13日至5月16日的病假待遇,根据劳动争议举证的一般原则,陈某某应当对其主张提供相应证据进行佐证,但陈某某并未提供该期间的医院诊断证明,亦未提供充分证据证明其履行了请病假手续,故陈某某关于病假工资部分的上诉请求缺乏事实与法律依据,故两级法院均不予认定陈某某主张2018年3月13日至5月16日的病假待遇也是合理的。有关病假工资的数额计算。依据原劳动部《关于贯彻执行〈中华人民共和国劳动法〉若干问题的意见》第59条的规定:"职工患病或非因工负伤治疗期间,在规定的医疗期间内由企业按有关规定支付其病假工资或疾病救济费,病假工资或疾病救济费可以低于当地最低工资标准支付,但不能低于最低工资标准的80%",并就此核算出病假工资数额1780.24元并无不当。

综上所述,一审法院判定东丽分公司应该承担陈某某的病假工资1780.24元合理合法。

(二)争点二解析:对陈某某主张的加班费不予支持

本案中的第二个争议焦点,即陈某某在诉讼中主张的加班费诉请是否成立,涉及的是劳动争议仲裁前置的问题。

劳动仲裁,是指由劳动争议仲裁委员会对当事人申请仲裁的劳动争议居中公断与裁决,在司法实务中,人民法院受理劳动争议案件是以是否经过劳动争议仲裁委员会裁决为前提的,即通行的所谓"劳动争议仲裁前置程序"。《劳动法》第79条规定:"劳动争议发生后,当事人可以向本单位劳动争议调解委员会申请调解;调解不成,当事人一方要求仲裁的,可以向劳动争议仲裁委员会申请仲裁。当事人一方也可以直接向劳动争议仲裁委员会申请仲裁。对仲裁裁决不服的,可以向人民法院提起诉讼。"并且,最高人民法院《关于审理劳动争议案件适用法律若干问题的解释》第1条规定:"劳动者与用人单位之间发生的下列纠纷,属于《劳动法》第二条规定的劳动争议,当事人不服劳动争议仲裁委员会作出的裁决,依法向人民法院起诉的,人民法院应当受理:(一)劳动者与用人单位在履行劳动合同过程中发生的纠纷;(二)劳动者与用人单位之间没有订立书面劳动合同,但已形成劳动关系后发生的纠纷;(三)劳动者退休后,与尚未参加社会保险统筹的原用人单位因追索养老金、医疗费、工伤保险待遇和其他社会保险费而发生的纠纷。"第6条规定:"人民法院受理劳动争议案件后,当事人增加诉讼请求的,如该诉讼请求与讼争的劳动争议具有不可分性,应当合并审理;如属独立的劳动争议,应当告知当事人向劳动争议仲裁委员会申请仲裁。"由此可知,人民法院受理劳动争议案件,应以劳动仲裁为前置程序。即当事人不服劳动争议仲裁委员会作出的裁决,依法向人民法院起诉的,人民法院才予以受理。从而形成了劳动争议仲裁前置程序法定化。就本案而言,陈某某主张的加班费需要经过仲裁前置程序的处理,而当事人在劳动仲裁中并未提及该项主张,而是直接在一审诉请中列明,缺少必要的仲裁前置程序,故法院应当不予审理。

综上所述,陈某某加班费的诉请因未经必要的仲裁前置程序,法院不予支持。

(三)争点三解析:东丽分公司支付医疗费74,460.12元不成立

本案的第三个争议焦点,也是本案的核心问题,即陈某某要求东丽分公司支付医疗费74,460.12元能否成立。也就是公司未交职工保险,但员工有城乡居民医保,医保待遇损失如何认定,医疗费用如何结算的问题。

首先,关于未缴纳医疗保险导致劳动者无法享受医疗保险待遇的损失赔偿争议属于劳动争议。最高人民法院《关于审理劳动争议案件适用法律若干问题的解释(三)》第1条规定:“劳动者以用人单位未为其办理社会保险手续,且社会保险经办机构不能补办导致其无法享受社会保险待遇为由,要求用人单位赔偿损失而发生争议的,人民法院应予受理。”根据该规定,本类型争议属于典型的社保争议案件,属于人民法院劳动争议受案范围。

其次,医疗保险待遇损失,并不同于其实际已经产生的医疗费用,该待遇损失应当严格依照假定用人单位依法缴纳医疗保险,劳动者依法实际可享受的医疗保险待遇标准进行核算。《社会保险法》第28条规定:“符合基本医疗保险药品目录、诊疗项目、医疗服务设施标准以及急诊、抢救的医疗费用,按照国家规定从基本医疗保险基金中支付”,故劳动者主张的相关医疗保险待遇损失范围,应当限于基本医疗保险基金按照国家规定所应支付的部分,即医疗统筹支付部分;第26条规定“职工基本医疗保险、新型农村合作医疗和城镇居民基本医疗保险的待遇标准按照国家规定执行”,故劳动者主张的相关医疗保险待遇损失数额,应当限于劳动者根据国家有关基本医疗保险规定可实际享受的待遇标准,即医保统筹支付限额。劳动者主张的医疗保险待遇损失超出上述两部分的,依法应不予支持。

因此,若用人单位未按照国家规定缴纳医疗保险费,导致劳动者因病产生的医疗费不能享受医保基金补贴而造成经济损失,劳动者可要求用人单位赔偿医疗保险待遇损失。公司未依法为员工缴纳医疗保险费,导致劳动者不能享受城镇职工医疗保险待遇而遭受损失,因城乡居民医保统筹已经为劳动者支付医疗费的一部分,此时城镇职工医疗保险待遇与城乡居民医保待遇的差额部分才是劳动者实际的医保待遇损失范围。

就本案而言,关于陈某某要求东丽分公司支付医疗费74,460.12元能否成立,陈某某住院治疗期间共计花费医疗费102,944.5元,其中自费项目51,625.62元,增付项目4182.73元,城乡居民医保统筹支付25,649.88元,城乡大病支付2834.5元,陈某某个人实际支付74,460.12元。东丽分公司未依法为陈某某缴纳医疗保险费,导致陈某某不能享受城镇职工医疗保险待遇而遭受损失,因城乡居民医保统筹已经为陈某某支付医疗费25,649.88元,故东丽分公司应赔偿陈某某城镇职工医疗保险待遇与城乡居民医保待遇的差额部分。法院根据两种医疗保险待遇的承担医疗费比例、起付点的不同核算两种医疗保险待遇的差额部分12,970.85元并无不当。陈某某主张东丽分公司支付医疗费74,460.12元,其中包含自费项目等不在医保报销标准范围内的支出,没有扣减各项医保起付点金额和考虑地区医保报销的最高额度限制,无法等同于如若用人单位缴纳了医保情况下劳动者可以享受的医保待遇。故陈某某要求高于12,970.85元的部分,无事实与法律依据,法院不应该予以支持。

七、拓展训练

(一)案例简介

2005年赵某某进入原告某城水泥有限公司(以下简称某城公司)从事包装工工作。2013年1月1日,原告、被告签订书面劳动合同,合同期限自2013年1月1日至2015年12月31日。2016年1月1日,赵某某与某城公司签订书面劳动合同,合同期限自2016年1月1日至2016年12月31日。赵某某工作时间、地点和方式均未改变,仍受某城公司管理和发放工资等。

2016年7月18日,赵某某患病至中医院住院治疗,支付医疗费12,405.34元。2016年7月27日转至人民医院住院治疗,支付医疗费69,216.33元。2016年9月1日、2016年10月4日,被告继续在人民医院住院治疗,支付医疗费12,734.38元和6713.68元。2016年9月29日,赵某某从农村合作医疗领取医疗补偿27,256.77元。

2016年7月起,某城公司未支付赵某某工资。2016年11月,赵某某办理退休手续。2016年7月至9月,某城公司未为赵某某缴纳职工医疗保险。

2017年3月22日,赵某某就本案诉讼请求向淮安市淮安区劳动人事争议仲裁委员会申请仲裁。2017年10月17日,淮安市淮安区劳动人事争议仲裁委员会作出淮劳人仲案字(2017)第94号仲裁裁决书,内容包括:(1)自本仲裁裁决书生效之日起7日内,某城公司一次性支付赵某某2016年7月至10月病假工资4480元。(2)自本仲裁裁决书生效之日起7日内,某城公司一次性支付被告赵某某住院医疗费补偿3.1万元。(3)对赵某某其他仲裁请求,不予支持。

某城公司向一审法院提起诉讼,请求:判决某城公司不支付赵某某病假工资4480元和住院医疗费补偿3.1万元。

(二)思考问题

原告某城公司是否应向被告赵某某支付年病假工资和住院医疗费补?

第十二章　生育保险

第一节 女职工产假期间工资认定

一、案例选择

广西某创新实业股份有限公司南宁分公司、广西某实业股份有限公司与邓某某生育保险纠纷案

案号:(2018)桂01民终6152号

二、问题提示

女性职工产假期间的工资如何认定?

三、案例基本情形

上诉人(原审原告):广西某创新实业股份有限公司南宁分公司、广西某实业股份有限公司

被上诉人(原审被告):邓某某

广西某创新实业股份有限公司南宁分公司(以下简称某创南宁分公司)于2014年7月7日登记注册成立,是广西某实业股份有限公司(以下简称某实业公司)不具有法人资格的分支机构。双方签订劳动合同,约定:邓某某工资构成为基本工资+岗位工资+绩效工资,其中基本工资标准为1400元/月。在劳动关系实际履行过程中,其应发工资分为:(1)涉税工资3000元,在扣除某创南宁分公司个人应负担的社会保险费和住房公积金后约为2477.99元/月;(2)绩效工资2900元,两项合计5900元。

邓某某于2016年8月10日顺产生育一孩,此后开始休产假。产假期间,某创南宁分公司未支付邓某某的工资,某创南宁分公司每月扣除邓某某应负担的社会保险费。有关证据如下:(1)《关于结算工资的申请》记载:2016年6月,某创南宁分公司向邓某某发放1833.3元;2016年7月,某创南宁分公司向邓某某发放2600元;2016年8月,某创南宁分公司向邓某某发放2953.69元,此后未再发放工资;自2016年6月至2017年2月,邓某某合计得到7386.99元,被扣除社会保险费1816.5元,实得5570.49元。某创南宁分公司的两名职员在该申请书下部签名。(2)《关于预付生育保险费用的申请》,邓某某方职员在该申请书下部签字同意。(3)同日,邓某某向某创南宁分公司提交《预付生育保险费承诺书》,记载:某创南宁分公司按照南宁市生育保险费用报销标准预先支付11,980.72元。(4)同日邓某某填写《费用报销单》,报销单上的总裁栏目和部门主

管栏目由某创南宁分公司公司职员签名,邓某某在经办人栏目签名,但该笔费用11,980.72元没有实际履行。2017年2月14日,邓某某辞职。一审法院另查明:某创南宁分公司的实际控制人之一的林某,于2016年5月27日向邓某某转账10,000元,于2016年6月1日向邓某某转账20,000元。

邓某某于2017年6月8日申请劳动争议仲裁,裁决书送达后,某创南宁分公司向一审法院提起诉讼;邓某某未向人民法院提起诉讼;经邓某某申请,一审法院追加某实业公司作为第三人参加诉讼。

一审法院综合当事人的诉、辩主张和一审法院查明的事实,判决:(1)某创南宁分公司向邓某某支付2016年7月1日至8月9日的工资3737.19元;(2)某创南宁分公司支付2016年8月10日至2017年1月4日产假期间的工资28,754.02元;(3)某创南宁分公司支付生育医疗费用津贴3000元;(4)某创南宁分公司的财产不足以清偿上述义务时,由第三人某实业公司对上述义务,承担补充清偿责任;(5)邓某某在劳动争议仲裁时提出的其他仲裁请求,不予支持;(6)驳回某创南宁分公司提出的全部诉讼请求。

一审判决宣判后,某创南宁分公司和某实业公司不服依法提起上诉。

某创南宁分公司、南宁公司诉称:(1)一审法院认定事实错误。首先,某创南宁分公司已支付了邓某某2016年7月1日至31日的工资。邓某某提交的银行流水账中有详细记录某创南宁分公司通过4次转账已向其支付了2016年7月的工资,且在一审中邓某某也明确说明2016年7月工资已经支付。其次,某创南宁分公司已支付邓某某2016年8月10日至2017年1月7日产假期间的工资28,754.02元。因邓某某面临生产,某创南宁分公司领导人林某已于2016年5月27日、6月1日通过民生银行个人账户分别向邓某某转账支付了1万元和2万元,该3万元是预付邓某某产假期间的工资。邓某某一审庭审中对该3万元款项性质不清楚,不符合常理。(2)一审法院判决某实业公司对某创南宁分公司支付义务承担补充清偿责任属于适用法律错误。合同法规定合同具有相当性,某实业公司是某创南宁分公司与邓某某劳动合同关系的第三人,与该合同没有任何关系,不应对该合同承担任何责任。综上所述,一审法院判决认定事实,适用法律错误,应予以撤销。

被上诉人邓某某辩称,邓某某月工资由涉税工资和非涉税工资组成。某创南宁分公司已支付邓某某2016年7月的涉税工资,但未支付非涉税的工资。林某于2016年5月27日转账支付给邓某某的1万元是奖金,于2016年6月1日转账支付2万元是林某之前承诺邓某某年薪不低于10万元的差额部分,有短信截屏为证。如果该3万元是预付给邓某某产假期间的工资,则应有书面材料,但邓某某从未书写过任何的预付借款单。某创南宁分公司是某实业公司的分支机构,不具有独立的法人资格,故某实业公司应承担补偿清偿责任。邓某某认可一审判决,希望二审维持原判。

四、诉讼争点

（一）上诉人（原审原告）某创南宁分公司是否已全部支付邓某某2016年7月1日至2016年8月9日的工资？

（二）上诉人（原审原告）某创南宁分公司是否已支付邓某某产假期间的工资？

（三）上诉人（原审第三人）某实业公司对上诉人（原审原告）某创南宁分公司的本案义务应否承担补充清偿责任？

五、裁判理由及结果

（一）一审裁判理由及结果

1. 一审裁判理由

本案的争议焦点之一，即原告是否支付被告2016年7月1日至8月9日的工资。邓某某所主张的2016年7月1日至8月9日的工资，在劳动争议仲裁时，某创南宁分公司先是提出此期间邓某某未正常提供劳动，某创南宁分公司有停止发放工资的权利的抗辩，即先履行抗辩权。在某创南宁分公司被分配承担此期间邓某某未提供劳动的事实举证责任后，某创南宁分公司未再提出此抗辩。一审法院认为，对于2016年7月1日至8月9日的邓某某工资，某创南宁分公司起初是认为是因邓某某未提供劳动对价，某创南宁分公司无须支付，此诉讼路径不通之后，才以已付30,000元主张进行抵扣。也就是说，某创南宁分公司对邓某某是否应得2016年7月1日至2016年8月9日的工资、30,000元款是否应予抵扣该款，某创南宁分公司的诉讼主张随意变化，与诉讼上的诚实信用原则不符，一审法院不予支持。

本案的争议焦点之二，即原告是否支付被告产假期间的工资问题。首先，某创南宁分公司主张向邓某某发放的30,000元款的性质为邓某某借支，但某创南宁分公司未提供有邓某某当时签署的借支手续，不能举证证明双方当时成立借支的合意，法院对此主张不予支持。

其次，某创南宁分公司向邓某某发放的30,000元，为一笔10,000元、一笔20,000元，并未通过公司对公账户发放，也并非由公司财务人员发放，而是由公司的实际控制人林某的个人账户转账，不符合邓某某向公司借支的财会规则。某创南宁分公司提出的主张，随意将30,000元分列为12,000元的生育保险费和18,000元的工资，在2016年5月、6月转账时间，款项与某创南宁分公司主张的数额难以吻合，某创南宁分公司事后拼凑款项性质、转款事由的意图较强。

最后，某创南宁分公司主张30,000元款的性质，与2017年2月14日时由某创南宁分公司职员签字、制作的一系列文件相互矛盾。2017年2月14日，邓某某向某创南宁分公司提交《关于结算工资的申请》，记载自2016年6月至2017年2月，邓某某合计得到7386.99元，被扣除社保费1816.5元，实得5570.49元，某创南宁分公司的两位职员在此申请书下部签名，未提出任何异议，也没有主张以讼争的30,000元进行抵扣的抗辩。同样，邓某某在当日向某创南宁分公司提交《关于预付生育保险费用的申请》，记载"按公司规定产假期间不发放工资"的内容，某创南宁分公司的3名职员在该申请书下部签名同意，未提出任何异议，也没有主张以讼争的30,000元进行抵扣的抗辩。同日，某创南宁分公司制作《费用报销单》，拟向邓某某发放11,980.72元生育保险费，某创南宁分公司总裁、部门主管在此报销单上签名同意，未提出任何异议，也没有主张以讼争的30,000元进行抵扣的抗辩。

综上所述，一审法院对原告已经支付了被告邓某某产假期间的工资的主张不予支持，对被告邓某某主张的30,000元为其他性质的薪酬予以支持。

本案的争议焦点之三，即某实业公司是否需要对某创南宁分公司的义务承担补充清偿责任。一审法院认为，某创南宁分公司为某实业公司设立的不具有法人资格的分支机构，它可以以自己的名义和所有的财产自由地进行生产经营活动，但它不具有独立的法人资格。在某创南宁分公司的财产不足以清偿债务时，某实业公司应承担补充清偿责任。

2. 一审裁判结果

(1)某创南宁分公司以其财产向邓某某支付所主张2016年7月1日至8月9日的工资3737.19元。(2)某创南宁分公司以其财产向邓某某支付2016年8月10日至2017年1月4日产假期间的工资28,754.02元。(3)某创南宁分公司以其财产向邓某某支付生育医疗费用津贴3000元。(4)某创南宁分公司的财产不足以清偿上述义务时，由第三人某创南宁分公司对上述义务，承担补充清偿责任。(5)邓某某在劳动争议仲裁时提出的其他仲裁请求，不予支持。(6)驳回某创南宁分公司提出的全部诉讼请求。

(二)二审裁判理由及结果

1. 二审裁判理由

关于某创南宁分公司是否已全部支付邓某某2016年7月1日至8月9日的工资的问题。根据一审查明的事实，邓某某的月工资由涉税工资和绩效工资两个部分组成。某创南宁分公司已支付邓某某2016年7月1日至8月9日的涉税工资，但未支付绩效工资。因此，某创南宁分公司陈述已全部支付邓某某上述期间工资的主张，缺乏事实依据，本院不予支持。

关于某创南宁分公司是否已支付邓某某产假期间工资的问题。某创南宁分公司主张林某于2016年5月27日、6月1日合计转账给邓某某的3万元为预付产假期间的工资,邓某某抗辩该3万元为奖金和工资差额,本院对某创南宁分公司的主张不予采信,理由如下:某创南宁分公司的上述主张,与其在仲裁时主张邓某某休产假无须支付工资相互矛盾,且某创南宁分公司审批邓某某提交的《关于预付生育保险费用的申请》,该申请载明某创南宁分公司产假期间不发放邓某某工资。因此,一审判决认定某创南宁分公司尚未支付邓某某产假期间的工资,并无不当,本院予以维持。

关于某实业公司对某创南宁分公司的本案义务应否承担补充清偿责任的问题。《公司法》第14条第1款规定:“公司可以设立分公司。设立分公司,应当向公司登记机关申请登记,领取营业执照。分公司不具有法人资格,其民事责任由公司承担。”在本案中,某创南宁分公司系某实业公司领取营业执照的分支机构,故某实业公司应对某创南宁分公司上述债务不能给付部分承担补充清偿责任。

2. 二审判决结果

一审判决认定事实清楚,适用法律正确,本院予以维持。依照《民事诉讼法》第170条第1款第1项的规定,判决如下:驳回上诉,维持原判。

六、评析研判

劳动法体现的精神核心为“弱者正义”,着重对劳动关系双方处于弱势一方的劳动者进行保护,而女性劳动者相较男性劳动者由于生理上的原因处于更为弱势的一方,更应对其进行倾斜保护。生育保险就体现了对女性劳动者的“特殊”保护,女性劳动者生育、分娩期间享有产假,用人单位在此期间应当正常对其发放工资,以防对女性劳动者的生活造成困扰。本案中呈现的是如今用人单位中大量存在的,女性职工产假期间用人单位以各种理由推迟给付、少给付甚至不予给付的现象。

本案的诉讼争议焦点主要有三个:(1)某创南宁分公司是否已全部支付邓某某2016年7月1日至8月9日的工资?(2)某创南宁分公司是否已支付邓某某产假期间的工资?(3)某实业公司对某创南宁分公司的本案义务应否承担补充清偿责任?

(一)争点一解析:某创南宁分公司没有全部支付邓某某2016年7月1日至8月9日的工资

本案的第一个争议焦点,为邓某某2016年7月的工资是否被给付的问题,主要是证明责任的归属问题。“针对劳动关系的天然不平等的属性,劳动法通过强制保护法的方式来干预劳动合同,偏重保护劳动者。在权利义务的配置上,劳动者更多是权利主体,用人单位更多是义务主体。”①证明责任是解决劳动争议案件的关键,因为劳动争议案件不同于一般的民事案件,劳动争议双方当事人是劳动者和用人单位,用人单位属于

---

① 侯玲玲:《劳动争议证明责任理论思考和制度重构》,载《法学评论》2017年第3期。

管理者,劳动者是被管理者,无论是从经济上还是法律水平上劳动者都明显处于弱势地位的,当劳动争议发生的时候,因为劳动者收集证据的能力有限,证明责任的分配就是影响劳动者胜诉与否的关键。某创南宁分公司作为用人单位,劳务关系中优势的一方,应当就其所主张的30,000元的用途、性质,承担举证责任。用人单位拥有一套成熟完备的工作流程和体系,对于证据的收集和用途的解释也更加便利,由用人单位承担举证责任也更为合理。此外,当事人双方在诉讼过程中,应当遵守诉讼上的诚实信用原则。

首先,某创南宁分公司作为用人单位一方,对于邓某某2016年7月1日至8月9日的工资是否给付承担举证责任。某创南宁分公司开始时主张,是由于邓某某没有提供相应的劳动,所以拒绝给付这期间的工资。但又无法提供相关的证据来进行证明,法院无法予以支持,其自身在之后的诉讼中也没有在提起这项主张。其后,某创南宁分公司又主张以转账的30,000元来进行抵扣。但员工工资的发放应当通过公司账户进行发放而不能私下以个人转账的形式来发放。某创南宁分公司又无法提供证据来证明以30,000元转账抵扣工资的方法是双方协商一致的结果,法院对去其这种主张也无法予以支持。

其次,某创南宁分公司违背了民事诉讼诚实信用的原则。在一审法院的审理中,原告某创南宁分公司又提出被告2016年7月1日至8月9日的工资由公司的实际控制人林某转账的30,000元进行抵扣,这与其在劳动争议仲裁时的主张相矛盾。可以认为南宁分公司是在其所主张的先履行抗辩权举证不能后,又转而承认其提供了劳动以30,000元进行了抵扣来辩解。《民事诉讼法》第13条规定,民事诉讼应当遵循诚实信用的原则。当事人应当依法善意的行使诉讼权利,不得滥用起诉权、回避权、提出证据等权利,当事人应当履行真实陈述的义务。对于不履行诚实信用义务的,人民法院可以驳回其起诉或者要求其承担相应的法律后果。某创南宁分公司的诉讼主张随意变化,与诉讼上的诚实信用原则不符,又不能提供相应的证据予以证明,应当由其承担相应不利的法律后果。

综上所述,根据双方签订的合同,邓某某的工资分为涉税工资和绩效工资两部分,某创南宁分公司支付的2600元只为涉税工资。其陈述的2016年7月1日至8月9日的工资已经全部给付的主张,缺乏事实依据,其诉讼主张的随意变化也违背了民事诉讼的诚实信用原则,二审法院认定邓某某2016年7月1日至8月9日的工资没有被全部给付的做法合法合理。

(二)争点二解析:某创南宁分公司没有支付被告邓某某产假期间的工资

本案的第二个争议焦点,即某创南宁分公司是否支付被告邓某某产假期间的工资问题,主要集中于对公司实际控制人林某给付的30,000元性质和用途进行定性的问题。

首先,某创南宁分公司应当对其主张的30,000元的转账为借支提供证据。南宁分公司提出的林某转账的30,000元性质为邓某某的借支的主张,南宁公司作为用人单位一方,应当提供相应的证据材料进行证明。但南宁分公司并没有提供邓某某签署的借支相关手续,不能合法有效的证明双方达成了借支合意,法院不予以采信。

其次,南宁分公司关于30,000元转账的性质随意变更,难以让人信服。南宁分公司主张的30,000元转账分为两部分:第一部分是10,000元,第二部分是20,000元。根据《合同法》的相关规定,员工进行借支的应当由公司对公账户发放或者由公司财务人员发放,而本案中却是由公司的实际控制人林某进行的转账,不符合公司借支的财会规则。在南宁分公司的主张中又将30,000元的转账分为了18,000元的工作和12,000元的生育保险这两部分,这又与林某两次分别是10,000元和20,000元的转账相矛盾。南宁分公司歪曲捏造款项性质、转账事由的意图较明显,也无相关的证据进行佐证,难以让人信服。

最后,南宁分公司在诉讼中主张的30,000元的性质,与本案中被告邓某某提供的一系列证据相矛盾。第一,2017年2月14日,邓某某向南宁分公司提交的《关于结算工资的申请》记载了邓某某自2016年6月到2017年2月公司只给其发放了5570.49元,公司员工进行了签字,并没有提出任何异议,也没有提出以之前转账的30,000元进行抵扣的抗辩。第二,2017年2月14日,邓某某提交的《关于预付生育保险费用的申请》中记载有"按公司规定产假期间不发放工资"的内容,南宁分公司的员工进行了签字,没有提出异议,已没有提出以之前转账的30,000元进行抵扣的抗辩。第三,2017年2月14日,南宁分公司制作的《费用报销单》中记载了"拟向邓某某发放11,980.72元的生育保险费"的内容,南宁分公司的总裁、主管进行了签字,没有提出异议,也没有提出以之前转账的30,000元进行抵扣的抗辩。

综上所述,某创南宁分公司未能举证证明讼争的30,000元是预付给邓某某的生育保险费和工资的性质,某创南宁分公司所提出的以此款抵扣邓某某主张2016年7月1日至2016年8月9日的工资、2016年8月10日至2017年1月4日产假期间工资的主张,并无理据,法院不予采纳。邓某某关于30,000元款的性质是邓某某应得的其他薪酬,与产假之前、产假期间的工资无关的主张,法院予以采信的做法是合法合理的。

(三)争点三解析:某实业公司应当对某创南宁分公司未能履行的义务进行清偿

本案的最后一个争议焦点,即某实业公司是否应该对某创南宁分公司未能履行的义务进行清偿的问题,聚焦于某创南宁分公司的公司性质,是否具有独立的法人地位。

《公司法》第14条第1款规定:"公司可以设立分公司。设立分公司,应当向公司登记机关申请登记,领取营业执照。分公司不具有法人资格,其民事责任由公司承担。"某创南宁分公司是由某实业公司设立的分支机构,南宁分公司可以领取营业执照,以自己的名义和拥有的财产进行生产经营,也可以以自己的名义参加诉讼,但其不具有独立的法人地位,某实业公司与其承担连带责任,当南宁分公司的资产不足以清偿债务的时候,某实业公司将承担连带责任进行补充清偿。因此,二审法院维持一审法院让某实业公司承担某创南宁分公司补充责任的判决合法合理。

七、拓展训练

(一)案例简介

张某于2014年8月进入某筑公司工作,双方签订过书面的劳动合同,期限自2014年8月18日起至2016年8月17日止,合同约定张某每月岗位工资3000元、绩效工资5000元。某筑公司为张某正常缴纳了2014年8月至2015年12月的上海市社会保险费,其中2015年的月缴费基数为4500元。某筑公司自2016年1月1日起未为张某缴纳上海市社会保险费。至2016年5月之前,某筑公司按每月8000元支付张某工资。2016年5月15日,张某顺产生育一女。2016年5月15日上午至17日上午,张某住院发生医药费4753.89元,其中可报销金额为2787.85元。2016年5月26日,张某向上海市奉贤区劳动人事争议仲裁委员会(以下简称区仲裁委)申请仲裁,要求某筑公司支付2015年5月20日至2016年4月19日工资57,711.93元。之后,双方经调解,达成了调解书,由某筑公司于2016年11月16日前分5次支付张某2015年5月至2016年5月14日的工资差额57,000元。2016年11月,张某向区仲裁委提出申请,要求某筑公司支付:(1)生育生活津贴34,133元;(2)生育医疗费补贴3000元;(3)医药费2920元。2017年2月15日,区仲裁委作出裁决,裁令:(1)某筑公司支付张某生育生活津贴差额18,926.93元;(2)某筑公司支付张某医疗费用2877.25元。嗣后,某筑公司不服该裁决,遂诉至原审法院。

(二)思考问题

某筑公司应否支付张某生育生活津贴差额及医疗费?

第二节　生育保险费用缴纳

一、案例选择

夏某某与某云公司生育保险纠纷案

案号:(2015)渝一中法民终字第06783号

二、问题提示

如何认定劳动合同的解除以及违法解除的劳动合同需不需要继续缴纳生育保险？

三、案例基本情形

上诉人(原审原告)：夏某某

被上诉人(原审被告)：某云公司

2014年7月1日，某云公司成立。2014年7月10日，夏某某(乙方)与某云公司(甲方)签订了劳动合同，约定夏某某在某云公司工作起始时间为2014年7月10日，以实际到岗时间为准。2014年11月24日，某云公司出具《实休产假安排》，载明因职工夏某某妊娠期，向夏某某安排休产假从2014年12月1日起至生育后按劳动产假休假计算休完为止。所有休假期间的工资补贴为2000元/月。工作移交由公司领导另行安排。

2014年11月28日，夏某某向某云公司出具了《工作移交书》，其载明：夏某某因休产假，暂时将工作内容移交由某云公司总经理安排负责。2015年1月23日，某云公司出具《告知书》，载明：鉴于夏某某在应聘某云公司工作岗位前隐瞒怀孕的事实，违反某云公司规章制度人事管理制度第2条之规定，违反劳动合同法隐瞒事实违规与就业单位签订合同关系，某云公司从今日起正式将夏某某解聘。

2015年2月4日，夏某某向重庆市江北区劳动人事争议仲裁委员会提出仲裁申请，该委逾期未作出是否立案的决定，夏某某遂诉至一审法院。2015年2月17日，夏某某通过剖宫产手术生育一婴儿。

一审法院另查明，某云公司每月15日发放夏某某上一个自然月的工资，工资通过银行转账支付。夏某某最后上班至2014年11月30日。

夏某某一审诉称：2014年7月10日，某云公司成立。在某云公司成立以前，夏某某为其成立做了大量工作。随后，夏某某与某云公司签订了一份劳动合同，合同约定夏某某的岗位为行政兼销售经理，月工资为5000元，另按业务金额纯利润5%计发绩效奖金。2014年11月24日，某云公司承诺从2014年12月1日起至生育后按劳动产假计算休完为止，所有产假期间的工资补贴为每月2000元。2015年1月23日，某云公司以夏某某在应聘前隐瞒怀孕事实，违反公司规定为由将其开除。夏某某到公司时尚不知晓已经怀孕的事实，某云公司在夏某某距生育不到两个月时将其随意开除，并且不再为其缴纳生育保险导致其不能享受生育保险待遇补偿，由此，夏某某请求判决某云公司赔偿其生育保险待遇损失21,886.60元(包括生育医疗费8000元+生育津贴每月4251元/月÷30天/月×98天)、支付营养补助费4000元。

一审法院判决:驳回夏某某的全部诉讼请求。

夏某某不服该判决,向本院提起上诉,请求撤销原判决,依法判决某云公司赔偿夏某某生育保险待遇等各项损失 21,886.6 元。主要事实和理由:(1)一审判决认定夏某某于 2015 年 1 月 23 日收到《告知书》,且认可双方劳动关系于当日解除与事实不符,某云公司系违法解除劳动合同,夏某某在一审中未表示认可双方的劳动关系于 2015 年 1 月 23 日解除,某云公司应继续为其缴纳社会保险;(2)违法解除劳动合同不能产生解除劳动关系的效力,某云公司违法开除夏某某造成其自行负担生育保险费用,该损失应当由某云公司承担。(3)缴纳生育保险费用不以双方存在劳动关系为必要条件。

被上诉人某云公司向本院提交了书面答辩状,辩称:(1)某云公司与夏某某的劳动关系已经解除,其不应再支付夏某某休假期间工资补贴;(2)夏某某在工作期间未给公司创造绩效,其应当对绩效奖金的发放依据进行举证;(3)某云公司在双方劳动关系存续期间严格按照国家要求为夏某某缴纳社保,劳动关系解除后,某云公司没有义务再为夏某某缴纳社会保险。一审判决事实清楚,请求驳回上诉,维持原判。

四、诉讼争点

(一)上诉人(原审原告)夏某某主张的劳动关系的解除违法是否应该支持?

(二)上诉人(原审原告)夏某某主张的生育保险赔偿是否应该支持?

五、裁判理由及结果

(一)一审裁判理由及结果

1. 一审裁判理由

关于某云公司解除劳动关系的行为是否合法的问题,最高人民法院《关于审理劳动争议案件适用法律若干问题的解释》第 13 条规定:“因用人单位作出的开除、除名、辞退、解除劳动合同、减少劳动报酬、计算劳动者工作年限等决定而发生的劳动争议,用人单位负举证责任。”《劳动合同法》第 4 条第 4 款规定:“用人单位应当将直接涉及劳动者切身利益的规章制度和重大事项决定公示,或者告知劳动者。”2015 年 1 月 23 日,某云公司以《告知书》形式以夏某某隐瞒怀孕事实违反了公司规章制度为由通知解聘夏某某,但其并未举示证据证明该规章制度经过民主程序制定以及规章制度已经向夏某某进行了公示,夏某某也不认可某云公司举示的该规章制度,因此,某云公司依据规章制度解除与夏某某的劳动关系违反了法律规定。

关于夏某某与某云公司劳动关系的解除时间的问题,夏某某认可其已于 2015 年 1 月 23 日收到被告出具的《告知书》,且认可双方劳动关系于当日解除,故该院确认双方劳动关系于 2015 年 1 月 23 日解除。

关于夏某某要求某云公司支付其生育待遇损失21,886.60元(包括生育医疗费8000元+生育津贴每月4251元/月÷30天/月×98天)以及营养补助费4000元的问题,夏某某与某云公司于2015年1月23日已经解除劳动合同关系,在此之后,某云公司没有继续为夏某某缴纳生育保险的义务,因此,夏某某于双方解除劳动合同关系后的次月生育,其是否能享受生育保险待遇已经不属于某云公司应承担的责任范围,故夏某某要求某云公司支付生育保险待遇损失、营养费的诉讼请求,该院不予支持。

2.一审裁判结果

一审法院根据《劳动合同法》第7条、《劳动合同法实施条例》第27条、最高人民法院《关于审理劳动争议案件适用法律若干问题的解释》第13条、2001年最高人民法院《关于民事诉讼证据的若干规定》第2条的规定,判决如下:驳回夏某某的全部诉讼请求。

(二)二审裁判理由及结果

1.二审裁判理由

关于夏某某与某云公司的劳动关系是否解除以及解除时间问题。《劳动合同法》第48条规定:"用人单位违法解除或者终止劳动合同,劳动者要求继续履行合同的,用人单位应当继续履行,劳动者不要求继续履行劳动合同或者劳动合同已经不能继续履行的,用人单位应当依照本法第八十七条规定支付赔偿金。"夏某某的诉讼请求是某云公司支付其违法解除劳动关系的赔偿金,表明其不要求继续履行劳动合同。双方在一审庭审中均认可劳动关系于2015年1月23日,夏某某收到某云公司通过QQ发送的解除劳动关系告知书时解除,且夏某某的该项请求得到了一审法院的支持,因此本院确认双方劳动关系于2015年1月23日解除。

关于某云公司是否应支付夏某某生育保险待遇损失问题。某云公司提交的《某云公司参加养老保险人员明细》显示,某云公司在双方劳动关系存续期间一直为夏某某缴纳生育保险费,在2015年1月23日双方劳动关系解除后,某云公司不再负有继续为夏某某缴纳生育保险费的义务,其不再为夏某某缴纳生育保险费的行为并未违反法律规定。夏某某要求某云公司承担其在劳动关系解除后的生育保险待遇的损失于法无据,本院不予支持。

2.二审裁判结果

一审判决认定事实清楚,适用法律正确,审判程序合法,应予维持。依照《民事诉讼法》第170条第1款第1项的规定,判决如下:驳回上诉,维持原判。

六、评析研判

生育保险是国家通过立法,在怀孕和分娩的妇女劳动者暂时中止劳动时,由国家和社会提供医疗服务、生育津贴和产假的一种社会保险制度,用人单位为女性职工缴纳生育保险系其法定义务,是法律强制性规定,不能以任何理由进行推脱。本案中呈现的就是用人单位中存在的通过非法解除劳动关系的方式,不给女性劳动者支付产假工资、缴纳生育保险的现象。

本案中的诉讼争议焦点主要有两个:(1)夏某某主张的劳动关系的解除违法是否应该支持?(2)夏某某主张的生育保险赔偿是否应该支持?

(一)争点一解析:某云公司解除劳动关系的行为违法

本案的第一个争议焦点,即公司解除劳动合同的行为是否合法,用人单位与劳动者签订雇佣合同,形成劳动关系是受法律所保护的,用人单位不能直接单方面决定劳动关系的解除。

首先,要分配好双方的举证责任。最高人民法院《关于审理劳动争议案件适用法律若干问题的解释》第13条规定:“因用人单位作出的开除、除名、辞退、解除劳动合同、减少劳动报酬、计算劳动者工作年限等决定而发生的劳动争议,用人单位负举证责任。”可以确定对于双方劳动关系解除的合法性问题,由某云公司承担举证责任。举证责任,是指当事人在争议发生后的诉讼程序中提出索赔的举证责任。但是,当案件的事实处于无法确定并承担举证责任的一方无法找到证据证明事实有待证明的情况时,举证责任方将面临不利因素,并可能面临失败的风险。因此,是否承担举证责任和举证责任直接取决于当事人之间举证责任的利益平衡。劳资纠纷案件有较强的国家干预性,所以,如果证据不足,显然不能只依赖当事人一方提供的证据,国家机关在必要时候可以亲自调查。“劳动者对用人单位具有隶属性,因此,劳动者与用人单位之间发生劳资纠纷时,法律就会倾向于劳动者等弱势一方,这样就可以尽可能地保障工人的合法权益。”①

其次,要寻找相关的法律依据。《劳动合同法》第4条第4款规定:“用人单位应当将直接涉及劳动者切身利益的规章制度和重大事项决定公示,或者告知劳动者。”从中可以得知,当用人单位作出涉及劳动者利益的决定时,应当进行公示或者告知劳动者,这是对劳动者知情权的保护。“在知情权问题上,之前学界探讨的重点一般在公众知情权上,讨论劳动者知情权问题的相对较少。这大多是因为公众知情权来自企业外部的公共空间,其权利发生冲突的情况容易受到关注,而劳动者的知情权来自企业内部,是一个组织体内部的权利协调问题,其发生的范围和主体都相对特定,与外部权利冲突比较起来显得更为细微和模糊,因此学界并未将其作为研究重点。”②然而,随着劳动法、公司法理论的不断发展,企业作为一个组织体的内部的结构关系、权利义务的配置与协

① 周鑫:《劳动争议中举证责任的分配与完善》,载《现代交际》2019年第12期。

② 杜宁宁:《权利冲突视野下的劳动者知情权问题研究》,载《当代法学》2014年第5期。

调等问题已经引起相关部门法学的关注，关于劳动者知情权的保护越发完善。2015 年 1 月 23 日，某云公司以《告知书》形式以夏某某隐瞒怀孕事实违反了公司规章制度为由通知解聘夏某某，但其并未举示证据证明该规章制度经过民主程序制定以及规章制度已经向夏某某进行了公示，夏某某也不认可某云公司举示的该规章制度，因此，某云公司依据规章制度解除与夏某某的劳动关系违反了法律规定。

关于某云公司与夏某某劳动关系是否解除，应当对双方劳动关系的解除进行确定。《劳动合同法》第 48 条规定："用人单位违法解除或者终止劳动合同，劳动者要求继续履行合同的，用人单位应当继续履行，劳动者不要求继续履行劳动合同或者劳动合同已经不能继续履行的，用人单位应当依照本法第八十七条规定支付赔偿金。"这项规定是为了防止用人单位任意解除劳动关系，保护劳动者而设立的惩罚性赔偿。惩罚性赔偿责任，是指加害人依法支付的损害赔偿额超出了受害人的实际损失额，以此作为对受害人的补偿和对加害人的惩罚。① 设立惩罚性赔偿责任，旨在"通过这种惩罚使其难以负担为此所付出的违法成本，使其不再为类似的不法行为，并以此阻吓其他不法行为人"。② 夏某某的诉讼请求是某云公司支付其违法解除劳动关系的赔偿金，这就表明其不要求继续履行劳动合同，双方劳动关系解除。

综上所述，某云公司应当对劳动合同的解除承当举证责任并且在劳动合同解除之前也应当按照法律或公司章程的规定进行公示或公告。但在一审、二审的审理之中，某云公司均没有对劳动合同的解除提出相关的证据来进行证明，并且在程序上也存在问题，无法证明劳动合同的解除是经过公司民主程序之后作出的以及在劳动合同解除以前某云公司已经对该项决议进行了公示。承担举证责任的一方要承担举证不能的不利后果，某云公司无法提供出证据来进行证明，那么就应该认定，某云公司作出的解除劳动合同的行为是违法的。某云公司应当继续履行劳动合同中约定的义务或者对非法解除劳动关系进行赔偿。一审、二审都认定某云公司解除劳动关系的行为是违法的，双方也对此进行了确认。

（二）争点二解析：夏某某主张的生育保险赔偿不应该得到支持

本案的第二个争议的焦点，即夏某某所主张的生育保险赔偿是否应该得到支持，一审、二审都没有支持原告的诉讼请求。当然这并不是说即使是公司违法解除了合同，公司也不需要再继续为解除的员工缴纳生育保险，这需要分不同的情况进行不同的讨论。根据《劳动合同法》第 48 条的规定，用人单位违法解除劳动关系，劳动者有两种方式可以选择。

---

① 王利明：《美国惩罚性赔偿制度研究》，载《比较法研究》2003 年第 5 期。
② 齐恚：《论我国惩罚性赔偿制度的立法完善》，载《广东社会科学》2012 年第 3 期。

第一种情况，是劳动者不承认用人单位的违法合同解除也没有要求公司进行赔偿，只是请求公司继续履行合同。这种情况下公司依然要为员工缴纳生育保险直至双方的劳动关系合法解除。既然双方之间没有出现法定或者合同约定的解除合同的事由，双方之间的劳动关系就一直存在，用人单位违法解除合同就需要承担其非法行为带来的后果，缴纳劳动者的生育保险直至劳动关系合法解除。

第二种情况，是劳动者不承认用人单位的违法解除劳动合同并请求用人单位进行赔偿。赔偿与继续履行合同是择一选择的，选择了赔偿就代表着劳动者放弃了合同的继续履行，双方之间的劳动关系于劳动者收到用人单位的通知时解除。这种赔偿应当包括给劳动者带来的正常工作的收入损失以及再次寻找工作所带来的损失。

综上所述，用人单位违法解除劳动合同后是否需要继续缴纳生育保险要不同情况不同对待。本案中夏某某主张的是赔偿，所以其与某云公司的劳动关系在她收到公司的解除通知之时就已经解除，某云公司没有继续为她缴纳生育保险的义务，而在双方劳动关系存续期间某云公司提交的《某云公司参加养老保险人员明细》显示，某云公司在双方劳动关系存续期间一直为夏某某缴纳生育保险费，在 2015 年 1 月 23 日双方劳动关系解除后，某云公司不再负有继续为夏某某缴纳生育保险费的义务，其不再为夏某某缴纳生育保险费的行为并未违反法律规定。因此，一审、二审的判决均符合法律的规定。

七、拓展训练

（一）案例简介

2006 年 8 月，邵某某到某焦电公司工作，双方签订劳动合同，某焦电公司为邵某某缴纳社会保险。邵某某 2011 年 7 月 24 日生育，休产假时间为 150 天。邵某某产假结束后，某焦电公司从日照市岚山区社会保险事业处支取邵某某的生育津贴 6579.4 元、生育医疗费 1200 元，合计 7779.4 元。邵某某从某焦电公司支取生育医疗费 1200 元。邵某某产假期间，某焦电公司给邵某某发放了部分工资。

2018 年 7 月 31 日，双方签订《解除劳动合同协议书》，约定：(1) 双方一致同意于 2018 年 7 月 31 日解除双方在 2017 年 7 月 1 日签订的《劳动合同》，双方的劳动权利义务自即日起终止；(2) 某焦电公司为邵某某发放工资至 2018 年 7 月 31 日，为邵某某缴纳社会保险费及住房公积金至 2018 年 7 月 31 日止；(3) 邵某某于本协议生效之日与某焦电公司办理工作交接；(4) 某焦电公司实际支付邵某某解除劳动合同经济补偿金为人民币 36,719.9 元，邵某某工作交接完毕后，于公司所有员工解除劳动合同 15 个工作日内一次性付至邵某某指定银行账户；(5) 某焦电公司于本协议生效后 15 日内为邵某某办理档案和社会保险关系转移手续，邵某某应积极予以配合；(6) 双方确认双方劳动关系存续期间基于劳动关系而产生的权利义务均相互履行完毕,邵某某自愿放弃因劳动合同履行及解除所产生的一切权利,双方日后互不追究。邵某某日后不再以任何理由、任何方式另行向某焦电公司主张其他任何权利。

2018 年 8 月 7 日,邵某某以某焦电公司扣发生育保险金为由,向日照市岚山区劳动人事争议仲裁委员会申请仲裁,请求某焦电公司发放生育保险金 7779.4 元。2018 年 9 月 30 日,该委作出岚劳人仲案字(2018)第 160 号仲裁裁决书,以申请人的仲裁请求超过仲裁时效为由,裁决驳回申请人的仲裁请求。邵某某对该决定不服,向一审法院提起诉讼。

(二)思考问题

原告邵某某主张的生育保险金赔偿是否应该得到支持?

第十三章 失业保险

第一节　失业保险获得资格的认定

一、案例选择

某衣坊公司与魏某某失业保险纠纷案

案号:(2019)渝 01 民终 4057 号

二、问题提示

如何认定是否享有失业保险?

三、案例基本情形

上诉人(原审被告):某衣坊公司

被上诉人(原审原告):魏某某

魏某某于 2013 年 6 月 5 日到某衣坊公司处工作,由某衣坊公司提供工作场地和劳动工具,工作的内容为某衣坊公司将衣服设计、裁剪完毕后,交由魏某某通过电动缝纫机缝制为成品。工作期间,双方未签订劳动合同,某衣坊公司没有为魏某某缴纳社会保险费,也没有安排休年休假及支付未休年休假工资。

2015 年 6 月 1 日,某衣坊公司要求魏某某与其签订了名为承揽协议书的合同。该合同的内容无承揽标的物、无报酬、无承揽方式、无履行期限、无数量和质量及验收标准。合同签订后,双方仍按原工作方式工作。2018 年 4 月 3 日后,魏某某未再去上班。2018 年 4 月 18 日,魏某某通过邮政 EMS 向某衣坊公司发出《被迫解除劳动关系通知书》,某衣坊公司拒收。2018 年 4 月 23 日,魏某某通过短信向某衣坊公司管理人员陈某(系某衣坊公司股东、监事)发送上述通知书。该通知书载明解除劳动关系并请求支付经济补偿金、拖欠工资及赔偿金等内容。

另查明,魏某某系农村居民家庭户口。

2018 年 5 月 7 日,魏某某就本案请求向重庆市渝中区劳动人事争议仲裁委员会申请劳动仲裁。该委逾期未作出受理决定,魏某某遂提起诉讼,请求:判令某衣坊公司支付失业保险待遇损失 15,120 元(1050 元/月 ×12 个月 ×120%)。事实及理由:魏某某于 2013 年 6 月 5 日到某衣坊公司处工作,岗位为车工兼管理,每月平均工资为 5000 元。某衣坊公司一直未与魏某某签订劳动合同,也未为魏某某购买社会保险。魏某某每天工作至少 9 小时,每周工作 6 天,经常晚上加班到凌晨。某衣坊公司未按规定提供带薪年休假,也没有足额支付劳动报酬和加班费,严重损害了魏某某的劳动权益。2018 年 4 月 18 日,魏某某被迫与某衣坊公司解除劳动关系。为维护魏某某合法权益,特依法提起诉讼。

一审法院综合当事人的诉、辩主张和一审法院查明的事实,判决:(1)被告重庆某衣坊服装有限公司于本判决发生法律效力后 3 日内赔偿原告魏某某失业保险待遇损失 7560 元。(2)驳回原告魏某某的其他诉讼请求。如果未按本判决指定的期间履行给付金钱义务,应当依照《民事诉讼法》第 253 条之规定,加倍支付迟延履行期间的债务利息。

一审宣判后,某衣坊公司不服该判决,遂依法提起上诉。

某衣坊公司上诉请求:(1)撤销(2018)渝 0106 民初 14691 号民事判决,依法改判;(2)本案一审、二审诉讼费由被上诉人承担。事实和理由:(1)一审法院认定上诉人与被上诉人之间建立的是劳动关系是错误的,事实上双方建立的是承揽关系。(2)即使如一审法院认定的双方为劳动关系,其认定的劳动关系存续的时间为 2013 年 6 月 5 日至 2018 年 4 月 23 日也是错误的,应以双方签订《承揽协议》后被上诉人实际开始工作的时间 2015 年 10 月 8 日为劳动关系建立的时间。(3)即使如一审法院认定的双方为劳动关系,一审法院认定被上诉人应支付失业保险待遇损失 7560 元是错误的,被上诉人未达到领取失业保险金的条件,上诉人不应支付被上诉人失业保险待遇损失赔偿金。被上诉人 2015 年 10 月 8 日前没有在上诉人处工作,2015 年 10 月 8 日才到上诉人处工作,直至 2017 年 1 月 31 日,之后离职,至此双方劳动关系解除。被上诉人 2018 年 1 月 2 日至 4 月 3 日在上诉人处工作,双方于 2018 年 1 月 2 日重新建立劳动关系。根据《社会保险法》第 45 条的规定,领取失业保险金的条件是:失业前用人单位和本人已经缴纳失业保险费满一年。但被上诉人未连续工作满一年,仅工作了 3 个月,不能领取失业保险金。至于 2017 年 2 月 1 日前的失业保险金待遇损失,被上诉人最迟应在 2018 年 2 月 1 日前提起仲裁,其于 2018 年 5 月 7 日提起仲裁,已过诉讼时效。因此,上诉人不应支付被上诉人失业保险待遇损失赔偿金。二审中,某衣坊公司对原判查明的2017 ~ 2018 年月平均工资为 5000 元,对此金额和性质均有异议;对原判查明的其余事实无异议。魏某某对原判查明的事实无异议。双方均未提交新证据。本院对双方无异议的事实予以确认。

魏某某辩称,一审认定事实清楚,法律适用正确,请求二审驳回上诉,维持原判。

四、诉讼争点

(一)上诉人(原审被告)某衣坊公司与被上诉人(原审原告)魏某某之间是劳动关系还是承揽关系?

(二)上诉人(原审被告)某衣坊公司应否支付被上诉人(原审原告)魏某某失业保险待遇损失?

(三)被上诉人(原审原告)魏某某所主张的月工资是否应予支持?

五、裁判理由及结果

(一)一审裁判理由及结果

1. 一审裁判理由

本案的争议焦点之一,即二者之间是属于劳动关系还是承揽关系。在本案中,某衣坊公司是生产服装的单位,由某衣坊公司自行设计或根据其客户提供的图纸制作衣服,衣服由专门的裁剪师傅进行裁剪,魏某某负责用电动缝纫机将裁剪好的衣服进行缝制。由此可见,首先,魏某某并非制作整件衣服,仅是在制作衣服的流水线作业中完成缝制程序,其工作内容是提供劳动力而非完成工作成果。其次,在工作过程中某衣坊公司提供了设备、经营场所、材料,魏某某仅提供劳动,其提供的劳动是某衣坊公司生产经营活动的组成部分。再次,某衣坊公司按月为周期,定时向魏某某给付劳动报酬,而非承揽关系中通常的一次性结算报酬。最后,某衣坊公司虽然提供了承揽协议书,但该承揽合同的内容主要条款不明,也没有证据证明双方实际履行了承揽合同。综上所述,魏某某与某衣坊公司之间系劳动关系而非承揽关系。

本案的争议焦点之二,即某衣坊公司应否支付魏某某失业保险待遇损失。《失业保险条例》第21条规定:“单位招用的农民合同制工人连续工作满1年,本单位并已缴纳失业保险费,劳动合同期满未续订或者提前解除劳动合同的,由社会保险经办机构根据其工作时间长短,对其支付一次性生活补助。补助的办法和标准由省、自治区、直辖市人民政府规定。”《重庆市失业保险条例》第24条规定:“失业人员领取失业保险金的期限,根据其失业前所在单位和本人累计缴纳失业保险费的时间确定。累计缴费时间满四年不足五年的为十二个月。”《重庆市失业保险条例》第31条规定:“单位未按规定办理单位和职工失业保险登记,造成失业人员失业保险待遇损失的,由单位负责赔偿。”《重庆市失业保险条例实施办法》第10条规定:“农民合同工一次性生活补助金标准按单位为其实际缴费年限应享受失业保险金标准的50%一次性发放。”《重庆市失业保险条例实施办法》第13条规定:“单位未按规定参加失业保险,或者单位因欠缴失业保险费在限期一年内仍未缴清欠费,造成失业人员不能享受失业保险待遇,单位应比照失业人员工作年限应享受失业保险金的120%予以赔偿。”依据上述规定,某衣坊公司未为魏某某参加失业保险,应当依法赔偿魏某某的失业保险待遇损失。按照魏某某在某衣坊公司处的工作年限,某衣坊公司应累计缴费满4年,在正常缴费的情况下,魏某某可以享受12个月的失业保险待遇。结合魏某某解除劳动关系后同时期我市失业保险金的发放标准，某衣坊公司应支付魏某某的失业保险待遇损失为1050元/月×12个月×50%×120%＝7560元。

本案的争议焦点之三，即魏某某所主张的工作期间工资金额的认定问题。在一审中，原告与被告双方都没有针对工作期间具体工资的发放和金额的多少提供相关的证据来进行证明，但被告某衣坊公司属于用人单位一方承担着对此进行举证的责任。在双方都没有提供相关证据时，法院应采信不利于用人单位一方即被雇佣方的主张。因此根据2001年最高人民法院《关于民事诉讼证据的若干规定》，应当按照魏某某所主张的月工资5000元予以采信。结合魏某某解除劳动关系后同时期重庆市失业保险金的发放标准为每个月1050元，故魏某某的失业保险待遇损失为1050元/月×12个月×50%×120%＝7560元。

2. 一审裁判结果

（1）被告重庆某衣坊公司于本判决发生法律效力后3日内赔偿原告魏某某失业保险待遇损失7560元。（2）驳回原告魏某某的其他诉讼请求。如果未按本判决指定的期间履行给付金钱义务，应当依照《民事诉讼法》第253条之规定，加倍支付迟延履行期间的债务利息。

（二）二审裁判理由及结果

1. 二审裁判理由

关于某衣坊公司与魏某某之间是劳动关系还是承揽关系的问题。首先，双方虽签订有承揽合同，但无承揽合同的应有内容无承揽标的物、无报酬、无承揽方式、无履行期限、无数量和质量及验收标准。其次，双方签订合同后，仍按原工作方式继续工作，系双方为虚假的意思表示，双方所签订的承揽合同无效。最后，某衣坊公司自行设计或根据其客户提供的图纸制作衣服，衣服由专门的裁剪师傅进行裁剪，魏某某负责用电动缝纫机将裁剪好的衣服进行缝制。由此可见，魏某某并非制作整件衣服，仅是在制作衣服的流水线作业中完成缝制程序，其工作内容是提供劳动力而非完成工作成果，也不符合法律上关于承揽合同的定义。因此，二审法院认为一审法院认定事实清楚，适用法律正确，二审法院依法予以维持。

关于某衣坊公司应否支付魏某某失业保险待遇损失的问题。《重庆市失业保险条例》第24条规定："失业人员领取失业保险金的期限，根据其失业前所在单位和本人累计缴纳失业保险费的时间确定。累计缴费时间满四年不足五年的为十二个月。"《重庆市失业保险条例》第31条规定："单位未按规定办理单位和职工失业保险登记，造成失业人员失业保险待遇损失的，由单位负责赔偿。"《重庆市失业保险条例实施办法》第10条规定："农民合同工一次性生活补助金标准按单位为其实际缴费年限应享受失业保险金标准的50%一次性发放。"《重庆市失业保险条例实施办法》第13条规定："单位未按规定参加失业保险,或者单位因欠缴失业保险费在限期一年内仍未缴清欠费,造成失业人员不能享受失业保险待遇,单位应比照失业人员工作年限应享受失业保险金的120%予以赔偿。”依据上述规定,某衣坊公司未为魏某某参加失业保险,应当依法赔偿魏某某的失业保险待遇损失。二审法院认为一审法院认定事实清楚,适用法律正确,依法予以维持。

关于魏某某工资金额的认定问题。2001年最高人民法院《关于民事诉讼证据的若干规定》第75条规定,有证据证明一方当事人持有证据无正当理由拒不提供,如果对方当事人主张该证据的内容不利于证据持有人,可以推定该主张成立。在本案中,某衣坊公司应当根据《工资支付暂行规定》第6条要求,书面记录支付劳动者工资的数额、时间、领取者的姓名以及签字,并保存两年以上备查。在本案中,某衣坊公司未举证证明魏某某的工资金额,应自行承担举证不力的法律后果。因此,法院依法采信魏某某主张的工作持续期间的月工资为5000元。按照魏某某在某衣坊公司处的工作年限,某衣坊公司应累计缴费满4年,在正常缴费的情况下,魏某某可以享受12个月的失业保险待遇。结合魏某某解除劳动关系后同时期我市失业保险金的发放标准,某衣坊公司应支付魏某某的失业保险待遇损失为1050元/月×12个月×50%×120%=7560元。

2. 二审裁判结果

重庆某衣坊服装有限公司的上诉请求不能成立,应予驳回;一审判决认定事实清楚,适用法律正确,应予维持。依照《民事诉讼法》第170条第1款第1项规定,判决如下:驳回上诉,维持原判。

六、评析研判

作为工薪阶层的劳动者,拥有一份稳定的工作以及由此而带来的收入可能是负担起其整个家庭的唯一经济来源,劳动者工作的变动以及其随时可能面临的失业的风险极有可能会对其整个家庭造成沉重的打击,失业保险的设立就是为了预防和规避这种风险,减少其可能带来的损失。本案中所呈现的就是用人单位通过签订名为承揽合同实为劳动合同等方式,拒绝为劳动者缴纳失业保险,不履行义务的现象。

本案中的诉讼争议焦点主要有三个:(1)某衣坊公司与魏某某之间是劳动关系还是承揽关系?(2)某衣坊公司应否支付魏某某失业保险待遇损失?(3)魏某某所主张的月工资是否应予支持?

(一)争点一解析:某衣坊公司与魏某某之间是劳动关系

本案的第一个争议点,即双方之间民事法律关系认定的问题,其是正确分析此案的第一个重要环节。为了确定本案到底是劳动关系还是承揽关系,必须要正确了解这两种法律关系的相同点和不同点,以及其各自的特点。

首先,要明白劳动关系与承揽关系各自的定义。劳动关系,是指用人单位与劳动者之间,依法确定为劳动关系时,双方之间形成管理与被管理的上下级隶属关系,劳动者在服从用人单位规章制度的前提下付出劳动,用人单位支付报酬的权利义务关系。“在劳动法中,雇主在劳动关系中仅指用人单位;雇员在劳动关系中称作劳动者。”①所谓承揽关系或者说承揽合同,我国一般将其定义为承揽方按照定作方提出的要求完成一定的工作,定作方接受承揽方完成的工作成果并给付约定报酬的协议。“关于承揽合同,合同法明确列举的是6种,即加工、定作、修理、复制、测试和检验。”②承揽关系是一种典型的完成工作的法律关系。劳动关系和承揽关系不同之处是:(1)劳动关系中,劳动者属于用人单位的一员,接受用人单位的管理,从事用人单位安排的工作。承揽合同关系中,承揽人依约完成工作成果即可,不受用人单位管理及工作安排,不受用人单位规章制度的约束。(2)劳动关系中劳动方提供的是劳动力,而承揽关系中劳动方提供的是工作成果。其区别在于劳动关系中的劳动者只提供劳动,至于劳动的结果是否符合要求,可能会影响劳动报酬的多少,但不能不支付劳动报酬。而承揽关系则不同,承揽人付出劳动后的工作成果如不符合要求,定作人可以不支付报酬。(3)在劳动关系中是以周或月为周期,定时给付劳动报酬,而承揽关系中承揽人的报酬一般是一次性结算,不具有周期性。(4)劳动关系中用人单位提供劳动场所、劳动工具和相关的劳动资料等。在承揽合同关系中,承揽人以自己的设备、技术完成主要工作。

其次,结合本案具体情况以及上述关于承揽关系和劳动关系不同之处的分析,可以认定本案中双方之间是劳动关系。第一,在整个生产的环节中整件衣服的制作并不是由魏某某独自完成的,是由某衣坊公司自行设计或根据其客户提供的图纸制作衣服,衣服由专门的裁剪师傅进行裁剪,魏某某负责用电动缝纫机将裁剪好的衣服进行缝制。这与承揽关系中承揽人按照定作人的要求独立完成工作的内容不相符,更倾向于单纯提供劳动力的劳动关系。第二,在工作过程中某衣坊公司提供了设备、经营场所、材料,魏某某仅提供劳动,其提供的劳动是某衣坊公司生产经营活动的组成部分,这同样符合劳动法律关系中,劳动者接受用人单位的管理,从事用人单位安排的工作的内容。第三,某衣坊公司按月为周期,定时向魏某某给付劳动报酬,而非承揽关系中通常的一次性结算报酬,也表明二者之间存在的是劳动关系。

最后,某衣坊公司虽然提供了承揽协议书,但该承揽合同的内容主要条款不明,也没有证据证明双方实际履行了承揽合同,承揽合同签订后双方依旧是按照之前的工作方式进行工作,可以视为双方是虚假的意思表示。《民法总则》第146条规定:“行为人

---

① 郭敏:《提供劳务者受害责任纠纷案件中的几个法律关系》,载《人民司法》2017年第34期。

② 陈文军、陈海挑:《送奶工身份之辨》,载《人民司法》2010年第24期。

与相对人以虚假的意思表示实施的民事法律行为无效。以虚假的意思表示隐藏的民事法律行为的效力,依照相关法律规定处理。”因此,双方签订的承揽合同无效。

综上所述,二者之间存在的是劳动法律关系,某衣坊公司主张的双方是承揽法律关系不需要为魏某某缴纳失业保险的主张法院不予支持,二审法院维持一审法院判决的做法合法合理。

(二)争点二解析:某衣坊公司应当赔偿魏某某失业保险待遇损失

本案的第二个争议焦点,即某衣坊公司应否支付魏某某失业保险待遇损失,在确定双方之间是合法有效的劳动法律关系的基础上,要从法律依据和结合本案的具体情况两个方面进行分析。

首先,我国法律关于失业保险的法律依据有以下这些。《失业保险条例》第 21 条规定:“单位招用的农民合同制工人连续工作满 1 年,本单位并已缴纳失业保险费,劳动合同期满未续订或者提前解除劳动合同的,由社会保险经办机构根据其工作时间长短,对其支付一次性生活补助。补助的办法和标准由省、自治区、直辖市人民政府规定。”本案发生在重庆市,根据《失业保险条例》第 21 条的规定,具体的补助办法、标准又由个地方自己规定。重庆市关于失业保险有以下规定:《重庆市失业保险条例》第 24 条规定:“失业人员领取失业保险金的期限,根据其失业前所在单位和本人累计缴纳失业保险费的时间确定。累计缴费时间满四年不足五年的为十二个月。”《重庆市失业保险条例》第 31 条规定:“单位未按规定办理单位和职工失业保险登记,造成失业人员失业保险待遇损失的,由单位负责赔偿。”《重庆市失业保险条例实施办法》第 10 条规定:“农民合同工一次性生活补助金标准按单位为其实际缴费年限应享受失业保险金标准的 50% 一次性发放。”《重庆市失业保险条例实施办法》第 13 条规定:“单位未按规定参加失业保险,或者单位因欠缴失业保险费在限期一年内仍未缴清欠费,造成失业人员不能享受失业保险待遇,单位应比照失业人员工作年限应享受失业保险金的 120% 予以赔偿。”

其次,结合本案具体案情可以进行如下分析。因为二者之间为劳动法律关系,法律关系存续的期间也已满 1 年,所以依《失业保险条例》第 21 条的规定,某衣坊公司应当依法为魏某某缴纳生育保险。一审查明双方之间的劳动关系存续期间已经满 4 年但不满 5 年,根据《重庆市失业保险条例》第 24 条的规定,魏某某可以领取 12 个月的失业保险金。又根据《重庆市失业保险条例》第 31 条的规定,某衣坊公司未依法缴纳失业保险,给魏某某造成的损失,应当由某衣坊公司进行赔偿。又根据《重庆市失业保险条例实施办法》第 10 条、《重庆市失业保险条例实施办法》第 13 条的规定,某衣坊公司应当按魏某某应得的失业保险金的 50% 在乘以 120% 进行赔偿。结合魏某某解除劳动关系后同时期重庆市失业保险金的发放标准,某衣坊公司应支付魏某某的失业保险待遇损失为 1050 元/月 ×12 个月 ×50% ×120% =7560 元。

综上所述，二审法院维持一审法院的判决，判令某衣坊公司赔付魏某某失业保险金7560元的做法合情合理。

（三）争点三解析：魏某某关于工资认定的主张应该到支持

本案的最后一个争议焦点，即劳动关系存续期间魏某某工资的认定问题。对该争议点的分析思路与上述的魏某某是否应被支付失业补偿金的思路大体相同。

首先，寻找法律依据。《工资支付暂行规定》第6条规定，应书面记录支付劳动者工资的数额、时间、领取者的姓名以及签字，并保存两年以上备查。当劳动关系双方因工资问题发生争议时，由用人单位一方提供法律规定的相关证据。2001年最高人民法院《关于民事诉讼证据的若干规定》第75条规定，有证据证明一方当事人持有证据无正当理由拒不提供，如果对方当事人主张该证据的内容不利于证据持有人，可以推定该主张成立。

其次，结合本案具体情况，进行法理分析。根据《工资支付暂行规定》第6条的规定，可以推定某衣坊公司拥有证明劳动关系存续期间魏某某每个月工资的证据，举证责任由某衣坊公司承担。又根据2001年最高人民法院《关于民事诉讼证据的若干规定》第75条的规定，双方均没有提供关于其主张的每个月工资多少的证据，我们应推定对持有证据一方某衣坊公司不利的主张，即魏某某主张的每个月工资为5000元的主张。一审、二审法院中均坚持了魏某某的主张，合理合法。

七、拓展训练

（一）案例简介

被告朱某某于2006年6月起到原告某市医科大学第一附属医院工作，工作岗位为保洁员。2017年12月27日，原告将被告自综合楼调整至1号楼工作，并要求被告于2018年1月1日起到岗工作。2018年1月11日起，被告未再向原告提供劳动。2018年1月2日，被告以原告未为其参加社会保险为由，向某市区劳动保障监察大队投诉，要求原告为其补交保险。2018年3月8日，被告以要求仲裁为由，自愿撤回对原告的投诉。随后，被告第一次向云南省劳动人事争议仲裁院申请劳动仲裁，要求原告向其支付未签订劳动合同的二倍工资差额25,058元以及违法解除劳动关系的赔偿金54,672元。云劳人仲案字(2018)第285号仲裁裁决书裁决原告向被告支付违法解除劳动关系的赔偿金49,476元并驳回被告的其他仲裁请求。原告不服，遂诉至法院，该案经一审、二审审理判决，原告不存在违法解除劳动关系的情形，原告无须向被告支付违法解除劳动关系的赔偿金。随后，被告第二次向云南省劳动人事争议仲裁院申请劳动仲裁，要求确认原告、被告双方于2006年6月1日至2018年1月11日存在事实劳动关系，并要求原告向其支付未签订无固定期限劳动合同的二倍工资差额45,024元以及支付失业保险金损失 23,660 元。云劳人仲案字(2018)第 1022 号仲裁裁决书裁决确认原告、被告双方之间 2006 年 6 月 1 日至 2018 年 1 月 10 日存在事实劳动关系;原告向被告支付失业保险金损失 23,660 元;驳回被告的其他仲裁请求。原告不服,诉至法院。

(二)思考问题

某市医科大学第一附属医院是否应该赔偿朱某某失业保险金损失?

第二节 失业保险待遇支付纠纷

一、案例选择

某宇工贸有限公司与甘某某失业保险纠纷案

案号:(2017)桂 01 民终 4658 号

二、问题提示

如何认定劳动者是否享有失业保险?

三、案例基本情形

原告:某宇工贸有限公司

被告:甘某某

被告甘某某于 2009 年 6 月 4 日开始入职原告处工作。被告每年与原告某宇工贸有限公司(以下简称某宇公司)签订期限自当年 1 月 1 日至 12 月 31 日的书面劳动合同。原告通过账号转账代发被告每月工资,并未为被告缴纳各项社会保险费。2015 年 10 月起原告由于自身原因陆续有部分生产车间开始停工裁员,2015 年 10 月 17 日,原告不再安排被告上班,并要求被告填写"员工离职(辞职)申请审批表",并在当天审批同意辞职。被告在 2015 年 10 月解除劳动合同前 12 个月的平均工资为 3045.27 元。因就解除合同后赔偿事宜协商不下,被告于 2016 年 3 月 25 日向县劳动人事争议仲裁委员会提请仲裁要求:(1)原告向被告支付经济赔偿金 39,588.51 元、支付未签订无固定期限劳动合同二倍工资差额 165,270.40 元。(2)赔偿被告失业保险金 29,400 元。该仲裁委员会于 2016 年 5 月 30 日作出裁决,原告不服向本院提起诉讼,请求判如所请。原告不服向本院提起诉讼,请求判如所请。

一审法院综合当事人的诉、辩主张和一审法院查明的事实,判决:(1)原告某宇公司支付被告甘某某解除劳动合同经济补偿金 19,794.25 元;(2)原告某宇公司支付被告甘某某失业保险金损失 29,400 元;(3)某宇公司不用支付被告甘某某未订立无固定期限劳动合同二倍工资差额 165,270.40 元。

一审法院宣判后,某宇公司与甘某某均不服该判决,遂依法提起上诉。

某宇公司上诉请求:(1)请求撤销(2016)桂 0126 民初 2160 号民事判决书中的第 1 项、第 2 项判决,并依法改判某宇公司无须向甘某某支付解除劳动合同经济补偿金 19,794.25 元、失业保险金损失 29,400 元;(2)本案的诉讼费、上诉费全部由甘某某承担。事实和理由:(1)甘某某离职是因其填写《员工辞职申请审批表》提出辞职而发生,并非因上诉人单方解除劳动合同而导致。(2)依据《社会保险法》第 54 条之规定,只有"非因本人意志中断就业的"才能领取失业保险金。本案中被上诉人自愿辞职导致双方劳动关系解除,不能领取失业保险金。上诉人没有为被上诉人缴纳社保是基于被上诉人自己的申请,应该由被上诉人自己承担相应的法律后果。因此,被上诉人请求赔偿失业保险金不应得到支持。

甘某某答辩称:劳动者离职是基于某宇公司全面停产的事实和劳动者已无法继续工作的情形,劳动者接受某宇公司的劝说并填写工作辞职手续,因此,劳动者的辞职不是其本人意愿,其中断就业也非其本意,劳动者离职的情形应当符合劳动合同法关于经济补偿金及失业保险金的领取条件。

甘某某上诉请求:撤销原审判决第 3 项,改判某宇公司支付未订立无固定期限劳动合同期间二倍工资差额 165,270.4 元(自 2011 年 1 月 1 日至 2015 年 10 月 14 日)。事实和理由:根据《劳动合同法》第 14 条第 2 款的规定,用人单位和劳动单位续订劳动合同时,只要劳动者符合续订无固定期限劳动合同的条件,双方续订无固定期限劳动合同是原则,是常态,而续订固定期限劳动合同则是例外。允许例外情形出现的唯一条件,就是劳动者主动提出续订固定期限劳动合同。只要劳动者没有提出续订固定期限劳动合同的要求,用人单位就应当主动与劳动者续订无固定期限劳动合同,这是用人单位的法定义务。亦即,劳动者无须提出续订无固定期限劳动合同的要求,用人单位应尽法定义务,主动与劳动者续订该类劳动合同。每年续签固定期限劳动合同不能等同于系甘某某向某宇公司提出了签订固定期限劳动合同,原审法院错误分配甘某某举证证明自己曾向某宇公司主张续订无固定期限劳动合同的证明责任。

某宇公司答辩称:某宇公司与劳动者双方已签订劳动合同,无须支付二倍工资差额。

四、诉讼争点

(一)上诉人(原审原告)某宇公司是否应当支付上诉人(原审被告)甘某某经济补偿金?

(二)上诉人(原审原告)某宇公司是否应当支付上诉人(原审被告)甘某某失业保险金?

(三)上诉人(原审原告)某宇公司是否应当支付上诉人(原审被告)甘某某未签订无固定期限劳动合同二倍工资差额?

五、裁判理由及结果

(一)一审裁判理由及结果

1.一审裁判理由

本案的争议焦点之一,即某宇公司是否应当支付甘某某经济补偿金的问题。根据《劳动合同法》第46条"有下列情形之一的,用人单位应当向劳动者支付经济补偿:……(二)用人单位依照本法第三十六条规定向劳动者提出解除劳动合同并与劳动者协商一致解除劳动合同的"和第47条"经济补偿按劳动者在本单位工作的年限,每满一年支付一个月的标准向劳动者支付。六个月以上不满一年的,按一年计算;不满六个月的,向劳动者支付半个月的经济补偿,本条所称月工资是指劳动者在劳动合同解除或终止前12个月的平均工资"之规定,被告在原告处工作6年4个多月,原告应向被告支付解除劳动合同经济补偿金金19,794.25元(3045.27元/月×6.5个月)。原告称被告系基于个人原因向公司提出辞职,并非原告单方解除合同,不需要支付解除劳动合同补偿金的理由不成立,本院不予支持。

本案的争议焦点之二,即某宇公司是否应当支付甘某某失业保险金的问题。根据《广西壮族自治区失业保险办法》第36条"单位不按规定参加失业保险和缴纳失业保险、不按本办法第十三条规定履行有关责任,致使职工失业后不能享受失业保险待遇或影响其重新就业的,应当承担赔偿损失责任。赔偿标准为失业人员应当领取失业保险金或者一次性生活补助的2倍"的规定,原告未为被告缴纳社会保险费,造成被告领取失业保险金待遇损失,原告是由于自身原因停工停产,向被告提出并同意解除双方的劳动合同关系,属于非因被告意愿中断就业,故被告请求原告支付失业保险金符合法律规定。

根据《广西壮族自治区失业保险办法》第18条"失业人员领取失业保险金的期限,根据失业人员失业前所在单位和本人缴费时间确定:(一)累计缴费时间满1年不满5年的,每满一年可以领取3个月失业保险金;(二)累计缴费时间满5年的可以领取14个月失业保险金;(三)累积缴费时间超过5年的,每超1年,增发1个月失业保险金,领取失业保险金的期限最长不得超过24个月",以及广西壮族自治区人力资源和社会保障厅《关于调整全区失业保险金标准的通知》[桂人社发(2015)26号]"累积缴费年限或视同缴费年限1~15年,失业保险金标准为980元"之规定,原告应支付被告失业保险金29,400元(980元/月×15个月×2倍)。原告称因为是被告辞职导致双方劳动关系解除,不符合领取失业保险金的法定情形,且被告在劳动关系存续期间书面提出《申请书》申请不用缴纳社保,要求以工资形式支付,故对未缴纳社保导致的损失应由被告自负,但被告对原告提交的《申请书》及《收条》真实性有异议,本院认为,在《申请书》里虽然载明被告要求不参加社会保险,但该申请违反了社会保险强制性规定,且原告提交的《收条》欲证明已通过工资形式支付被告相应社会保险费,但未能提交工资发放记录等证据加以佐证,被告亦不予认可,其真实性无法确认,故原告请求不用支付被告失业保险金损失的理由不成立,本院不予支持。

本案的争议点之三,即某宇公司是否应当支付甘某某未签订无固定期限劳动合同二倍工资差额的问题。根据《劳动合同法》第14条,"有下列情形之一,劳动者提出或同意续订、订立劳动合同的,除劳动者提出订立固定期限劳动合同外,应当订立无固定期限劳动合同……(三)连续订立两次固定期限劳动合同,且劳动者没有本法第三十九条和第四十一条第一项、第二项规定的情形,续订劳动合同的"之规定,以及《劳动合同法》第82条"用人单位违反本法规定不与劳动者订立无固定期限劳动合同的,自应当订立无固定期限劳动合同之日起向劳动者每月支付二倍的工资"之规定,因本案被告自2010年起每年与原告签订为期1年的固定期限劳动合同直至2015年年底,应视为其同意在连续签订两年固定期限合同后同意续订固定期限劳动合同,被告未能提交相应证据证明其曾向原告主张签订无固定期限劳动合同,故被告并不符合上述法律规定可向用人单位主张未订立无固定期限劳动合同两倍工资差额的情形,对被告的该项请求本院不予支持,原告主张无须向原告支付未订立无固定期限劳动合同二倍工资差额理由成立,本院予以支持。

2. 一审裁判结果

(1)原告某宇公司支付被告甘某某解除劳动合同经济补偿金19,794.25元;(2)原告某宇公司支付被告甘某某失业保险金损失29,400元;(3)被告某宇公司不用支付被告甘某某未订立无固定期限劳动合同两倍工资差额165,270.40元。

(二)二审裁判理由及结果

1. 二审裁判理由

关于某宇公司是否应当支付甘某某经济补偿金的问题。依照《劳动合同法》第46条的相关规定,某宇公司应向甘某某支付解除劳动合同经济补偿金。某宇公司不再安排甘某某上班后,口头通知不再聘请甘某某并解除与甘某某的劳动关系,甘某某随后在《员工离职(辞职)申请审批表》上签字确认。某宇公司称甘某某系基于个人原因向公司提出辞职,并非某宇公司单方解除合同,不需要支付解除劳动合同补偿金的理由不成立,甘某某签名的《员工离职(辞职)申请审批表》系某宇公司制作的格式表格,甘某某的书面签名并不表示其是主动向某宇公司提出辞职的真实意思。对于某宇公司的上诉请求,本院不予支持。

关于某宇公司是否应当支付甘某某失业保险金的问题。为职工缴纳社会保险费系用人单位的法定义务。甘某某系某宇公司的员工,某宇公司应当依法及时为甘某某办理其在职期间的社会保险。根据《社会保险费征缴暂行条例》第13条和《社会保险法》第63条的相关规定,用人单位未按时足额缴纳或代扣代缴社会保险费的,应当由劳动保障行政部门或者税务机关等社会保险费征收机构责令其限期缴纳或者补足。社保管理部门与缴费义务主体之间是管理与被管理的行政法律关系,社会保险费的缴纳属于行政法规规定的强制缴纳范畴,不属于用人单位和劳动者可约定的事项。故某宇公司认为甘某某与其约定不按规定缴纳社会保险的行为即视为甘某某放弃失业保险金损失赔偿的主张没有法律依据,本院不予支持。根据《失业保险条例》第14条第1款"具备下列条件的失业人员,可以领取失业保险金:(一)按照规定参加失业保险,所在单位和本人已按照规定履行缴费义务满1年的;(二)非因本人意愿中断就业的;(三)已办理失业登记,并有求职要求的"之规定,某宇公司在劳动关系存续期间并未依法为甘某某办理社会保险参保手续缴纳社会保险费,导致甘某某无法享受失业保险待遇,且某宇公司由于自身原因停工停产并与甘某某解除双方的劳动合同关系,属于非因本人意愿中断就业的情形,甘某某符合领取失业保险金的条件,其要求某宇公司支付其失业保险待遇损失的主张,本院予以支持。

关于某宇公司是否应当支付甘某某未签订无固定期限劳动合同二倍工资差额的问题。根据《劳动合同法》第14条、《劳动合同法实施条例》第11条之规定,连续订立两次固定期限劳动合同,且劳动者没有《劳动合同法》第39条和第40条第1项、第2项规定的情形的,除劳动者和用人单位协商一致的情形外,劳动者提出订立无固定期限劳动合同的,用人单位应当与其订立无固定期限劳动合同。在本案中,甘某某与某宇公司每年签订为期1年的固定期限劳动合同。但甘某某并未提供证据证明其在与某宇公司订立了超过两次以上的固定期限的劳动合同后,曾提出与公司订立无固定期限的劳动合同的要求,其之后与某宇公司订立的固定期限的劳动合同应认定系双方真实意思表示,甘某某要求某宇公司支付未签订无固定期限劳动合同的二倍工资差额缺乏事实依据。故一审法院认定某宇公司不用向甘某某支付未订立无固定期限劳动合同二倍工资差额并无不当,本院予以支持。

2. 二审裁判结果

原判认定事实清楚,处理正确,应予维持。依据《民事诉讼法》第170条第1款第1项、第175条之规定,判决如下:驳回上诉,维持原判。

六、评析研判

失业保险,是指国家通过立法强制实行的,由用人单位、职工个人及国家财政补贴等渠道筹集资金建立失业保险基金,对因失业而暂时中断生活来源的劳动者提供物质帮助以保障其基本生活,并通过专业训练、职业介绍等手段为其再就业创造条件的制度。失业保险是法律规定的用人单位必须履行的强制性义务,用人单位不能以任何理由拒不履行。本案中所呈现的是在用人单位中普遍存在的,用人单位与劳动者协商不缴纳失业保险的不合法、不合规现象。

本案中的诉讼争议焦点有三个:(1)某宇公司是否应当支付甘某某经济补偿金?(2)某宇公司是否应当甘某某失业保险金?(3)某宇公司是否应当支付甘某某未签订无固定期限劳动合同二倍工资差额?

(一)争点一解析:某宇公司应当支付甘某某经济补偿金

本案的第一个争议焦点,即某宇公司是否应当支付甘某某经济补偿金问题。劳动者请求用人单位支付解雇补偿金,其法律依据为《劳动合同法》第46条,因此,该条即为规范解雇补偿金请求权的权利形成规范(请求权基础规范)。依据该条,在劳动合同解除的情形下用人单位应当向劳动者支付经济补偿的情形有以下几种:(1)劳动者依照《劳动合同法》第38条(用人单位存在过失)单方解除合同;(2)根据《劳动合同法》第36条双方协商解除但由用人单位提出动议;(3)根据《劳动合同法》第40条无过失辞退;(4)根据《劳动合同法》第41条经济性裁员。①

首先,寻找法律依据。《劳动合同法》第46条规定:"有下列情形之一的,用人单位应当向劳动者支付经济补偿……(二)用人单位依照本法第三十六条规定向劳动者提出解除劳动合同并与劳动者协商一致解除劳动合同的。"第47条规定:"经济补偿按劳动者在本单位工作的年限,每满一年支付一个月的标准向劳动者支付。六个月以上不满一年的,按一年计算;不满六个月的,向劳动者支付半个月的经济补偿,本条所称月工资是指劳动者在劳动合同解除或终止前12个月的平均工资。"从以上条文,可以知道劳动者请求经济补偿的前提为用人单位提出并与劳动者协商一致,而劳动者由于自身的原因主动提出解除劳动关系的,用人单位不需要支付经济补偿金。经济补偿金的设立是为了更好地保护劳动关系中处于弱势地位一方的劳动者的利益,体现了劳动合同法"弱者正义"的精神。

其次,结合本案的具体案情进行分析。根据民法中"谁主张,谁举证"的原则,原告

① 参见袁中华:《劳动合同解除争议之证明责任分配——基于法教义学的分析》,载《法商研究》2019年第1期。

某宇公司承担证明甘某某是由于自身原因主动提出辞职的证明责任。本案中某宇公司不再安排甘某某上班后,口头通知不再聘请甘某某并解除与甘某某的劳动关系,甘某某随后在《员工离职(辞职)申请审批表》上签字确认。甘某某签名的《员工离职(辞职)申请审批表》系某宇公司制作的格式表格,甘某某的书面签名并不表示其是主动向某宇公司提出辞职的真实意思。又根据2001年最高人民法院《关于民事诉讼证据的若干规定》第75条的规定,有证据证明一方当事人持有证据无正当理由拒不提供,如果对方当事人主张该证据的内容不利于证据持有人,可以推定该主张成立。某宇公司不能提供证据证明其劳动关系的解除系甘某某自愿的主张,法院依法不能予以采信。

综上所述,双方劳动关系的解除符合《劳动合同法》第46条的规定,一审、二审法院皆认定某宇公司需要支付经济补偿金的做法合法合理。

(二)争点二解析:某宇公司应当支付甘某某失业保险金

从古至今,人类社会的整个历史可以说是一部追求安全保障的记录。社会保险制度在人类解决生、老、病、死、伤、残及失业等意外事故,追求生存安全,图谋生活保障的过程中扮演着重要角色。“失业保险作为社会保险的重要环节,旨在保障在职劳工遭遇非自愿性失业时,提供失业给付维持最低生活安全及避免造成社会问题。”①对于本案的第二个争议焦点,即某宇公司是否应当支付甘某某失业保险金的问题,要明确两个问题:第一,劳动关系双方是否可以自由协商决定不缴纳失业保险;第二,在何种条件下劳动者可以享受失业保险金待遇。

首先,为职工缴纳社会保险费系用人单位的法定义务,劳动关系双方无权协商决定不缴纳失业保险。《社会保险费征缴暂行条例》第13条规定:“缴费单位未按规定缴纳和代扣代缴社会保险费的,由劳动保障行政部门或者税务机关责令限期缴纳”。《社会保险法》第63条规定:“用人单位未按时足额缴纳社会保险费的,由社会保险费征收机构责令其限期缴纳或者补足。”由此可以看出社保管理部门与缴费义务主体之间是管理与被管理的行政法律关系,用人单位缴纳社会保险费是一种法律规定的强制性义务,用人单位和劳动者无权私下协商决定拒绝缴纳。因此,某宇公司主张的甘某某与其约定不按规定缴纳社会保险的行为应该视为甘某某放弃失业保险金损失赔偿的主张没有法律依据,本院不予支持。

其次,甘某某符合法律中规定的领取失业保险金的条件。《失业保险条例》第14条第1款规定:“具备下列条件的失业人员,可以领取失业保险金:(一)按照规定参加失业保险,所在单位和本人已按照规定履行缴费义务满1年的;(二)非因本人意愿中断就

① 王显勇:《回归与变革:我国失业保险法律制度的完善之路》,载《四川大学学报》(哲学社会科学版)2017年第5期。

业的;(三)已办理失业登记,并有求职要求的。”某宇公司是由于自身的原因进行的裁员,并不是甘某某主动自愿提起的辞职,符合《失业保险条例》第 14 条的规定,甘某某可以领取失业保险金。

最后,某宇公司应当为职工甘某某缴纳失业保险而没有缴纳,造成了甘某某失业后无法获得失业保险金的损失应当由某宇公司进行赔偿。用人单位为职工缴纳失业保险是法律规定的强制性义务。因此,一审、二审法院均坚持某宇公司需要支付甘某某失业保险金的做法合法合理。

(三)争点三解析:某宇公司不应当支付甘某某二倍工资的差额

本案的最后一个争议焦点,即某宇公司是否应当支付甘某某未签订无固定期限劳动合同二倍工资差额的问题。需要明确的问题有两方面:第一,无固定期限合同二倍赔偿的条件;第二,被告甘某某是否主动提出过签订无固定期限合同。无固定期限劳动合同制度是我国《劳动合同法》中最具争议性的一项制度,争议焦点主要集中在该法第 14 条和第 82 条第 2 款所规定的强制缔约及其法律责任制度上。其中,第 14 条作为实体性规定,分 3 款规定了无固定期限劳动合同的 3 种订立方式——协商订立、应当订立和拟制订立。“由于协商订立与拟制订立的意思表达明确,争议较少,所以该条的争议焦点是‘应当订立’,也就是对无固定期限劳动合同强制缔约制度的评判上。”①

首先,我们应当明确用人单位双倍赔偿的条件。《劳动合同法》第 14 条规定:“有下列情形之一,劳动者提出或同意续订、订立劳动合同的,除劳动者提出订立固定期限劳动合同外,应当订立无固定期限劳动合同:……(三)连续订立两次固定期限劳动合同,且劳动者没有本法第三十九条和第四十一条第一项、第二项规定的情形,续订劳动合同的。”由此可以得知,除劳动者和用人单位协商一致的情形外,劳动者提出订立无固定期限劳动合同的,用人单位应当与其订立无固定期限劳动合同。根据《劳动合同法》第 82 条“用人单位违反本法规定不与劳动者订立无固定期限劳动合同的,自应当订立无固定期限劳动合同之日起向劳动者每月支付二倍的工资”之规定。由此可以得知,当用人单位违法拒绝和劳动者签订无固定期限劳动合同的,需要向劳动者进行二倍工资的赔偿。

其次,甘某某提出某宇公司违法拒绝签订无固定期限合同的主张不能够得到支持。本案中甘某某连续两年以上每年与某宇公司签订以此为期 1 年的劳动合同,符合了签订无固定期限合同的条件。但经过上面的分析可以得知,只有当劳动者提出签订无固定期限合同,用人单位拒绝签订的,用人单位才需要承担二倍赔偿的责任。又根据民事诉讼法中“谁主张,谁举证”的原则,甘某某应当承当证明自己提出过签订无固定期限

① 王显勇:《无固定期限劳动合同法律制度的完善路径》,载《法学》2018 年第 12 期。

合同的举证责任。一审、二审之中甘某某均没有提出证据证明自己提出过签订无固定期限合同,应当承当举证不能所带来的不利法律后果。因此,二审法院维持原判,认定一审法院的做法事实清楚,适用法律正确的做法合法合理。

七、拓展训练

(一)案例简介

原告史某某于2008年11月27日到被告某普莱斯公司工作,岗位为操作工。2013年4月16日,双方解除劳动关系,某普莱斯公司于2013年6月9日申领了史某某的失业保险金2912元,该款于2013年6月20日由区社会保险基金管理中心支付至某普莱斯公司账户内。2013年7月3日,史某某向北京市区劳动人事争议仲裁委员会申请仲裁,要求某普莱斯公司支付其2008年11月27日至2013年4月16日的失业保险金3000元。该委于当日作出不予受理通知书,以不属于该委受理范围为由,决定不予受理。2013年7月4日,史某某持诉称理由及请求诉至法院。史某某要求被告支付2008年11月27日至2013年4月16日的失业保险金3000元。

(二)思考问题

原告史某某的请求是否能得到法院的支持?

图书在版编目(CIP)数据

劳动与社会保障法案例研究与评析 / 赵树文主编
. -- 北京 : 法律出版社, 2020
ISBN 978 - 7 - 5197 - 4838 - 8

Ⅰ. ①劳… Ⅱ. ①赵… Ⅲ. ①劳动法 - 案例 - 中国②社会保障法 - 案例 - 中国 Ⅳ. ①D922.505 ②D922.182.305

中国版本图书馆 CIP 数据核字(2020)第 147515 号

劳动与社会保障法案例研究与评析
LAODONG YU SHEHUI BAOZHANGFA ANLI YANJIU YU PINGXI

赵树文 主编

策划编辑 陈 妮
责任编辑 陈 妮 黄 筝
装帧设计 马 帅

出版 法律出版社
总发行 中国法律图书有限公司
经销 新华书店
印刷 固安华明印业有限公司
责任校对 王晓萍
责任印制 吕亚莉

编辑统筹 法治与经济出版分社
开本 710 毫米×1000 毫米 1/16
印张 21.5
字数 420 千
版本 2020 年 8 月第 1 版
印次 2020 年 8 月第 1 次印刷

法律出版社/北京市丰台区莲花池西里 7 号(100073)
网址/www. lawpress. com. cn
投稿邮箱/info@ lawpress. com. cn
举报维权邮箱/jbwq@ lawpress. com. cn
销售热线/400 - 660 - 8393
咨询电话/010 - 63939796

中国法律图书有限公司/北京市丰台区莲花池西里 7 号(100073)
全国各地中法图分、子公司销售电话:
统一销售客服/400 - 660 - 8393/6393
第一法律书店/010 - 83938432/8433
西安分公司/029 - 85330678
重庆分公司/023 - 67453036
上海分公司/021 - 62071639/1636
深圳分公司/0755 - 83072995

书号:ISBN 978 - 7 - 5197 - 4838 - 8
定价:88.00 元
(如有缺页或倒装,中国法律图书有限公司负责退换)